ACCESO GRATIS ***a la Lectura en la Nube***

Para visualizar el libro electrónico en la nube de lectura envíe junto a su nombre y apellidos una fotografía del código de barras situado en la contraportada del libro y otra del ticket de compra a la dirección:

ebooktirant@tirant.com

En un máximo de 72 horas laborales le enviaremos el código de acceso con sus instrucciones.

LA BUENA ADMINISTRACIÓN EN EL CONTROL FISCAL EFECTIVO, ESTRATÉGICO Y GERENCIAL DE LOS RECURSOS PÚBLICOS; EXPERIENCIAS COMPARADAS.

Segunda Edición

Procedimiento de selección de originales, ver página web:
www.tirant.net/index.php/editorial/procedimiento-de-seleccion-de-originales

LA BUENA ADMINISTRACIÓN EN EL CONTROL FISCAL EFECTIVO, ESTRATÉGICO Y GERENCIAL DE LOS RECURSOS PÚBLICOS; EXPERIENCIAS COMPARADAS

Segunda Edición

Carlos Felipe Córdoba Larrarte

tirant lo blanch
Bogotá D.C., 2024

En caso de erratas y actualizaciones, la Editorial Tirant lo Blanch publicará la pertinente corrección en la página web www.tirant.com.

Córdoba Larrarte, Carlos Felipe, autor.

La buena administración en el control fiscal efectivo, estratégico y gerencial de los recursos públicos; experiencias comparadas / Carlos Felipe Córdoba Larrarte. – Segunda edición. -- Bogotá : Tirant lo Blanch, 2024.

437 páginas: ilustraciones.

Incluye bibliografía: pp. 413-437.

ISBN: 978-84-1071-725-1

1. Política de finanzas públicas -- Colombia. 2. Auditoría fiscal -- Colombia. 3. Administración pública -- Colombia. 4. Contratos públicos -- Colombia. I. Título.

LC: HJ940

CDD: 352.409861 ed. 23

Catalogación en publicación de la Biblioteca Carlos Gaviria Díaz

© TIRANT LO BLANCH
EDITA: TIRANT LO BLANCH
Calle 11 # 2-16 (Bogotá D.C.)
Telf.: 4660171
Email: tlb@tirant.com
Librería virtual: www.tirant.com/co/
ISBN: 978-84-1071-725-1

Si tiene alguna queja o sugerencia, envíenos un mail a: atencioncliente@tirant.com. En caso de no ser atendida su sugerencia, por favor, lea en www.tirant.net/index.php/empresa/politicas-de-empresa nuestro procedimiento de quejas.

Responsabilidad Social Corporativa: http://www.tirant.net/Docs/RSCTirant.pdf

Tabla de contenido

Capítulo Dos
ASPECTOS ESENCIALES DE LA BUENA ADMINISTRACIÓN EN EL CONTROL FISCAL y SUS IMPLICACIONES

Capítulo Tercero
LA INTELIGENCIA ARTIFICIAL Y SUS APORTES A LA BUENA GOBERNANZA PÚBLICA

Capítulo Cuarto

DERECHOS HUMANOS Y BUENA GOBERNANZA EN LA ADMINISTRACIÓN PUBLICA

Capítulo Quinto

LA BUENA ADMINISTRACION FISCAL Y SUS APORTES AL ESTADO DE DERECHO

CUADROS COMPLEMENTARIOS ELABORADOS POR EL AUTOR

PRÓLOGO

Es particularmente grato prologar la segunda edición de esta importante obra de Carlos Felipe Córdoba Larrarte. Las inquietudes, problemas y soluciones expuestos en la primera edición se incrementan ampliamente en esta acertada puesta al día, con reflexiones que el autor coloca ordenadamente ante nosotros, para poder seguir razonando sobre la buena administración de los recursos públicos: ni más ni menos.

Entender la buena administración como un derecho fundamental, conectado con los derechos humanos, encierra en sí un gran desafío, que se encamina a garantizar aspectos muy relevantes del manejo adecuado de los fondos públicos. Los recursos públicos son siempre escasos e insuficientes para cubrir todas las expectativas sociales. Por ese motivo, se exige buena gobernanza, honestidad en la gestión, controles y una presión fiscal proporcionada y suficiente para atender a todos los gastos públicos presupuestados sin asfixiar al contribuyente. Un difícil equilibrio al que están abocados todos los gobiernos del mundo: cada uno de ellos utiliza su propia estrategia que refleja también sus prioridades, su ideología política y la solución que brinda a cada uno de los problemas. Pero en todo el mundo, sean cuales sean los presupuestos ideológicos, es necesaria la buena administración, un control exhaustivo de los recursos públicos y de la fiscalidad; en otras palabras, optimizar esa relación entre recursos y gastos, no permitiendo indeseadas fugas económico-patrimoniales.

En lo esencial, se está hablando de dinero público, que exige una férrea defensa, pues su recaudación y gasto alimentan, en gran medida, las venas de los sectores públicos y privados, condicionando la subsistencia del Estado y al mismo tiempo la vigencia de los derechos económicos y sociales de los ciudadanos, auténticos titulares de los recursos públicos.

El autor analiza con detenimiento la evolución histórica de la buena administración, su relación con los derechos fundamentales y con el control fiscal. Página a página se desgranan las ideas de los principales filósofos y administrativistas a nivel internacional. El complejo procedimiento administrativo, la contratación pública, las limitaciones a la discrecionalidad y el empeño por garantizar una buena administración fluyen permanentemente a lo largo de la obra. Otro de los aspectos relevantes que se analizan se centra en un auténtico compromiso con la lucha contra la corrupción, uno de los problemas más acuciantes para las sociedades democráticas de nuestro tiempo. La buena administración se convierte en uno de los remedios más efectivos, pese a las dificultades para luchar contra este problema si se carece de la vigilancia y controles fiscales adecuados.

La actualidad y profundidad de esta obra se advierte también en el capítulo dedicado a la inteligencia artificial y a los avances tecnológicos, que generan muchas incertidumbres, dudas, problemas y soluciones en las materias aquí analizadas. Como destaca el autor, "el impacto de la información, la transferencia y sus implicaciones éticas" forman también parte de esta problemática, máxime cuando la inteligencia artificial ya está entrando a formar parte de la Administración Pública. Carlos Felipe Córdoba Larrarte lleva a cabo un estudio en profundidad del control fiscal en el derecho comparado, y culmina su obra con la evolución de la interesante iniciativa de promocionar un proyecto nacional de control fiscal. La iniciativa se convirtió en acto legislativo se reformó la Constitución y a la fecha de la segunda edición los resultados y cifras oficiales muestran que el modelo propuesto ha funcionado.

En síntesis, estamos ante una obra destacadísima e indispensable que debe servir de brújula a toda la clase política colombiana para identificar el "buen hacer" en el control de los (siempre escasos) recursos públicos.

El Rompido, Huelva, 25 de mayo de 2024.

Juan Carlos Ferré Olivé
Catedrático de Derecho Penal
Decano de la Facultad de Derecho

PRESENTACIÓN

Considerando algunas ideas, después de leer esta obra magistral, no deja de sorprender que este apreciado autor Carlos Felipe Córdoba Larrarte, en un acto de generosidad responsable y benevolente, y, además de un singular coraje, por afrontar las encrucijadas de la temática de ayer, hoy y un mañana impredecible, emprenda casi heroicamente la confección de una eficaz y completa *carta de navegación,* en aguas de poca afabilidad y con olas hostiles. La Administración Pública no siempre es un Mare Nostrum, aunque debiera serlo por antonomasia.

En una primera lectura uno podría entender que vamos a encontrarnos con un acabado y robusto compendio propedéutico de algunos aspectos cruciales de la *Gobernanza,* y no estaríamos equivocados. Empero esa primera impresión, se confirma en parte, ya que el itinerario analítico, argumental y de una integralidad sorprendente, acerca del sentido y alcance de la " buena administración ".

El concepto de buena administración puede, apriorísticamente, ser un sintagma adjetival o un lugar común. Al adentrarse en una lectura minuciosa, de tan encomiable trabajo investigativo, se advierte un sustancial y permanente entrecruzamiento de los aspectos técnicos, como así también de arraigados y fecundos principios morales y deontológicos.

El titular la obra con el concepto precedente de *buena,* expresa axiológicamente la coexistencia en términos de eficacia y eficiencia técnica, como así tambïén en términos de *bondad* derivada de Bien, que al decir del maestro Aristóteles, es el permanente apetito por la excelencia humana, con miras a la Trascendencia, subrayando esta obra la centralidad y primacía del bien humano y del bien común, entre administrados y administradores.

Este bien común, que el autor resalta en el Capítulo Primero, Punto II, es un valor nuclear y permanente, en un estado constitucional y social de derecho. Antiguamente enfatizaron su relevancia los filósofos griegos, luego Santo Tomás de Aquino en la Edad Media, en esta contemporaneidad John Rawls y Amartya Sen, con su visión oriental.

La complejidad de la Administración, es de una vastedad e interdisciplina técnica y conceptual, por lo que impide ser abordados solo como una *tekne* multidisciplinaria, sino que conlleva una sistematización compleja, que abarca el propio análisis de la evolución de las antiguas comunidades, a las actuales sociedades políticas, que van aggiornando la cambiante " geología " social, de la representación republicana.

La respuesta de la administración pública parte de dos verdades de Perogrullo. Una, que administrar es gestionar en beneficio del administrado, en orden al bienestar general, y no disposición o discreción autocrática del Poder. Publica, porque deriva del mandante plural, el Pueblo, como destinatario de esa administración.

Como diría un líder político oriental del siglo XX, " Hay que devolver con precisión, lo que se recibe del Pueblo, con confusión ", prescindiendo de todo color ideológico.

El diagnóstico hecho por el autor, de esta heterodoxa problemática, sirge de su visión local, pero de inmediato se transforma en universal, mutatis mutandi, por su solvencia y virtuosismo, asemejándose a un buen *prospecto medicinal* para patologías populares, con un adecuado pronóstico-

La fecunda correspondencia e interrelación de conceptos ontológica y axiológicamente relevantes como lo son el bien común, la ética, la integridad personal, la bona fide, la transparencia, la rendición de cuentas y tantas otras joyas valiosas, en el tesoro de una utopía organizacional comunitaria, que siempre esperar ser reencontrados, en esta obra hallaran su respuesta o el camino a obtenerla.

Este elenco prolífico de valores entrelazados con las demás disciplinas técnicas, nos interpelan para conocer a nuestro autor a través de una obra singularmente indispensable, en la hora actual.

Epilogando estas reflexiones, la lectura de esta magnífica obra, nos asegura que la Administración se convierte en un alfa y omega de la búsqueda y obtención-atención, de la mayoría de los derechos fundamentales del hombre. Este invalorable vehículo proporciona las herramientas para el itinerario social del ser humano, como operador elemental de la tutela de los derechos humanos.

Quiera Dios que esta enjundiosa obra se asemeje metafóricamente al *agua reggia* de las explotaciones de los minerales nobles, para separar lo valioso de la Administración, de lo que intenta ser la cara oculta y opaca de sus defecciones.

EDUARDO FERNANDEZ MENDIA
Ministro del Tribunal Superior de Justicia de La Pampa, Argentina.
Miembro de la Comisión Iberoamericana de Ética Judicial.

CAPÍTULO PRIMERO

INTRODUCCIÓN
LA BUENA ADMINISTRACIÓN Y EL CONTROL FISCAL

En la primera edición del libro "*La buena administración en el control fiscal efectivo, estratégico y gerencial de los recursos públicos*", destacamos la importancia del concepto "Buena Administración" para señalar su impacto en el adecuado ejercicio de la función de administrar los recursos públicos, con el propósito de cumplir con los cometidos y fines del Estado.

En esta segunda edición que denominamos: "*La buena administración en el control fiscal efectivo, estratégico y gerencial de los recursos públicos; experiencias comparadas*", actualizaremos cifras, sentencias y jurisprudencias para concluir que la buena administración, o la buena gobernanza, es un derecho humano de especial relevancia por su conexión directa con el ejercicio de las condiciones vitales de las personas y la posibilidad de materializar de forma real sus garantías establecidas en la normatividad, lo cual implica el desarrollo e implementaciones de acciones reales y concretas por parte de las autoridades públicas.

En efecto, son las condiciones que les asisten a todos los individuos como miembros de la sociedad; su ejercicio en las actividades públicas y privadas derivadas de la función pública instituida, como también de la relación que tienen las personas con la labor de sus gobernantes en la función de representarlos y servir a la comunidad como funcionarios del Estado.

Señalamos en la primera edición de este libro que la estructuración del concepto de buena administración se presenta desde diferentes perspectivas. En algunas ocasiones, desde las implicaciones propias del ejercicio de la facultad discrecional que tiene la administración respecto a la toma de decisiones que afectan a la ciudadanía y en otras, a partir de la definición de los términos de mala administración y de corrupción como sus antagónicos.

En cualquiera de sus perspectivas, el concepto de buena administración adquiere importancia en la medida en que determina el buen o mal actuar de la administración, cuyo propósito de existencia solo está justificado en la medida en que contribuya a la satisfacción de las necesidades de la colectividad y al establecimiento de un orden justo, enmarcado en parámetros democráticos.

Se dijo, igualmente, que son dos los elementos estructurales del concepto de buena administración: la discrecionalidad y el procedimiento utilizado para ello. La discrecionalidad impone la toma de la mejor decisión motivada, que permita identificar las soluciones posibles a la satisfacción de la necesidad; y el procedimiento implica la planeación y ejecución de un hacer administrativo expedito, que garantice la efectividad de la acción.

En contraposición a lo expuesto está la discrecionalidad, cuando ella no se orienta a la satisfacción de las necesidades colectivas, sino que se fundamenta en decisiones inadecuadas que desconocen los principios y reglas orientadoras del buen gobierno, y que conducen al desconocimiento de los derechos de los ciudadanos y al incumplimiento de los deberes de la administración.

Es claro que a lo largo de la historia se ha buscado transformar la administración, y para ello se ha coincidido en la orientación hacia un enfoque estratégico y gerencial, que permita la prestación del servicio público; pero sobre todo la satisfacción de las necesidades del ciudadano como dueño de los recursos públicos.

En un interesante análisis planteado en "Derecho a la buena administración", se destaca el conjunto de actuaciones y estrategias orientadas a cumplir las necesidades de la comunidad, como la razón de ser de la administración estatal.[1]

Nótese cómo la narrativa involucra conceptos como acciones, procedimientos, resultados y beneficios, que conjugados de manera armónica reflejan la esencia y razón de ser del Estado. En efecto, en la función de administrar convergen una serie de actuaciones por parte del Estado que, si bien son discrecionales, deben enmarcarse en condicionamientos constitucionales y legales, dirigidos inequívocamente a la consecución de los fines y cometidos de interés comunitario.

---

1 Tesis Derecho Humano a la Buena Administración pág. 27 y 28 presentado por la aspirante a Magister en derecho Angélica María Escobar Tovar.

Así también lo decanta la jurisprudencia del Consejo de Estado, cuando al referirse a la buena administración como principio destaca: "Resulta claro, entonces, que en el orden jurídico colombiano existe una especificidad constitucional a favor de la administración pública, comoquiera que, además de encontrarse sujeta a los principios y valores del preámbulo y los artículos 1.º, 2.º y 3.º, el artículo 209 le asigna un especial rol funcional, como lo es el de estar al servicio de los intereses generales, observando unos particulares principios de acción".[2]

Ello significa que todas las actuaciones de un Estado democrático deben estar sometidas al principio de legalidad, de tal manera que un buen administrador jamás debe tomar decisiones improvisadas y menos arbitrarias.

En ese sentido, la Jurisprudencia del honorable Consejo de Estado, ha sostenido: "... las actuaciones de la Administración no constituyen un rito ciego a la forma por la forma, la magnificación de lo adjetivo sobre lo mate-

2 Sentencia la cláusula de Buena Administración como principio y derecho incorporado en el ordenamiento jurídico colombiano.
Por averiguado se tiene que la Administración está sujeta al cumplimiento de los preceptos constitucionales establecidos en el preámbulo de la Constitución Política y los principios fundamentales del artículo 1°, esto es, que *"Colombia es un Estado social de derecho, organizado en forma de República (...) fundada en el respeto de la dignidad humana, en el trabajo y la solidaridad de las personas que la integran y en la prevalencia del interés general"* y el artículo 2° a cuyo tenor se lee que *"Son fines esenciales del Estado: servir a la comunidad, promover la prosperidad general y garantizar la efectividad de los principios, derechos y deberes consagrados en la Constitución (...) y asegurar la convivencia pacífica y la vigencia de un orden justo"*.
Pero además, existe una cláusula de competencia especial para la Administración que deriva de las funciones que le asignó el constituyente en el artículo 209 constitucional, siendo estas: i) Estar al servicio de los intereses generales, por oposición a los partidistas, gremiales u otros que no representen el bien común; ii) Ceñirse a los principios de igualdad, moralidad, eficacia, economía, celeridad, imparcialidad y publicidad; y, por último, iii) Ejercer estas funciones mediante los instrumentos de la descentralización, la delegación y la desconcentración de ellas. Así, de la lectura de dichos principios es claro que se derivan en el ordenamiento jurídico – en materia de contratación pública – otros tales como el de planeación del negocio, legalidad, economía de mercado, llamados a gobernar la acción de la Administración.
Resulta claro, entonces, que en el orden jurídico colombiano existe una especificidad constitucional a favor de la administración pública, comoquiera que, además de encontrarse sujeta a los principios y valores del preámbulo y los artículos 1°, 2° y 3°, el artículo 209 le asigna un especial rol funcional, como lo es el de estar al servicio de los intereses generales, observando unos particulares principios de acción.

rial o de mero ejecutor formal de la Ley; contrario a ello, resulta que en el marco de un Estado Social y Democrático de Derecho los procedimientos que esta tiene a su cargo tienen un derrotero específico, cual es concretar la 'profunda vocación protectora y garantizadora de los derechos e intereses tanto individuales como colectivos en relación con la actividad de la Administración, predeterminando para ella senderos forzosos de actuación, y marcos sustanciales de contención a la arbitrariedad…'"[3].

Se resalta entonces el apego irrestricto a la legalidad, de las actuaciones de la administración en su empeño por lograr la satisfacción de las necesidades individuales y colectivas, en el marco de un Estado democrático y social de derecho.

Valga traer a colación lo que señala Bonnin, al referirse a la administración:[4] "Para hacerse una idea clara de la administración es necesario considerarla, al mismo tiempo, en su naturaleza y en su objeto. Se verá que, por su naturaleza, la administración deriva del gobierno, o más bien, que no es sino el gobierno considerado en su acción parcial y pormenorizada, y que su objeto es la aplicación de las leyes del Estado a las materias generales y comunes de todos".

Diáfano resulta concluir en este aspecto, que la administración le atañe al Estado, pero que la misma no puede alejarse de la legalidad que proporciona el equilibrio entre la discrecionalidad y el deber de cumplir de manera adecuada con el ejercicio administrativo.

La administración pública señala la doctrina, se lleva a cabo mediante las actividades que tienen el siguiente contenido: a) Mantener el orden público, b) Satisfacer las necesidades de la población y c) Conducir el desarrollo económico y social; partiendo siempre de la base jurídica de que el acto administrativo se realiza bajo un orden jurídico[5].

Se reitera, entonces, que la potestad administrativa está delimitada a los preceptos constitucionales, legales y reglamentarios; pero, sobre todo, a la

3 Sentencia 55813 M.P. Orlando Santofimio Botero

4 Bonnin, Charles-Jean, Principios de administración pública, México, Fondo de Cultura Económica, 2017, p. 170.

5 Galindo Camacho, Miguel, Teoría de la administración pública, Editorial Porrúa, 2000, p. 7.

satisfacción de las necesidades colectivas e individuales de la ciudadanía que detenta el derecho a la Buena Administración.

1. El concepto de la Buena administración como aspecto fundamental del Estado de derecho

Se sostuvo en la primera edición de este libro que la buena administración, entendida como un derecho fundamental, debe aplicar a todas las actividades de gestión, y que ello trae consecuencias que revisten especial importancia en lo que respecta a la gerencia de los recursos públicos adelantada por las autoridades administrativas que ejercen el control fiscal sobre ellos.[6]

La ejecución del recurso público mediante la contratación, como mecanismo a través del cual se materializan los planes y programas de la administración, que hacen parte de las políticas públicas, al ser revisada por la autoridad que ejerce el control fiscal adquiere connotaciones particulares en la medida en que el derecho fundamental a la buena administración está presente en su ejercicio.

En el caso colombiano, no se encuentra mayor referente a este derecho fundamental a la buena administración en los términos de la Carta Europea[7].

---

6 El artículo 41 de la Carta Europea de los Derechos Fundamentales de la Unión Europea (2000/C 364/01, Diario Oficial de las Comunidades Europeas, 18 de diciembre de 2000, disponible en [https://www.europarl.europa.eu/charter/pdf/text_es.pdf], consagra el derecho a una buena administración, disposición que recoge las nuevas tendencias del derecho administrativo donde el administrado, de ser el destinatario de la actividad de la administración, pasa a ser el actor principal lo que se manifiesta en su participación en el ámbito administrativo en diferentes escenarios.

7 "... No está consagrado explícitamente en nuestra legislación. El artículo 209 de la Constitución Política indica que la 'función administrativa está al servicio de los intereses generales y se desarrolla con fundamento en los principios de igualdad, moralidad, eficacia, economía, celeridad, imparcialidad y publicidad'. Varios de estos elementos coinciden con aquellos consagrados en los documentos de la Unión Europea y la Carta Iberoamericana". David A. Ortiz Escobar y Sergio Ordóñez Beltrán. "Buena administración, transparencia y eficiencia: evidencia de los municipios de Colombia", *Revista Digital de Derecho Administrativo*, n.º 21, enero-junio de 2019, pp. 184 a 185, disponible en [http://www.redalyc.org/jatsRepo/5038/503859254009/503859254009.pdf].

Sin embargo, las manifestaciones de ese derecho fundamental están presentes bajo otras denominaciones, como el derecho de defensa, consagrado en el artículo 29 de la Carta Política[8], la necesidad de motivación de los actos de la administración[9], indicada en el artículo 42 del Código de Procedimiento Administrativo y de lo Contencioso Administrativo[10]. Y un elemento común y bien importante a la hora de materializar la evolución del derecho administrativo en la construcción de ese derecho a la buena administración lo constituye la jurisprudencia, que a través de los pronunciamientos de los altos tribunales ha hecho efectiva esa protección y permitido que sea posible proteger y exigir los derechos de los ciudadanos.

El derecho administrativo, en sus inicios, no hace alusión a los particulares, pues se consideraba que este era exclusivo de la administración; sin embargo, esa concepción ha venido evolucionando habida cuenta que la relación entre la actuación del Estado frente a la actividad de los particulares y su reflejo en la expansión del derecho administrativo se muestra claramente en la vida diaria, y muchas de las actividades que adelantan los particulares se vigilan por el Estado a través de procedimientos reglados. Así mismo, se identifican nuevos desarrollos que traspasan las fronteras nacionales, como acontece con el derecho administrativo transnacional. Se menciona en la doctrina el derecho comunitario, que evoluciona como una "expresión más

8 Corte Constitucional *et ál. Constitución Política de Colombia 1991, Actualizada con los actos legislativos a 2016*, Bogotá, Consejo Superior de la Judicatura, 2016, disponible en [http://www.corteconstitucional.gov.co/inicio/Constitucion%20politica%20de%20Colombia.pdf].

9 "La motivación de los actos administrativos es una carga que el derecho constitucional y administrativo contemporáneo impone a la administración, según la cual esta se encuentra obligada a exponer las razones de hecho y de derecho que determinan su actuar en determinado sentido. Así, el deber de motivar los actos administrativos, salvo excepciones precisas, se revela como un límite a la discrecionalidad de la administración. // En este orden de ideas, los motivos del acto administrativo, comúnmente llamados 'considerandos', deberán dar cuenta de las razones de hecho, precisamente circunstanciadas, y de derecho, que sustenten de manera suficiente la adopción de determinada decisión por parte de la administración pública, así como el razonamiento causal entre las razones expuestas y la decisión adoptada". Consejo de Estado, Sala de lo Contencioso Administrativo, Sección Segunda–Subsección A. Sentencia de 5 de julio de 2018, **Rad. No.: 11001032500020100006400 (0685-2010),** C. P.: Gabriel Valbuena Hernández, disponible en [https://www.funcionpublica.gov.co/eva/gestornormativo/norma.php?i=88501].

10 Ley 1437 de 18 de enero de 2011, *Diario Oficial*, n.° 47.956, de 18 de enero de 2011, disponible en [http://www.suin-juriscol.gov.co/viewDocument.asp?ruta=Leyes/1680117].

específica de las relaciones jurídicas entre Estados" y refiere que el derecho administrativo es parte del derecho interno de cada país que hace parte de la comunidad y que, además, existe un derecho administrativo comunitario[11].

Esta evolución, acerca del lugar que ocupa el ciudadano ante la administración, se ve materializada en el caso colombiano, con la expedición del CPACA. En la parte primera se refiere a la persona a quien se le deben garantizar en sede administrativa sus derechos y "al concebir y organizar los procedimientos administrativos en función de los derechos de toda persona, el nuevo código admite ser leído como una especie de carta de derechos ciudadanos ante la administración"[12].

Refiere la doctrina[13] que, aunque en la Constitución española no está consagrado el derecho fundamental al buen gobierno, se lo reconoce como parte del contenido interpretativo de otra serie de principios constitucionales[14].

En Colombia, las acciones constitucionales se han convertido en el mecanismo para suplir la falta de oportunidad y deficiencias del Estado en temas tan sensibles como la salud, la educación y la defensa de los derechos fundamentales, que como en el caso europeo ponen de presente la importancia de la jurisprudencia como motor del cambio e impulsor de la evolución del derecho administrativo.

11 LIBARDO RODRÍGUEZ RODRÍGUEZ. *Derecho administrativo general y colombiano*, Bogotá, Temis, 2013, p. 2.

12 AUGUSTO HERNÁNDEZ BECERRA. "El nuevo código y la constitucionalización del derecho administrativo", en XVIII Encuentro de la Jurisdicción de lo Contencioso Administrativo, Neiva 19 al 21 de septiembre de 2012.

13 CRISTINA HERMIDA DEL LLANO. "La configuración del derecho a una buena administración como nuevo derecho frente al poder", en *Pensamiento Constitucional*, vol. 16 n.º 16, 2012, Lima, Pontificia Universidad Católica del Perú, disponible en [http://revistas.pucp.edu.pe/index.php/pensamientoconstitucional/article/view/2858/2786].

14 Según GERARDO RUIZ-RICO RUIZ: "Si se analizan uno a uno esos parámetros constitucionales, de referencia ineludible para los organismos públicos, se obtendría un perfil bastante preciso de un modelo de Administración cercana a los ciudadanos, escrupulosa con la legalidad, discrecional pero no arbitraria, eficiente en la dialéctica medios-resultados, flexible en la aplicación de las normas. En definitiva, el artículo 103.1 estaría definiendo implícitamente los fundamentos normativos de una good administration". GERARDO RUIZ-RICO RUIZ. "El derecho a una buena administración y la ética pública", en Carmen María Ávila Rodríguez y Francisco Gutiérrez Rodríguez (coords.). *Monografías*, 746, cap. 3. "el derecho a una buena administración. Dimensiones constitucional y estatutaria", p. 56.

Así las cosas, la evolución de la postura del ciudadano como protagonista de la administración pública, de manera necesaria, lleva a que las autoridades de todo orden, incluyendo las fiscales que se ocupan de velar porque se haga un buen uso de los recursos públicos, orienten sus esfuerzos y resultados hacia la búsqueda de estrategias de lucha contra la corrupción; pues este flagelo permea la contratación, el manejo de los presupuestos y, por ende, impide la satisfacción de los intereses colectivos y el cumplimiento de los fines esenciales del Estado.

Estas nuevas perspectivas, enfocadas hacia un control fiscal efectivo, estratégico y gerencial de lo público, deben ir apoyadas en los avances de la tecnología, de manera que a tiempo se puedan corregir las deficiencias que se observen en el ejercicio del control; implican, además, la revisión de las metodologías de seguimiento, que se vincule, capacite y empodere al ciudadano veedor, que se cuente con estrategias para identificar a los responsables de las nuevas modalidades de corrupción para evitar el daño y procurar un oportuno resarcimiento del erario.

Sumado a lo anterior, con el apoyo de la tecnología deben buscarse herramientas que faciliten el seguimiento de los temas relacionados con el cambio climático desde la formulación de políticas públicas, de manera que se puedan presentar resultados oportunos a la ciudadanía.

En los Estados democráticos[15], los modelos de gobernanza y las formas de administración de las instituciones públicas están determinados por la satisfacción del interés público o general[16]. De allí que la actuación de la administración pública se caracterice por servir a la ciudadanía, conforme a los

15 Al respecto, Jaime Rodríguez Arana Muñoz. "La participación en el Estado social y democrático de derecho", *Misión Jurídica. Revista de Derecho y Ciencias Sociales*, vol. 7, n.° 7, enero-diciembre de 2014, disponible en [https://www.revistamisionjuridica.com/wp-content/uploads/2017/03/La-participación-en-el-estado-social-y-democrático-de-derecho.pdf], p. 65, señala que "la política pública democrática significa poner en el centro de su elaboración, implementación, ejecución y evaluación, a las personas destinatarias de dichas actuaciones del poder público, es decir, sus aspiraciones, sus expectativas, sus problemas, sus dificultades, sus ilusiones".

16 Jaime Rodríguez Arana Muñoz. "La buena administración como principio y como derecho fundamental en Europa", *Misión Jurídica. Revista de Derecho y Ciencias Sociales*, vol. 6, n.° 6, enero-diciembre de 2013, pp. 23 a 56, disponible en [https://www.revistamisionjuridica.com/wp-content/uploads/2017/04/art1-2.pdf].

postulados de la ética[17], siempre en garantía y promoción de los derechos fundamentales[18]. En la misma línea, el ciudadano[19], como titular de la soberanía[20], reclama mayor participación[21] en las gestiones de la administración y exige que el obrar administrativo materialice, de forma objetiva, los fines

17 Carlos E. Delpiazzo. "La buena administración como imperativo ético para administradores y administrados", *Revista de Derecho, Segunda Época*, año 9, n.° 10, diciembre de 2014, disponible en [https://revistas.ucu.edu.uy/index.php/revistadederecho/article/view/736/726], pp. 43 y 44.

18 Sobre la prevalencia de los derechos fundamentales, José Luis Carro Fernández-Valmayor. "Ética pública y normativa administrativa", *Revista de Administración Pública*, n.° 181, enero-abril de 2010, disponible en [https://recyt.fecyt.es/index.php/RAP/article/view/45759/27272], p. 12: "Ni que decir tiene que la actuación de la administración pública vinculada a los intereses generales debe, naturalmente, tener como base a los derechos fundamentales. Sólo a partir del estricto respeto de estos es cuando se puede hablar de valores y reglas de conducta ética de las administraciones públicas, evitando caer en un indeseable relativismo".

19 En lo que se refiere a la participación ciudadana, Juli Ponce Solé. "La prevención de la corrupción mediante la garantía del derecho a un buen gobierno y a una buena administración en el ámbito local (con referencias al Proyecto de Ley de transparencia, acceso a la información pública y buen gobierno)", *Anuario del Gobierno Local*, n.° 1, 2013, disponible en [http://repositorio.gobiernolocal.es/xmlui/bitstream/handle/10873/1432/03_PONCE_p93_140_Anuario_2012.pdf?sequence=1&isAllowed=y], pp. 106 y 107: "La adecuada información a los ciudadanos, su participación, la toma en consideración de sus aportaciones y la exteriorización de las razones que conducen a elegir una alternativa en vez de otra (como veremos más adelante, al referirnos a la motivación), contribuyen a que la decisión sea transparente, resultado de la buena administración y aceptada".

20 Sobre la noción de soberanía, Santiago Muñoz Machado. *Tratado de derecho administrativo y derecho público general*, vol. i, "La formación de las instituciones públicas y su sometimiento al derecho", 2.ª ed., Madrid, iustel, 2009, p. 107, se refiere a la obra de Jean Bodin publicada en París en 1576, bajo el título de *Los Seis Libros de la República* y concluye que esta "es la indiscutible acta intelectual de nacimiento del concepto de soberanía que servirá para consolidar el Estado moderno y será el punto de referencia obligado para todas las reflexiones ulteriores sobre el asunto. Bodino (refiriéndose a Bodin) define la soberanía como 'el poder supremo sobre los ciudadanos y súbditos no sometido a las leyes'. Lo caracteriza como poder originario o no delegado, o delegado sin límites o condiciones. Inalienable, no sujeto a prescripción. No sujeto a leyes, *absolutio legibus*, porque el soberano es la fuente misma y única del derecho. No puede obligarse a sí mismo ni a sus sucesores. La atribución esencial de la soberanía es el poder hacer leyes tanto generales como particulares, sin que intervenga el consentimiento de un superior, igual o inferior".

21 Humberto Noguera Alcalá. "Estado de derecho democrático y buen gobierno", *Revista de Derecho y Ciencias Penales: Ciencias Sociales y Políticas*, n.° 2, 2000, disponible en [https://dialnet.unirioja.es/servlet/autor?codigo=27100], p. 29. "El buen gobierno contemporáneo necesita fortalecer la participación de la sociedad civil organizada y su protagonismo en

esenciales del Estado, a través de acciones oportunas y eficientes guiadas por los principios reconocidos constitucionalmente.

En este estudio se describirá la evolución de la administración pública, de cuyo origen no existe en la doctrina un criterio unificado[22].

2. Evolución histórica como punto de partida. Reflexiones generales

Los primeros antecedentes de la administración se remontan de una parte al Imperio Medio Faraónico[23], en el que se evidencia una cultura de

---

organismos orientadores de la administración; su participación en la prestación de servicios públicos".

22 Massimo Severo Giannini. *Premisas sociológicas e históricas del Derecho administrativo*, Madrid, Instituto Nacional de Administración Pública, 1980, p. 17, señala que "las nociones y los conceptos relativos a las administraciones públicas de los Estados no son nociones o conceptos universales, válidos en todo tiempo y lugar. Por el contrario, son nociones históricas, nacidas de la realidad de los grupos, para responder a las necesidades y demandas de los hombres que los componen. Tales nociones, insertadas en lo más vivo de los conflictos entre grupos, aúnan al tiempo teoricidad y realidad". Así mismo, Luciano Parejo Alfonso. *Manual de derecho administrativo*, 3.ª ed., Barcelona, Editorial Ariel, 1994, resalta que "el derecho administrativo, como rama del derecho positivo y como ciencia, tiene como objeto la administración pública. Bajo la sencillez y claridad aparentes de la afirmación anterior, se esconde la extrema dificultad de la cuestión que está en la base misma del derecho administrativo como ciencia: la definición y delimitación de la realidad de eso que acabamos de denominar administración pública; cuestión polémica de siempre, y que hoy dista de haberse apaciguado". Santiago Muñoz Machado. "Las concepciones del derecho administrativo y la idea de participación en la administración", *Revista de administración pública*, n.º 84, 1977, disponible en [https://dialnet.unirioja.es/descarga/articulo/1098092.pdf], p. 519. "Se ha dicho con alguna frecuencia (y hay razones sobradas para avalar la afirmación) que es difícil encontrar una disciplina científica en la que, como en el derecho administrativo, el tema del concepto se haya resistido más a una comprensión pacífica por parte de los autores; los criterios que estos mantienen al respecto varían, en efecto, según coordenadas de tiempo y lugar; los especialistas de un mismo país discrepan, en ocasiones, radicalmente en sus concepciones y es difícil, en cualquier caso, dar con posiciones doctrinales que hayan logrado sobrevivir en su formulación original, durante un número más o menos corto de años".

23 Giannini. *Premisas sociológicas e históricas del derecho administrativo*, cit. pp. 10 y 11. Giannini explica que en tratándose del concepto de administración pública en las culturas del pasado "... apenas los agregados humanos superan el umbral de lo absolutamente primitivo se dan una organización, aunque sea mínima. De ordinario es el jefe o la asamblea (según quien detente el poder supremo) quienes crean unos cargos permanentes, que en términos modernos se podrían llamar encargado de las armas, encargado de los cultivos, sacerdote-juez,

"organización administrativa" y un estructurado nivel administrativo que nos fue heredado por aquellos que fueron considerados "funcionarios". Y, de otra, al Imperio Persa[24], en el que su longevidad se explica en la organización administrativa territorial militar ejercida por los "sátrapas", quienes representaban a las circunscripciones[25].

Al tomarse como referencia la experiencia de la civilización romana y su ordenamiento jurídico, tanto del período Republicano[26] como el Imperial[27], la administración en el mundo antiguo se caracterizó por la falta de distinción, respecto de la organización constitucional y la ausencia de normativa propia.

Ya en el Imperio Bizantino[28] se puede predicar la continuidad de una "excelente organización administrativa", originaria de los romanos[29], y la

---

etc. Ahora bien, cualquiera que tenga un mínimo de conocimientos jurídicos comprende pronto que tales organizaciones no siempre son jurídicamente relevantes. Para el sociólogo, en cambio, son organizaciones que pueden llamarse administrativas, y que pueden tener un gran interés. Se puede responder, por tanto a la pregunta sobre la validez de proyectar la noción de administración pública a culturas del pasado con una distinción: la aplicación o proyección es válida si está referida a la administración en su sentido sociológico. Tendremos, pues, nada menos que la habitual confrontación de conceptos de la ciencia sociológica con la realidad humana en sí, tanto presente como pasada. No es válida siempre, por el contrario, si se refiere a la administración pública en sentido jurídico".

24 Conquista de los imperios Medio, Lidio y Babilónico por Ciro II el Grande, 550 a. C.-exilio del Sha Mohammad Reza Pahlaví, enero de 1979.

25 Giannini. *Premisas sociológicas e históricas del derecho administrativo*, cit., p. 9.

26 Fin de la monarquía romana, 509 a. C.-Primer Emperador, César Augusto, 16 de enero de 27 a. C.

27 27 a. C.-Retiro del Emperador Rómulo Augústulo por Odoacro, jefe de la tribu germánica de los hérulos, 476 d. C.

28 División del Imperio Romano, 395-Caída de Constantinopla, 1453.

29 Giannini. *Premisas sociológicas e históricas del derecho administrativo*, cit., p. 19. Y esta conclusión se debe al hecho de que, como indica el autor, "todos los sociólogos están de acuerdo en que no puede existir una buena organización militar sin la correspondiente organización administrativa. De la organización militar romana, los historiadores destacan no tanto los hechos bélicos sobre los cuales influyeron otros muchos factores, cuanto la capacidad de sostener largas campañas en cualquier estación del año, la rapidez de la organización (y de la reorganización después de las derrotas), así como el alto nivel técnico de las tropas. Todos estos hechos administrativos postulan la existencia de una sólida administración civil subyacente".

posterior consecución de la estructura del "ministerio"; así como la "paternidad de distintas 'instituciones administrativas' existentes en nuestros días".

Luego, el autor italiano asevera que con la fragmentación del imperio romano y la consolidación del feudalismo de la Edad Media[30] aflora una nueva forma de administración, a la que él se refiere como "casi privada". Sobre esta nueva forma de administración, Penagos, citando a García-Trevijano, afirma que, frente a la ausencia de un poder central, el sentido de la administración en esta época es patrimonial, es decir, los asuntos administrativos de la *res publica* se gestionan como los de una casa doméstica[31]. "Cada señor feudal tiene sus propios funcionarios, dicta sus leyes, tiene sus tribunales, su administración, fuertemente autoritaria en ocasiones"[32].

Algunos años más tarde, cobra vida la figura de la "persona jurídica", entidad propia de los romanos que se erige en un actor incólume y atemporal, que da lugar a la constitución de los primeros municipios, así como de los primeros entes privados y entes de la esfera pública que integran la organización administrativa; cuya distinción radica primero en los mecanismos a través de los cuales obtienen ingresos, es decir, las rentas de sus bienes y los tributos, y luego, la guerra como hecho generador de determinadas necesidades que demandan la prestación de servicios administrativos[33].

30 Fin del Imperio Romano, 476-Descubrimiento de América, 1492.

31 Isaac Augusto Damsky *et al.* "Excursos sobre el concepto de administración pública y la construcción histórica de algunas de sus técnicas", en Alberto Montaña Plata y Andry Mantilla Correa (coords.). *Ensayos de derecho administrativo: Libro Homenaje a Jorge Fernández Ruiz*, Bogotá, Externado, 2016, disponible en [http://isaacaugustodamsky.com/publicaciones/Ensayos_de_derecho_administrativo.pdf], p. 537, coincide en que "las breves apreciaciones expuestas permiten descubrir en esta época una embrionaria conformación del sistema de prerrogativas, si bien limitada, desde que el poder público se funda en una 'potestad domestica' en función de la cual la locución administración-*administratio regni* (de los textos carolingios) principia por ser un dominio real que la asemeja a la administración de un propietario sobre su patrimonio: la administración pública coincide con una administración privada".

32 Gustavo Penagos Vargas. *Bases jurídico políticas del derecho administrativo*, 2.ª ed., Bogotá, Ediciones Doctrina y Ley, 2009, p. 26.

33 Giannini. *Premisas sociológicas e históricas del Derecho administrativo*, cit.

En la transición entre la Edad Media y la Edad Moderna[34] nacen los Estados estamentales, caracterizados por el fortalecimiento y centralización del derecho en el rey[35], reconocido como cabeza del sistema feudal, que, aunado al concepto de "razón de Estado" expuesto por MAQUIAVELO[36], empezó a cristalizar ciertas potestades administrativas que de forma posterior las monarquías absolutas reclamaron como poderes exorbitantes propios de la administración[37].

Ya en los albores de la Edad Moderna, los Estados estamentales son sucedidos por los Estados absolutos de policía[38], que "constituye la primera denominación del derecho administrativo", esto se debe a que en esta forma de Estado, en la Monarquía se reúne todo aquello que representa organización administrativa[39], debido a que "el soberano [...] es el origen de todo

[34] Descubrimiento de América, 12 de octubre de 1492-Revolución Francesa, 5 de mayo de 1789.

[35] LUCIANO PAREJO ALFONSO. *Lecciones de derecho administrativo*, 9.ª ed., Valencia, Tirant Lo Blanch, 2018, p. 52. El autor atribuye este fenómeno al hecho de que "las mayores dimensiones de las empresas y de los proyectos políticos y la filosofía belicista y mercantilista de estos acaban debilitando las estructuras señoriales-feudales y propician el proceso de concentración del poder en las monarquías nacionales".

[36] Florencia, 3 de mayo de 1469-21 de junio de 1527.

[37] DAMSKY. "Excursos sobre el concepto de administración pública y la construcción histórica de algunas de sus técnicas", cit.

[38] LUCIANO PAREJO ALFONSO. *El concepto del derecho administrativo*, Bogotá, Externado, 2009, p. 123 a 124, explica que el Estado-policía es una expresión del Estado absoluto bajo la influencia de la Ilustración, en la que el término policía tiene "una significación equivalente a 'política', es decir, gestión de la cosa pública (se trata de una palabra de origen griego, cuyo significado alude –de forma muy amplia y comprensiva– a todo lo concerniente al bien de la ciudad, de la '*polis*')". A continuación, citando a OLIVER-MARTÍN señala que, el término "policía" representaba todas las facultades del rey, por lo tanto, el decaimiento de este modelo de Estado y la consecuente "distinción clara entre las funciones judiciales y las [...] de la acción gubernamental" da lugar a "la sustitución del término 'policía' por el de 'administración' para designar estas últimas".

[39] JEAN RIVERO. *Derecho administrativo*, PATRICIA DÁVILA DE BRICEÑO (trad.), Caracas, Instituto de Derecho Público, Facultad de Ciencias Jurídicas y Políticas, Universidad Central de Venezuela, 1984, p. 23, señala que "de este caos emerge progresivamente [...] las piezas que serán las del régimen del año VIII; órganos centrales (secretarios de Estado, Consejo del Rey); representantes locales del poder central, dotados de una competencia administrativa muy amplia, los intendentes, en cada circunscripción financiera; cuerpos administrativos especializados –obras públicas; minas; aguas y bosques, etc.–; procedimientos particulares

poder dentro del espacio político y tiene capacidad de derogación del derecho objetivo mediante manifestaciones libres de voluntad, atípicas y no fiscalizables"[40].

Ya en esta época, las actuaciones del rey se encuentran sometidas a un derecho diferente al derecho común[41], una forma de derecho público[42].

Una vez descrito el contexto histórico que precedió a la Revolución Francesa[43], y conforme a la tesis mayoritaria[44], según la cual de la mano del modelo de Estado creado a partir de la Revolución nace el derecho administrativo y, en consecuencia, la administración propiamente dicha, consolidada como su objeto de estudio, es procedente revisar cómo ha sido definida la administración a partir de su reconocimiento.

para algunas tareas administrativa, por ejemplo, en materia de obras públicas; en fin, jurisdicciones especializadas en los litigios que interesan a la administración real, principalmente al 'Consejo de las Partes'".

40 Parejo Alfonso. *Lecciones de derecho administrativo,* cit., p. 51.

41 Que tiene como propósito "... someter el ejercicio administrativo a principios conforme a las ideas iluministas que alientan la época [...] ocurre, sin embargo, que ese derecho se construye desde y a partir del Estado absoluto, por lo que su legitimidad no descansa [...] en normas jurídicas controlables, sino en la voluntad del soberano". Ibíd., p. 125.

42 Parejo Alfonso. *El concepto del derecho administrativo,* cit., p. 123.

43 5 de mayo de 1789-9 de noviembre de 1799.

44 Parejo Alfonso. *Lecciones de derecho administrativo,* cit., p. 49. Al referirse el autor a la naturaleza histórica de la administración pública refiere que "su origen remoto –por aparición de características que apuntan a las que presenta actualmente– a los siglos xvii y xviii y especialmente a las transformaciones políticas inducidas por los movimientos revolucionarios liberales que se inician a finales del siglo xviii y se prolongan a lo largo de la mayor parte del siglo siguiente (hito esencial: la Revolución Francesa de 1789 para toda la Europa continental y la Constitución de Cádiz de 1812 para España)". Parejo Alfonso. *El concepto del derecho administrativo,* cit., pp. 120 y 121. Eduardo García de Enterría y Tomás-Ramón Fernández. *Curso de derecho administrativo i,* 8.ª ed., Madrid, Editorial Civitas, 1997, p. 24. "A partir de la Revolución Francesa, momento en el que nace el derecho administrativo, y durante la primera mitad del siglo pasado, la administración pública se identifica con el Poder Ejecutivo, en el marco constitucional del principio de división de poderes. El derecho administrativo venía a ser entonces el régimen jurídico especial del Poder Ejecutivo".

En primer término, se presentan los cuestionamientos de algunos críticos sobre la influencia de la Revolución Francesa y el surgimiento de la administración pública como una de sus consecuencias directas[45].

Se plantean entonces tres tesis opositoras: la primera, señala que no puede atribuirse el nacimiento de la administración pública a la del Estado de derecho o de la división de poderes, comoquiera que no todos los Estados de derecho tienen derecho administrativo, como es el caso de los estados angloamericanos[46]; la segunda, sostiene que la Revolución Francesa preservó la centralización del poder de las monarquías absolutas, contrario al propósito de Napoleón Bonaparte[47] que no era otro que el de conservar y retomar las instituciones propias del Antiguo Régimen[48], y la tercera, que tacha de inverosímil la premisa de que las instituciones modernas del derecho administrativo hayan dejado de lado todo el desarrollo histórico,

45 Muñoz Machado. *Tratado de derecho administrativo y derecho público general*, cit., p. 33, sostiene que aunque es cierto que el surgimiento del derecho administrativo está estrictamente relacionado con la línea de pensamiento que imprimió la Revolución Francesa, ello no se significa que la administración se haya originado en forma exclusiva con la Revolución como quiera que también es producto de "la acumulación, bajo la responsabilidad de la organización administrativa nueva, de todas las obligaciones y servicios que las instituciones públicas y privadas del Antiguo Régimen tenían a disposición de los individuos [...] y [...] de los nuevos aparatos administrativos de las prerrogativas y privilegios que habían correspondido a aquellas instituciones preconstitucionales y que la Revolución abolió".

46 Giannini. *Premisas sociológicas e históricas del derecho administrativo*, cit., p. 50. Al respecto Parejo Alfonso. *El concepto del derecho administrativo*, cit., pp. 127 y 128, señala el autor que en tratándose del "sistema inglés (trasladado luego a Norteamérica, que luego ha seguido un camino propio) [...] se rige, en principio, por el derecho común, por el derecho que rige también para los administrados, y solo excepcionalmente por un derecho público (cada vez, sin embargo, en mayor incremento). El ejemplo inglés (que importa destacarlo, está en la base de la teorización de Montesquieu y, por tanto, del Estado constitucional surgido de la Revolución Francesa) demuestra, por tanto, que la división del poder político y la garantía de las libertades de los ciudadanos no tiene como consecuencia ineluctable el surgimiento de un derecho administrativo, entendido como derecho público propio de la actividad administrativa, es decir, de la administración pública".

47 Ajaccio, Córcega, 15 de agosto de 1769-Santa Elena, UK, 5 de mayo de 1821.

48 Sabino Cassese. *Derecho administrativo: Historia y futuro*, Alberto Montaña Plata y Manuel Martínez Neira (trads.), Sevilla, Global Law Press, Instituto Nacional de Administración Pública, 2014, p. 33.

que para la época de la Revolución habían alcanzado y, en consecuencia, se hayan constituido como estructuras nuevas[49].

La administración es la prestación de servicios y el manejo de intereses dirigidos a un fin, es así como todo servicio implica una actuación práctica que conlleva la ejecución de una gestión con un propósito[50]. Así mismo, Merkl también se involucra en la definición del concepto de administración como la actividad humana planificada, entendida de forma objetiva y subjetiva, y se analiza como la acción de administrarse a través de la entidad que cumpla con esa actividad.[51].

Si bien es cierto, existen diferentes posiciones sobre el momento en que nace la administración pública[52], no cabe duda alguna acerca de la aparición de los Estados de manera concomitante con la organización administrativa; pues al crearse los diferentes entes que manejan lo público, surge la necesidad de articulación, definición de competencias y legitimación propia forma que se aplica en la actualidad[53].

---

49 José Luis Villar Palasi referenciado por Parejo Alfonso. *El concepto del derecho administrativo*, 2009, p. 121.

50 Carlos García Oviedo. *Derecho administrativo*, vol. i, 4.ª ed., Madrid, Ediciones Iberoamericanas, 1953, pp. 1 y 2.

51 "... se entiende por administración, en su sentido amplio, toda actividad humana planificada para alcanzar determinados fines humanos [...] tradicionalmente, en tratándose como objeto de estudio del derecho administrativo, la administración ha sido conceptuada desde dos sentidos, el primero, es el objetivo o material, que concibe la administración como una actividad, es decir como el hecho de administrar; el segundo, denominado subjetivo u orgánico, se refiere a la administración como el órgano que ejecuta las actividades, como una estructura". Véase Rivero. *Derecho administrativo*, cit., p. 9. Adolf Merkl. *Teoría general del derecho administrativo*, p. 2; Ismael Farrando. "Administración pública", en Ismael Farrando y Patricia R. Martínez (dirs.). *Manual de derecho administrativo*, Buenos Aires, Ediciones Depalma, 1996, p. 28; García Oviedo. *Derecho administrativo*, cit., pp. 1 y 2. Miguel Santiago Marienhoff. *Tratado de derecho administrativo*, t. i, 4.ª ed., Buenos Aires, Abeledo-Perrot, 1982, p. 40.

52 Ibíd., pp. 118 a 119. Al igual que otros autores, Parejo Alfonso señala que definir el momento en el que nace el derecho administrativo y, en consecuencia, la administración pública y a partir de allí establecer su contenido, ha sido tarea controversial y que "a pesar de su evidente trascendencia es este –el histórico– el flanco más débil, por descuidado, del derecho administrativo".

53 Giannini. *Premisas sociológicas e históricas del derecho administrativo*, cit.

Autores como Dupee White[54] sostienen que una de las primeras definiciones de administración pública de autoría estadounidense se encuentra en el trabajo publicado en 1887 por Thomas Wilson Woodrow[55], donde aporta interesantes definiciones en la materia[56].

Al referirse a los "negocios"[57], White indica que la administración pública es vista como la gestión de hombres y materiales en el cumplimiento de los propósitos del Estado. Esta definición enfatiza la fase gerencial de la administración y minimiza sus aspectos legalista y formal, relaciona la conducta de los negocios del Gobierno con la conducta de los asuntos de cualquier otra organización social, comercial, filantrópica, religiosa o educativa; y pone el énfasis en la buena gestión como un elemento esencial para el éxito.

---

54 Acton, Massachusetts, 17 de enero de 1891-Chicago, 23 de febrero de 1958.

55 Staunton, Virginia, 28 de diciembre de 1856-Washington D. C., 3 de febrero de 1924.

56 Allí expresa "El campo de la administración es un campo de negocios [...] El objeto del estudio administrativo es rescatar a los métodos ejecutivos de la confusión y del alto costo del experimento empírico y fijarlos sobre bases determinadas en un principio estable [...] La administración pública es la ejecución detallada y sistemática del derecho público. Toda aplicación particular de la ley es un acto de administración. La evaluación y el aumento de los impuestos, por ejemplo, el ahorcamiento de un criminal, el transporte y la entrega de los correos, el equipamiento y el reclutamiento del ejército y la marina, etc., son todos ellos obviamente actos de la administración; pero las leyes que ordenan que se hagan estas cosas están obviamente por fuera y por encima de la administración. Los amplios planes de acción gubernamental no son administrativos; la ejecución detallada de tales planes es administrativa". (Traducción propia). Thomas Wilson Woodrow. "The study of administration", *Political Science Quarterly*, vol. II, n.° 2, June, 1887, New York, pp. 197 a 222, disponible en [http://www.iupui.edu/~speal/V502/Orosz/Units/Sections/u1s5/Woodrow_Wilson_Study_of_Administration_1887_jstor.pdf].

57 "La administración pública es la gerencia de las personas y los materiales en la consecución de los propósitos del Estado. Esta definición enfatiza la fase gerencial de la administración y minimiza sus aspectos legales y formales. Se refiere a la conducta de los negocios del Gobierno en la conducción de los asuntos de cualquier otra organización social, comercial, filantrópica, religiosa o educativa, en todos aquellos en los que la buena gerencia se reconoce como un elemento esencial para el éxito. Deja abierta la pregunta de en qué medida la administración misma participa en la formulación de los propósitos del Estado, y evita cualquier controversia para precisar la naturaleza de la acción administrativa". (Traducción propia). Leonard Dupee White. "Introduction to the Study of Public Administration", en Jay M. Shafritz y Albert C. Hyde (comp.). *Classics of public administration*, 8.ª ed., Boston, Cengage Learning, 2015, art. 11, pp. 68 a 75, disponible en [http://irpublicpolicy.ir/wp-content/uploads/2018/04/Classics_of_Public_Administration-Shafritz-8ed-irpublicpolicy.pdf], p. 69.

Deja abierta la pregunta de hasta qué punto la administración misma participa en la formulación de los propósitos del Estado, y evita cualquier controversia sobre la naturaleza precisa de la acción administrativa.

White precisa que la administración pública es, entonces, la ejecución de los negocios públicos, que el objetivo de la actividad administrativa es el logro más rápido y económico de los programas públicos, así como la protección de los derechos privados, el desarrollo de la capacidad y el sentido de la responsabilidad cívica, el debido reconocimiento de las múltiples fases de la opinión pública, el mantenimiento del orden, la provisión de un mínimo nacional de bienestar, todo ello expresado en la constante preocupación del Estado. Se expresa que la administración debe estar correlacionada con otras ramas del Gobierno, tanto como ajustada a la inmensa cantidad de esfuerzo privado que, en Estados Unidos, más que en cualquier otro lugar, complementa a la empresa pública[58].

Es nuestra opinión que el precitado autor apunta a una descripción holística de la buena administración pública, pues de manera textual se indica: "El objetivo de la administración pública es la conducción eficiente de los negocios públicos". Con esta frase se recoge el concepto de buena administración, que sigue siendo el propósito planteado en la primera edición de este estudio y que ampliaremos en esta segunda edición; pues no puede concebirse una administración que no sea eficiente, y que atienda a los principios que orientan la función pública. Es más, la administración pública debería ser sinónimo y ejemplo de buena gobernanza, pues su efectividad se vincula directamente con los derechos humanos.

58 Ibíd., p. 70. La administración pública es, entonces, la ejecución de los negocios públicos; el objetivo de la actividad administrativa el más expedito, económico y completo logro de los programas públicos. Esto obviamente no es el único objetivo del Estado como una unidad organizada; la protección de los derechos privados, el desarrollo de la capacidad cívica y el sentido cívico de responsabilidad, el debido reconocimiento de la fase recolectora de la opinión pública, el mantenimiento del orden, la provisión de un mínumo nacional de bienestar, todos demuestran la constante solicitud del Estado. La administración debe correlacionarse con otras ramas del Gobierno, así como ajustarse a la inmensa cantidad de esfuerzo privado que, en América, más que en cualquier otro lugar, provee la empresa privada [...] El objetivo de la administración pública es la conducta eficiente de los negocios públicos. (Traducción propia).

Para continuar con la descripción doctrinaria, se enuncian a continuación una pluralidad de criterios que permiten explicar y construir un concepto de administración, estructurado sobre bases jurídicas y momentos históricos diversos, tal y como se presenta con un enfoque sistémico por parte del tratadista SANTOFIMIO GAMBOA, que se cita en el presente estudio.

Es así como se trae a colación el concepto de la división del poder público y la consecuente separación de las funciones Ejecutiva, Legislativa y Judicial del poder de la Corona, que encuentra sustento en algunas de las tesis que han pretendido definir el término "administración pública".

En esta línea se encuentra el "criterio orgánico, formal o subjetivo", para el cual el sujeto es el factor determinante que permite establecer el contenido del objeto del derecho administrativo. Así, considera que es administración pública toda aquella ejecutada por el Poder Ejecutivo, que a su vez está representado por un órgano único que ejerce la función administrativa y que, dada su univocidad, es fácilmente diferenciable de la estructura legislativa y de la judicial[59].

En los orígenes de esta posición se encuentra asidero para la crítica de GIANNINI, pues uno de los presupuestos del criterio formal indica que "solo los organismos del Poder Ejecutivo del Estado ejercen funciones administrativas, y [...] solo donde existe Poder Ejecutivo hay derecho administrativo"[60], hecho que considera el mismo autor desvirtuado con la existencia de los Estados de derecho angloamericanos.

Sobre el criterio orgánico existen tres tesis independientes: *orgánico-funcional, orgánico-institucional* y *orgánico-personalista*. La primera se constituye en el vértice de los juicios que guardan concordancia con la tripartición del poder y surge de la concepción autoritaria de superioridad del Poder Ejecutivo, conforme a la cual el ejercicio de la función administrativa reconocida constitucionalmente se materializa a través de la ejecución de la ley y es esta la razón de ser de la administración, el Poder Ejecutivo[61].

59 JAIME ORLANDO SANTOFIMIO GAMBOA. *Compendio de derecho administrativo*, Bogotá, Externado, 2017, p. 60.

60 Ibíd., p. 61.

61 ERNST FORSTHOFF. *Tratado de derecho administrativo*, LUIS LEGAZ LACAMBRA, FERNANDO GARRIDO FALLA y RICARDO GÓMEZ DE ORTEGA Y JUNGE (trads.), Madrid, Instituto de Estudios Políticos, 1958, p. 16.

El segundo criterio derivado de la división de poderes es el denominado *orgánico-institucional*, cuya premisa central defiende la existencia de un órgano administrativo y de sus instituciones en virtud del cual se entiende por administración cada una de las actuaciones que adelante algún sujeto de esta estructura, así "el derecho administrativo es el derecho de la administración". Esta tesis que fue preponderante en España más adelante es replanteada como indica Santofimio Gamboa citando a Garrido Falla[62], como consecuencia de que "la crisis del criterio orgánico proviene del nuevo estado de cosas, las que hacen imposible sostener dogmáticamente un criterio que carece de sustento positivo"[63].

El tercer y último criterio orgánico expuesto es el personalista, en el que el concepto de administración corresponde con el de ente estatal que goza de personalidad jurídica a través de la cual interviene en el mundo jurídico; no obstante, existe discusión respecto de quién es la persona jurídica, el Estado, caso en el que sus poderes no son más que meros órganos o, si, por el contrario, la personalidad jurídica es propia de la administración pública en su calidad de actor estatal prevalente, permanente e inmutable[64].

Se señalan también las críticas respecto al criterio orgánico o subjetivo, en su sentido genérico, y se precisa que la naturaleza de la administración prescinde del "autor" y de la "forma", y que en efecto el núcleo de esta institución se encuentra en la "sustancia", es decir en el acto administrativo, y se considera entonces que los demás no son más que "elementos contingentes"[65].

También se señala que la alegada crisis de las concepciones orgánicas sustentadas en la intervención del derecho administrativo en relaciones en las que la administración no es parte, consecuencia de la cada vez mayor participación de los particulares en la prestación de servicios públicos, se ejecutan en su calidad de "delegados o agentes de la administración", significando que el órgano estatal no ha perdido "el monopolio de la acción admi-

62 Granada, 11 de octubre de 1921-Madrid, 25 de marzo de 2003.

63 Santofimio Gamboa. *Compendio de derecho administrativo*, cit., p. 65.

64 Ibíd., pp. 65 y 66.

65 Marienhoff. *Tratado de derecho administrativo*, cit., p. 41.

nistrativa", sino más bien que ha acudido a la "utilización de los particulares como colaboradores suyos"[66].

Ahora bien, una vez descrito el criterio orgánico, y para seguir el orden sistemático diseñado por Santofimio Gamboa, nos ocupa ahora el estudio del "criterio funcional, sustancial, objetivo, o material" que a grandes rasgos, considera que el concepto de administración se satisface con cada una de las funciones administrativas adoptadas por los entes estatales, comoquiera que es precisamente el ejercicio de la función administrativa el que da lugar a que exista una administración pública; es su fuerza vital.[67]

A continuación, se realizará una síntesis de los criterios planteados así:

A. Criterio finalístico o teleológico

Como se desprende de su nombre, el criterio finalístico señala que cada una de las actuaciones del Estado está permeada por el cumplimiento de unos fines específicos propios de cada sociedad, establecidos conforme al modelo social y político de la época. Por lo tanto, Santofimio Gamboa separa lo teleológico de los criterios orgánico y funcional, como consecuencia de advertir la presencia de una finalidad en la actuación de cada una de las esferas del poder, así como de sus agentes. De allí que emplee subcriterios para agrupar las principales finalidades que históricamente han direccionado la gestión de la administración pública en los Estados.

El primer criterio es el *subjetivo finalístico,* y hace referencia al Estado social de derecho en el que, al cobrar vida un verdadero principio de igualdad material, se reconoce como uno de sus principales fines propender por el orden social y por cada una de las dinámicas que le permitan actuar de forma responsable y para la satisfacción de la sociedad.[68]

66 Muñoz Machado. "Las concepciones del derecho administrativo y la idea de participación en la administración", cit., pp. 527 y 528.

67 Santofimio Gamboa. *Compendio de derecho administrativo,* cit., p. 65.

68 Santofimio Gamboa. *Compendio de derecho administrativo,* cit., p. 67

B. Criterio de los servicios públicos

Si bien es cierto el término de servicio público se consolida a partir de la Revolución Francesa, los conglomerados sociales previos al nacimiento de los Estados modernos con dificultad pueden ser calificados como Estados, y que la prestación de servicios por parte de los conglomerados sociales fue desigual y condicionada en los referentes históricos más destacados[69], como fue el caso del servicio de agua durante la época del Imperio en Roma, también lo es que existe como evidencia que desde la antigüedad, e incluso antes, el hombre acudía a las sociedades constituidas para satisfacer las necesidades de las que, dada su complejidad, no había podido abastecerse por sí mismo y que eran estos "Estados" los que intervenían para cubrir dichas necesidades, comoquiera que ellas integraban el interés general que surgía como expresión de la función administrativa propia del Estado[70].

En la misma línea, la teoría del servicio público[71] precisa que la prestación de los servicios básicos significó una finalidad propia del poder público y, por lo tanto, una atribución a cargo de la administración. Este fenómeno se explica en la preeminencia de lo social respecto de lo individual, en la consideración del servicio público como "fundamental para el derecho público"[72] y en el concepto de solidaridad social, en contraposición a la construcción teórica que hasta ese momento se había hecho del Estado, considerado este en virtud de su poder, su soberanía y su personalidad jurídica. Así, finalmente se le reconoció al Estado su función de carácter social[73].

Ello significó que, con el propósito de garantizar la prestación del servicio público, se reconocieran en cabeza del Estado poderes exorbitantes,

---

69 Santofimio Gamboa. *Compendio de derecho administrativo*, cit., p. 71. Al referirse sobre las reflexiones políticas de Aristóteles, expone algunos ejemplos de la forma en que se prestaban los servicios básicos "… durante el Imperio, fue abundante el agua en Roma, pero no se distribuía a particulares por domicilios de una manera regular. Tener agua en casa era un privilegio personal que durante la República otorgaba el Senado y en la época imperial resultaba una gracia del emperador".

70 Ibíd., pp. 70 a 72.

71 Pierre Marie Nicolas León Duguit. Libourne, Francia, 4 de febrero de 1859-Burdeos, 18 de diciembre de 1928.

72 Santofimio Gamboa. *Compendio de derecho administrativo*, cit., p. 75.

73 Ibíd., pp. 72 a 75.

facultad para constreñir, posibilidad de emplear el mecanismo de la concesión y el ejercicio de una jurisdicción especializada, denominada "de lo contencioso-administrativa" que estaba llamada a dirimir las controversias originadas en el marco de la prestación de los servicios[74].

La primera crítica a esta teoría aparece por la dificultad que representó para el Estado definir los servicios que, de forma excepcional, eran prestados por el sector privado y que, por lo tanto, estaban sometidos a las disposiciones del derecho privado, escapando de la jurisdicción de lo contencioso-administrativo. Así, en un intento de apartarse de la relatividad del concepto y de su difícil aplicación, se definieron algunos servicios como públicos, solución que lejos de brindar la especificidad perseguida, ahondó en la generalidad e impuso una carga adicional al operador jurídico que tenía como función establecer la competencia para cada uno de los asuntos[75].

Con las nuevas reglas de mercado y de competencia económica junto a las cada vez mayores limitaciones del Estado intervencionista, este criterio, que fue ampliamente defendido hasta mediados del siglo XIX, resultó como insatisfactorio y poco certero para establecer el contenido del derecho administrativo[76].

C. Criterio de los fines estatales

Lo primero que es pertinente señalar es que, en palabras de Santofimio Gamboa "su principal expositor es el clásico tratadista Emanuele Orlando"[77], quien "se propuso una completa revisión crítica de todo lo que la doctrina italiana de su tiempo había producido y escrito, con el fin de transformar el derecho público en una verdadera ciencia jurídica". Su teoría refiere que la razón de existencia del órgano estatal es, sobre todo, alcanzar sus fines esenciales, para lo cual emplea la administración como vehículo que actúa para satisfacer los postulados finales [78]. Es absolutamente compa-

74 Ibíd., pp. 72 a 81.

75 Ibíd., pp. 81 y 82.

76 Ibíd., p. 83

77 Palermo, 19 de mayo de 1860-Roma, 1.° de diciembre de 1952.

78 Santofimio Gamboa. *Compendio de derecho administrativo*, cit.

tible este postulado, con la noción de derecho fundamental a la buena administración planteada en la primera edición de este libro y como derecho humano en esta segunda edición, comoquiera que el derecho público, no se concibe de otro modo que no sea la satisfacción de los fines esenciales del Estado, enmarcados en nuestra Carta Fundamental; de tal modo que la administración, pública es solo un vehículo como lo plantea el citado tratadista, una herramienta para el logro de tales propósitos.

D. Criterio de la procura existencial o la administración pública bajo el criterio Daseinvorsorge[79]

Este criterio usa como punto de partida la tesis del servicio público que junto a las premisas del Estado social de derecho le atribuyen al ente estatal, a través de la administración pública, la responsabilidad de gestionar para los ciudadanos aquellos bienes y servicios que propician una condición de vida óptima[80].

Se señala que el crecimiento exponencial de la población ha incidido de forma directa en el menoscabo de las garantías de los hombres, comoquiera que la reducción del espacio individual y en paralelo, el aumento del espacio colectivo, afecta de forma inequívoca las formas que emplea el hombre para abastecer sus necesidades, de tal modo, es por entero responsabilidad de la administración gestionar cuanto sea necesario para restablecer el orden social y ofrecer condiciones óptimas de vida a los hombres que adquieren un grado de dependencia respecto de esta[81].

---

79 Término del alemán que se refiere a servicios públicos o de interés general.

80 Santofimio Gamboa. *Compendio de derecho administrativo*, cit., p. 84.

81 Santofimio Gamboa. *Compendio de derecho administrativo*, cit., pp. 85 a 87. Bajo estas premisas "... la administración no se agota en simples intervenciones, debe procurar acciones mucho más directas y decisivas en la solución de deficiencias sociales y en el restablecimiento de los espacios vitales rotos por la complejidad del mundo moderno. La administración es así, ante esos imperativos, sustancialmente abastecedora de servicios". Ibíd., p. 88.

E. Criterio de las prerrogativas públicas, poder público o Puissance Publique[82]

El fundamento del *puissance publique,* se sostiene en que la verdadera base jurídica del Estado radica en el poder y en su ejercicio, habida cuenta que el poder es el que permite explicar la existencia de la administración, justificar el ejercicio de su soberanía y definir la función pública[83].

Por lo tanto, los elementos de la administración comprenden de un lado "un poder administrativo activo, dotado [...] con prerrogativas legales exorbitantes y con capacidad de decisión ejecutoria" derivadas de la distinción del Poder Ejecutivo de la esfera pública del derecho privado, "y, de otro lado [...] el desarrollo de la función administrativa por medio de la gestión administrativa indispensable para el cumplimiento de los intereses públicos", donde la administración es el vehículo instrumentalizado para alcanzar los fines públicos. De tal suerte, el objeto del derecho administrativo está constituido por estas "prerrogativas de poder" y no por los fines estatales, como sostiene Duguit[84].

Otro de los puntos de la teoría de Hauriou que desacreditan el criterio del servicio público es el relacionado con el régimen jurídico que le es aplicable a la gestión de la administración cuando actúa en procura de las necesidades básicas, comoquiera que el servicio público no corresponde necesariamente a un régimen de derecho público, y en los modelos de Estado en los que la prestación de los servicios públicos se hace a partir de un ente estatal, la razón de ser de la administración no es la prestación del servicio en sí mismo, sino el poder que le ha sido conferido a ese órgano en particular y que lo ha habilitado para gestionar lo necesario para garantizar la prestación del servicio[85].

La siguiente crítica señala que en los rasgos con los que Duguit intentó caracterizar el servicio público como el objeto del derecho administrativo, realmente se refirió al concepto de poder y a sus diferentes manifestaciones

82 Término francés referido al poder público.

83 Santofimio Gamboa. *Compendio de derecho administrativo,* cit., p. 89.

84 Ibíd., pp. 90 a 92.

85 Ibíd., pp. 93 y 94.

como presupuesto para la prestación de los servicios[86]. Ejemplo de ello se ve en la premisa de la tesis del servicio público, conforme a la cual la prerrogativa del servicio está sometida a un "procedimiento de derecho público", pues "no hay nada más significativo en la ejecución del poder que lo relativo a los procedimientos mismos" donde además "hablan del ejercicio de la fuerza, de la imposición de quienes la detentan"[87].

F. Criterios normativos

En esta línea, se reúnen los dos postulados que encuentran sustento en el delimitado y estricto estudio del cuerpo normativo, aislado de cualquier forma de injerencia orgánica o subjetiva. El primero corresponde con la argumentación de la Teoría pura del derecho, en la que Hans Kelsen[88], conceptúa sobre el Estado en dos sentidos, como "un orden normativo jurídico" y como "persona jurídica", es decir, "es tanto sujeto como objeto de derecho"[89].

Bajo este concepto de Estado, el jurista austriaco sostiene que el fenómeno de la separación de poderes no es más que una "identificación de grados de producción normativa jerarquizada dentro del Estado" en la que como consecuencia de la existencia de un único derecho es improcedente pregonar una teoría del "derecho administrativo". En igual sentido, las actividades administrativa y judicial se encuentran en idéntica posición, esto es, en una escala bajo la función legislativa, y cuyo propósito es "ejecutar las normas superiores"[90]. Por lo tanto, el significado de "función administrativa [...] solo se puede entender para la teoría pura del derecho como contenido de normas de derecho, y su producción normativa [...] simplemente como actos jurídicos: actos generales e individuales". Así mismo, fuera de los límites de la Teoría pura del derecho, la administración, en su forma de contenido de normas de derecho, es apreciada como un vehículo para

86 Ibíd., pp. 98 y 99.

87 Ibíd., p. 96.

88 Praga, 11 de octubre de 1881-Berkeley, CA, 19 de abril de 1973.

89 Santofimio Gamboa. *Compendio de derecho administrativo*, cit., p. 104.

90 Ibíd., pp. 106 y 107.

alcanzar las finalidades del Estado, en consecuencia, "sería un medio para dichos fines" [91].

A su turno, GUSTAV RADBRUCH[92], señala que la aplicación de la Teoría pura del derecho puede ejercerse de forma supeditada a principios extrajurídicos que permitan valorar en términos de justicia, qué tan viable resulta la aplicación del precepto normativo.

El segundo criterio, denominado *de exclusión o de la determinación conceptual formalista y negativa* se deriva del trabajo de ADOLF MERKL, en el que, a partir del método de KELSEN, "concluye la existencia de una función administrativa dentro del proceso de producción normativa que deviene de la exclusión de las otras funciones estatales"[93]. Con lo cual, destaca su carácter divisible del conjunto de actividades encomendadas al Estado en procura de la satisfacción y garantía del interés general de sus ciudadanos.

G. Criterio neo-economicista o de la explicación económica de lo público

El contexto histórico en el que cobra vida esta teoría conforme describe SANTOFIMIO GAMBOA corresponde con las mismas causas, aumentadas en forma significativa, que dieron lugar al criterio de la procura existencial, esto es, el incremento exponencial de las necesidades de la ciudadanía y una consecuente dependencia de esta frente al Estado para satisfacer sus premisas básicas.

Bajo la denominación de "posición subjetiva o estatutaria"[94] se señala que el reconocimiento de la administración como persona jurídica significa: 1. Que la administración es la que está llamada a interactuar con la ciudadanía, por lo tanto, tratándose de derecho administrativo estaremos en el escenario de una forma de derecho público; 2. Que el derecho administrativo es el derecho común de las administraciones públicas; y 3. Que el espíritu del derecho administrativo radica en armonizar la interacción entre el ente estatal y los ciudadanos.

---

91 Ídem.

92 Lübeck, Alemania, 21 de noviembre de 1878-Heidelberg, 23 de noviembre de 1949.

93 Ídem.

94 PAREJO ALFONSO en *El concepto del derecho administrativo*, cit., p. 274.

Otro criterio planteado por la doctrina, es el "criterio neo-economicista o de la explicación económica de lo público"[95], que cobra vida en un contexto histórico en el que el Estado, en su rol intervencionista, acapara de forma exigua esferas que en el "marco de la libre competencia corresponden al mercado y, en consecuencia, al sector privado", hecho que desencadena el incremento exponencial de la insatisfacción de las necesidades de la ciudadanía, aumenta la pobreza y, por tanto, conduce al conglomerado social a una inapropiada relación de dependencia respecto del ente estatal, circunstancias similares a las que, como ya se indicó, dieron lugar al surgimiento del criterio de la procura existencial[96].

Este liberalismo económico lleva a reconsiderar el dominio del Estado sobre los bienes y servicios públicos, de tal manera que se pongan a disposición de los particulares, pues la función administrativa debe ser regulatoria, de inspección y control de tal modo que garantice las condiciones de libre competencia, libre mercado y "la instalación y gestión de infraestructuras y el denominado servicio universal"[97].

Este criterio propone consolidar, en una unidad sistemática denominada "teoría general del derecho administrativo", las particularidades de cada uno de los elementos que integran la "parte especial del derecho administrativo", así como la experiencia de la "práctica cotidiana" de la actuación administrativa. Esto con el propósito de crear principios que resulten transversales al derecho en conjunto y que lo "doten de pleno movimiento y [...] adaptabilidad", de modo tal que moldeen las gestiones de la administración pública para que sean las más idóneas en procura del interés general y, así, puedan superar las continuas adversidades a las que se enfrenta como consecuencia del constante progreso e interacción del conglomerado social[98].

Otro criterio es el de la escuela de pensamiento neo-constitucionalista", que consiste en que las formas de Estado en las que la cúspide de la sistematización jurídica radica en la Constitución como carta contentiva de dere-

---

95 Santofimio Gamboa. *Compendio de Derecho administrativo*, cit., p. 111. Señala el autor que esta corriente se debe a los trabajos de Friedrich von Hayek, Ludwig von Mises y la pareja de esposos Milton y Rose Friedman.

96 Ibíd., pp. 111 a 113.

97 Ibíd., pp. 117 y 118.

98 Ibíd., pp. 118 y 119

chos fundamentales, debe fundamentarse explícita o implícitamente en ella y los principios concebidos como normas jurídicas, tienen como propósito garantizar que la gestión de la administración se dé en garantía de los derechos subjetivos y dentro de los parámetros de la moralidad[99].

De lo expuesto en el último criterio denominado "fundado en la cláusula constitucional del Estado social de derecho"[100], se encuentra que en los antecedentes económicos, políticos y sociales que pueden condensarse en la prominente desigualdad e insatisfacción de las necesidades de la ciudadanía consecuencia del modelo de igualdad formal estandarte del Estado de derecho, y su cercanía con "las dictaduras despóticas", nace, bajo la autoría de Hermann Heller[101], el Estado social de derecho, de la mano del concepto de "función social", conforme al cual todas las actuaciones de la administración deben estar orientadas a garantizar la "coexistencia armónica de los hombres", en la que los menos favorecidos sean tenidos en preeminente consideración, como presupuesto de la igualdad material que se debe al conglomerado social[102].

Es así como se concluye, que, en la relación entre el Estado y los ciudadanos, la buena administración adquiere relevancia como regla que legitima la forma de Gobierno y la dirección de la administración, siempre y cuando el propósito de su actuación comprenda la satisfacción y servicio hacia el interés general[103].

Al respecto, mientras que en la legislación colombiana la buena administración no ha sido reconocida de forma expresa como un derecho fundamental ni ha tenido un profundo desarrollo jurisprudencial o estudio teó-

99 Ibíd., pp. 123 a 128.

100 Ibíd., p. 128.

101 Cieszyn, Polonia, 17 de junio de 1891-Madrid, 5 de noviembre de 1933.

102 Ibíd., pp. 129 a 132.

103 En este sentido, Jaime Rodríguez Arana Muñoz. "Reflexiones sobre la regeneración democrática en la administración pública", *Anuario da Faculta de de Dereito da Universida de da Coruña*, vol. 20, 2016, disponible en [http://revistas.udc.es/index.php/afd/article/view/afdudc.2016.20.0.1951/1290], p. 407: "La buena administración pública es, pues, una obligación inherente a los poderes públicos y se caracteriza sobremanera porque el quehacer público promueva los derechos fundamentales de las personas de forma que las actuaciones administrativas armonicen criterios de objetividad, imparcialidad, justicia y equidad y sean prestadas en un plazo razonable".

rico, en Europa ha sido desarrollada de manera amplia a nivel normativo, jurisprudencial y doctrinal, motivo por el que hoy se le reconoce como un derecho fundamental[104] y un principio del derecho comunitario.

De tal suerte, para garantizar el buen manejo de los recursos públicos en un Estado social y democrático de derecho, es indispensable que la administración pública atienda los presupuestos de la buena administración.

En este propósito, se plantea a continuación la conceptualización del término "buena administración". En segundo lugar, se determina como imperativa necesidad la de consagrar la buena administración como un derecho fundamental; no obstante, valga señalar que, a criterio del autor, ese reconocimiento se trata de un formalismo, pues la buena administración es esencialmente un derecho humano. Por tanto, el reconocimiento de su relevancia es indiscutible en cuanto está directamente ligado a la satisfacción de los intereses de los coasociados en un entorno de prestación de servicios, deberes y responsabilidades públicas.

En tercer lugar, se analiza el reconocimiento que Europa ha hecho de la buena administración en la Carta Europea, así como su consideración como principio democrático, análisis que se sustenta en el reconocimiento normativo de ella; y, en cuarto lugar, se desarrollarán las dimensiones democráticas que la buena administración imprime al procedimiento administrativo. A

104 Al respecto, Beatriz Tomás Mallén. *El derecho fundamental a una buena administración*, Madrid, Instituto Nacional de Administración Pública, 2004, disponible en [https://www.google.com/url?sa=t&rct=j&q=&esrc=s&source=web&cd=1&ved=2ahUKEwjI8vqhh-DkAhUNvFkKHb4mCq8QFjAAegQIBBAC&url=https%3A%2F%2Fdialnet.unirioja.es%2Fdescarga%2Flibro%2F578243.pdf&usg=AOvVaw3DID_LexKheX6nUGI4sW5p], p. 82: "En lo que concierne al derecho comunitario originario, ni en los tratados constitutivos ni en sus modificaciones se reconoce, como tal, el derecho a una buena administración, que se codifica de manera autónoma por primera vez –como se viene reiterando– en el ámbito de la Unión Europea mediante el artículo 41 (completado por el art. 42) de la Carta de derechos fundamentales proclamada en el Consejo Europeo de Niza de 2000. Esta, como se indicó en la introducción general, vio frustradas sus expectativas de convertirse en 'parte dogmática' de los tratados comunitarios, gozando en principio de mero valor declarativo. Y, como también se señaló, se consagra como uno de los derechos que integran la ciudadanía de la Unión, junto a otros que, en cambio, desde el Tratado de Maastricht de 1992 sí adquirieron rango 'constitucional' (derecho de sufragio activo y pasivo de ciudadanos comunitarios en elecciones municipales y europeas, derecho a la protección diplomática y consular, derecho de queja ante el Defensor del Pueblo europeo o de petición ante el Parlamento Europeo, etc.)".

continuación, entonces, procederemos a hacer una aproximación a la conceptualización de la "buena administración".

3. Concepto de buena administración más allá de lo estrictamente formal y su conexión con los derechos humanos

La estructuración del concepto de buena administración se presenta desde diferentes perspectivas. En algunas ocasiones, desde las implicaciones propias del ejercicio de la facultad discrecional que tiene la administración respecto a la toma de decisiones que afectan a la ciudadanía y en otras, a partir de la definición de los términos de mala administración y de corrupción como sus antagónicos[105]. Ponce Solè ha señalado, que en ejercicio de la facultad discrecional, cuando se trata de escoger entre las diferentes opciones posibles frente a una decisión determinada, la administración no puede

105 Como señala Ponce Solé. "La prevención de la corrupción mediante la garantía del derecho a un buen gobierno y a una buena administración en el ámbito local (con referencias al Proyecto de Ley de transparencia, acceso a la información pública y buen gobierno), cit., p. 5: "... la *mala administración* es considerada como el concepto contrapuesto al de *buena administración*, cuya existencia revela precisamente la ausencia de esta". (Cursivas del texto original); en Íd. "El derecho a una buena administración y el derecho administrativo iberoamericano del siglo xxi. Buen gobierno y derecho a una buena administración contra arbitrariedad y corrupción", en Enrique M. Alonso Regueira (dir.). El control de la actividad estatal, t. i, "Discrecionalidad, división de poderes y control extrajudicial, Buenos Aires, Universidad de Buenos Aires, 2016, disponible en [http://www.derecho.uba.ar/docentes/pdf/el-control-de-la-actividad-estatal/cae-ponce-buena.pdf], p. 230, señala precisamente que: "... mientras la buena administración hace referencia al modo como el Poder Ejecutivo desarrolla sus tareas administrativas, siendo los conceptos de mala administración (negligente) y corrupción (mala administración dolosa) sus opuestos". También, José Antonio Fernández Ajenjo. *El control de las administraciones públicas y la lucha contra la corrupción: Especial referencia al Tribunal de Cuentas y a la intervención general de la Administración del Estado,* Salamanca, Universidad de Salamanca, 2009, disponible en [https://gredos.usal.es/bitstream/handle/10366/76434/DDAFP_Fernadez_Ajenjo_JA_El_control_de_las.pdf?sequence=1&isAllowed=y], p. 445, señala que: "Como *alter ego* imperecedero a la buena administración de la *res publica,* la corrupción, que es contrapunto que deslegitima la actuación de los poderes públicos también ha visto actualizados sus criterios delimitadores, mediante el establecimiento de nuevos sistemas normativos, como los relativos a las incompatibilidades y el tráfico de influencias y, más recientemente, los códigos éticos o de buenas prácticas".

elegir cualquier solución, por mucho que emplee criterios extrajurídicos para ello [106].

La concepción tradicional de discrecionalidad[107] en virtud de la cual la administración puede escoger entre una pluralidad de soluciones que en

106 "... la administración no puede elegir cualquier solución, por mucho que emplee criterios extrajurídicos para ello. El ordenamiento jurídico quiere que la administración quiera decisiones que no lo vulneren, pero quiere también que la administración adopte buenas decisiones discrecionales, que administre bien, en definitiva. Que cuando decide discrecionalmente lo haga para servir de la mejor manera posible a los intereses generales". Juli Ponce Solé. *El principio de buena administración: discrecionalidad y procedimiento administrativo*, Barcelona, Universitat de Barcelona, 1998, disponible en [https://www.tdx.cat/handle/10803/666064], pp. 117 a 118.

107 Sobre las potestades discrecionales, Eduardo García de Enterría. "La lucha contra las inmunidades del poder en el derecho administrativo (poderes discrecionales, poderes de gobierno, poderes normativos)", *Revista de Administración Pública*, n.º 38, 1962, disponible en [https://dialnet.unirioja.es/descarga/articulo/2112627.pdf], p. 172: "Aquí está lo peculiar del concepto jurídico indeterminado frente a lo que es propio de las potestades discrecionales, pues lo que caracteriza a estas es justamente la pluralidad de soluciones justas posibles como consecuencia de su ejercicio. Si el Ministro, por ejemplo, tiene potestad discrecional para ascender a los funcionarios de una categoría y pasarlos a la categoría superior, tan justo será, desde el punto de vista del derecho, que escoja a Juan, que escoja a Pedro, como que escoja a Antonio. Aquí, cualquiera de estas soluciones, alternativamente, es igualmente justa, y precisamente porque lo es existe libertad de decisión (la discrecionalidad consiste esencialmente en una libertad de elección), procediendo esta en virtud de otros criterios materiales distintos de los jurídicos, que por ello no pueden jurídicamente ser fiscalizados". Respecto de los autores que acogen la definición tradicional del concepto de discrecionalidad, Hugo Alberto Marín Hernández. "Algunas anotaciones en relación con la discrecionalidad administrativa y el control judicial de su ejercicio en el derecho urbanístico colombiano", *Revista Digital de Derecho Administrativo*, n.º 2, primer semestre de 2009, disponible en [https://revistas.uexternado.edu.co/index.php/Deradm/article/view/2582/2222], nota n.º 5, pp. 163 y 164: "Entre tales definiciones formales o negativas de la discrecionalidad puede darse cuenta, en la doctrina alemana, de la propuesta por Martin Bullinger, autor a cuyo entender la discrecionalidad se configura como un margen de autodeterminación de la administración frente a los demás poderes públicos –legislativo y judicial–, por manera que la facultad discrecional comporta un 'margen de libertad que se deriva para la administración pública cuando su actuación no está completamente predeterminada' [...] En España, entre muchos otros autores quienes se decantan por esta postura –claramente mayoritaria en dicho país– que concibe la discrecionalidad como un 'margen de libertad de decisión' [...] conferido a la administración por parte del legislador y, por tanto, inmune al control jurisdiccional, puede citarse la definición propuesta por Luciano Parejo Alfonso, quien considera que la discrecionalidad 'consiste en la atribución a la administración por el legislador de un ámbito de elección y decisión bajo la propia responsabilidad', dentro del cual 'pueden darse varias

reiteradas ocasiones han sido llamadas "indiferentes para el derecho", para PONCE SOLÉ resulta insuficiente[108] por lo que se precisa de una definición más evolucionada que, tal y como sostiene ANTONIO MOZO SEOANE, corresponde con "elegir la medida más adecuada para la satisfacción del interés público: este se encuentra legalmente definido y fijado, pero no casuísticamente predeterminado, tarea para la que se confiere libertad al órgano actuante otorgándole un poder discrecional"[109].

actuaciones administrativas igualmente válidas por conformes con el derecho aplicable' [...] En similar sentido, en la doctrina francesa, la definición de RENÉ CHAPUS [...] También EDUARDO GARCÍA DE ENTERRÍA y TOMÁS RAMÓN FERNÁNDEZ RODRÍGUEZ siguen un rumbo similar, toda vez que consideran que 'el ejercicio de una potestad discrecional permite [...] una pluralidad de soluciones justas, o, en otros términos, optar entre alternativas que son igualmente justas desde la perspectiva del Derecho [...] La discrecionalidad es esencialmente una libertad de elección entre alternativas igualmente justas, o, si se prefiere, entre indiferentes jurídicos, porque la decisión se fundamenta normalmente en criterios extrajurídicos (de oportunidad, económicos, etc.), no incluidos en la ley y remitidos al juicio subjetivo de la administración' [...] En el mismo sentido, JOSÉ LUIS VILLAR PALASÍ y JOSÉ LUIS VILLAR EZCURRA [...] afirman que '... potestad reglada es aquella cuyos presupuestos de ejercicio, cuyo contenido y cuyo procedimiento están estrictamente regulados por la ley. Frente a ello, la potestad discrecional se caracteriza por no tener los presupuestos de su ejercicio o su contenido predeterminados por la ley dejando su libre determinación a la administración pública'. Por similares derroteros marcha el concepto que propone MARÍA JOSÉ ALONSO MÁS, para quien '... podemos definir la discrecionalidad como la libertad electiva de que en ocasiones disponen los poderes públicos para decidir lo que estimen más conveniente de acuerdo con las circunstancias de cada caso [...] de modo que cuando la misma existe se dan diversas soluciones jurídicamente válidas'".

108 JULI PONCE SOLÉ. "La calidad en el desarrollo de la discrecionalidad reglamentaria: Teorías sobre la regulación y adopción de buenas decisiones normativas por los Gobiernos y las administraciones", *Revista de Administración Pública*, n.º 162, septiembre-diciembre de 2003, disponible en [https://dialnet.unirioja.es/descarga/articulo/784925.pdf], pp. 122 y 123: "Que la administración y el Gobierno puedan (deban, como veremos) elegir la solución mejor para el interés general no significa ni que gocen de una libertad absoluta en su tarea ni que el procedimiento para adoptar el resultado, y este en sí, sean indiferentes para el derecho, aunque judicialmente la alternativa elegida no pueda ser discutida en virtud de razonamientos metajurídicos".

109 Citado por MARÍN HERNÁNDEZ. "Algunas anotaciones en relación con la discrecionalidad administrativa y el control judicial de su ejercicio en el derecho urbanístico colombiano", cit., pp. 162 y 163. Sobre la discrecionalidad, el autor sostiene que la esta ha sido definida desde dos perspectivas: una llamada "material" o "positiva" y otra denominada "formal" o "negativa". "Las primeras consideran que la discrecionalidad opera en circunstancias en las cuales el interés general, para el caso concreto, no se encuentra exhaustivamente precisado por la ley, de suerte que la discrecionalidad surge como autorización que se confiere expresa

Lo anterior significa, que el procedimiento administrativo adquiere una mayor relevancia en el plano de la discrecionalidad, comoquiera que se consolida como el mecanismo a través del cual la administración ejerce la facultad discrecional, por lo tanto, es el instrumento que permite realizar un adecuado juicio de valor entre las diferentes soluciones posibles y las circunstancias específicas de cada caso. Así, la determinación de cuál sea la mejor decisión implica que la medida considerada no solo no sea contraria a los presupuestos legales, sino que, además, sea la que brinde un mayor beneficio respecto de una situación determinada[110] dentro de todas las opciones contempladas.

Frente a la mejor decisión posible, en un proceso de valoración discrecional, este se ajustará a las exigencias de la buena administración cuando satisfaga sus índices de calidad[111].

---

o implícitamente a la administración para que, previa ponderación de todos los hechos, intereses, derechos o principios jurídicos comprometidos en el caso concreto [...] Para las segundas, por su parte [...] el elemento determinante de la existencia de discrecionalidad no es ya el *objeto* de la facultad misma y el *cómo* ella debe ser ejercida –esto es, según se acaba de referir, la autorización conferida a la administración para apreciar o integrar en qué consiste el interés público en cada caso concreto, formulando criterios objetivos y razonables de decisión–, sino la *forma* en la cual se configura –la *forma* en la cual se redacta el precepto que atribuye la facultad–, entendiéndose, por tanto, la discrecionalidad, desde la perspectiva formal comentada, como un espacio o un ámbito de decisión no regulado o regulado apenas de forma parcial por el ordenamiento, ámbito de decisión que el legislador, entonces, ha decidido otorgar a la administración, con el propósito de que esta decida de manera *libre*, eligiendo *cualquiera* de las alternativas que se ofrezcan como posibles para resolver el caso, habida cuenta de que –supuestamente, según estas posturas– todas esas alternativas resultan jurídicamente admisibles, esto es, se trataría de *indiferentes jurídicos*" (itálicas en el original). Dentro de quienes concuerdan con esta distinción se encuentran REYNALDO MORA MORA. "El concepto de discrecionalidad en el quehacer de la administración pública", *Justicia Juris*, vol. 8, n.º 1, enero-junio de 2012, disponible en [http://ojs.uac.edu.co/index.php/justicia-juris/article/view/255/239], pp. 92 a 105; ISABEL LIFANTE VIDAL. "Dos conceptos de discrecionalidad jurídica", *Doxa: Cuadernos de Filosofía del Derecho*, n.º 25, 2002, disponible en [http://rua.ua.es/dspace/handle/10045/10148#vpreview], pp. 413 a 439.

110 PONCE SOLÉ. *El principio de buena administración: discrecionalidad y procedimiento administrativo*, cit., p. 122. También PONCE SOLÉ. "El derecho a una buena administración y el derecho administrativo iberoamericano del siglo XXI. Buen gobierno y derecho a una buena administración contra arbitrariedad y corrupción", cit., p. 229.

111 Ello significa que: "más allá de lo obvio, es decir, de la omisión total de actividad procedimental debida, la cuestión se centra en el grado de cumplimiento real de la actividad normativamente exigible, capaz de orientar la toma de la mejor decisión posible, la más

En consecuencia, a partir de estos dos elementos —discrecionalidad y procedimiento administrativo—, se estructura el concepto de buena administración y en consecuencia, esa voluntad del ordenamiento de que se *busque* y *elabore* la mejor decisión discrecional se recoge en un deber jurídico: el deber de una buena administración[112].

La buena administración exige que la facultad discrecional de la administración sea ejercida a través de un procedimiento administrativo[113] en el

acertada a la vista de la ponderación de los hechos e intereses relevantes para la decisión". Juli Ponce Solé. "¿Adecuada protección judicial del derecho a una buena administración o invasión indebida de ámbitos constitucionalmente reservados al Gobierno? El traslado de la Comisión del Mercado de las telecomunicaciones a Barcelona y las sentencias del Tribunal Supremo de 27 de noviembre de 2006", *Revista de Administración Pública*, n.° 173, mayo-agosto de 2007, disponible en [http://www.cepc.gob.es/Controls/Mav/getData.ashx?MAVqs=~aWQ9MjY1MTcmaWRlPTEwMzcmdXJsPTUzJm5hbWU9UkFQMTczLjAwNy5wZGYmZmlsZT03MTcxMjc0MjQxODIyODIucGRmJnRhYmxhPUFydGljdWxvJmNvbnRlbnQ9YXBwbGljYXRpb24vcGRm], p. 260.

112 Esto se debe a que: ... el deber de una buena administración atiende más a la perspectiva dinámica de la discrecionalidad, al modo en que se va concretando el poder discrecional, que al resultado del mismo ejercicio, aunque también a este, puesto que modo de elaboración y calidad de la decisión final son como las dos caras de una misma moneda: no puede existir una buena decisión discrecional, perspectiva estática, si previamente no se ha desarrollado correctamente el poder discrecional, si la transformación de la discrecionalidad en decisión final no ha permitido el servicio oportuno al interés general. Por ende, el deber de buena administración involucra "... un deber de seguimiento de un procedimiento administrativo adecuado, para que la decisión discrecional sea, efectivamente, la mejor en su servicio al interés general", además, "supone la necesidad del análisis y la toma en consideración diligente y con el debido cuidado de los hechos e intereses relevantes en cada toma de decisión". Ponce Solé. "El derecho a una buena administración y el derecho administrativo iberoamericano del siglo xxi. Buen gobierno y derecho a una buena administración contra arbitrariedad y corrupción", cit., p. 230. En consecuencia: "... la idea de una buena administración incorpora, por sí misma, la necesidad de que al ejercerse poder público (por el Gobierno o la administración) dicho ejercicio se materialice mediante un procedimiento de toma de decisión que permita garantizar el análisis y la toma en consideración diligente y con el debido cuidado de los hechos, derechos e intereses relevantes y la no consideración de los irrelevantes...". Ibíd., p. 237.

113 Juan Carlos Cassagne. "A cuarenta años de la ley nacional de procedimientos administrativos", en Héctor Pozo Gowland (dir.). *Procedimiento administrativo*, vol. i, t. i, "Aspectos generales del procedimiento administrativo. Relaciones con otras ramas del derecho, Buenos Aires, La Ley, 2012, p. 34: "La última función de garantía que persigue el establecimiento de reglas jurídicas que sirvan de cauce y canalicen el dictado de actos administrativos, es la que le otorga, al procedimiento administrativo, una especial relevancia en el régimen del Estado de derecho basado en la separación de poderes.

que, a partir de las circunstancias particulares de cada caso, se identifiquen todas las soluciones posibles que puedan satisfacer la necesidad que motiva el cuestionamiento, en el entendido de que serán posibles aquellas medidas que no contraríen el ordenamiento jurídico. La administración debe evaluar el grado de satisfacción que cada una de las soluciones posibles representa a la necesidad planteada, para que, de manera objetiva, tome una decisión discrecional motivada y justificada en la satisfacción del interés general, "pues este constituye el criterio o la medida de toda actuación administrativa"[114]. Así, al darle una garantía al ciudadano respecto a que la actuación de la administración está sometida a unos parámetros de conducta, que van más allá de la mera legalidad de la acción, es la esencia de la buena administración.

Dentro de los autores que también han definido la buena administración tomando como punto de partida la discrecionalidad tenemos a Pedro Spano Tardivo[115]. En su concepto, se retoma la calidad vinculada al procedimiento administrativo, y se concluye que solo podrá referirse a una decisión de calidad cuando en ejercicio de la facultad discrecional se haga una amplia y objetiva valoración de cada uno de los intereses comprometidos y, como consecuencia de ella, se adopte una decisión que atienda de forma asertiva las necesidades de los soberanos.

Ello denota una clara limitación de la facultad discrecional, que debe ejercerse solo si esta se orienta a garantizar el derecho humano a la buena administración, pues de otra forma no puede concebirse, la atención oportuna, efectiva y eficiente de los requerimientos de los administrados.

114 Carro Fernández-Valmayor. "Ética pública y normativa administrativa", cit., p. 11.

115 El considera que: "la buena administración describe un estándar de administración: aquella que adopta decisiones de calidad que valoran eficientemente todos los intereses en juego a través de cauces de acción abiertos y participativos materializados en el debido procedimiento administrativo. Con ello se quiere establecer como principio que no basta que la administración se subordine a la ley en su actividad. La subordinación, además debe propender a la adopción de decisiones eficaces y eficientes que de manera efectiva sirvan a los ciudadanos favoreciendo su activa participación". Pedro Spano Tardivo. "El principio de transparencia de la gestión pública en el marco de la teoría del buen gobierno y la buena administración. La transformación de la administración pública para la tutela de los derechos fundamentales a propósito de la provincia de Santa Fe ", *Revista Digital de la Asociación Argentina de Derecho Administrativo*, n.º 1, enero-junio de 2016, disponible en [https://bibliotecavirtual.unl.edu.ar/publicaciones/index.php/raada/article/view/6071/9143], p. 230.

En el plano de la discrecionalidad, se plantea: "la administración no puede ser sino buena; si no lo es, resulta ilegítima. Esa ilegitimidad radica en no hacer bien las cosas, es decir, en un actuar ineficaz"[116]; por lo tanto, el "derecho a la buena administración comprende el derecho al buen funcionamiento de los servicios públicos o, más genéricamente, al buen funcionamiento de los servicios de interés económico general; funcionamiento acorde a las necesidades reales del hombre situado en un lugar y momento determinado"[117].

También se sostiene por los doctrinantes que la buena administración tiene una trascendencia desde el plano jurídico como en el ético; y ello implica el actuar conforme a lo que está bien y en el marco de los derechos humanos[118].

También es acogida por Jaime Rodríguez Arana Muñoz y José Ignacio Herce Maza[119]. Sobre las bases del interés general se sobrepone el concepto de buena administración en el marco de la democracia, cuyo protagonista

116 Augusto Durán Martínez. "Principio de eficacia y Estado subsidiario", *Liber Amicorum Discipulorumque José Aníbal Cagnoni*, Montevideo, Fundación de Cultura Universitaria, 2005, p. 154.

117 Augusto Durán Martínez. "Estado constitucional de derecho y servicios públicos", *A&C. Revista de Direito Administrativo & Constitucional*, Belo Horizonte, vol. 15, n.º 60, abril-junio de 2015, disponible en [http://www.revistaaec.com/index.php/revistaaec/article/view/52/355], p. 55.

118 Delpiazzo. "La buena administración como imperativo ético para administradores y administrados". cit., pp. 43 y 44. Textualmente se sostiene: "... el enfoque de la buena administración desde la perspectiva del administrado en su más amplia consideración permite visualizar en primer plano el derecho de todos y cada uno a ser bien servidos por un Estado –y, dentro de él, por una administración– que, bajo el principio de juridicidad, actúe y se desenvuelva respetando y garantizando los derechos humanos fundamentales". Ibíd., p. 53.

119 Para quienes "... si se parte de que una administración pública no puede ser sino buena, una buena administración es aquella que toma las decisiones en función de las personas, de sus necesidades colectivas, en función del interés general. Los ciudadanos tienen derecho a exigir determinados patrones o estándares en el funcionamiento de la administración, más aún en una democracia avanzada". Jaime Rodríguez Arana Muñoz y José Ignacio Herce Maza. "La buena administración en la contratación pública: Mención especial a la fase de ejecución del contrato", *Gabilex: Revista del Gabinete Jurídico de Castilla-La Mancha*, número extraordinario, marzo de 2019, disponible en [https://gabilex.castillalamancha.es/sites/gabilex.castillalamancha.es/files/pdfs/jaime_rodriguez-arana_munoz.pdf], p. 25.

es la ciudadanía y todas esas actuaciones que propenden por el bien común se orientan al mejoramiento de las condiciones de vida de la colectividad[120].

Es decir, que el ciudadano es el receptor y protagonista del derecho fundamental a la buena administración, posición esta reiterada por los citados doctrinantes, como el fundamento del derecho administrativo que concentra su propósito en garantizar la buena gobernanza a que tiene derecho todo ser humano.[121].

Así, la satisfacción del interés general constituye una de las principales características de la buena administración, y hacer efectivos los intereses generales predeterminados es su propósito, pues ello implica que se realice su cometido de manera adecuada y conforme a la política diseñada[122].

La buena administración se basa en la toma de decisiones de calidad, y esta debe conjugar de forma eficiente los intereses colectivos, el cumplimiento de la ley la efectividad, promoción y activa participación ciudadana[123]; y vista como principio fundamental reconocido por la comunidad in-

120 Al tenor se expresa: "... aquella que cumple con las funciones que le son propias en democracia. Es decir, una administración pública que sirve objetivamente a la ciudadanía, que realiza su trabajo con racionalidad, justificando sus actuaciones y que se orienta continuamente al interés general. Un interés general que en el Estado social y democrático de derecho reside en la mejora permanente e integral de las condiciones de vida de las personas". Rodríguez-Arana Muñoz. "La buena administración como principio y como derecho fundamental en Europa", cit., p. 26.

121 Que sobre el particular señalan que: "... la razón de esta nueva manera de contemplar el derecho administrativo se encuentra en la centralidad de la persona y en su derecho fundamental a una buena administración. Concepto que, en nuestro derecho, podría resumirse diciendo que la buena administración es aquella que actúa en todo caso al servicio objetivo del interés general". Jaime Rodríguez Arana Muñoz. "El derecho fundamental a la buena administración y la centralidad del ciudadano en el derecho administrativo", en Ángel Sánchez Blanco, Miguel Ángel Domínguez-Bernueta de Juan y José Luis Rivero Ysern (coords.). *El nuevo derecho administrativo: libro homenaje al prof. Dr. Enrique Rivero Ysern*, Salamanca, Ratio Legis Librería Jurídica, 2011, p. 5.

122 José Luis Meilán Gil. "El paradigma de la buena administración", *Anuario da Facultade de Dereito da Universidade da Coruña*, n.º 17, 2013, disponible en [https://ruc.udc.es/dspace/bitstream/handle/2183/12531/AD_17_2013_art_11.pdf?sequence=1&isAllowed=y], p. 236.

123 José Ignacio Hernández González. "El concepto de administración pública desde la buena gobernanza y el derecho administrativo global. Su impacto en los sistemas de derecho administrativo de la América española", *Anuario da Facultade de Dereito da Universidade da Coruña*,

ternacional reviste especial importancia en el ejercicio del control fiscal por parte de las autoridades administrativas.

En efecto, el manejo gerencial implica que los funcionarios o los particulares deban administrar los recursos públicos para lograr satisfacción de los intereses generales de la comunidad. En esa medida, al ser la buena administración de esos recursos un derecho exigible por parte de los administrados, los ciudadanos cuentan con la posibilidad de activar los mecanismos que las nuevas tendencias de la gestión de lo público les dan para exigir a las autoridades que se tomen las medidas necesarias para su correcta administración.

Este principio, como ya se ha indicado, es resultado de la evolución del derecho administrativo que, en los países de la denominada familia romano-germánica[124], ha tenido como protagonista que marcó la pauta en su desarrollo, al derecho francés. El profesor Maucci[125] hace una interesante descripción de la evolución del derecho administrativo en Francia y Alemania, en la que a partir de la concepción de un derecho que se construye para garantizar las prerrogativas de la administración.

A grandes rasgos, en esta evolución ya planteada en párrafos precedentes, en los tiempos modernos el famoso caso Blanco resulta sumamente importante a la hora de la fundamentación de la independencia del derecho administrativo del derecho civil, al señalar que "la responsabilidad de la administración no puede ser regulada por los principios que se establecen en el Código Civil para las relaciones de particular a particular, pues tiene sus

---

n.º 16, 2012, disponible en [https://ruc.udc.es/dspace/bitstream/handle/2183/12007/AD_16_2012_art_10.pdf?sequence=1&isAllowed=y], p. 211.

124 Uno de los principales aportes al mundo jurídico de la denominada familia romano germánica, lo constituyen los códigos, cuya fuente se reconoce en las compilaciones de Justiniano "Código, Digesto, Institutas, publicado entre el 529 y 534, completados más tarde por una serie de novelas", a través de las cuales se fue divulgando el derecho romano.

125 Alfonso Masucci. "formación y evolución del derecho administrativo en Francia y Alemania", Rodrigo Moreno Fuentes (trad.), *Revista de Administración Pública*, n.º 184, enero-abril de 2011, pp. 9 a 39, disponible en [https://dialnet.unirioja.es/descarga/articulo/3640179.pdf]. En donde: "Incluso si los poderes de la administración debían, como obsequio a las conquistas revolucionarias, ser previstos por los textos legales, la relación autoridad/ciudadano fue estructurada como una simple relación autoridad/sujeción, que venía caracterizada por una volonté de commandement de la administración pública".

reglas especiales". (traducción propia). Quiere ello decir que resulta evidente la autonomía y especialidad del derecho administrativo respecto del derecho civil. [126]

Así mismo en esta semblanza se da especial relevancia al proceso de transformación del derecho administrativo, por la influencia de las innovaciones tecnológicas y la "ciencia artificial" y su influencia en la actividad administrativa en donde cita a manera de ejemplo las *téléprocédures administratives*[127] en el ámbito de los servicios públicos.

Trae a colación la adopción de medios alternativos para solucionar los conflictos como una manera de agilizar la resolución de los litigios, lo que corresponde a la concreción de atender las solicitudes en "plazos razonables" como uno de los resultados del derecho fundamental del buen gobierno, que puede ser exigido por los administrados, consagrado en el artículo 41 de la Carta Europea[128], bajo la denominación de Alternative Dispute Resolution —ADR— y menciona que su origen se encuentra en Estados Unidos y que ha tenido una buena acogida en la Comunidad Europea y a nivel del Consejo de Europa, en especial, en el derecho alemán.

En el Derecho Colombiano, existe un amplio desarrollo que si bien no consagra de forma explícita como lo preceptúa el artículo 41 de la carta europea, de forma tácita se infiere en primer lugar del artículo 29 de la Constitución Política de Colombia, la concepción del debido proceso que enmarca todo tipo de procedimientos judiciales y administrativos. De allí se derivan, todos los mecanismos de solución de conflictos, así como la fijación de términos procesales, conceptos claros sobre caducidad, prescripción, entre otras actuaciones regladas que confluyen en la esencia de derecho humano a la buena administración.

El autor finaliza sus notas sobre la evolución de derecho administrativo con la mención de las nuevas formas de prestación de servicios, que responden a los cambios en la conformación de mercados, a la aparición de nuevos

126 Alfonso Masucci. "formación y evolución del derecho administrativo en Francia y Alemania", Rodrigo Moreno Fuentes (trad.), *Revista de Administración Pública*, n.º 184, enero-abril de 2011, pp. 9 a 39, disponible en [https://dialnet.unirioja.es/descarga/articulo/3640179.pdf].

127 Procedimiento administrativo efectuado a distancia.

128 Carta Europea de los Derechos Fundamentales de la Unión Europea, cit.

operadores y a los nuevos esquemas de regulación en sectores específicos en donde las reglas son diferentes y los actos que realizan no corresponden a las nociones clásicas, sino que responden al denominado *soft law*[129].

Lo descrito respecto a la evolución del derecho administrativo reviste especial importancia en materia del control fiscal, toda vez que corresponde al ejercicio de una actividad administrativa que también se ha visto impactada y necesita adecuarse a esa nueva forma de actividad estatal. Precisamente la respuesta de las autoridades que ejercen el control hace que este deba ser estratégico a la hora de revisar esos resultados de la gerencia de lo público con apoyo de las herramientas informáticas, donde la efectividad en la protección de lo público redunde en beneficio del interés colectivo.

El concepto de buena administración surge como respuesta a la necesidad de evolución del derecho administrativo, en la que se privilegia al beneficiario de la actividad estatal, al administrado que pasa de ser un receptor de las prerrogativas de la administración, al protagonista de la acción del Estado; es así como la buena administración como derecho fundamental cambia la forma de relacionarse el administrado con las autoridades administrativas, por cuanto le permite exigir sus derechos; en correspondencia, las entidades públicas adelantan unas buenas prácticas de gestión administrativa en donde el interés general es el norte del ejercicio de su actividad. Pues el ejercicio solo se concibe cuando el Estado garantiza el desarrollo de los derechos humanos, pues el individuo es el centro; el principio y fin, la razón de ser de la administración pública.

La noción del derecho a una buena administración es compleja, por cuanto su construcción ha sido el resultado de la evolución del derecho administrativo en el que la jurisprudencia ha jugado un papel preponderante en la medida en que ha permitido un acercamiento de la administración al ciudadano, al administrado de una manera diferente, en la que como titular de derechos es el centro de esa actividad y puede exigir garantías para que esos fines generales se hagan realidad a través de la actividad de la administración pública.

El derecho a la buena administración es un derecho fundamental en cabeza de todo ciudadano quien espera que las resoluciones que se profieran

129 Fenómenos jurídicos que carecen de fuerza vinculante.

por parte de las autoridades europeas sean imparciales, equitativas y razonables conforme al momento histórico en que estas se profieran"[130].

Delpiazzo también aporta en la discusión del tema y concibe la buena administración desde su esencia etimológica, pues administrar tiene su origen en el latín *ad* y *ministrare*, que significa "servir a"[131].

Ponce Solé sostiene que este "derecho a una buena administración" es solo aplicable a las relaciones jurídicas con las instituciones comunitarias, no respecto de las autoridades nacionales; aunque reconoce que hay quienes sostienen que dicho derecho sería extensible a las relaciones con estas últimas cuando aplican normativas comunitarias[132]. Lo cual, plantea reflexiones en punto a su distinción en estados federados, comunitarios, unitarios y descentralizados, como también en aquellos casos de confederaciones o uniones de naciones como el caso europeo.

Además, el Parlamento Europeo ha aprobado el Código Europeo de Buena Conducta Administrativa[133], por resolución de 2001, posible embrión de una futura codificación del procedimiento administrativo europeo. Se debe notar, por otra parte, que un deber jurídico parecido se encuentra re-

130 Jaime Rodríguez Arana Muñoz. "El derecho a la buena administración en las relaciones entre ciudadanos y administración pública", Anuario de Facultade de Dereito da Universidade da Coruña, n.º 16, 2012, pp. 247 a 273, disponible en [https://core.ac.uk/download/pdf/61909988.pdf].

131 "La mirada a la buena administración desde la perspectiva de la administración no puede ser otra que la de su propia esencia, contenida en la propia etimología de la palabra "administrar", que proviene del latín *ad* y *ministrare*, que significa "servir a". Quiere decir que la justificación de la existencia de la administración radica en su orientación al servicio a la sociedad como tal y en cada uno de sus integrantes y grupos intermedios, de lo que deriva su naturaleza instrumental a fin de que los componentes del cuerpo social –todos– puedan alcanzar plenamente sus fines propios". Delpiazzo. "La buena administración como imperativo ético para administradores y administrados", cit.

132 Agustín R. Moscariello. "El principio de la buena administración", en *El Derecho*, serie especial administrativo de 28 de febrero de 2013, disponible en [https://www.mndabogados.com.ar/files/buena-administracion.pdf].

133 El Defensor del Pueblo Europeo. Código Europeo de Buena Conducta Administrativa, Luxemburgo, Bélgica, 2005, disponible en [https://parlamento-cantabria.es/sites/default/files/dossieres-legislativos/code2005_es.pdf].

cogido en ordenamientos jurídicos de nuestro entorno, como es el caso del principio de *buon andamento,* recogido en la Constitución italiana[134].

Estos enunciados del derecho fundamental a la buena administración presentan algunos aspectos de la noción contenida en el artículo 41 de la Carta Europea ya citada que, al ser desarrollados, se materializan en varios principios que contribuyen a que este derecho fundamental sea efectivo.

Entre ellos menciona el profesor RODRÍGUEZ-ARANA MUÑOZ, 24 principios que si se revisan al detalle, están contenidos en la mayoría de las Constituciones Políticas, en las leyes que regulan las actuaciones administrativas y en algunos casos, son el resultado de elaboración jurisprudencial que si bien en su denominación tiene algunas diferencias, en su contenido se identifican por aspectos esenciales que los caracterizan, y que corresponden entre otros: a la obligación de que las actuaciones se sometan a la ley; a motivar las decisiones; a remover obstáculos para garantizar el adecuado ejercicio de los derechos; al deber de cooperación entre autoridades; a la igualdad en el trato; a la publicidad de la información; a la seguridad jurídica; a la imparcialidad, independencia, al ejercicio de la actividad administrativa acorde con la finalidad prevista en el ordenamiento; a la coherencia entendida como el respeto al precedente; al principio de la buena fe; de la confianza legítima; al asesoramiento al ciudadano para presentar sus solicitudes; a la facilitación de formatos para que ejerza sus derechos cuando a ello haya lugar; a la responsabilidad de la administración; a la celeridad; a la transparencia y acceso a la información; a la protección de los datos personales; a la rectitud en el actuar, etc.[135]

En nuestro ordenamiento jurídico, se encuentran ampliamente desarrollados estos principios, que aunque no explícitamente reconocidos como derecho fundamental a la buena administración. En consecuencia, estos 24

134 JULI PONCE SOLÉ. "Transparencia y derecho a una buena administración", XX Congreso Internacional del CLAD sobre la Reforma del Estado y de la Administración Pública, Lima, Perú, 10 al 13 de noviembre de 2015, disponible en [http://www2.congreso.gob.pe/sicr/cendocbib/con4_uibd.nsf/E98CB19203DD3F1705258096005F9F77/$FILE/poncejul.pdf].

135 JAIME RODRÍGUEZ ARANA MUÑOZ. "El derecho a la buena administración en las relaciones entre ciudadanos y administración pública", Anuario de Facultade de Dereito da Universidade da Coruña, n.º 16, 2012, pp. 247 a 273, disponible en [https://core.ac.uk/download/pdf/61909988.pdf].

principios están contenidos de manera expresa como garantía del debido proceso en el artículo 29 de la Constitución Política Colombiana, y de forma tácita como derechos fundamentales; pues el debido proceso, el derecho de defensa, los principios generales de la función pública, los procedimientos reglados, el derecho de petición, el derecho de tutela, son apenas algunas de las formas que contienen tales principios. De tal manera que se considera que el ordenamiento Constitucional colombiano, coincide con los 24 principios planeados por el profesor Rodríguez Arana.

A continuación, desarrollaremos el concepto de los derechos fundamentales para enlazarlo posteriormente con el contenido de la función pública y la buena gobernanza.

A. Derechos fundamentales

El concepto de derecho fundamental es sin duda un imperativo que atañe a casi todas las constituciones contemporáneas. No obstante, deben proclamarse y garantizarse, según destaca la doctrina.[136] Y más tratándose del derecho a la buena administración, como tema central de esta obra y que es esencialmente un derecho humano.

En la Constitución política de Colombia como_norma superior que regula la estructura y el funcionamiento de los principales órganos de un país, así como los derechos y libertades de sus habitantes, cobró relevancia el término de derecho fundamental a partir de la Constitución de 1991, cuando se consagró una nueva orientación filosófica, que ubica al hombre o ser humano en un lugar privilegiado y lo convierte en el centro; en la razón de ser; en fundamento y propósito del Estado.

136 Refiere Julián Tole Martínez que: «Los derechos fundamentales no son ningún descubrimiento de nuestra época. No obstante, hasta hace pocos años la Constitución colombiana los reconoce como normas jurídicas de carácter constitucional. Y esto se debe a que difícilmente, en la actualidad, un Estado constitucional o cualquier orden social democrático pueden renunciar a garantizar los derechos fundamentales o, al menos, a proclamarlos; son discutibles todavía su contenido, su estructura normativa o su significado, pero no el principio de la necesidad de protección». Julián Tole Martínez. «La teoría de la doble dimensión de los derechos fundamentales en Colombia. El estado de cosas inconstitucionales, un ejemplo de su aplicación», en *Cuestiones Constitucionales*, n.º 15, 2006, p. 254.

Para la Real Academia de la Lengua Española, los derechos fundamentales son inherentes a la dignidad humana y por resultar necesarios para el libre desarrollo de la personalidad, son normalmente recogidos por las constituciones modernas, asignándoles un valor jurídico superior.

En este punto, es importante diferenciar, que los derechos humanos para muchos doctrinantes están vinculados al derecho internacional y los derechos fundamentales tienen su cimiento en el derecho interno, generalmente reconocido en normas superiores. Empero, existe una gran convergencia entre uno y otro relativo al reconocimiento del hombre como destinatario de ellos en virtud de su dignidad humana, esto es, por el solo hecho de existir.

Señala Huerta de forma clara y precisa que: los seres humanos por el solo hecho de existir son acreedores de los derechos humanos, esto bajo una visión *ius naturalista.* De allí sostiene: "*que los derechos humanos han existido siempre y los derechos fundamentales son solamente el resultado del reconocimiento*", afirmación plenamente compartida por el autor de este estudio, pues dependiendo de los momentos históricos, culturales y sistemas de gobierno así mismo se positiviza. Textualmente, indica que*: "su existencia depende de su reconocimiento por los sistemas jurídicos internacionales y nacionales"*[137].

Se destaca que el ordenamiento jurídico colombiano coincide con lo anterior, en cuanto a la consagración normativa de los derechos fundamentales inmersos en el conjunto de normas expedidas por autoridades competentes sometidas a los debidos controles en sus actuaciones para evitar abusos.[138] No obstante, el reconocimiento de los derechos humanos es un acto meramente formal, en tanto forman parte de la esencia del ser por la única razón válida que es la de existir; de tal manera que el derecho a una buena administración, reúne todo el conjunto de derechos humanos que siendo parte de la comunidad, quienes tienen a cargo la delicada tarea de administrar lo público, solo pueden gerenciar de forma adecuada; no hay otra forma de hacerlo.

En ese aspecto, la citada doctrinante insiste en que la fundamentalidad depende" de *su contenido, por conformar la esfera básica de acción del individuo. El*

137 Huerta Carla. Distinción entre derechos fundamentales y derechos humanos.

138 ibidem

problema radica en que "fundamentalidad" de los derechos no es una propiedad uniforme u objetiva, sino que se determina histórica y culturalmente, por lo que su delimitación depende de cada sociedad"[139]. Consideramos, que independientemente del reconocimiento estatal, la esencia de los derechos humanos, está por encima de cualquier aspecto cultural y social; de allí que las organizaciones internacionales defensoras de los derechos humanos promuevan prácticas unificadoras orientadas al respecto y garantía en los países miembros.

Para algunos doctrinantes la importancia de la diferenciación entre derechos humanos y derechos humanos fundamentales radica precisamente en el grado de su exigencia. Para García Maine[140] son características del derecho acorde con su naturaleza la exterioridad, la bilateralidad, coercibilidad y la heteronomía. De esas características a nuestro juicio la más importante es la coercibilidad, entendida como la posibilidad de exigir su cumplimiento a través de medios efectivos e idóneos de forzosa aplicación, pues su fuente emana del derecho positivo, instituido precisamente para hacer efectivo el ejercicio; y toda esa orientación hacia la efectividad, no es otra cosa que el derecho a un buen gobierno.

En efecto, la persona humana es contemplada en la Constitución Política Colombiana como el centro y razón de ser del Estado que le otorga competencias a sus agentes, instituidos para: "*... proteger a todas las personas residentes en Colombia, en su vida, honra, bienes, creencias, y demás derechos y libertades, y para asegurar el cumplimiento de los deberes sociales del Estado y de los particulares...*".

La Carta magna, otrora promulgada en la Gaceta Constitucional · 114 del 4 de julio de 1991 y que reemplazó a la Constitución Política de Colombia de 1986, es conocida como la Constitución de los Derechos Humanos y desde el título I se describen los principios fundamentales en tanto describe como objetivo la atención del Estado en pro del bienestar comunitario así: *"Colombia es un Estado Social de Derecho"* [141]

Consideramos, entonces, que los derechos humanos, son derechos naturales; empero, los derechos fundamentales emanan del derecho positivo, y su

139 ibidem

140 8 E. García Máynez, op. cit., nota 26, pp. 15-24

141 Artìculo 1°., Constituciòn Politica de Colombia

fundamento en declaraciones como la ONU, por ejemplo, son fuente importante para el reconocimiento, respeto y garantía en los países miembros.

La Jurisprudencia Constitucional Colombiana reconoce que los derechos humanos fundamentales le pertenecen a toda persona y son inherentes al ser humano desde su misma concepción y existencia y están por encima del Estado; de tal manera que la fundamentalidad debe considerarse en la particularidad de tales derechos y en su condición de inalienables.[142]

La determinación de reconocer unos derechos fundamentales como garantía de seguridad y de adecuada prestación de servicios se materializa a través de un pacto o contrato social, que busca obtener un orden social más justo y equitativo, en pro de construir una convivencia pacífica en cuya cúspide se sitúa el Estado, encargado de garantizarlos, al tiempo que limita el ejercicio del poder público, para evitar que se desborde.

Retomando los preceptos de nuestra Carta Magna, esta señala de manera puntual cuáles son los derechos fundamentales, así, dentro del Título ii «De los derechos, las garantías y los deberes», el capítulo i se refiere en forma exclusiva a los derechos fundamentales y destaca entre otros, la vida, la libertad, la igualdad, la intimidad, la honra, el buen nombre, el debido proceso, la libertad de locomoción, la libertad de culto, de conciencia, el libre desarrollo de la personalidad, la paz, etc. Son taxativos, pues los derechos fundamentales en Colombia representan los mínimos que atañen a la persona humana y que deben ser reconocidos y respetados por las autoridades y los particulares.

En España, el concepto de derechos fundamentales también es muy importante. Se consideran así a aquellos derechos que, con eficacia directa, se contienen en la Constitución española y vinculan a todos los poderes públicos. De manera general, en el título i que habla de los derechos y deberes fundamentales, se alude a los derechos de la persona [143]

142 Sentencia T-571 de 26 de octubre de 1992, M. P.: Jaime Sanín Greiffenstein, disponible en [https://www.corteconstitucional.gov.co/relatoria/1992/t-571-92.htm] Corte Constitucional.

143 De manera puntual, en el artículo 10.1 se dice que «La dignidad de la persona, los derechos inviolables que le son inherentes, el libre desarrollo de la personalidad, el respeto a la ley y a los derechos de los demás son fundamento del orden político y de la paz social».

Más adelante dispone que se interpretan conforme a los instrumentos internacionales aceptados y que España suscribe[144]. Sin embargo, en la Sección 1 habla de los derechos fundamentales y de las libertades públicas, y establece como fundamentales el derecho a la vida, a la integridad física y moral, la libertad ideológica, religiosa y de culto, la seguridad, el debido proceso, el *habeas corpus*, el honor, la intimidad personal y familiar, la propia imagen, la inviolabilidad del domicilio, la libre circulación, la libertad de expresión, de reunión, de asociación o de enseñanza, entre otros.

La Doctrina Española destaca la Constitución de 1978 como la más garantista de todas; textualmente señala el tratadista Suanzes Campegna[145]: *"La Constitución de 1978 es la más exigente y cuidadosa de todas cuantas ha habido en España en lo que concierne a las garantías de los derechos. Para empezar, la regulación constitucional de los derechos no puede modificarse más que a través del procedimiento de reforma constitucional que establece la propia Constitución en su título x, especialmente rígido cuando se trata de modificar los derechos reconocidos en los artículos 15 a 29, que son los que reciben una especial protección. Por otro lado, el desarrollo legislativo de esos derechos (no la mera regulación de su ejercicio) solo podrá hacerse mediante ley orgánica, cuya aprobación requiere la mayoría absoluta del Congreso de los Diputados (art. 81). Esa ley deberá respetar el «contenido esencial» de esos derechos (art. 53.1), en caso contrario el Tribunal Constitucional podría anularla. El «contenido esencial» de los derechos —un concepto que procede del derecho alemán— deberá ser respetado también por el legislador cuando trate de regular el desarrollo de los derechos reconocidos en los artículos 14 y 30 a 39, aunque en este caso podrá hacerlo mediante ley ordinaria. Estas disposiciones no solo protegen frente al legislador, sino también frente al Gobierno, que no podrá regular por decreto ley los derechos reconocidos en el Título I ni por Decreto Legislativo los reconocidos en los artículos 15 a 29".*

En el mismo sentido señala Bastida, que en la Constitución del 78 todos los derechos reconocidos son bien de carácter fundamental, o meros prin-

144 En el 10.2. dice que «Las normas relativas a los derechos fundamentales y a las libertades que la Constitución reconoce se interpretarán de conformidad con la Declaración Universal de Derechos Humanos y los tratados y acuerdos internacionales sobre las mismas materias ratificados por España».

145 Joaquín Varela Suanzes-Carpegna. «Los derechos fundamentales en la España del siglo xx», *Teoría y Realidad Constitucional*, n.º 20, 2007, p. 491.

cipios rectores, que además se hallan categorizados en cuanto a la función preservadora frente al legislado [146].

Como puede apreciarse, aunque en los dos países la forma como se abordan los derechos fundamentales puede tener alguna diferencia formal, en lo sustancial el sentido y contenido de estos tiene como propósito principal el reconocimiento de la dignidad humana y con ella, la protección a dichos derechos.

Al ser el individuo el destinatario de tales reconocimientos, la buena gobernanza se convierte en garantía del adecuado cumplimiento de los cometidos y fines estatales que, en un Estado social de derecho, es de absoluto acatamiento.

De allí, aunque en ninguna de las Constituciones (Colombiana o Española) se consagre la buena gobernanza como un derecho fundamental, pudiere pensarse que la adecuada administración de los recursos públicos incide de manera directa en la capacidad del Estado de lograr mayor efectividad en el cumplimiento y la protección de dichos derechos; es elevar la buena administración a la categoría de bien fundamental, con el único propósito de reconocer en él un derecho que atañe a todos los coasociados y por lo mismo, debe tener reconocimiento generalizado.

Esta particularidad que en el caso de los derechos fundamentales está presente en las constituciones positivizadas, adquiere especial importancia en la medida en que la buena administración, como lo expresamos en la

146 *"Desde una perspectiva exclusivamente positivista, que considera la Constitución como norma jurídica suprema, puede afirmarse que en la Constitución española todos los derechos que en ella se reconocen o son derechos fundamentales o, como se acaba de ver en relación con el Capítulo iii del Título i, son meros principios rectores aunque algunos se enuncien como derechos. Los derechos fundamentales son los recogidos en los capítulos i y ii en cuanto participan de las dos notas básicas del carácter fundamental de los derechos ya mencionadas, la disponibilidad del derecho por su titular y la indisponibilidad de su existencia por el legislador. En este sentido, la fundamentalidad de los derechos es una cuestión de grado; unos derechos son jurídicamente más fundamentales que otros en función de su mayor o menor preservación normativa a favor de su titular y frente al legislador. Pudiera pensarse que fuera del Título i CE hay derechos constitucionales no fundamentales; por ejemplo, cuando se establece que una ley regulará la audiencia de los ciudadanos en el procedimiento de elaboración de las disposiciones administrativas que les afecten, o el acceso de los ciudadanos a los archivos y registros administrativos (art. 105 a y b, respectivamente), o la gratuidad de la justicia en caso de insuficiencia de recursos para litigar (art. 119), etc.". Francisco J. Bastida et al. Teoría general de los derechos fundamentales en la Constitución española de 1978, Madrid, Tecnos, 2004.*

primera edición de este libro, es un derecho fundamental; y en esta segunda edición consideramos que es un derecho humano.

Nótese, como siendo la buena administración un derecho fundamental reconocido, tiene la protección de los estados y su incumplimiento acarrea consecuencias de orden jurídico y moral, de tal manera que pierde sustento que un derecho no pueda ser exigido y materializado a través de la coacción. En el caso colombiano, las autoridades están instituidas, para proteger los derechos legalmente reconocidos y vulnerados a través de la fuerza de ser posible, como precepto constitucional.

No puede existir Estado de derecho, si no existe un organismo o sistema que viabilice el reconocimiento de las normas, de tal manera que la efectividad del orden jurídico estriba precisamente en la posibilidad de materializarlo a través de actos coactivos o de coerción. Esto necesariamente repercute en el concepto de seguridad jurídica que no puede ser soslayada por la falta de instrumentos o herramientas que la patenten.

Coincidimos en que los derechos humanos, son una extensión del individuo por el simple hecho de existir como persona; es más, son inseparables del ser humano, empero su reconocimiento depende de los tiempos, las circunstancias y las organizaciones gubernamentales. De tal suerte, que no todos los derechos humanos aparecen reconocidos y por lo mismo, no puede ser exigido su cumplimiento. De allí la importancia de la pretendida unificación de criterios promovida por las organizaciones internacionales de derechos humanos, y que en el caso colombiano, como ya lo hemos expuesto, nuestra normativa no consagra de manera expresa el derecho a la buena administración como derecho fundamental y menos aún como derecho humano, la Constitución Política y demás normas que se desprenden de ella desarrollan ese derecho.

En el caso del derecho a una buena gobernanza, es claro que debería ubicarse como un derecho humano de rango fundamental, reconocido universalmente; empero, y a pesar de que ello atañe a un grupo plural de personas, no se puede desfallecer en ese propósito. De allí la importancia de profundizar en esta segunda edición en propiciar el alcance y dimensión del derecho a la buena administración como derecho humano, independiente de su reconocimiento en el derecho positivo; pues es inherente a la vida misma; de tal forma que su respeto y garantía no dependa de su positivización;

no obstante, el fin último debe ser justamente lograr que se incluya en el derecho positivo.

Como ya se ha manifestado, nuestra posición respecto a que la buena administración, debe considerarse como un derecho fundamental, y si bien no está incluida explícitamente en nuestra carta fundamental, existen elementos jurídicos y juicios jurisprudenciales que la posicionan dentro de los derechos determinantes en la vida de un ciudadano, cuyo incumplimiento o desconocimiento debe ser exigido a través de los medios legales establecidos para el efecto; postura que como se vio, es compartida por doctrinantes y por el propio Consejo de Estado, que en nuestro ordenamiento colombiano, es el máximo rector del derecho administrativo.

Los derechos humanos en su esencia, son inmanentes al ser humano; no obstante, y comoquiera que los derechos fundamentales consignados para el caso de nuestra Carta, irradian legalidad a la buena administración, considero que es un derecho humano fundamental, en donde converge la naturaleza y sentido del estado, que no es otro que la vocación de servicio y satisfacción de las necesidades de la ciudadanía, cuál es su razón de ser.

Creemos que, la buena administración está reconocida y positivizada en normas de orden superior a cuyo imperio deben someterse las autoridades, tanto administrativas como judiciales y que con claridad meridiana se ubican en el orden jurídico, como una fuente progresiva de otorgamiento de servicios a la comunidad que tiene un carácter irrenunciable para el ciudadano y de deber para el Estado. De allí, que acojo la buena administración como un principio y un derecho humano del ciudadano, cuyo propósito está encaminado a lograr la satisfacción de los servicios demandados por la ciudadanía.

Así las cosas, y considerando que la buena administración tiene como destinatario principal al individuo, debe considerarse su ejercicio como un derecho humano, sea que aparezca explícitamente reconocido en las legislaciones o no. Quiere ello decir, que positivar el derecho a la buena gobernanza, se trata de un acto meramente formal, pues la esencia indica que forma parte de la condición humana.

Como ya lo hemos dicho, en la primera edición de este libro se resaltó la importancia de los derechos fundamentales, en un Estado. Y se destacó que el concepto de derechos fundamentales es una construcción que atañe a casi todas las constituciones contemporáneas. En Colombia por ejemplo el término derecho fundamental cobró destacada importancia como ya se expresó, a partir de la expedición de la Constitución de 1991, cuando se consagró una nueva orientación filosófica, que situó al ser humano en el centro y razón de ser de un estado democrático y social de derecho, cuyo fin último mismo es el servicio y satisfacción de las necesidades del hombre.

Formar parte de organizaciones internacionales ante las cuales se pueda recurrir en caso de considerar vulnerado algún derecho humano, es una garantía para los coasociados. Colombia, forma parte de la Corte Interamericana de derechos humanos, organismo que se ha ocupado de sentar jurisprudencia en temas que conciernen a la buena gobernanza como es el debido proceso.

Ha señalado la Corte IDH, sobre el debido proceso, que se trata de una garantía que no solo concierne al ámbito judicial, sino a cualquier procedimiento, que se refiera a los derechos de las personas. Se refiere este máximo tribunal al derecho a acceder a la justicia, dispone que: Toda persona tiene derecho a ser oída, con las debidas garantías y dentro de un plazo razonable, por un juez o tribunal competente, independiente e imparcial, establecido con anterioridad por la ley.[147] De igual manera, el artículo 46.2.a) establece el deber de interponer recursos de jurisdicción.

Entonces, el derecho a la defensa es un componente central del debido proceso que obliga al Estado a reconocer al individuo como un verdadero sujeto del proceso y no como objeto, a no ser obligado a declarar contra sí mismo, e incluso a revisar y descartar la existencia de vicios.[148]

Cobra importancia entonces la definición de derecho fundamental que por tener un carácter especial, no puede ser desconocido y sí, por el contrario, tiene una aplicación imperativa cuyo desconocimiento debe traer aparejada la aplicación de sanciones; y lo que es más importante la corrección y protección inmediata de los derechos afectados. Bajo esta égida se itera, que los derechos fundamentales no pueden ser otros que los que atañen

147 Artículo 8 CIDH.

148 Corte Interamericano de Derechos Humanos. Jurisprudencia Debido proceso / Corte Interamericano de Derechos Humanos, San José, C.R. : Corte IDH, 2022. ISBN (digital) 978-9977- 36-265-6

directamente al individuo por su calidad de ser humano, y cuya esencia está directamente relacionada con su existencia. Dicho en otras palabras, los derechos fundamentales son los que atañen a la naturaleza del ser humano, por el simple hecho de ser un humano y son los mínimos que protegen su existencia.

Pese a ello, la fundamentalización, o positivización no es el óbice determinante en la condición de derecho humano. De tal manera que las mencionadas herramientas constitucionales, legales y reglamentarias establecidas al interior de un Estado, o las consagradas en organismos Internacionales como se acaba de mencionar en párrafos antecedentes, están al alcance del ser humano, para obtener su protección frente a cualquier acto que contraríe su ejercicio, en el entendido, que el derecho a la buena gobernanza como un derecho fundamental y un derecho humano, reúne el ejercicio pleno que el Estado debe garantizar a sus coasociados, so pena de tener la posibilidad de recurrir ante los institutos creados para reclamar su protección.

B. La carta europea y sus aportes en la comprensión de la buena gobernanza pública

En la primera edición de este libro, resaltamos la experiencia europea, en la adopción explícita de la buena administración como un principio y un derecho fundamental. Expresamos que el artículo 41 de la Carta Europea[149] consagra el derecho a la buena administración como derecho fundamental

149 "Derecho a una buena administración. // 1. Toda persona tiene derecho a que las instituciones y órganos de la Unión traten sus asuntos imparcial y equitativamente y dentro de un plazo razonable. // 2. Este derecho incluye en particular: // – El derecho de toda persona a ser oída antes de que se tome en contra suya una medida individual que le afecte desfavorablemente. // – El derecho de toda persona a acceder al expediente que le afecte, dentro del respeto a los intereses legítimos de la confidencialidad y del secreto profesional y comercial. // – La obligación que incumbe a la administración de motivar sus decisiones. // 3. Toda persona tiene derecho a la reparación por la Comunidad de los daños causados por sus instituciones o sus agentes en el ejercicio de sus funciones, de conformidad con los principios generales comunes a los Derechos de los Estados miembros. // 4. Toda persona podrá dirigirse a las instituciones de la Unión en una de las lenguas de los Tratados y deberá recibir una contestación en esa misma lengua". Carta Europea de los Derechos Fundamentales de 2007, cit.

que recoge la evolución del derecho administrativo y destaca la mirada del ciudadano como eje central de la actividad de la administración.

Esta visión trae de suyo una serie de consecuencias, toda vez que hace que se involucre al ciudadano en la toma de decisiones, a que la administración mejore sus sistemas de contratación al utilizar para ello la tecnología, señale reglas transparentes, cuente con la información al alcance, y en el caso europeo comoquiera que el factor cultural está presente, ante la diversidad de lenguas, permite exigir que se responda en la misma en la que se hace el requerimiento.

Comoquiera que la administración pública está al servicio de los ciudadanos, del bien común, el derecho fundamental al buen gobierno guarda una relación estrecha con los principios democráticos porque las concepciones teóricas sobre la soberanía se hacen realidad y se manifiestan en la posibilidad de que los ciudadanos que encarnan la democracia cuenten con herramientas efectivas para ejercer sus derechos de manera eficaz y puedan lograr la satisfacción de las necesidades colectivas con mecanismos para su protección.[150]

La democracia como concepción teórica se materializa en el desarrollo de esa buena administración, en la medida en que se hacen efectivos los derechos que en la relación Estado/ciudadanos se traduce en la posibilidad de aplicar la ley que se emite por los parlamentos como expresión de la democracia participativa al caso concreto. Javier Barnes, trae un ejemplo de esa relación entre el principio de la buena administración y el principio democrático[151].

150 Carta Europea de los derechos fundamentales 2007

151 "Así las cosas, podríamos decir que el procedimiento administrativo tiene implicaciones con el principio democrático en dos grandes supuestos: cuando el procedimiento administrativo sirve como herramienta para aplicar la ley a cada caso, de un lado, y, de otro, cuando el procedimiento administrativo se utiliza para completar lo que la ley ha establecido. Lo primero se produce en particular cuando la ley ha predeterminado la solución y mediante el procedimiento se persigue el acierto en la decisión, esto es, garantizar que se cumple la voluntad democrática expresada en la ley (si procede o no otorgar una licencia o imponer una sanción, por ejemplo); el segundo, en cambio, tiene lugar cuando la ley deja un amplio espacio a la administración para que resuelva (como en el caso del planeamiento urbanístico) y le confía a un procedimiento participativo el desarrollo material o sustantivo de la ley (la creación de ciudad)". Javier Barnes. "Buena administración, principio democrático y pro-

Hemos reconocido que en países europeos[152] la buena administración incide directamente en la efectividad de las políticas administrativas de los Estados, en la medida en que potencian la capacidad de cubrir las necesidades ciudadanas en gobiernos democráticos, y a voces de la Carta Europea que señala de forma expresa el Derecho a una buena administración, en términos de imparcialidad, equidad, plazo razonable para resolver sus solicitudes, así como el derecho a ser oído, a la motivación de las decisiones, establecen los lineamientos tenidos en cuenta en Europa para reconocer y establecer como principio y derecho fundamental la buena administración. Tales propósitos han sido considerados también por el Gobierno Colombiano y otros sistemas de la región dada su importancia para declarar de manera tácita, con fundamento en normas y jurisprudencia, que la buena administración es un derecho irrenunciable de los ciudadanos y que por lo mismo debe ser fundamental.

Bajo este, entorno nos centraremos en el derecho fundamental a la buena administración, que como ya se expresó en algunas latitudes tiene reconocimiento expreso y en otros su dogma es interpretativo. En países europeos, con la adopción del tratado de Lisboa, adquieren carácter imperativo algunos principios dentro de los que se cuenta el derecho fundamental a la buena administración.

En efecto, el ya citado artículo 41 de la carta de los derechos fundamentales de la Unión Europea, contempla 4 presupuestos de buena administración que deben ser respetados y aplicados con exactitud.[153] El primero

cedimiento administrativo", *Revista Digital de Derecho Administrativo*, n.º 21, primer semestre de 2019, pp. 77 a 123, disponible en [https://revistas.uexternado.edu.co/index.php/Deradm/article/view/5701/7097].

152 Carta Europea de los Derechos Fundamentales de 2007, cit.

153 Artículo 41. Derecho a una buena administración 1.- Toda persona tiene derecho a que las instituciones y órganos de la Unión traten sus asuntos imparcial y equitativamente y dentro de un plazo razonable. 2.- Este derecho incluye en particular:–el derecho de toda persona a ser oída antes de que se tome en contra suya una medida individual que le afecte desfavorablemente;–el derecho de toda persona a acceder al expediente que le afecte, dentro del respeto de los intereses legítimos de la confidencialidad y del secreto profesional de los asuntos;–la obligación que incumbe a la administración de motivar sus decisiones. 3.- Toda persona tiene derecho a la reparación por la Comunidad de los daños causados por sus instituciones o sus agentes en el ejercicio de sus funciones, de conformidad con los principios generales comunes a los Derechos de los Estados miembros. 4.- Toda persona podrá

de los presupuestos que integran el derecho a una buena administración, alude a la brevedad, imparcialidad y equidad con que deben ser tratados los asuntos de los administrados.

Este presupuesto tiene plena réplica en nuestro ordenamiento jurídico, en el principio, al debido proceso, aplicable a todas las actuaciones, llámense estas administrativas o judiciales[154]. El debido proceso impone la aplicación de la Ley conforme los procedimientos establecidos, con igualdad, imparcialidad y sin dilaciones injustificadas entre otros. De allí que, en una buena administración, debe estar presente el debido proceso como garantía de buena gobernanza.

El segundo de los presupuestos de la carta europea se refiere al derecho que tiene el ciudadano a ser oído antes de que sean tomadas decisiones en su contra. Nuevamente, este derecho, se reconoce en la legislación colombiana, pues el artículo 29 de la carta preceptúa que: "*Nadie puede ser condenado antes de ser oído y vencido en juicio*". Como puede observarse, resulta base de una buena administración la vinculación de un ciudadano con supuestos claros de hecho y de derecho que pueda controvertir y aceptar en el caso de que sean adversos; garantía de motivación, también de una buena gobernanza.

El tercer presupuesto atañe a la obligación del estado de reparar los daños causados por sus agentes en ejercicio de sus funciones. Al respecto, debe señalarse que el reconocimiento de la arbitrariedad con que pueden actuar algunos administradores, debe verse compensada con la respuesta del estado con miras a corregir o subsanar la mala actuación. Este reconocimiento encuentra respaldo en nuestra Carta constitucional[155] que determina acciones claras al momento en que el ciudadano que no está en condiciones de resistir se vea perjudicado, con una actuación de los representantes del estado.

Por último, el cuarto presupuesto de la Carta de derechos fundamentales de la Unión Europea determina la necesidad de responder las peticiones

dirigirse a las instituciones de la Unión en una de las lenguas oficiales de éstas y recibir una contestación en esa misma lengua.

154 Artículo 29 Constitución Política de Colombia.

155 Artículo 90 Constitución política de Colombia.

que hagan los ciudadanos a los estados en los términos y lengua utilizados por ellos; esta, que es también una garantía de buena gobernanza, se refleja en la Constitución Política de Colombia[156], que reconoce el derecho de petición, como una garantía de los ciudadanos que no puede ser desconocida so pena de sanciones. Las respuestas a los derechos de petición, se extienden incluso a los particulares que tienen la obligación de considerar las inquietudes e interrogantes planteados por la ciudadanía, con austeridad de tiempos y resolución de fondo.

De otra parte, la buena administración es reconocida como un derecho fundamental en la Carta Iberoamericana de los Derechos y Deberes del Ciudadano[157] teniendo protección administrativa y jurisdiccional en los ordenamientos donde es aceptada.

La precitada Carta Iberoamericana, en su preámbulo, establece: *La buena Administración Pública es, pues, una obligación inherente a los Poderes Públicos en cuya virtud el quehacer público debe promover los Derechos Fundamentales de las personas fomentando la dignidad humana de forma que las actuaciones administrativas armonicen criterios de objetividad, imparcialidad, justicia y equidad, y sean prestadas en plazo razonable (Consejo Directivo del clad, 2013)*[158].

Consecuente con lo expuesto, se debe concluir que la buena administración, no es una potestad del Estado, sino una obligación, que equivale a decir un deber de imperioso cumplimiento, en donde el centro es el ciudadano, principio y fin de una democracia. Rodríguez Arana en su artículo "*La buena administración como principio y como derecho fundamental en Europa*"[159] reconoce este principio-derecho con una doble modalidad, como derecho fundamental de las personas y correlativamente como deber del Estado; y sitúa en el centro al ser humano y sus derechos, que motivan el sentido y la

156 Artículo 23 Constitucional.

157 El derecho fundamental a la buena administración pública y sus derechos componentes tendrán la protección administrativa y jurisdiccional de los derechos humanos previstos en los diferentes ordenamientos jurídicos. Lo cual no impide que una vez que se haya agotado la vía jurisdiccional interna los ciudadanos de los Estados firmantes de la Carta puedan acceder a instancias jurisdiccionales internacionales en el ámbito iberoamericano.

158 Preámbulo de la Carta Iberoamericana de los Derechos y Deberes del ciudadano.

159 Rodríguez Arana Jaime. La buena administración como principio y como derecho fundamental en Europa-año 2014.

actuación de la administración pública, que debe tender a la protección del interés general de la población. (Rodríguez, 2014).

Diáfano resulta, entonces, que una buena administración, debe considerar normas y principios que le sirvan de inspiración en su adecuado ejercicio, descartando las malas prácticas que solo reflejan el decaimiento del estado en su empeño de lograr una adecuada gobernanza.

Con sobrada razón Muñoz destacaba: "*Permanente recordatorio a las Administraciones públicas, de que su actuación ha de realizarse con arreglo a unos determinados cánones o estándares que tienen como elemento medular la posición central del ciudadano. Posición central del ciudadano que ayudará a ir eliminando de la praxis administrativa toda esa panoplia de vicios y disfunciones que conforman la llamada mala administración*"[160].

Corolario de lo expuesto, se reafirma que los países europeos, tienen ya establecido un régimen jurídico, orientado a proteger las garantías y derechos de los ciudadanos, como figura central de su engranaje organizativo, que reconoce la Buena administración como derecho fundamental. Igualmente, lo consagra la Carta Iberoamericana de los Derechos y Deberes del Ciudadano[161]. Esa garantía de una coexistencia pacífica, caracterizada por decisiones motivadas, en plazos razonables, en oportunidad y con responsabilidad del Estado, como fundamento del debido proceso está desarrollada en nuestra normativa colombiana, como máxima garantía del buen gobierno[162].

C. El derecho a la buena administración desde su evolución histórica

La administración es universal y se remonta al origen mismo del hombre. Si bien fue solo hasta el siglo xix, cuando aparece como disciplina

160 Muñoz J.R. 2012, p262-263.

161 El derecho fundamental a la buena administración pública y sus derechos componentes tendrán la protección administrativa y jurisdiccional de los derechos humanos previstos en los diferentes ordenamientos jurídicos. Lo cual no impide que una vez que se haya agotado la vía jurisdiccional interna los ciudadanos de los Estados firmantes de la Carta puedan acceder a instancias jurisdiccionales internacionales en el ámbito iberoamericano

162 Artículo 29 Constitución Política de Colombia

abordada por insignes economistas como los ingleses SMITH[163] o STUART MILL[164], alcanza su máximo desarrollo en el siglo XX, gracias a dos escuelas:

— La escuela científica del estadounidense FREDERICK WINSLOW TAYLOR[165]; y

— La escuela clásica del francés HENRI FAYOL[166].

Como antecedente a la regulación contenida al ya mencionado artículo 41 de Carta Europea de los Derechos Fundamentales de diciembre de 2000, RODRÍGUEZ ARANA MUÑOZ[167] menciona que, entre el Consejo de Europa y la jurisprudencia comunitaria, desde 1980 se fue construyendo poco a poco el derecho a la buena administración pública.

Un ejemplo tomado de la jurisprudencia de la Unión Europea se encuentra descrito por el italiano SPASIANO[168], que extrajo el principio de buena administración de los ordenamientos respectivos y que contribuyó a que fuera recogido en la legislación[169].

La Recomendación número R (80) 2[170], relativa al ejercicio de poderes discrecionales por las autoridades administrativas, así como de la jurisprudencia del Tribunal de Justicia de las Comunidades Europeas y del Tribunal

163 KIRKCALDY, UK, 16 de junio de 1723-Edimburgo, 17 de julio de 1790.

164 Pentonville, Londres, 20 de mayo de 1806-Aviñón, 8 de mayo de 1873.

165 Germantown, Philadelphia, 20 de marzo de 1856-21 de marzo de 1915, con su obra monográfica de 144 páginas *Los principios de administración científica*, publicada en New York por Harper & Brothers en 1911.

166 Estambul, 29 de julio de 1841-París, 19 de noviembre de 1925, con su obra "Administration Industrielle et Générale", publicada en el *Bulletin de la Société de l'Industrie minérale*, de 1916.

167 RODRÍGUEZ ARANA MUÑOZ. "El derecho a la buena administración en las relaciones entre ciudadanos y administración pública", cit.

168 MARIO R. SPASIANO. "El principio de buen funcionamiento: Desde el metajurídico a la lógica del resultado en sentido jurídico", en Anales de la Facultad de Ciencias Jurídicas y Sociales, año 9, n.º 42, pp. 21 y ss., disponible en [http://sedici.unlp.edu.ar/handle/10915/26991].

169 JULI PONCE SOLÉ. "Los jueces, el derecho a una buena administración y las leyes de transparencia y buen gobierno", documento presentado en el VII Congreso Internacional en Gobierno, Administración y Políticas Públicas GIGAPP, Madrid, del 3 al 5 de octubre de 2016, disponible en [http://laadministracionaldia.inap.es/noticia.asp?id=1507021].

170 Adoptada por el Comité de Ministros del Consejo de Europa el 11 de marzo de 1980, durante la 316 reunión de los delegados de los ministros.

de Primera Instancia, contribuyeron a la construcción de este derecho fundamental.

La nueva Carta de los Derechos Fundamentales de la Unión Europea de 2007[171], sustituyó a la anterior y consagró en los mismos términos el derecho fundamental a la buena administración pública.

Resulta de especial relevancia citar algunos pronunciamientos jurisprudenciales que han contribuido a hacer efectivo este derecho fundamental. La Sentencia de 24 de mayo de 2005 del Tribunal Europeo de Derechos Humanos señaló, en materia de justicia, que el principio de la buena administración consagra la celeridad en los procesos judiciales[172]. La expresión del derecho fundamental a la motivación de las resoluciones administrativas puede encontrarse también en la Sentencia de 23 de abril de 1997 del Tribunal Europeo de Derechos Humanos[173], en cuya virtud cualquier restricción de los derechos de defensa debe estar convenientemente motivada. También es consecuencia de la buena administración pública la resolución en plazo razonable de los asuntos públicos; de tal manera que como dispone la Sentencia de 12 de julio de 2005 del Tribunal de Justicia de las Comunidades Europeas[174], "*la inactividad de la administración más allá de los plazos establecidos en las normas constituye una lesión al principio de la buena administración pública*".

De igual manera, la Sentencia de 16 de marzo de 2005 del Tribunal de Primera Instancia de las Comunidades Europeas[175] es consecuencia del principio de la buena administración, la óptima gestión de los organismos

[171] Aprobada en Estrasburgo, el 12 de diciembre de 2007, publicada en el *Diario Oficial de la Unión Europea*, n.º C. 303, de 14 de diciembre de 2007, entrada en vigor: 1.º de diciembre de 2009, disponible en [http://www.derechoshumanos.net/normativa/normas/europa/CDFUE/CartaDerechosFundamentalesUnionEuropea-v2007.htm].

[172] *Süheyla Aydin c. Turquía*, n.º 25660/94, § 208.

[173] Asunto *Van Mechelen y otros c. Países Bajos.*

[174] *Comisión de las Comunidades Europeas c. República Francesa*, Asunto C-304/02, disponible en [http://curia.europa.eu/juris/showPdf.jsf;jsessionid=9ea7d0f130d5ed0caf5148f04bccaf53e4ef8346b7a5.e34KaxiLc3eQc40LaxqMbN4Pa3mMe0?docid=60408&pageIndex=0&doclang=ES&mode=lst&dir=&occ=first&part=1&cid=923610].

[175] *L'Oreal c. Oficina de Armonización del Mercado Interior (marcas, dibujos y modelos)*, Asunto T-112/03, disponible en [http://curia.europa.eu/juris/showPdf.jsf;jsessionid=9ea7d2dc30dd8ca71498a2e64855b365cfa27d482802.e34KaxiLc3qMb40Rch0SaxyOah50?docid=54120&pageIndex=0&doclang=ES&mode=lst&dir=&occ=first&part=1&cid=641302].

administrativos, que incluye el respeto a los plazos establecidos y al principio de confianza legítima, en virtud del cual la administración pública, merced al principio de continuidad no puede separarse del criterio mantenido en el pasado salvo que lo argumente en razones de interés general.

El tratadista RIVERO, orienta su definición de administración necesariamente al concepto de buena administración; pues señala en su libro *Droit administrative, que las prerrogativas del poder público deben orientarse a la satisfacción de las necesidades colectivas*[176].

En el caso colombiano como ya se ha señalado, si bien es cierto la buena administración no está consagrada en la Constitución de 1991 como derecho fundamental, existen varias normas que desarrollan aspectos como el derecho de defensa, el cumplimiento de términos, la acción de tutela, la protección de los derechos colectivos a través de las acciones populares, acciones de grupo, la consagración de los principios que rigen las actuaciones administrativas, mencionados en el artículo 3.° del Código de lo Administrativo y de lo Contencioso Administrativo[177], en donde se señala que deben atender los principios del debido proceso, igualdad, imparcialidad, buena fe, moralidad, participación, responsabilidad, transparencia, publicidad, coordinación, eficacia, economía y celeridad y en el desarrollo jurisprudencial que a través de los pronunciamientos en materia de constitucionalidad por parte de la Corte Constitucional, de los órganos de cierre en la decisión de las controversias, Consejo de Estado, tribunales administrativos, Corte Suprema de Justicia, tribunales superiores, juzgados en algunos casos, de las

176 *Al tenor expresa en su tratado:* "Définition. Au terme des développements qui précèdent, l'administration apparaît donc comme L'activité par laquelle les autorités publiques pourvoient, en utilisant le cas échéant les prérogatives de la puissance publique, à la satisfaction des besoins d'intérêt public". JEAN RIVERO. *Droit administratif*, Paris, Dalloz, 1987, pp. 16. La traducción textual es la siguiente: "Definición. Como consecuencia de lo señalado anteriormente, la administración aparece pues, como la actividad por la cual las autoridades públicas procuran, utilizando en caso necesario, las prerrogativas del poder público, la satisfacción de necesidades de interés público". *Derecho administrativo,* traducción de la 9.ª ed., Caracas, Instituto de Derecho Público, Facultad de Ciencias Jurídicas y Políticas, *Universidad Central* de *Venezuela,* 1984, p. 14.

177 Artículo 3.°, Ley 1437 de 2011, cit.

autoridades que conocen de la acción de tutela, han ampliado la gama de exigibilidad y protección de los derechos de los administrados[178].

Hay otros mecanismos que se han desarrollado y que acercan al ciudadano a la administración y facilitan el ejercicio de sus derechos, para lograr una pronta resolución de los asuntos a cargo de la administración pública con capacidad de materializar los postulados fundamentales del Estado de bienestar.

Las sentencias de unificación previstas en el CPACA,[179] cuyo trámite se señala en el artículo 270 y siguientes[180], conllevan el deber de los funcionarios de resolver los asuntos de su competencia de manera uniforme a situaciones que tengan los mismos supuestos fácticos y jurídicos, para lo cual se deberán tener en cuenta las sentencias de unificación jurisprudencial del Consejo de Estado[181].

178 Para citar un ejemplo sobre la importancia que ha adquirido el ejercicio de la acción de tutela, la Defensoría del Pueblo en un seguimiento adelantado al sector salud, se refirió así: "... al igual que ha ocurrido en años precedentes, el número de acciones de tutelas en salud constituyó la cifra más alta y la de mayor participación desde 2008, año en que la Corte Constitucional emitió la Sentencia T-760 [de 31 de julio de 2008], por la cual se declaró el estado de cosas inconstitucional en materia de atención en salud". Lo anterior, contrario a lo manifestado por el Ministerio de Salud, que indicó en un informe de seguimiento al fallo en mención que, en 2018, las tutelas en salud disminuyeron, la Defensoría señaló que aumentaron el 5,1 % en relación con 2017, con 207.734 tutelas a través de las cuales se invocó el derecho a la salud". "Defensoría del Pueblo revela cifras de tutela y derechos a la salud y seguridad social 2018", en Ámbito Jurídico, Bogotá, 8 de julio de 2019, disponible en [https://www.ambitojuridico.com/noticias/general/administrativo-y-contratacion/defensoria-del-pueblo-revela-cifras-de-tutela-y]. La Corte Constitucional Colombiana, para citar otro ejemplo, señaló lo siguiente: "El número total de tutelas radicadas en la Corte entre el 1.º de enero y el 31 de diciembre de 2018 fue de: 607.498. De estas, 1.492 sentencias fueron preseleccionadas. Así mismo, 412 sentencias fueron proferidas, 23 resolvieron nulidades y 28 sentencias de unificación". Corte Constitucional de Colombia. "Informe de gestión 2018-2019", disponible en [http://www.corteconstitucional.gov.co/transparencia/Informe%20Gestion-2018.pdf], p. 31.

179 Corte Constitucional de Colombia. Sentencias de Unificación. disponible en [http://www.corteconstitucional.gov.co/transparencia/Informe%20Gestion-2018.pdf], p. 31.

180 Ley 1437 de 2011, cit.

181 Ibíd., artículo 10.º "*Deber de aplicación uniforme de las normas y la jurisprudencia.* Al resolver los asuntos de su competencia, las autoridades aplicarán las disposiciones constitucionales, legales y reglamentarias de manera uniforme a situaciones que tengan los mismos supuestos

Este derecho fundamental a la buena administración tiene una cobertura muy amplia aplicable a las actuaciones de las autoridades administrativas e irá evolucionando en la medida en que se privilegie el cumplimiento de los fines esenciales de Estado. Lo anterior, en la medida en que el ciudadano se empodere, apropie y ejerza este derecho, con la correlativa obligación de las autoridades de emplear los recursos que garanticen el desarrollo y ejercicio pleno de los derechos de manera eficiente, eficaz y se propenda por su optimización, desarrollo de buenas prácticas y en beneficio de los intereses generales.

En Colombia, la buena administración como ya se ha expuesto no está positivizada de manera expresa en el ordenamiento jurídico como un derecho fundamental, pero responde a interpretaciones constitucionales, legales y jurisprudenciales que lo sitúan indiscutiblemente como un derecho de los ciudadanos y un deber del Estado.

La buena administración o como dicen algunos doctrinantes la buena gobernabilidad, el buen gobierno o la buena gobernanza tiene que ver con los procesos gubernamentales, el conjunto de instituciones, procesos, procedimientos, prácticas y herramientas gerenciales a través de las cuales se satisfacen las necesidades de los ciudadanos.

Son muchas y distintas las posibilidades que posee la administración para desarrollar su función, partiendo desde la conciencia ética y moral de los servidores que la representan hasta la aplicación de normas, valores y principios que hacen su ejercicio viable. Ya vimos como en artículos superiores como el 23, 29 y 90 se consagran garantías que, aplicadas en los términos que se establecen, necesariamente deben dar como resultado una buena administración, que es una obligación a cargo del Estado, y un derecho irrenunciable del ciudadano.

En el preámbulo de la Constitución[182], se sitúa al ser humano como el único destinatario del poder, dentro de un marco democrático, jurídico

fácticos y jurídicos. Con este propósito, al adoptar las decisiones de su competencia, deberán tener en cuenta las sentencias de unificación jurisprudencial del Consejo de Estado en las que se interpreten y apliquen dichas normas".

182 Preámbulo: El pueblo de Colombia, en ejercicio de su poder soberano, representado por sus delegatarios a la Asamblea Nacional Constituyente, invocando la protección de Dios, y

y participativo, orientado a sustentar un orden equitativo y justo. Significa ello que el poder emana del pueblo y que el objetivo del Estado es precisamente el servicio, garantizando la efectividad de los derechos individuales y colectivos.

El preámbulo Constitucional Colombiano armoniza de manera perfecta con el deber de servicio, que se contienen en los artículos 2 y 209 superiores, lo mismo que en los artículos 3.º de las leyes 1437 de 2011 y 489 de 1998, cuyos ordenamientos privilegian la aplicación de principios y valores de la actuación administrativa garantes como ya se ha dicho de una adecuada gobernanza.

El artículo 2.º, Constitucional señala como fines esenciales del estado el servicio a la comunidad, que promueva la prosperidad general y garantice la efectividad de los principios, derechos y deberes consagrados en la constitución, al tiempo que se obliga a facilitar la participación ciudadana y la vigencia de un orden justo.[183]

Este postulado, que responde a la esencia misma del sentido del Estado, pues corresponde a su naturaleza, define de fondo lo que debe constituirse en una buena administración, para satisfacer las necesidades de la comunidad y lograr la efectividad de los derechos reconocidos en la carta.

A su turno el artículo 209 superior, dispone que la función administrativa, sirve a los intereses generales de la comunidad, entronizada en principios como los de eficacia, eficiencia, economía, celeridad, imparcialidad,

---

con el fin de fortalecer la unidad de la Nación y asegurar a sus integrantes la vida, la convivencia, el trabajo, la justicia, la igualdad, el conocimiento, la libertad y la paz, dentro de un marco jurídico, democrático y participativo que garantice un orden político, económico y social justo, y comprometido a impulsar la integración de la comunidad latinoamericana, decreta, sanciona y promulga la siguiente Constitución.

183 Artículo 2º. Son fines esenciales del Estado: servir a la comunidad, promover la prosperidad general y garantizar la efectividad de los principios, derechos y deberes consagrados en la Constitución; facilitar la participación de todos en las decisiones que los afectan y en la vida económica, política, administrativa y cultural de la Nación; defender la independencia nacional, mantener la integridad territorial y asegurar la convivencia pacífica y la vigencia de un orden justo

equidad, publicidad, etc., los cuales son de imperativo cumplimiento, determinando así una adecuada gobernanza o administración[184].

De otra parte, la Ley 498 de 1998, es clara en determinar que la función administrativa tiene su desarrollo en principios cardinales como los de igualdad, moralidad, debido proceso, imparcialidad, buena fe entre otros, lo cual debe ser considerado al momento de ejercer su función los organismos de control.[185] Esta disposición normativa lleva implícita la necesidad de aplicar dentro de la actuación administrativa principios constitucionales que garanticen en la prestación del servicio público, la primacía del interés general sobre el particular, lo que indiscutiblemente patenta una adecuada gobernanza o buena administración.

La preponderancia de los principios y normas en la aplicación de la gobernanza, debe dar como resultado la efectividad de los derechos, con predominio del derecho general sobre el particular y logrando la satisfacción de las necesidades de la comunidad, como lo establece la Carta y particularmente el artículo 4.° de la precitada Ley 498 de 1998[186]

184 Artículo 209: La función administrativa está al servicio de los intereses generales y se desarrolla con fundamento en los principios de igualdad, moralidad, eficacia, economía, celeridad, imparcialidad y publicidad, mediante la descentralización, la delegación y la desconcentración de funciones.

185 Artículo 3.° Principios de la Función Administrativa. La función administrativa se desarrollará conforme a los principios constitucionales, en particular los atinentes a la buena fe, igualdad, moralidad, celeridad, economía, imparcialidad, eficacia, eficiencia, participación, publicidad, responsabilidad y transparencia. Los principios anteriores se aplicarán, igualmente, en la prestación de servicios públicos, en cuanto fueren compatibles con su naturaleza y régimen. Parágrafo. Los principios de la función administrativa deberán ser tenidos en cuenta por los órganos de control y el Departamento Nacional de Planeación, de conformidad con lo dispuesto en el artículo 343 de la Constitución Política, al evaluar el desempeño de las entidades y organismos administrativos y al juzgar la legalidad de la conducta de los servidores públicos en el cumplimiento de sus deberes constitucionales, legales o reglamentarios, garantizando en todo momento que prime el interés colectivo sobre el particular.

186 Artículo 4o. Finalidades de la Función Administrativa. La función administrativa del Estado busca la satisfacción de las necesidades generales de todos los habitantes, de conformidad con los principios, finalidades y cometidos consagrados en la Constitución Política.

En este mismo sentido se expresa la Ley 1437 de 2011,[187] aludiendo al tema de las actuaciones y procedimientos administrativos, los cuales deben estar permeados de legalidad, imparcialidad, debido proceso, moralidad, transparencia, publicidad, etc., lo cual concita el desarrollo de actos cuyas manifestaciones dan cuenta de la adecuada función administrativa o como ya se ha expresado precedentemente de una buena administración.

Sabemos que la buena administración busca lograr un mayor desempeño de la actividad estatal, privilegiando la calidad, el liderazgo y la planeación que permitan la optimización de los recursos en pro del mejoramiento de la calidad de vida de los ciudadanos.

Lo expuesto, tiene fundamento también en interpretaciones jurisprudenciales que afirman que la buena administración encuentra desarrollo legal en normas que lo declaran como un principio y un derecho de los asociados, comoquiera que su ejercicio tiene carácter imperativo, que busca la satisfacción de las necesidades de la comunidad. En la normativa colombiana, por ejemplo La ley 489 de 1998, la Ley 80 de 1993 (arts. 23, 24, 25 y 26); la Ley 1437 de 2011, se enmarcan en la buena administración como principio jurídico, en tanto ordena los derechos de los administrados como titulares, en términos de igualdad en todos los sentidos.

De lo expuesto en precedencia, surge palmario el deber de servicio a la comunidad por parte del Estado, con apego a principios fundantes de su ejercicio y con preeminencia del interés general sobre el particular, lo que define una buena administración, como derecho fundamental y derecho humano en tanto el Estado es apenas un representante del dueño de los recursos públicos quien es el ciudadano que entrega la potestad soberana como constituyente primario, a quienes tienen la obligación de administrar de forma adecuada el Erario.

---

187 Artículo 3.° Principios. Todas las autoridades deberán interpretar y aplicar las disposiciones que regulan las actuaciones y procedimientos administrativos a la luz de los principios consagrados en la Constitución Política, en la Parte Primera de este Código y en las leyes especiales.
Las actuaciones administrativas se desarrollarán, especialmente, con arreglo a los principios del debido proceso, igualdad, imparcialidad, buena fe, moralidad, participación, responsabilidad, transparencia, publicidad, coordinación, eficacia, economía y celeridad.

Ahora bien; en armonía con ello surge también para el ciudadano el derecho fundamental e irrefutable exigir la buena gobernanza, y aún más, de contribuir al buen gobierno a través de prácticas de respeto a la legalidad y a los bienes públicos; por lo que se declara que la buena administración es un deber a cargo del Estado y un derecho fundamental de los ciudadanos.

Así se deduce de la postura clara y sabiamente definida por la Honorable Corte Constitucional[188] cuando destaca que la función administrativa ha de estar dirigida inequívocamente a la satisfacción de los derechos e intereses de los administrados, a la concreción de principios convencionales y constitucionales, con la debida diligencia, en el marco de un estado social y democrático de derecho, que reconoce al ciudadano como titular de derechos y por lo mismo merecedor de una gestión administrativa de calidad.

En consonancia con lo expuesto en precedencia compartimos lo indicado por Nevado, al referirse a la formulación del derecho/deber al buen gobierno[189], donde formula los dos efectos que tiene la organización pública, en términos de calidad, en atención al interés general e incompatible con la corrupción.

Y continúa expresando Nevado[190], que los efectos de la cristalización del derecho/deber al buen gobierno, no se limitan solo a las perspectivas de evaluación de la calidad y disminución o desaparición de casos de malas prácticas, sino que su adecuada aplicación debe:

188 Honorable Corte Constitucional, sentencia 55813 de 2015. Así, los contornos de este derecho no implican cosa diferente a la garantía material o efectiva de ejercer una función administrativa volcada, de manera decidida, hacía la satisfacción de los derechos e intereses de los administrados, a la concreción de los principios convencionales y constitucionales en el proceder de la administración acorde al estándar de la debida diligencia, en la revaloración del principio de legalidad comprendido éste desde una perspectiva sustancial y garantística por oposición a estrechas lecturas formalistas, en la ponderada y suficiente motivación de las decisiones que se adopten, en el despliegue de una gestión oportuna y eficaz, en la realización del principio de economía como criterio rector de la acción administrativa, en la transparencia de su obrar y todas aquellas otras circunstancia que se tornan esenciales para satisfacer un postulado básico y axial en el marco del Estado Social y Democrático de Derecho cual es el de reconocer el empoderamiento de los ciudadanos como titulares de derechos y, por consiguiente, merecedores de una gestión administrativa de calidad.

189 Nevado-Batalla Pedro T. Legalidad y buena administración Page 29

190 ÌDEM

a) Generar confianza en los ciudadanos, en la medida en que el ciudadano es el auténtico protagonista, rector y receptor de la actividad pública.

b) Legitimar las actuaciones públicas como consecuencia de la confianza ciudadana generada.

c) Incrementar el rendimiento democrático del sistema, por cuanto el incumplimiento de la norma que conlleva una mala práctica o un supuesto de corrupción, además del problema jurídico concreto que genera o se aprecia, supone una agresión a la voluntad democrática que se expresó en la norma ahora vulnerada.[191]

Esta última apreciación adquiere relevancia, en la medida en que los ciudadanos, satisfechos con la buena administración, patentan la existencia del estado; y este último mejorar continuamente y velar porque se vean cumplidos sus fines y cometidos.

Reafirmamos entonces que la buena administración, así no esté consagrado de forma expresa en la legislación colombiana, es un verdadero derecho fundamental; un derecho humano de los ciudadanos y una obligación legal, constitucional y jurisprudencial del estado o lo que es lo mismo de la administración. Ahora bien, la buena o ineficaz administración, determina en gran parte, la imperativa intervención de los organismos de control, llámense administrativos o judiciales cuyos propósitos están orientados a la contribución del mantenimiento de un orden justo y al cumplimiento de la Constitución y la Ley.

Decantado está, que el control fiscal es una función que adelanta la Contraloría General de la República y las Contralorías Territoriales, cuyo propósito principal está dirigido a controlar la gestión de los que manejan el recurso público. Esta actividad de control, no solo involucra aspectos formales y sustanciales de la forma como se administra el tesoro público, sino que está comprometida también con la valoración de los resultados obtenidos en la administración.

Bajo esta cuerda argumental, la buena administración como derecho fundamental de los ciudadanos concita la verificación por parte del ente

---

191 Ibidem.

Controlador de los aspectos que le dan forma y que la hacen exigible. No puede perderse de vista, el interés que tiene la Contraloría en una buena administración, dada su participación en los pesos y contrapesos del poder que define el equilibrio que debe existir en una sociedad, donde los roles de administración y desempeño público están armónicamente ligados, para que se cumplan los fines y cometidos del estado.

La buena administración debe desarrollarse de manera plena con el fin de, como ya se ha dicho, cumplir las expectativas de los coasociados, con plenitud de formas, principios y propósitos que desarrollen el estado social de derecho en que está reconocida la república de Colombia.

Y la buena o mala administración es objeto de evaluación por parte del Órgano de Control fiscal a fin de garantizar la transparencia, eficiencia y eficacia en las actuaciones administrativas y contribuir a la mejora. Así lo ha reiterado la honorable Corte Constitucional al señalar: "*la función pública de vigilar la gestión fiscal, tiene el propósito de proteger el Erario, garantizar la transparencia y verificar la eficiencia y eficacia de la administración y contribuir a la mejora*"[192].

Se insiste, entonces, en que la buena administración implica un deber para el estado, al cual no puede sustraerse y un derecho para el ciudadano que debe exigir su satisfacción.

D. Dimensiones y perspectivas del procedimiento administrativo como una guía normativa

Etimológicamente, democracia significa Gobierno "del pueblo" o "popular"[193]. Resulta fundamental traer a colación una cita de *La política*[194] de Aristóteles[195], en donde se privilegia la importancia de la noción del buen ciudadano, del gobierno de las leyes y de su observancia. Se expresa, que no se concibe un Gobierno que no esté caracterizado por su excelencia, por ser dirigido por los mejores ciudadanos regidos por normas adecua-

192 Sentencia T-13118 de 2021 M.P. Rodrigo Uprymmy Yepes.

193 Del latín tardío democratĭa, y este del griego δημοκρατία o dēmokratía.

194 Aristóteles. Política, libro sexto, I a XIII, cap. VII, "Idea general de la República.

195 Estagira, Grecia, 19 de junio de 384 a. C.-Calcis, Grecia, 7 de marzo de 322 a. C.

das[196]. Con carácter general, la evolución de la noción de soberanía popular impulsó movimientos tales como la Revolución Inglesa[197], la Declaración de independencia de los Estados Unidos[198] y la Revolución Francesa.

Fue allí donde se involucraron conceptos como la separación de los poderes públicos tradicionales: Legislativo, Ejecutivo y Judicial; los sistemas de pesos y contrapesos para evitar el abuso del poder y de la autoridad; pues la concentración de poder y la ausencia de controles posibilita la corrupción expresada en el manejo inadecuado, perverso e indebido de los recursos públicos.

La democracia representativa adquirió especial dimensión mediante la comprensión de la soberanía popular está delegada en las instituciones gubernamentales que ejercen la autoridad en nombre del pueblo. Y es allí donde la relación del principio fundamental del buen gobierno con la democracia, se manifiesta en que esta última es ejecutada por las autoridades administrativas que en atención a los principios del interés común, deben garantizar que la noción de democracia sea más visible, por cuanto se crean más mecanismos que aseguran la participación efectiva del ciudadano, ejemplo de ello son las audiencias públicas en las que se escucha a la ciudadanía a la hora de definir la planeación local, o cuando se facilitan los mecanismos para participar en las modificaciones de los reglamentos que expiden las autoridades regulatorias, etc.

En la mayoría de las legislaciones, se materializa el ejercicio democrático a través de: rendiciones de cuentas, consultas en línea a la actividad contractual de las entidades, mediciones a los resultados de la gestión de la

196 "Parece imposible que un Gobierno dirigido por los mejores ciudadanos no sea excelente, no debiendo darse un mal Gobierno sino en Estados regidos por hombres corrompidos. Y recíprocamente, parece imposible que donde la administración no es buena, el Estado sea gobernado por los mejores ciudadanos. Pero es preciso observar que las buenas leyes no constituyen por sí solas un buen gobierno, y que lo que importa, sobre todo, es que estas leyes buenas sean observadas. No hay, pues, buen gobierno sino donde en primer lugar se obedece la ley, y después la ley a que se obedece está fundada en la razón; porque podría también prestarse obediencia a leyes irracionales. La excelencia de la ley puede por lo demás, entenderse de dos maneras: la ley es la mejor posible, relativamente a las circunstancias; o la mejor posible de una manera general y en absoluto".

197 22 de agosto de 1642-3 de septiembre de 1651.

198 Cámara Estatal de Pennsylvania, 4 de julio de 1776.

autoridad, que debe dirigirse hacia la materialización de las prácticas de la buena administración sobre todo en materia de control fiscal como derecho fundamental; y ello debe contribuir a la consolidación del Estado social y democrático de derecho.

Como reflexión de cierre de este acápite en la pasada edición de este libro, se tiene la administración estatal conforme a sus funciones, que debe desarrollar el principio y derecho fundamental a una buena administración a través de un procedimiento administrativo. Y este principio fundamental al buen gobierno o buena administración, está directamente relacionado con la democracia, entendida esta última como el Gobierno del pueblo.

Según la Real Academia de la Lengua Española, la democracia es un sistema político en el cual la soberanía reside en el pueblo, que la ejerce directamente o por medio de representantes. Dicho en otras palabras, la democracia es un tipo de organización del Estado en el cual las decisiones colectivas son adoptadas por el pueblo mediante herramientas de participación directa o indirecta que confieren legitimidad a sus representantes.

Para garantizar la democracia en términos adecuados y de oportunidad en el marco del derecho a una buena administración, está en la manera como se posibilita y facilita al ciudadano el acceso a las tecnologías informáticas y de comunicaciones, y cómo se proporciona información en línea permanente y actualizada para poderse ejercer el control fiscal participativo, tema que se abordará ampliamente en el capítulo tercero de esta nueva edición, pues una herramienta tecnológica que facilita y posibilite el ejercicio pleno a la buena administración amerita una mayor profundidad y análisis; no obstante nos referiremos a continuación a la Contratación pública entendida como parte fundamental del ejercicio de los derechos fundamentales y derechos y humanos en tanto es una de las formas en que se materializan los fines esenciales del Estado.

4. La contratación pública en Colombia y su relevancia en la gobernanza pública

La contratación pública entendida genéricamente como el acuerdo de voluntades celebrado entre el Estado a través de las entidades públicas y el contratista, para el cumplimiento de los fines esenciales del Estado[199] a través de la adquisición de bienes y servicios, tal como lo expresa la Corte Constitucional en la Sentencia C-949 de 5 de septiembre de 2001[200], tiene un *"carácter instrumental puesto que no es un fin en sí mismo sino un medio para la consecución de los altos objetivos del Estado"*.

En efecto, esa característica de instrumentalidad de la contratación a través de la cual se ejecutan los recursos públicos cuenta con una "hoja de ruta" que orienta la ejecución de la política pública que se prioriza en el Plan de Gobierno y que en el caso colombiano se modifica cada cuatro años cuando se elige al Presidente de la República.

La Corte Constitucional en Sentencia C-518 de 21 de septiembre de 2016, se ocupa de uno de los capítulos del Plan de Gobierno vigente para ese entonces y se refiere a conceptos que están presentes en la evolución de la gestión de lo público, tales como el buen gobierno o la gobernanza, en tanto expresa que el propósito de 'buen gobierno' es el de mejorar el servicio, fortalecer la gobernanza y consolidar el gasto público. [201]

199 Corte Constitucional. Sentencia C-713 de 7 de octubre de 2009, M. P.: María Victoria Calle Correa, disponible en [http://www.corteconstitucional.gov.co/RELATORIA/2009/C-713-09.htm]. Contratación estatal en Estado social de derecho-Finalidad/interés general. Determina las actuaciones de la administración, sus servidores y contratistas. "El fin de la contratación pública en el Estado social de derecho está directamente asociado al cumplimiento del interés general, puesto que el contrato público es uno de aquellos 'instrumentos jurídicos de los que se vale el Estado para cumplir sus finalidades, hacer efectivos los deberes públicos y prestar los servicios a su cargo, con la colaboración de los particulares a quienes corresponde ejecutar, a nombre de la administración, las tareas acordadas. El interés general, además de guiar y explicar la manera como el legislador está llamado a regular el régimen de contratación administrativa, determina las actuaciones de la administración, de los servidores que la representan y de los contratistas, estos últimos vinculados al cumplimiento de las obligaciones generales de todo contrato y por ende supeditados al cumplimiento de los fines del Estado'".

200 M. P.: Clara Inés Vargas Hernández, disponible en [http://www.corteconstitucional.gov.co/relatoria/2001/C-949-01.htm].

201 El actor aduce que la norma demandada se aparta de la unidad de materia y señala: "los contenidos de la norma acusada no tienen relación de finalidad directa con las metas fijadas en el acápite denominado 'buen gobierno', del documento titulado 'Bases del Plan de Desarrollo 2014-2018: Todos por un nuevo país', publicado por el Departamento Nacional de Planeación, y que hace parte de la Ley 1753 de 2015. Según el acápite referido, el propósito de 'buen gobierno' es promover una gestión que prevenga la corrupción, mejore el servicio que se le presta al ciudadano a nivel nacional y territorial, fortalezca la gobernanza, conso-

Buena parte de los recursos públicos se ejecutan a través de la contratación estatal regulada en el caso colombiano por la Ley 80 de 28 de octubre de 1993[202] que desarrolla el **Estatuto General de Contratación de la Administración pública**, que preceptúa los principios y reglas que encauzan los contratos de las entidades estatales.[203]

Denomina la norma en cita a los servidores públicos en su artículo 2.º[204], como las personas naturales que prestan sus servicios en las entidades públicas, entendiéndose que los servicios públicos: "*están destinados a satisfacer necesidades colectivas en forma general, permanente y continua, bajo la dirección, regulación y control del Estado, así como aquellos mediante los cuales el Estado busca preservar el orden y asegurar el cumplimiento de sus fines*", y a su turno el artículo 3 ídem, señala que para el cumplimiento de los fines de la Contratación

lide el gasto público, entre otras". M. S.: Luis Guillermo Guerrero Pérez, disponible en [http://www.corteconstitucional.gov.co/relatoria/2016/C-518-16.htm]. Se demandó ante la Corte Constitucional el artículo 134 de la Ley 1753 de 2015 "Por la cual se expide el Plan Nacional de Desarrollo 2014-2018 "Todos por un nuevo país", que finalmente fue declarado exequible.

202 Estatuto General de la Contratación, *Diario Oficial*, n.º 41.094, de 28 de octubre de 1993, disponible en [http://www.secretariasenado.gov.co/senado/basedoc/ley_0080_1993.html].

203 Art 1.º Ley 80 de 1993 Se denominan entidades estatales: a) La Nación, las regiones, los departamentos, las provincias, el Distrito Capital y los distritos especiales, las áreas metropolitanas, las asociaciones de municipios, los territorios indígenas y los municipios; los establecimientos públicos, las empresas industriales y comerciales del Estado, las sociedades de economía mixta en las que el Estado tenga participación superior al cincuenta por ciento (50 %), así como las entidades descentralizadas indirectas y las demás personas jurídicas en las que exista dicha participación pública mayoritaria, cualquiera sea la denominación que ellas adopten, en todos los órdenes y niveles. b) El Senado de la República, la Cámara de Representantes, el Consejo Superior de la Judicatura, la Fiscalía General de la Nación, la Contraloría General de la República, las contralorías departamentales, distritales y municipales, la Procuraduría General de la Nación, la Registraduría Nacional del Estado Civil, los ministerios, los departamentos administrativos, las superintendencias, las unidades administrativas especiales y, en general, los organismos o dependencias del Estado a los que la ley otorgue capacidad para celebrar contratos

204 *"Art. 2.º, ley 80 de 1993: " Se denominan servidores públicos: a) Las personas naturales que prestan sus servicios dependientes a los organismos y entidades de que trata este artículo, con excepción de las asociaciones y fundaciones de participación mixta en las cuales dicha denominación se predicará exclusivamente de sus representantes legales y de los funcionarios de los niveles directivo, asesor o ejecutivo o sus equivalentes en quienes se delegue la celebración de contratos en representación de aquéllas. b) Los miembros de las corporaciones públicas que tengan capacidad para celebrar contratos en representación de éstas".*

Estatal: *"Los servidores públicos tendrán en consideración que al celebrar contratos y con la ejecución de los mismos, las entidades buscan el cumplimiento de los fines estatales, la continua y eficiente prestación de los servicios públicos y la efectividad de los derechos e intereses de los administrados que colaboran con ellas en la consecución de dichos fines… Los particulares, por su parte, tendrán en cuenta al celebrar y ejecutar contratos con las entidades estatales que, además de la obtención de utilidades cuya protección garantiza el Estado, colaboran con ellas en el logro de sus fines y cumplen una función social que, como tal, implica obligaciones".*

Sobre el particular es importante señalar, que el Consejo de Estado se ha ocupado de desarrollar el enfoque de los contratistas como colaboradores del estado, en tanto cumplen con una función social que implica tener conocimientos y experticia, de modo que ha sostenido el alto tribunal en el caso de los contratistas, que ellos deben analizar la suficiencia previa al contrato, todas las circunstancias y particularidades del tema a contratar en cumplimiento del deber de planear".[205]

Nótese como la contratación pública como herramienta para cumplir los fines esenciales del Estado, se encuentra ampliamente reglada en el precitado estatuto, que además dispone con diáfana claridad, que los servicios públicos deben ser prestados por el estado de forma eficiente y efectiva,

---

205 *"Se puede afirmar que el principio de planeación en la contratación pública es bifronte, es decir, se traduce en una carga tanto para la entidad estatal como para el contratista, respecto de aquellos aspectos que compete definir a cada parte. La exigencia de obrar de acuerdo con el principio de planeación se predica en la formación del contrato y, de la misma forma, en la negociación de sus modificaciones y adiciones. Dentro del marco de la colaboración que compete al contratista, se encuentra igualmente sometido a respetar el principio de planeación, es decir, el contratista tiene la carga de analizar la suficiencia y consistencia de los estudios previos y de los precios presupuestados, en orden a definir su participación (…) y el contenido de su oferta; se entiende que es una carga, en el sentido de que el contratista no podrá desconocer los términos y condiciones que aceptó y mucho menos aquellos que negoció con la entidad pública. Es común que el contratista sea el encargado de elaborar los análisis de precios en forma consistente con los costos, en el caso de proponer las adiciones y modificaciones al contrato, de manera que, en ese evento, como conocedor de la contratación en curso, se le exige definir con suficiencia los requerimientos de plazo y valor, por ello respecto del contratista, se predica también la carga de planear adecuadamente las modificaciones, en orden a establecer los requerimientos sobre los cuales se construyen las obligaciones contractuales".*
Consejo de Estado, Sala de lo Contencioso Administrativo Sección Tercera Subsección A, Sentencia del 8 de mayo de 2019, radicado 59309. Consejera Ponente: Dra. Marta Nubia Velásquez Rico.

además deja en claro el rol del servidor público y de los particulares, que se consideran colaboradores del Estado, pues cumplen una función social.

Esta función social se vincula de manera directa a cumplir con el contrato, atender al interés general y a los fines esenciales del estado como lo ordena la Carta Magna Colombiana; de tal manera que esos fines esenciales se desagregan en la satisfacción de los intereses comunes que no es otra cosa que el poder soberano de ejercer el derecho humano a percibir del Estado servicios y productos eficientes.

Ahora bien, precisamos en la edición anterior, que la cuantía destinada para compra y contratación pública representaba más del 15 % del PIB[206], y que el proyecto de ley de Presupuesto General de la Nación —PGN— aprobado para 2019, correspondía a un valor total de 258,9 billones de pesos. Actualizando estas cifras, el Presupuesto General de la Nación, para el año 2024, alcanza la cifra de $502,6 billones,[207], por lo que resulta fundamental que el ejercicio del control y la vigilancia de los recursos públicos adopte de manera permanente nuevas estrategias de buena administración.

En el estatuto contractual colombiano, la buena administración está inherente en varias disposiciones[208]. Nótese como en desarrollo de la libertad de configuración normativa, el legislador dispuso que los contratos pueden

---

206 En el Observatorio Colombiano de Contratación Pública, disponible en [http://www.occp.co/que-es-el-occp].

207 "D*estinados a los sectores de: transporte (13,9 %); inclusión social y reconciliación (13,0 %); igualdad y equidad (10,1 %); educación (8,4 %); agricultura y desarrollo rural (8,4 %); minas y energía (8,1 %); vivienda, ciudad y territorio (6,0 %); trabajo (5,9 %); hacienda (5,6 %); defensa y policía (3,2 %); tecnologías de la información y las comunicaciones (3,1 %); salud y protección social (2,1 %); planeación (1,2 %); ambiente y desarrollo sostenible (1,5 %) e información estadística (1,4 %)*". Página oficial DNP. Disponible en https://www.dnp.gov.co/Prensa_/Noticias/Paginas/con-un-crecimiento-del-19-4-el-presupuesto-de-inversion-alcanzara-los-99-3-billones-en-2024-y-sera-el-mas-alto.aspx.

208 A saber: "Artículo 40. En los contratos que celebren las entidades estatales podrán incluirse las modalidades, condiciones y, en general, las cláusulas o estipulaciones que las partes consideren necesarias y convenientes, siempre que no sean contrarias a la Constitución, la ley, el orden público y a los principios y finalidades de esta ley y a los de la buena administración [...] Artículo 49. Del saneamiento de los vicios de procedimiento o de forma. Ante la ocurrencia de vicios que no constituyan causales de nulidad y cuando las necesidades del servicio lo exijan o las reglas de la buena administración lo aconsejen, el jefe o representante legal de la entidad, en acto motivado, podrá sanear el correspondiente vicio".

contener reglas flexibles, lo que está acorde con la evolución de las necesidades a satisfacer que han cambiado como consecuencia de la globalización de la economía, de los avances tecnológicos y en todo caso, de respetar la Constitución Política y la ley.

Se indica en el artículo 40 del estatuto contractual que en los contratos estatales pueden estipularse cláusulas necesarias que no contraríen la buena administración; y el artículo 49 ídem preceptúa el saneamiento de los vicios de forma, cuando las reglas de la buena administración lo sugieran. Esta alusión a la buena administración, que se menciona en los artículos 40 y 49, no tiene el alcance del nuevo derecho fundamental a la buena administración desarrollado en la legislación europea, como ya se mencionó. Es puntual y lleva a acudir a los principios que refiere el artículo 23 de la Ley 80 de 1993[209].

El Consejo de Estado, destaca que la buena administración, en tanto, expresa que es un estándar que concierne a la contratación pública[210]. El alto tribunal determinó que no correspondía declarar la nulidad de la norma en cuestión por ser una disposición coherente con una medida de buena administración, pronunciamiento que abre camino a que se tenga presente la importancia de la evolución del derecho administrativo y el cambio de paradigmas en el ejercicio de los derechos por parte de los ciudadanos.

La Corte Constitucional Colombiana, ha señalado: "... *Dentro de esta concepción, el contratista, además de estar vinculado al cumplimiento de las obligaciones generales de todo contrato, queda supeditado al cumplimiento de los fines*

---

209 Según la cual esas actuaciones "se desarrollarán con arreglo a los principios de transparencia, economía y responsabilidad y de conformidad con los postulados que rigen la función administrativa. Igualmente, se aplicarán en las mismas las normas que regulan la conducta de los servidores públicos, las reglas de interpretación de la contratación, los principios generales del derecho y los particulares del derecho administrativo".

210 En los siguientes términos: "estándar de buena administración en un tema relativo a la contratación estatal, pues en la sentencia que se comenta se planteaba la nulidad de una disposición reglamentaria que impone el deber de dejar constancia del cierre de un expediente contractual". NATALIA SOLEDAD APRILE. "El derecho a una buena administración: un derecho fecundo en Latinoamérica", en MANUEL ALBERTO RESTREPO MEDINA (ed.). *Derecho administrativo. Reflexiones contemporáneas,* Bogotá, Universidad del Rosario, 2017, cita Consejo de Estado, Sala de lo Contencioso Administrativo, Sección Tercera (Subsección C). Sentencia de 10 de octubre de 2016, radicación 11001-03-26-000-2015-00165-00(55813), C. P.: JAIME ORLANDO SANTOFIMIO GAMBOA.

del Estado",[211] y esta concepción jurisprudencial de la Corte Constitucional, consideramos en consecuencia solo puede ser resultado de una buena administración; de una excelente gobernanza.

Ese derecho fundamental a la buena administración refleja una connotación más amplia que al aplicarse a nuevos modelos de contratación, tales como las concesiones de cuarta generación, las asociaciones público-privadas, la adquisición de servicios de tecnología, etc., por parte de la autoridad administrativa encargada de adelantar el control fiscal a la gestión y los resultados obtenidos al ejecutar los recursos públicos, requieren cada vez más la utilización de herramientas informáticas, tecnológicas y disruptivas.

Ahora bien, el derecho a la buena administración modifica la percepción del administrado que pasa de ser un destinatario de las prerrogativas de la administración, al eje de toda la actuación administrativa; ello lleva a que se prevean otras formas de acercamiento del ciudadano o el administrado a ejercer un efectivo control de esta contratación.

Sin embargo, se presentan una serie de limitaciones para el ciudadano quien a la hora de ejercer facultades como la de veeduría o presentar solicitudes ante las autoridades, se encuentra con una dispersión normativa aplicable a regímenes excepcionales a la contratación —35 aproximadamente—, por lo que algunas materias en particular cuentan con regulaciones especiales.[212]

Esta dispersión de regímenes de manera necesaria repercute a la hora de ejercer el control a la ejecución de los recursos públicos que se realiza a través de las distintas modalidades de contratación y que soportan la im-

211 *"...Dentro de esta concepción, el contratista, además de estar vinculado al cumplimiento de las obligaciones generales de todo contrato, queda supeditado al cumplimiento de los fines del Estado, puesto que concreta el interés general que representa la continuidad y eficiencia en la prestación de los servicios públicos[11], colaboración que no le impide la legítima obtención de utilidades, así como el cumplimiento de la función social que se requiere para la realización de dichos fines" Corte Constitucional. Sentencia C-713 de 2009. Magistrada Ponente: María Victoria Calle Correa*

212 Iván Darío Gomez Lee. *Manual para un buen control de recursos en la contratación pública,* Bogotá, Auditoría General de la República, Procuraduría General de la Nación e Instituto de Estudios del Ministerio Público, 2010, disponible en [http://www.auditoria.gov.co/Biblioteca_documental/OEE/AGRP11-Manual_contratacion_visible_v1.pdf], menciona que "Conforme a una investigación que se realizó para la publicación de contratación segura, se establecieron cerca de 35 regímenes especiales", p. 11, nota 5.

portancia de nuevas estrategias en el desarrollo del control fiscal, en donde resulta fundamental el control en tiempo real al avance de la obra pública, a los modelos de concesiones, a las nuevas formas de contratar donde el uso de las herramientas tecnológicas es indispensable para apoyar el análisis de la información y con la combinación de las metodologías de auditoría, del control interno de las entidades, de las veedurías ciudadanas, evidencia la importancia de aunar esfuerzos encaminados a que la contratación sea afectiva, eficaz y que contribuya en la realización de los fines del Estado como se ha señalado en este capítulo.

Ahora bien, uno de los aspectos claves en el control de lo público lo constituye la participación ciudadana en la vigilancia de la gestión contractual que alcanza unas dimensiones interesantes frente al cuidado de lo público, reconocidas en la Sentencia C-949 de 2001 ya citada[213].

También se refiere a la efectividad de los mecanismos de participación ciudadana previstos en la Constitución Política de Colombia y la jurisprudencia[214].

213 Cuando señala: "Lo dicho en esta sentencia no significa en modo alguno que a la Corte le resulten indiferentes los nefastos efectos que en el patrimonio público puede ocasionar la evasión de los controles y de la fiscalización de los ciudadanos y de las autoridades, pues ello, ciertamente, abona el terreno de la corrupción administrativa que, principalmente en el campo de la contratación pública ha alcanzado en el último tiempo niveles insospechados, lo cual representa una desviación de cuantiosísimos recursos públicos de la inversión pública social, que atenta contra las metas de crecimiento económico y de mejoramiento de las condiciones de vida de la mayoría de los colombianos. Con todo, no es la acción pública de inconstitucionalidad el mecanismo apropiado para combatir dichas prácticas, contrarrestar sus devastadores efectos o responsabilizar a quienes incurren en tan repudiables conductas de apropiación del patrimonio público. Para ello, existen y se han fortalecido las instancias de fiscalización y de control, y el ordenamiento jurídico ha previsto otras herramientas y acciones que deben adelantarse ante los organismos de control, que son los llamados a investigar y recriminar anomalías como las que refiere el demandante".

214 Que sostiene: "Es sabido que en desarrollo de la Constitución de 1991, el legislador ha dado un significativo vigor al derecho de participación ciudadana en la vigilancia y control de la gestión pública contractual de las autoridades estatales, diversificando e innovando los distintos mecanismos e instrumentos que permiten hacerla efectiva". Sentencia C-040 de 26 de enero de 2000, M. P.: Fabio Morón Díaz, disponible en [http://www.corteconstitucional.gov.co/relatoria/2000/c-040-00.htm].

En este sentido, las entidades públicas han realizado avances significativos para fortalecer el ejercicio de la participación ciudadana en el control de la contratación pública. Un ejemplo de ello se puede apreciar en el documento denominado "Control social a la compra y la contratación pública"[215], construido para dotar a la ciudadanía de herramientas para que de una manera sencilla se comprenda la importancia de la contratación estatal y la forma en que se puede ejercer el control ciudadano y así propiciar su acercamiento al ejercicio del mismo con los instrumentos legales y reglamentarios.

De otra parte, en el caso colombiano el control fiscal posterior definido como una función pública en materia de contratación cuenta con una amplia cobertura prevista en el artículo 65 de la Ley 80 de 1993, según la cual se inicia desde el momento en que se agotan los trámites administrativos para la legalización del contrato, hasta su liquidación o terminación, alcance que fue materia de pronunciamiento por parte de la Corte Constitucional en la Sentencia C-623 de 25 de agosto de 1999[216].

En este fallo, la Corte dejó claro que el control fiscal no puede implicar coadministración, es decir, intervención en las decisiones de la administración, sino que empieza a partir de la toma de decisiones de la administración. Se destaca en el ejercicio del control a la contratación la importancia que el Constituyente de 1991 otorgó al componente ambiental, incluido en los principios de la vigilancia de la gestión fiscal del Estado establecidos en el

215 Disponible [https://www.contraloria.gov.co/documents/621871/1131800/M%C3%B3dulo+3+Contrataci%C3%B3n.pdf/ef8e8036-f928-4850-b277-f1490f9e6444?version=1.0].

216 Pues bien: el control fiscal sobre la actividad contractual de la administración pública, según la disposición acusada, tiene lugar en dos momentos distintos: 1. una vez concluidos los trámites administrativos de legalización de los contratos, es decir, cuando se ha perfeccionado el acuerdo de voluntades, para vigilar la gestión fiscal de la administración y, en general, el cumplimiento de las normas y principios que rigen la contratación estatal. Igualmente, se deberá ejercer control posterior sobre las cuentas y pagos derivados del contrato, y 2. una vez liquidados o terminados los contratos, para ejercer un control financiero, de gestión y de resultados, fundado en la eficiencia, la economía, la equidad y la valoración de los costos ambientales. M. P.: Carlos Gaviria Díaz, disponible en [http://www.corteconstitucional.gov.co/relatoria/1999/c-623-99.htm].

artículo 8.° de la Ley 42 de 26 de enero de 1993[217], cuando hace referencia a que luego de evaluar la gestión se tenga en cuenta "el impacto por el uso o deterioro de los recursos naturales y el medioambiente y evaluar la gestión de protección, conservación, uso u explotación de los mismos".

Estos principios de la vigilancia de la gestión fiscal cobran especial relevancia, toda vez que la "eficiencia, la economía, la eficacia, la equidad y la valoración de costos ambientales" a la hora de evaluar la gestión y los resultados de la contratación estatal, materializan uno de los elementos fundamentales de la concepción de una buena administración como parte de la evolución del derecho administrativo, que es el que la persona, el ciudadano, el administrado o el particular es el protagonista y beneficiario final de la actividad administrativa representada en los bienes y servicios que adquiere la administración a través de la contratación.

El estatuto contractual ha previsto una serie de principios que buscan que la ejecución de los recursos se realice de manera organizada; y es allí donde resultan importantes los estudios previos a efectos de establecer con claridad las necesidades que se pretenden satisfacer con la contratación y que corresponde al principio de planeación que ha sido construido por la jurisprudencia del Consejo de Estado[218] a partir del principio de economía que es fundamental a la hora de precisar la modalidad de selección a adelantar y que va acorde a la exigencia de las prácticas de la buena administración de motivar y justificar las decisiones que se tomen al ejecutar los recursos públicos mediante la contratación estatal. Ello lleva a que se precisen los aspectos jurídicos, técnicos y económicos requeridos para que la ejecución resulte exitosa.

217 "Sobre la organización del sistema de control fiscal financiero y los organismos que lo ejercen", *Diario Oficial*, n.° 40.732, de 27 de enero de 1993, disponible en [http://www.suin-juriscol.gov.co/viewDocument.asp?ruta=Leyes/1788293].

218 Consejo de Estado, Sala de lo Contencioso Administrativo, Sección Tercera, Subsección B. Sentencia de 28 de mayo de 2012, Radicación n.° 07001-23-31-000-1999-00546-01 (21489), C. P.: Ruth Stella Correa Palacio; Consejo de Estado, Sala de lo Contencioso Administrativo, Sección Tercera, Subsección C. Sentencia de 23 de octubre 2017, Radicación n.° 15001-23-33-000-2013-00526-01 (55855), C. P.: Jaime Orlando Santofimio Gamboa.

A manera de referente, se cita una de las sentencias del Consejo de Estado[219], en la que se señala la importancia de este principio.

Los principios que se aplican en la actuación contractual están enunciados en el artículo 23 de la Ley 80 de 1993 y son los de transparencia, economía y responsabilidad, así como los que rigen la función administrativa, previstos en el artículo 209 de la Constitución Política Colombiana, que son los de igualdad, moralidad, eficacia, economía, celeridad, imparcialidad y publicidad, mediante la descentralización, la delegación y la desconcentración de funciones.

También se tienen en cuenta los principios previstos en el artículo 3.º, del Código de Procedimiento Administrativo y de lo Contencioso Administrativo, del debido proceso, igualdad, imparcialidad, buena fe, moralidad, participación, responsabilidad, transparencia, publicidad, coordinación, eficacia, economía y celeridad.

El marco normativo es bastante amplio y se encamina a regular las diferentes formas en que se adelanta la contratación que se ha visto influenciada por las modalidades que con el tiempo han surgido.

Se observa que la globalización de las economías, los adelantos tecnológicos, han incidido en forma notable en la presentación de nuevos modelos

219 "De acuerdo con el deber de planeación, los contratos del Estado 'deben siempre corresponder a negocios debidamente diseñados, pensados, conforme a las necesidades y prioridades que demanda el interés público; en otras palabras, el ordenamiento jurídico busca que el contrato estatal no sea el producto de la improvisación ni de la mediocridad [...] La planeación se vincula estrechamente con el principio de legalidad, sobre todo en el procedimiento previo a la formación del contrato [...] Pero además ese parámetro de oportunidad, entre otros fines, persigue establecer la duración del objeto contractual pues esta definición no sólo resulta trascendente para efectos de la inmediata y eficiente prestación del servicio público, sino también para precisar el precio real de aquellas cosas o servicios que serán objeto del contrato que pretende celebrar la administración [...] De otro lado, el cumplimiento del deber de planeación permite hacer efectivo el principio de economía, previsto en la Carta y en el artículo 25 de la Ley 80 de 1993, porque precisando la oportunidad y por ende teniendo la entidad estatal un conocimiento real de los precios de las cosas, obras o servicios que constituyen el objeto del contrato, podrá no solamente aprovechar eficientemente los recursos públicos sino que también podrá cumplir con otro deber imperativo como es el de la selección objetiva. Sala de lo Contencioso Administrativo, Sección Tercera, Subsección C. Sentencia de 24 de abril de 2013, radicación número: 68001-23-15-000-1998-01743-01(27315), C. P.: Jaime Orlando Santofimio Gamboa.

de contratación, tales como las concesiones de cuarta generación asociadas a los grandes proyectos de infraestructura, las nuevas formas de prestar servicios de tecnología a través de proveedores que se encuentran en otros países o los servicios que se prestan de manera simultánea; servicios en la nube o el *cloud computing*, las nuevas formas de prestar servicios de salud, etc., evidencian la necesidad de atender estos nuevos retos para el control fiscal que debe modernizarse y estar en capacidad de vigilar la manera en que se comprometen los recursos públicos que al final benefician a la comunidad destinataria de la actividad administrativa del Estado, desarrollo acorde con el derecho fundamental a la buena administración consagrado de manera expresa en el ámbito normativo europeo como se ha señalado.

Ahora bien, el control fiscal a la contratación estatal se adelanta a través del ejercicio auditor previsto a través de diversas modalidades de auditoría que, en la actualidad en Colombia, corresponde a la auditoría financiera, de desempeño y de cumplimiento. Sin embargo, esta no es la única manera de abordar el ejercicio del control fiscal, toda vez que es posible adoptar otros sistemas de control para adelantar la labor de vigilancia de la gestión fiscal habiendo previsto las normas que en la medida en que se presenten avances tecnológicos y muten las necesidades y condiciones particulares socioeconómicas, es posible optar por otros medios de control[220]. Lo anterior, permite acudir a diversas herramientas para ejercer el control al uso de los recursos públicos en tiempo real, como es la inteligencia artificial, de la que nos ocuparemos en el capítulo tercero de esta segunda edición.

Es tan importante estar a la vanguardia para ejercer el control a través de los diversos instrumentos, como forma de contribuir a la buena gobernanza, habida cuenta que los índices de corrupción en el manejo de los recursos públicos, como se expuso en la primera edición, según cifras del Informe de Transparencia por Colombia[221], cada día son más sofisticados

[220] Ley 42 de 1993, cit., artículo 9.º "Para el ejercicio del control fiscal se podrán aplicar sistemas de control como el financiero, de legalidad, de gestión, de resultados, la revisión de cuentas y la evaluación del control interno, de acuerdo con lo previsto en los artículos siguientes. // Parágrafo. Otros sistemas de control, que impliquen mayor tecnología, eficiencia y seguridad, podrán ser adoptados por la Contraloría General de la República, mediante reglamento especial.

[221] Ver Ángela María Rodríguez Sánchez (coord.). "Así se mueve la corrupción. Radiografía de los hechos de corupción en Colombia 2016-2018", en *Monitor ciudadano de la corrupción*,

y muestran un porcentaje bastante alto de hechos "asociados a corrupción administrativa" que alcanza el orden del 46 %[222].

Esta información refuerza la importancia de proponer un sistema de control fiscal estratégico, efectivo y gerencial, que contribuya a la lucha contra la corrupción de manera que se tomen medidas para que el control se ejerza de manera oportuna, que permita identificar los riesgos y facilite el monitoreo del presupuesto, los índices de ejecución con el apoyo de la ciudadanía para contribuir al fortalecimiento de la democracia materializándose con ello la buena administración como derecho fundamental y como derecho humano de importancia indiscutible.

5. Recursos públicos como elemento fundamental de la buena gobernanza pública

Las legislaciones pertenecientes a la familia romano-germánica, como es el caso de la legislación colombiana, tienen su fuente primaria en los conceptos del derecho romano, en el que se desarrolla la noción de Estado, como la cosa pública[223]. Menciona la autora que: "Por razones de derecho humano (*humani iuris*) se encuentran las cosas que el ordenamiento jurídico establece quedan fuera de las relaciones jurídicas entre particulares".

tercer informe, disponible en [http://www.monitorciudadano.co/docs/asi_se_mueve_la_corrupcion.pdf].

222 "Del 46 % de hechos de corrupción administrativa asociados a la contratación pública, se identificaron seis irregularidades como las más frecuentes: 1. Adjudicación o celebración irregular de contratos (29 %); 2. Violación a los principios de transparencia, idoneidad y responsabilidad en la contratación estatal (17 %); 3. Abuso de la figura de contratación directa (8 %); 4. Detrimento patrimonial por incumplimiento del objeto contratado (8 %); 5. Apropiación ilegal de recursos en los contratos (6 %); y 6. Sobrecostos por irregularidades en celebración de contratos (6 %)".

223 "El Estado: la *res publica* romana es un ente colectivo titular de derechos y obligaciones. Tiene un patrimonio propio (*ærarium populi romani*, llamado a partir del *imperio fiscus*). Se distingue de cualquier otra persona moral porque el mismo es soberano, es decir, no existe sobre él ningún otro poder, siendo el único que puede crear normas para regular su organización y la conducta de sus habitantes". Mariana Moranchel Pocaterra. "Compendio de derecho romano", México D. F., Universidad Autónoma Metropolitana Ciudad de México, 2017, disponible en [http://www.cua.uam.mx/pdfs/revistas_electronicas/libros-electronicos/2017/Compendio/CompendiodeDerechoInteractivo.pdf].

De este antecedente surge la clasificación tomada por el Código Civil colombiano de bienes de la nación y bienes fiscales, para luego replantearse la noción de bien público. Con la expedición de la Constitución de 1991, se incluyeron otros bienes en la categoría de públicos, que en detalle se precisó en el Consejo de Estado[224]. Por su parte, el artículo 35 de la Ley 42 de 1993, definió la hacienda nacional, como: *"el conjunto de derechos, recursos y bienes de propiedad de la Nación. Comprende el Tesoro Nacional y los bienes fiscales; el primero se compone del dinero, los derechos y valores que ingresan a las oficinas nacionales a cualquier título; los bienes fiscales aquellos que le pertenezcan así como los que adquiera conforme a derecho".*

224 "... Encuentra la Sala que la Constitución Política se refiere a los bienes nacionales en varias normas, de las cuales se transcriben las siguientes para proceder a interpretarlas: 'Artículo 63: Los bienes de uso público, los parques naturales, las tierras comunales de grupos étnicos, las tierras de resguardo, el patrimonio arqueológico de la Nación y los demás bienes que determine la ley, son inalienables, imprescriptibles e inembargables [...] Artículo 72: El patrimonio cultural de la Nación está bajo la protección del Estado. El patrimonio arqueológico y otros bienes culturales que conforman la identidad nacional, pertenecen a la Nación y son inalienables, inembargables e imprescriptibles. La ley establecerá los mecanismos para readquirirlos cuando se encuentren en manos de particulares y reglamentará los derechos especiales que pudieran tener los grupos étnicos asentados en territorios de riqueza arqueológica [...] Artículo 75: El espectro electromagnético es un bien público inenajenable e imprescriptible sujeto a la gestión y control del Estado. Se garantiza la igualdad de oportunidades en el acceso a su uso en los términos que fije la ley [...] Artículo 82: Es deber del Estado velar por la protección de la integridad del espacio público y por su destinación al uso común, el cual prevalece sobre el interés particular. // Las entidades públicas participarán en la plusvalía que genere su acción urbanística y regularán la utilización del suelo y del espacio aéreo urbano en defensa del interés común [...] Artículo 102: El territorio, con los bienes públicos que de él forman parte, pertenecen a la Nación [...] Artículo 332: El Estado es propietario del subsuelo y de los recursos naturales no renovables, sin perjuicio de los derechos adquiridos y perfeccionados con arreglo a las leyes preexistentes [...] Artículo 360: La ley determinará las condiciones para la explotación de los recursos naturales no renovables así como los derechos de las entidades territoriales sobre los mismos. // La explotación de un recurso natural no renovable causará a favor del Estado, una contraprestación económica a título de regalía, sin perjuicio de cualquier otro derecho o compensación que se pacte [...] Artículo 362: Los bienes y rentas tributarias o no tributarias o provenientes de la explotación de monopolios de las entidades territoriales, son de su propiedad exclusiva y gozan de las mismas garantías que la propiedad y renta de los particulares. // Los impuestos departamentales y municipales gozan de protección constitucional y en consecuencia la ley no podrá trasladarlos a la Nación, salvo temporalmente en caso de guerra exterior'". Consejo de Estado, Sala de Consulta y Servicio Civil. Sentencia de 2 de noviembre de 2005, radicación n.º 11001-03-06-000-2005-01682-00 (1682), C. P.: Enrique José Arboleda Perdomo, Actor: Ministerio de Defensa Nacional, referencia: Bienes de uso público bajo jurisdicción de la Dirección General Marítima –dimar–.

Esto para precisar como en el caso colombiano la vigilancia de los recursos públicos está a cargo de las Contralorías, cuya competencia ha sido revisada por la Corte Constitucional en la Sentencia C-557 de 20 de agosto de 2009[225], en la que se refirió al principio de la separación de los poderes y a la existencia de otros órganos diferentes a los que integran las ramas del poder público, conocidos como órganos de control. Es así como el control fiscal se adelanta a través del ejercicio auditor, que se formula y ejecuta a través del Plan de Vigilancia y Control Fiscal[226] en el que se establecen las entidades que serán revisados a través del ejercicio auditor. En la página *web* de la Contraloría General de la República, se define la auditoría[227].

En Colombia el control fiscal ejercido por la Contraloría General de la República, se orienta a la consecución de resultados que permitan establecer si los recursos humanos, físicos, financieros y las tecnologías de información y

225 "Órganos, que si bien tienen funciones separadas, colaboran armónicamente para la realización de sus fines, y como órganos autónomos e independientes, el artículo 117 Superior determinó los denominados 'de control', el Ministerio Público y la Contraloría General de la República, esta última que tiene a su cargo la vigilancia de la gestión fiscal y el control de resultados de la administración, por lo que su cometido central es el de verificar el correcto cumplimiento de los deberes asignados a los servidores públicos y a las personas de derecho privado que manejan o administran recursos o fondos públicos, en el ejercicio de actividades económicas, jurídicas y tecnológicas, tendientes a la adecuada y correcta adquisición, planeación, conservación, administración, custodia, explotación, enajenación, consumo, adjudicación, gasto, inversión y disposición de los bienes públicos, así como a la recaudación, manejo e inversión de sus rentas. La misma Constitución ha determinado, que la Contraloría es una entidad de carácter técnico, que no tendrá funciones administrativas distintas de las inherentes a su propia organización; y también, le otorga autonomía administrativa y presupuestal, como un reflejo de la estructura orgánico-funcional básica del Estado". M. P.: Luis Ernesto Vargas Silva, disponible en [http://www.corteconstitucional.gov.co/RELATORIA/2009/C-557-09.htm].

226 Disponible en [https://www.contraloria.gov.co/documents/20181/452000/PVCF+2019+Inicial.pdf/bef8ac84-9709-473b-87fd-9fea01b1c507].

227 "Como un proceso sistemático que evalúa, acorde con las normas de auditoría generalmente aceptadas vigentes, la política pública y/o la gestión y los resultados fiscales de los entes objeto de control fiscal y de los planes, programas, proyectos y/o asuntos a auditar, mediante la aplicación de los sistemas de control fiscal o actuaciones especiales de vigilancia y control, para determinar el cumplimiento de los principios de la gestión fiscal, en la prestación de servicios o provisión de bienes públicos, y en desarrollo de los fines constitucionales y legales del Estado, de manera que le permita a la Contraloría General de la República fundamentar sus opiniones y conceptos".

comunicación puestos a disposición de un gestor fiscal, se manejaron de forma eficiente, eficaz, económica y de manera transparente en cumplimiento de los fines constitucionales y legales del Estado. Además, le corresponde a la Contraloría General la presentación de los informes de ley, así: Informes de Cuenta General del Presupuesto y del Tesoro, Deuda Pública, Auditoría al Balance General de Hacienda Pública y Situación de las Finanzas Públicas y del Estado de los Recursos Naturales y del Medioambiente, en los que se pronuncia sobre las finanzas del Estado lo que permite que el Ejecutivo cuente con herramientas para abordar los análisis de las políticas a corto, mediano y largo plazo.[228]

En desarrollo de su labor misional y acorde con las Normas Internacionales de Auditoría para Entidades Fiscalizadores Superiores —EFS—, se adelantan auditorías independientes: financiera, de cumplimiento y de desempeño; incluso existen actuaciones y seguimientos especiales, e incluso se pueden combinar cuando sea pertinente.

Para la Contraloría General de la República, tal y como se aprecia en el anexo No. 1, del presente estudio, se indica que los sistemas de control fiscal que se aplican a las modalidades de auditoría, están contenidos en la Ley 42 de 1993, y corresponden a los controles: financiero, de gestión, de legalidad, de resultados, interno y revisión de cuentas, todos ellos con fundamento en las Normas ISSAI[229], que clasifican las clases de Auditoría como: Auditoría financiera, Auditoría de desempeño y auditoría de cumplimiento.

Es así como la fiscalización de los recursos públicos incluye una variada gama de opciones a revisarse, estas deben atender a los mandatos del de-

228 Principios, fundamentos y aspectos generales para las en la Contraloría General de la República. Disponible https://www.contraloria.gov.co/en/guia-de-auditoria-en-el-marco-de-normas-issai

229 *"Las ISSAI son las normas internacionales autorizadas en materia de auditoría del sector público. El propósito de las ISSAIs es el siguiente: Asegurar la calidad de las auditorías realizadas, Fortalecer la credibilidad de los informes de auditoria para los usuarios , Ampliar la transparencia de los procesos de auditoría, Especificar la responsabilidad del auditor con respecto a las demás partes implicadas, Definir los diferentes tipos de encargos de auditoría y el conjunto de conceptos relacionados que proporcionan un lenguaje común para la auditoría del sector público. El juego completo de ISSAIs se basa en la totalidad de conceptos y principios que definen la auditoría del sector público, así como en los diferentes tipos de compromisos que se ven apoyados por los ISSAIs". "La Organización Internacional de Entidades Fiscalizadoras Superiores (**INTOSAI**) es la organización central para la fiscalización pública exterior. Es una organización no gubernamental con un estatus especial con el Consejo Económico y Social de las Naciones Unidas (ECOSOC)" .INTOSAI . Tomado de la página* https://www.intosai.org/es/index.html

recho fundamental al buen Gobierno. De no cumplirse con los propósitos de una buena administración y luego de aplicar los diferentes métodos de auditoría a los recursos públicos, se concluye si se cumplieron los principio de eficacia, eficiencia, economía, entre otros, y en caso contrario, se materializan hallazgos administrativos, pues justamente son el resultado de administrar, que pueden tener alcance penal, disciplinario y fiscal, estos últimos a cargo de la Contraloría General de la República, quien tiene la competencia de adelantar los procesos de responsabilidad fiscal.[230]

En la medida en que se cuente con una administración fortalecida, cuyo norte esté regido por las buenas prácticas enfocadas a la satisfacción del interés general y el respeto por los principios de selección al contratar de transparencia, legalidad, integridad, entre otros, estaríamos en presencia de una buena administración, que de manera necesaria conduce a reorientar el ejercicio del control fiscal hacia una modalidad que contribuya al mejoramiento de la gestión pública.

Resulta oportuno referir que recientemente se aprobó el Acto Legislativo N° 04 de 2019[231], en el que se desarrolla la atribución de la Contraloría General de la República.

El desvío de los recursos públicos hacia otras finalidades obliga a replantear e innovar acerca de la forma como se ejerce el control fiscal preventivo que debe fundamentarse, de una parte, en un capital humano idóneo, y de otra, en el uso de las herramientas tecnológicas que permitan monitorear o detectar riesgos que aporten a la lucha contra la corrupción y el consecuente mejoramiento de la calidad de vida de los ciudadanos.

---

230 Ley 610 de 2000, artículo 1: ". *El proceso de responsabilidad fiscal es el conjunto de actuaciones administrativas adelantadas por las Contralorías con el fin de determinar y establecer la responsabilidad de los servidores públicos y de los particulares, cuando en el ejercicio de la gestión fiscal o con ocasión de ésta, causen por acción u omisión y en forma dolosa o culposa un daño al patrimonio del Estado*".

231 "13. Advertir a los servidores públicos y particulares que administren recursos públicos de la existencia de un riesgo inminente en operaciones o procesos en ejecución, con el fin de prevenir la ocurrencia de un daño, a fin de que el gestor fiscal adopte las medidas que considere procedentes para evitar que se materialice o se extienda, y ejercer control sobre los hechos así identificados". Acto Legislativo 04, de 18 de septiembre de 2019, "Por medio del cual se reforma el régimen de control fiscal", *Diario Oficial*, n.° 51.080, de 18 de septiembre de 2019, disponible en [http://www.suin-juriscol.gov.co/viewDocument.asp?ruta=Acto/30038092].

Posteriormente nos ocuparemos de la integridad pública que abarca a las autoridades públicas, al sector privado y a los ciudadanos, todos orientados al respeto y cumplimiento de los fines comunes de la sociedad. La cual resulta socavada por hechos de corrupción, tema que también será abordado ampliamente, pues amerita un análisis de fondo, pues quizá una de las mayores afectaciones al buen gobierno y que vulnera el derecho a la buena administración, es justamente el flagelo de la corrupción[232].

La Secretaría de Transparencia de la Presidencia de la República, presenta un interesante estudio que muestra el top 10 de los delitos asociados con corrupción administrativo 2010-2023 Como se observa en la siguiente tabla.

Tabla 1.

DELITOS	CANTIDAD	PORCENTAJE
Peculado por apropiación art. 397 c.p.	14.963	26,0%
Contrato sin cumplimiento de requisitos legales art. 410 c.p.	14.161	24,6%
Concusión art. 404 c.p.	5.832	10,1%
Cohecho por dar u ofrecer art. 407 c.p.	5.660	9,8%
Interés indebido en la celebración de contratos art. 409 c.p.	4.253	7,4%
Cohecho propio art. 405 c.p.	2.152	3,7%
Peculado por aplicación oficial diferente art. 399 c.p.	2.013	3,5%
Enriquecimiento ilícito art. 412 c.p.	1.803	3,1%
Peculado por uso art. 398 c.p.	1.220	2,1%
Violación al régimen legal o constitucional de inhabilidades e incompatibilidades art. 408 c.p.	977	1,7%

Fuente: Elaborado por la Secretaría de Transparencia de la Presidencia de la República 2023.[233]

232 La Secretaría de Transparencia de la Presidencia de la República, recientemente presentó un informe , que muestra: …. *"el top 10 de los delitos asociados con corrupción administrativo 2010-2023 ocupa el primer lugar el peculado por apropiación con un 26 %; seguido del contrato sin cumplimiento de requisitos legales, 24.6 %; concusión, 10.1 %; cohecho por dar u ofrecer, 9,8 %; interés indebido en la celebración de contratos, 7.4 %; cohecho propio, 3.7 %; peculado por aplicación oficial diferente, 3.5 %; enriquecimiento ilícito, 3.1 %; tráfico de influencias de servidor público, 2.4 %, y peculado por uso, 2.1 %".*

233 Disponible en https://petro.presidencia.gov.co/prensa/Paginas/SECRETARIA-DE-TRANSPARENCIA.

También es importante señalar, que el porcentaje de los actores que detentan la condición de servidores públicos involucrados en hechos de corrupción se acerca al 70 %, según se revela en el documento Transparencia por Colombia[234].

Conforme lo establece el informe de la Comisión Interamericana de Derechos Humanos, la población en condición de vulnerabilidad se afecta aún más con este fenómeno; y de ello da cuenta el siguiente cuadro elaborado por "Monitor Ciudadano", que analizó de forma cuantitativa el número de personas perjudicadas y, cualitativa por grupos poblacionales. El resultado muestra cómo los más afectados son niños, niñas y adolescentes, luego estudiantes, y población en condición de vulnerabilidad socioeconómica.

Todo lo dicho para reflejar la manera en que la mala gobernanza en la función pública asociada a casos de corrupción impide el goce efectivo de los derechos de diferentes sectores poblaciones, pero que además, se ve representada en graves violaciones a los derechos humanos de los más vulnerables.

Gráfico 1. Hechos de corrupción por grupos poblacionales

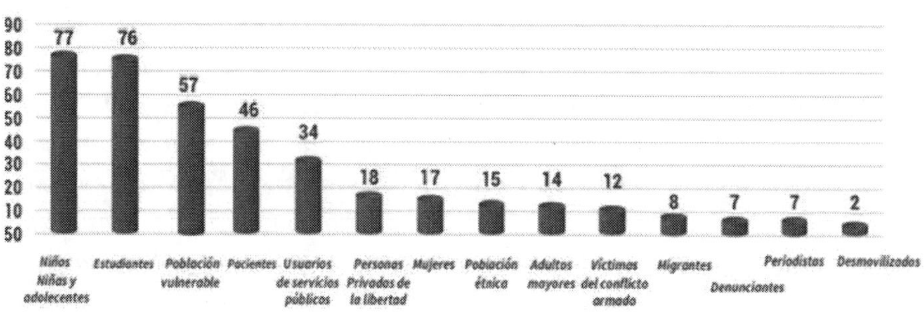

Fuente: Monitor Ciudadano de la Corrupción. Informe Transparencia por Colombia

En consecuencia, estamos frente a una realidad dramática que precisa la adopción de estrategias para fortalecer el cuidado de lo público en todos los órdenes y en particular, por los organismos de control. En este punto es

234 Rodríguez Sánchez (coord.). "Así se mueve la corrupción. Radiografía de los hechos de corupción en Colombia 2016-2018", cit.

importante mencionar la proliferación de los "códigos de ética" que trae el profesor Fernández Farreresy que con acierto refiere cómo resulta arriesgado que se confíe *"exclusivamente el buen gobierno a la ética personal de los gobernantes y servidores públicos y está a lo que dispongan los códigos de conducta pública"* y explica que ante *"el aumento de la degradación creciente del sistema jurídico-público"*, debe contarse con medidas de apoyo a las labores de los funcionarios acorde con los fines públicos a los que sirven.[235]

Sin lugar a dudas, la corrupción afecta el disfrute de los derechos humanos. El Consejo Internacional de Políticas de Derechos Humanos, sostuvo: "*... un soborno a un juez, un médico o a un maestro afecta el derecho a un juicio justo, a la salud y a la educación, respectivamente (International Council on Human Rights Policy y Transparency International, 2009). También pueden verse violentados los derechos a la vida con un hecho de corrupción que involucre agentes estatales cuya función es velar por la seguridad, o el derecho al trabajo a través de prácticas como el nepotismo (U4 AntiCorruption Resource Center, n.d.).*"[236]

Como lo señala el precitado informe no todo hecho de corrupción afecta el goce de los derechos humanos, ni toda violación de derechos humanos surge de un hecho de corrupción; no obstante el análisis que se realiza tomando como punto de partida los derechos humanos consagrados en la Carta Internacional de Derechos Humanos que reúne la Declaración Universal de Derechos, Transparencia por Colombia indica: "*Teniendo en cuenta este listado de derechos, la Radiografía 2016- 2020 muestra cómo el 58 % de los hechos de corrupción identificados incluyen la vulneración de al menos un derecho consagrado en la Carta Internacional de Derechos Humanos. En total se encuentran 1.926 afectaciones a derechos en 561 hechos de corrupción. El 39 % de las afectaciones corresponde a derechos recogidos en la Declaración Universal de Derechos Humanos–DUDH25; 31 % se encuentran en el Pacto Internacional de Derechos Civiles y Políticos–DICP26; y el 30 % del Pacto Internacional de Derechos Económicos, Sociales y Culturales–DESC*"[237]

---

235 Germán Fernández Farreres. "Los códigos de buen gobierno de las administraciones públicas", *Fórum Administrativo: Direito Público*, Belo Horizonte, vol. 7, n.º 81, pp. 17 a 29, noviembre de 2007.

236 Transparencia por Colombia Fecha: octubre de 2021, disponible https://transparenciacolombia.org.co/recomendaciones-para-combatir-la-corrupcion-en-colombia/

237 Transparencia por Colombia Fecha: octubre de 2021, disponible https://transparenciacolombia.org.co/recomendaciones-para-combatir-la-corrupcion-en-colombia/

A nivel Internacional Colombia fue calificada para el año 2023 por "Transparencia Internacional", con 40/100. [238]. Se presenta una leve mejoría en la posición mundial, pues de 180 países pasó del *puesto 91 al 87. Se sostiene acertadamente en el mencionado informe, que la formulación de una política de Estado Anticorrupción que incluya el fortalecimiento institucional, acciones preventivas y de rendición de cuentas de los recursos públicos, son algunas de las acciones necesarias.*

Sin oportunidad no hay justicia, y desde los organismos de control siempre hemos propiciado la capacidad de respuesta que esperan los ciudadanos, que no es otra cosa que la garantía a ejercer sus derechos humanos, a obtener resultados a tiempo, de la administración que lo representa. De allí la importancia de analizar los riesgos que afectan la buena administración.

6. Análisis de riesgos y principio de precaución social como factores de la buena gobernanza pública

La buena administración como principio fundamental reconocido por la comunidad internacional y como derecho fundamental y derecho humano reviste especial importancia en el ejercicio del control fiscal que se ejerce sobre la gestión que ejecutan las autoridades administrativas.

Esas autoridades tienen la responsabilidad de manejar los recursos públicos para lograr la satisfacción de los intereses generales de la comunidad, situación que desde la óptica del derecho fundamental a la buena administración implica que los ciudadanos, los administrados, las personas o los particulares cuenten con la posibilidad de exigir a las autoridades que se tomen las medidas necesarias para su correcta administración.

[238] Transparencia Internacional Informe resultados del Índice de Percepción de la Corrupción (IPC) 2023. El IPC confiere puntajes entre 0 y 100 a 180 países, donde 100 indica que un país se percibe como muy transparente, mientras que 0 muestra que es percibido como muy corrupto. Toda calificación por debajo de 50 apunta a que el país enfrenta serios problemas de corrupción. disponible https://transparenciacolombia.org.co/recomendaciones-para-combatir-la-corrupcion-en-colombia/

Sin embargo, en oposición a la buena administración, la doctrina[239] señala que se presenta la mala administración que puede ser negligente cuando falta la diligencia debida y si es dolosa se entra en los terrenos de la corrupción lo que trae unos costos sociales elevados e impactos ambientales y sociales.

Esto nos conduce a revisar los riesgos que afectan la buena administración, y el principio de precaución social, cuya génesis se encuentra en el principio de precaución desarrollado en materia ambiental. En el sector público se trabaja en forma permanente en la identificación de los riesgos y en la determinación de acciones preventivas para evitarlos, así como en la generación de acciones correctivas cuando se materializan esos riesgos. En general, se parte de la identificación, el análisis, la evaluación y la determinación de los roles y responsabilidades.

En Colombia, el Departamento Administrativo de la Función Pública, junto con otras entidades, apoyan al sector público y actualizan los instrumentos orientados a que las entidades manejen los riesgos. En la "Guía para la administración del riesgo y el diseño de controles en entidades públicas. Riesgos de gestión, corrupción y seguridad digital"[240], se plantea un instrumento que unifique lineamientos y precisa el paso a paso para que las entidades a partir de las funciones asignadas, construyan su matriz de riesgo y la evalúen de modo permanente y ajusten de tal manera que se cuente con una herramienta gerencial a la hora de tomas decisiones.

Así mismo, "Estatuto Anticorrupción",[241] estableció la obligación que tienen las entidades de formular un plan anticorrupción y de atención al ciudadano conformado por seis componentes, a saber: 1. Gestión del Riesgo de Corrupción-Mapa de Riesgos de Corrupción; 2. Racionalización de trámites; 3. Rendición de cuentas; 4. Mecanismos para mejorar la atención al ciu-

239 Juli Ponce Solé. "La prevención de riesgos de mala administración y corrupción, la inteligencia artificial y el derecho a una buena administración", *Revista Internacional de Transparencia e Integridad*, n° 6, enero-abril de 2018, disponible en [https://revistainternacionaltransparencia.org/wp-content/uploads/2018/04/juli_ponce.pdf], p. 1.

240 Departamento Administrativo de la Función Pública. Versión 4, octubre de 2018, disponible en [https://www.funcionpublica.gov.co/web/eva/biblioteca-virtual/-/document_library/bGsp2IjUBdeu/view_file/34316499].

241 Ley 1474 de 12 de julio de 2011, artículo 73

dadano; 5. Mecanismos para la transparencia y acceso a la información; y 6. Iniciativas adicionales que permitan fortalecer su estrategia de lucha contra la corrupción. [242]. Este amplio contenido permite a las entidades propiciar escenarios de transparencia y darlos a conocer a la ciudadanía, como destinataria de los fines esenciales del Estado, pues la identificación de los riesgos, el acceso a la información y rendiciones de cuentas, se constituyen en un baluarte sobre el cual debe construirse y mejorarse la política anticorrupción como fundamento del derecho humano a la buena administración.

Con independencia de las herramientas que se construyen con el propósito de luchar contra la corrupción, resulta preocupante que las mediciones adelantadas para establecer los índices de corrupción en el caso colombiano y de los servidores públicos sean muy altas.[243], conforme lo señalan las cifras del último informe de transparencia por Colombia, en el que claramente se indicó como ya se expuso en párrafos precedentes, como la corrupción afecta los derechos humanos, pues la inadecuada o mala administración de un médico, afecta el derecho a la vida y a la salud; y el incorrecto desempeño de un maestro lesiona el derecho a la educación. Entonces es clara la relación directa de los derechos humanos, con el derecho a la buena administración; o mejor aún, es absolutamente claro que la buena administración es un derecho humano.

Estos resultados invitan a revisar la forma en que se aplican los instrumentos previstos por la ley para combatir las prácticas indebidas, toda vez que si se está en presencia de delitos, las normas penales se ocupan de castigar a los servidores que incurren en delitos contra la administración, así como a los particulares que participan en esas conductas ilícitas; están previstas las sanciones disciplinarias para los servidores que incurren en conductas irregulares; así mismo, se prevé la declaración de responsabilidad fiscal a través de los procesos de responsabilidad fiscal, mecanismos que resultan insuficientes a la hora de prevenir los riegos de corrupción y que obligan a buscar estrategias permanentes que eviten las malas prácticas en la administración pública.

242 *Diario Oficial*, n.° 48.128, de 12 de julio de 2011, disponible en [http://www.suin-juriscol.gov.co/viewDocument.asp?ruta=Leyes/1681594].

243 Transparencia por Colombia Fecha: octubre de 2021, disponible en https://transparencia-colombia.org.co/recomendaciones-para-combatir-la-corrupcion-en-colombia/

Se considera entonces que las herramientas dispuestas por la tecnología, por ejemplo, son útiles a la hora de prevenir y mitigar los riesgos asociados con la corrupción en tanto sirven para promover el derecho a una buena administración y para ello se hace necesario analizar los riesgos, prevenir de manera oportuna y ampliar el concepto de precaución tradicionalmente aplicado en materia ambiental.

Este principio de precaución ha sido desarrollado con amplitud en materia ambiental y según refiere Rieschmann[244], se formuló por primera vez en la Conferencia de las Naciones Unidas sobre el Medio Humano celebrada en Estocolmo en 1972[245]. Fue invocado en los años 1990 por los Estados europeos en sus decisiones como respuesta a propósito de la epidemia de las "vacas locas"[246] y en casos sonados de contaminación para tomar fallos de "precaución" como aconteció a raíz del hundimiento del petrolero *Prestige* ante las costas gallegas (2002), una catástrofe ecológica europea de grandes magnitudes, citada por Alcoberro.

Este autor se refiere al origen de este principio y lo atribuye al derecho alemán. En 1980, fue necesario justificar leyes restrictivas ante la contaminación del mar para limitar usos del agua y del aire. "Y desde la reunión de países ribereños de dicho mar (Bremen, 1984) se acordó que: los Estados no deben esperar para actuar a que estén demostrados los peligros para el medioambiente".

En Colombia, su aplicación en materia ambiental ha sido muy importante a partir de la Constitución Política de 1991 y de la Ley 99 de 22 de

244 Jorge Riechmann. "Introducción al principio de precaución", en J. A. Ortega García, A. Navarrete Montoya y J. Ferris i Tortajada (eds.). *El cáncer, una efermedad prevenible*, Murcia, FFIS, 2007, disponible en [http://www.istas.ccoo.es/descargas/Introducción%20al%20Principio%20de%20Precaución.%20Jorge%20Riechmann.pdf].

245 "Se incorporó en los setenta a la legislación ambiental germano-occidental (*Vorsorgeprinzip*); fue aplicado internacionalmente por vez primera en la Primera Conferencia Internacional sobre la Protección del Mar del Norte en 1984, y en la Convención de Viena sobre la protección de la capa de ozono en 1985; y ha sido recogido como uno de los principios rectores claves de la política ambiental de la Unión Europea y de sus estados miembros en numerosos textos legales del máximo rango". Ídem.

246 Ramón Alcoberro. "*Vorsorgeprinzip*. El significado del principio de precaución", disponible en [http://www.alcoberro.info/V1/tecnoetica3.htm].

diciembre de 1993, que en el artículo 1.° en los principios incluyó este principio[247].

Nash Ghosh y Siddique[248] refieren en las conclusiones de la publicación que analiza los temas de corrupción en África, India, Bangladesh e Indonesia entre otros, que las medidas que se aplican para combatirla si bien puede ser útiles en un país no necesariamente lo son en otro, e incluso en las regiones de un mismo país los efectos pueden ser diferentes. La buena gobernanza incluye la transparencia en el uso y el manejo de los recursos.

Esta visión aporta elementos interesantes en el desarrollo del principio de precaución social, por cuanto las prácticas de la mala administración afectan el desarrollo económico de las naciones y desvían los recursos que en lugar de satisfacer los intereses generales toman otros rumbos y los Gobiernos, amparados en este principio podrían tomar medidas encaminadas a luchar contra la corrupción.

Es por ello que la función preventiva, el análisis de los riesgos con apoyo de *Big data* e inteligencia artificial, los mecanismos de rendición de cuentas, de participación ciudadana para el control a la contratación a los grandes proyectos, la publicidad en la forma en que el ciudadano puede acceder a la información y a los trámites y servicios de las entidades. Por tanto, refuerzan la necesidad e importancia de innovar en la forma en que se ejerce el control fiscal, pues las cifras que miden los índices de corrupción y que en el caso colombiano son altas, impiden desde todo orden el libre ejercicio de los derechos; y de allí la importancia de utilizar las herramientas tecnológi-

---

247 "6. La formulación de las políticas ambientales tendrá en cuenta el resultado del proceso de investigación científica. No obstante, las autoridades ambientales y los particulares darán aplicación al principio de precaución conforme al cual, cuando exista peligro de daño grave e irreversible, la falta de certeza científica absoluta no deberá utilizarse como razón para postergar la adopción de medidas eficaces para impedir la degradación del medio ambiente". *Diario Oficial*, n.° 41.146, de 22 de diciembre de 1993, disponible en [http://www.suin-juriscol.gov.co/viewDocument.asp?ruta=Leyes/1635523], "Por la cual se crea el Ministerio del Medio Ambiente, se reordena el Sector Público encargado de la gestión y conservación del medio ambiente y los recursos naturales renovables, se organiza el Sistema Nacional Ambiental –sina–, y se dictan otras disposiciones".

248 En el aparte iv del capítulo de conclusiones, Ritendra Nash Ghosh y Md Abu Siddique (eds.). *Corruption, good governance and economic development: contemporary analysis and case studies*, Singapore, World Scientific Publishing, 2014.

cas al servicio de la buena gobernanza, sobre lo cual profundizaremos en el capítulo 5 de este estudio.

7. A manera de recapitulación el derecho humano a la buena administración, principio y fin en un Estado de derecho

No poder ejercer el derecho a la buena administración, es tanto como no tenerlo. De allí, la importancia que revisten los organismos de control cuya función contribuye al cumplimiento de los fines esenciales del Estado, materializados en la satisfacción de las necesidades del constituyente primario, razón de ser de un Estado social de derecho.

La Declaración de los Derechos Humanos proclamada por la Asamblea General de las Naciones Unidas en 1948, estableció por primera vez los derechos humanos fundamentales que deben protegerse por tratarse de la dignidad, igualdad e inalienabilidad de la familia humana, que además debe ser promovida en términos de libertad, progreso social, entre otros, de allí la importancia de la democracia participativa como deber irrenunciable que tiene su fundamento en el interés general y entratandose del manejo de los recursos públicos, estos le pertenece a toda la colectividad.

La teoría política y el propósito del Estado y de los derechos humanos planteados por Rousseau, debe apegarse al pacto social como el acuerdo que es; un contrato de derechos y deberes, basados en principios de libertad e igualdad. De allí la responsabilidad que nos asiste a todos de preservar los recursos públicos en el marco de los principios de la función administrativa pública[249], que está al servicio de los intereses generales y debe funcionar de manera coordinada y orientada al cumplimiento de los fines del Estado.

Los derechos humanos inherentes por el simple hecho de existir, deben ser conocidos; de tal suerte que un Estado de derecho, no es otra cosa, que la garantía a su ejercicio, difusión y defensa. La Constitución Política de Colombia, señala desde su preámbulo el aseguramiento de ese pacto social, en

249 *"Artículo 209 de la Constitución política de Colombia. La función administrativa está al servicio de los intereses generales y se desarrolla con fundamento en los principios de igualdad, moralidad, eficacia, economía, celeridad, imparcialidad y publicidad, mediante la descentralización, la delegación y la desconcentración de funciones"*

tanto plantea la vida, la convivencia, el trabajo, la justicia, la igualdad, el conocimiento, la libertad y la paz, en el marco de una democracia participativa.

Nuestra Carta constitucional desarrolla una serie de principios fundamentales[250] que describen a Colombia como un estado social de derecho, donde prevalece el interés general, el servicio a la comunidad la promoción de la prosperidad, efectividad de derechos y deberes, participación, defensa nacional, y convivencia como fines esenciales del Estado, cuya protección está a cargo de las autoridades de la república, que representan el poder público cuya soberanía la detenta el pueblo.

Algunos de los derechos fundamentales planteados en la Carta[251], señalan la inviolabilidad del derecho a la vida, a la intimidad personal, al buen nombre, a la personalidad jurídica, a no ser discriminado, al libre desarrollo de la personalidad, a profesar sus creencias, opiniones, a la honra, a la paz, a presentar peticiones ante las autoridades, a circular libremente, al trabajo, a la libertad, al debido proceso, a la libre asociación, a elegir y ser elegido, y ordena la difusión y estudio de la Constitución y la Instrucción cívica en todas las instituciones de educación, oficiales o privadas, y el aprendizaje de los principios y valores de la participación ciudadana. El Estado de derecho da cuenta de la importancia de garantizar derechos y establecer deberes, empero existen mecanismos de protección y de coerción cuando alguno de ellos se vea vulnerado; y de allí emana la potestad ciudadana, la soberanía que el pueblo ejerce a través de sus gobernantes que tienen la obligación y el deber de garantizar una excelente gobernanza como principio y derecho humano.

El respeto por los derechos humanos legitima el concepto de libertad. Sobre el particular la doctrina ha señalado: *"La convicción de que los individuos deben ser libres para llevar su "propia" vida dentro de la ley, explica el intento generalizado de convertir el respeto de los derechos humanos en la piedra de toque de la legitimidad política en todo el mundo"*.[252]

---

[250] Constitución política de Colombia título I

[251] Constitución política de Colombia título II

[252] (L. SIEDENTOP, *La democracia en Europa,* trad. de ANTONIO RESINES R. y HERMINIA BEBÍA VILLALBA, Madrid, Siglo XXI, 2001, p. 221.)

Entonces, los derechos y garantías se ejercen en el marco del cumplimiento de los deberes y el respeto por las instituciones y normas; y la confianza ciudadana, solo se gana en una democracia incluyente y participativa que legitime el poder conferido por los coasociados que sientan cumplidas sus necesidades por un Estado que administra los recursos públicos de forma oportuna, eficiente y óptima posibilitando la realización y materialización efectiva de los contenidos de los derechos humanos.

CAPÍTULO DOS

ASPECTOS ESENCIALES DE LA BUENA ADMINISTRACIÓN EN EL CONTROL FISCAL y SUS IMPLICACIONES

1. Introducción

Como se sostuvo con anterioridad el derecho a una buena administración, como derecho humano, reviste diversas interpretaciones, reflexiones y aportes en las investigaciones académicas del derecho público, por su relevancia y alcance en los aportes de esta noción para las garantías de los individuos dentro del Estado. En efecto, el ciudadano se establece como el titular y destinatario de esa buena administración y, por tanto, el principal afectado cuando se está en presencia de una mala administración.

Como aspecto preliminar para comprender el alcance de la buena administración en el control fiscal es importante ofrecer una reflexión comparada vinculada con el buen gobierno; en ese aspecto "Huther y Shah[253] tomando una muestra de 80 países, desarrollaron un índice que mide la calidad de gobernabilidad y la capacidad del gobierno en lograr los siguientes aspectos:

- *Asegurar la transparencia política y una vocería para todos los ciudadanos*: El índice de participación ciudadana mide libertad y estabilidad políticas.

253 SERIE SOBRE SECTOR PÚBLICO, BUEN GOBIERNO, Y RESPONSABILIDAD Y RENDICIÓN DE CUENTAS,34378, Editado por ANWAR SHAH. BANCO MUNDIAL.2005. CAPÍTULO 2 Una medida simple de buen gobierno https://documents1.worldbank.org/curated/en/253461468165278922/pdf/343780SPANISH0101OFFICIAL0USE0ONLY1.pdf

- *Prestar servicios públicos efectivos en forma eficiente*: El índice de orientación gubernamental mide la eficiencia judicial y burocrática y la ausencia de corrupción.
- *Promover la salud y el bienestar de los ciudadanos*: El índice de desarrollo social mide el desarrollo humano y la distribución equitativa del ingreso.
- *Crear un clima favorable para el crecimiento económico estable*: El índice de gestión económica mide la orientación hacia el exterior, la independencia del banco central y una razón de deuda a PIB invertida.

Valga señalar, que Colombia obtuvo un puntaje de gobernabilidad media con 47 puntos en tanto que países como Suiza, con 75 puntos Canadá con 71, Estados Unidos con 70, Costa Rica, con 54 puntos, entre otros, quedaron catalogados como de buena gobernabilidad y con gobernabilidad pobre se encuentran Honduras con 38 puntos y Sierra Leona con 26 puntos, por citar algunos ejemplos.

En este marco, nos ocuparemos como sigue, en presentar las principales vicisitudes, que enfrenta la administración pública y específicamente desde la visión de la vigilancia y el control fiscal, como resultado de las investigaciones y experiencias del autor y que, en esta segunda edición, se amplían y actualizan.

2. Análisis de campo. Dificultades en la lucha contra la corrupción desde la perspectiva de la vigilancia y el control fiscal

El control fiscal en Colombia, Estado social y democrático de derecho, ha evolucionado desde los sistemas de control establecidos durante la época de La Colonia[254]; luego en la etapa Republicana[255], se examinaban cuentas y se realizaba una revisión técnico-numérica. Más adelante, se crea el Departamento de Contraloría en 1923, como consecuencia de los cuestionamientos

[254] Dominio español 1509/1550-Independencia 1810. 226 Independencia 1810 a nuestros días.

[255] Independencia 1810 a nuestros días.

realizados por la misión Kemmerer[256], y con la expedición de la Ley 20 de 28 de abril de 1975[257] se estableció el control previo, el control perceptivo y el control posterior. En la reforma Constitucional de 1991[258] se incluye el control de resultado y se deja expresamente consignado que el control sería posterior y selectivo, acabándose con el control previo. A su turno, la Ley 42 de 26 de enero de 1993 describió las características del control posterior y selectivo, por ende, integral[259].

El control previo que correspondía ejercer a la Contraloría General de la República en las entidades bajo su fiscalización, consistía en examinar con antelación a la ejecución de las transacciones u operaciones los actos y documentos que las originaban o respaldaban, para comprobar el cumplimiento de las normas, leyes o reglamentos a los que estaban sometidos.

El control fiscal previo tuvo sus orígenes en la Ley 20 de 28 de abril 1975. El artículo 3.° de la señalada norma disponía las etapas del control, que se

256 Contratada por el Presidente Pedro Nel Ospina (Bogotá, 18 de septiembre de 1858-Medellín, 1.° de julio de 1927, Presidente de la República por el Partido Conservador, del 7 de agosto de 1922 al 7 de agosto de 1926) en marzo de 1923, encabezada por el profesor Edwin Walter Kemmerer (Scranton, Pensilvania, 29 de junio de 1875-Princeton, NJ, 16 de diciembre de 1945), para el estudio de la realidad económica del país

257 «Por la cual se modifican y adicionan las normas orgánicas de la Contraloría General de la República, se fijan sistemas y directrices para el ejercicio del control fiscal», *Diario Oficial*, n.° 34.313, de 12 de mayo de 1975, disponible en [http://www.suin-juriscol.gov. co/viewDocument.asp?ruta=Leyes/1787037], en su artículo 3.° establece: «La Contraloría General de la República, aplicará sobre las dependencias incluidas en el Presupuesto Nacional, los sistemas de control fiscal que ha venido empleando dentro de sus etapas integradas de «Control Previo», «Control Perceptivo» y «Control Posterior». El control de estas dependencias administrativas será ejercido por los auditores fiscales o por funcionarios designados por el Contralor, directamente sobre caja, inventarios, comprobantes, libros, máquinas de contabilidad y sistemas de computación electrónica que se estén utilizando».

258 Ley 20 de 1975 *Gaceta Constitucional*, número 114 del jueves 4 de julio de 1991

259 *Diario Oficial*, n.° 40.732, de 27 de enero de 1993, disponible en [http://www.suin-juriscol.gov.co/viewDocument.asp?ruta=Leyes/1788293], en su artículo 8.° preceptúa: «La vigilancia de la gestión fiscal del Estado se fundamenta en la eficiencia, la economía, la eficacia, la equidad y la valoración de los costos ambientales, de tal manera que permita determinar en la administración, en un período determinado, que la asignación de recursos sea la más conveniente para maximizar sus resultados; que en igualdad de condiciones de calidad los bienes y servicios se obtengan al menor costo; que sus resultados se logren de manera oportuna y guarden relación con sus objetivos y metas».

definían como control previo, control perceptivo y control posterior[260]. Esta forma de control estuvo vigente hasta 1991, cuando el constituyente decidió separar las funciones administrativas y de control fiscal de la Contraloría General y de las contralorías territoriales. Así se consigna en Sentencia C-103 de 2015[261] 233.

260 Artículo 3.°: «La Contraloría General de la República, aplicará sobre las dependencias incluidas en el Presupuesto Nacional, los sistemas de control fiscal que ha venido empleando dentro de sus etapas integradas de «Control Previo», «Control Perceptivo» y «Control Posterior». El control de estas dependencias administrativas, será ejercido por los auditores fiscales o por funcionarios designados por el Contralor, directamente sobre caja, inventarios, comprobantes, libros, máquinas de contabilidad y sistemas de computación electrónica que se estén utilizando».

261 M. P.: María Victoria Calle Correa, disponible en [https://www.corteconstitucional.gov. co/RELATORIA/2015/C-103-15.htm#_ftn58]: «33. Uno de los propósitos del Constituyente de 1991 fue separar entre el ejercicio de funciones administrativas y de control fiscal, encargando a la Contraloría solo de estas últimas, a fin de evitar la coadministración y, a la vez, garantizar la autonomía, independencia e imparcialidad del órgano de control fiscal. De ahí que el artículo 267 de la Carta vigente reproduzca la prohibición ya consagrada en el artículo 59 de la anterior Constitución, de atribuir a la Contraloría «funciones administrativas distintas de las inherentes a su propia organización». // 34. El sentido de esta prohibición fue analizado por la Corte Constitucional en la Sentencia C-189 de 1998, al destacar que la atribución de autonomía orgánica y funcional a la Contraloría tiene el doble propósito de garantizar la efectividad del control fiscal, y a la vez evitar que dicha entidad se inmiscuya en las actividades administrativas de las entidades sometidas a control. Al respecto se afirma que: «Esta autonomía funcional y orgánica de las contralorías no solo tiene como finalidad fortalecer el control fiscal sino también hacer frente a las disfuncionalidades que dicho control puede generar, por lo cual la Carta pretende evitar que la actividad de control se traduzca en una coadministración. Por ello la Constitución no sólo <> sino que dispone que la Contraloría no "tendrá funciones administrativas distintas a las inherentes a su propia organización" (CP art. 267, inciso 4.°), precepto que, como bien lo señaló durante la vigencia de la anterior Constitución la jurisprudencia del Consejo de Estado y de la Corte Suprema, y también lo ha establecido esta Corte Constitucional, es una limitación más que otra cosa. El significado de esa norma es entonces que la única función propiamente de actuación administrativa que ejercen los contralores es la relativa a la organización interna de la entidad, como puede ser la ejecución del presupuesto y el nombramiento de funcionarios, por lo cual, al desarrollar la actividad de fiscalización, estos órganos de control deben evitar convertirse en coadministradores»». En ese orden de ideas: «(P)ara la Corte es claro que cuando el artículo 267 de la Constitución establece que las contralorías solo ejercen aquellas funciones administrativas inherentes a su organización, la norma constitucional se refiere a la administración activa, esto es al desarrollo de labores de ejecución propias para el cumplimiento de los fines de la entidad. En efecto, un análisis sistemático de las disposiciones constitucionales y de los propios debates en la Asamblea muestra que la voluntad del Constituyente fue evitar ante

A idéntica conclusión llega González Zapata, cuando señala que se decide suprimir la figura del control previo por dar pie a una coadministración arbitraria, situación que llevó a más bien establecer el control posterior y selectivo[262].

Señala sobre el particular González que el control previo tuvo efectos perjudiciales en la función de la administración pública y al eliminarla el constituyente del 91, buscó terminar la coadministración de los organismos de control sobre la contratación pública.[263]

todo la coadministración por los órganos de control, por lo cual quiso distinguir, sobre todo en materia de gasto, la función ejecutiva administrativa (ordenación del gasto) de la función de control (verificación de su legalidad y eficacia y eficiencia de gestión)...». A su vez, en la Sentencia C-113 de 1999, sobre las razones del constituyente para eliminar los modelos de coadministración, se indicó que: «(L) as posibilidades de co-gestión por parte de delegados de los entes fiscalizadores, tal como se daba con anterioridad a la Carta Política de 1991, no solamente resultaba ineficaz para lograr una verdadera transparencia de los procesos administrativos, en especial los de contratación, sino que se había constituido en oportunidad y motivo de corrupción, en cuanto se prestaba para ilícitos pactos entre funcionarios administrativos y los encargados de su vigilancia. Eso, además de la injustificada dilación que en los trámites correspondientes implicaba la permanente consulta de las decisiones con los órganos de control, especialmente las auditorías, cuyos titulares creían gozar de autoridad suficiente para obstaculizar y para desviar las actuaciones previas a la contratación, imponiendo no pocas veces sus criterios a las autoridades competentes, con ostensible vulneración del principio de separación funcional y distorsionando el verdadero papel que se atribuye a quienes ejercen el control fiscal».

262 «En la Asamblea Nacional Constituyente se decidió excluir la figura del control previo ejercida por la Contraloría, que se aplicaba siguiendo lo dispuesto por la Ley 20 de 1975 por considerarla ineficaz y nociva, dado que, según los imaginarios construidos, este procedimiento se había convertido en un sistema de coadministración arbitraria. // Por esta razón, se decidió que el control fiscal debía ser posterior y selectivo. Esto implicó abandonar el modelo de control previo que se había desarrollado en el país desde la segunda década del siglo xx. Según el poder constituyente, el control previo, generalizado en Colombia, ha sido funesto para la administración pública pues ha desvirtuado el objetivo de la Contraloría al permitirle ejercer abusivamente una cierta coadministración que ha redundado en un gran poder unipersonal del contralor y se ha prestado también para una engorrosa tramitomanía que degenera en corruptelas». Alexandra González Zapata y Leyner Mosquera. «Del control previo y perceptivo al posterior y preventivo: estudio de la trayectoria en el control fiscal en Colombia (1991-2019)», en Via Inveniendi et Iudicandi, vol. 15, n.º 1, 2020, pp. 74 a 75.

263 «Es de anotar que según la Sentencia C-716 de 2002, M. P.: Marco Gerardo Monroy Cabra la razón que motivó la proscripción del sistema de control fiscal previo en Colombia, fueron los efectos perjudiciales de su implementación en el normal desenvolvimiento de la función administrativa. Con esta eliminación se pretendió erradicar la coadministración de los orga-

Sin embargo, la posibilidad de actuar después de la ocurrencia del daño, limitaba la posibilidad de intervenir hasta tanto el daño al patrimonio público no se causará, y es claro que prevenir es más efectivo que resarcir; frente a ello, el Decreto 267 de 22 de febrero de 2000[264] incluyó la función de advertir sobre el riesgo al que podía enfrentarse el patrimonio público, función está declarada inexequible por la Corte Constitucional[265].

Con la reforma Constitucional adoptada a través del Acto Legislativo 04 de 18 de septiembre de 2019[266], se pretende, a través de la introducción del control «concomitante y preventivo», evitar que el daño se produzca.

Otros aspectos relevantes que se analizan en el presente estudio, tienen que ver con la característica de la actuación administrativa que lleva a «declarar» la responsabilidad fiscal, de una parte, a través de un proceso adelantado por la misma entidad que realiza el proceso auditor, y de otra, el hecho de contemplar la posibilidad de demandar los fallos de las contralorías, ante los altos tribunales de lo contencioso-administrativo, lo que lleva a que la definición de la responsabilidad fiscal se dilate en el tiempo. Lo anterior, soportado en el mandato legal previsto en el artículo 59 de la Ley 610 de 2000,

nismos de control, que antes de la Carta de 1991 intervenían en los procesos de contratación pública al punto de condicionar o incluso vetar la capacidad contractual de las entidades del Estado. /«De acuerdo con la sentencia [...] la Corte Constitucional dijo que la finalidad de las Contralorías es el de verificar el correcto cumplimiento de los deberes asignados a los servidores públicos y a las personas de derecho privado que manejan o administran recursos públicos. // Se buscó entonces la vigilancia de la gestión fiscal ejercida de manera integral y que están inmersas en todas las actividades económicas y jurídicas, en pro de una correcta adquisición, administración, explotación, conservación, adjudicación, gasto, inversión y disposición de los bienes públicos, así como el recaudo, manejo e inversión de sus rentas, con el propósito de cumplir los fines esenciales del Estado». Elsa Yazmin González Vega. *La responsabilidad fiscal en Colombia,* 2014, p. 8.

264 *Diario Oficial,* n.° 43.905, de 22 de febrero de 2000, disponible en [http://www.suin-juriscol.gov.co/viewDocument.asp?ruta=Decretos/1061345]. 237 Sentencia C-103 de 11 de marzo de 2015, M. P.: María Victoria Calle Correa, disponible en [https://www.corteconstitucional.gov.co/RELATORIA/2015/C-103-15.htm].

265 Sentencia C-103 de 11 de marzo de 2015, M. P.: María Victoria Calle Correa, disponible en [https://www.corteconstitucional.gov.co/RELATORIA/2015/C-103-15.htm]

266 «Por medio del cual se reforme el régimen de control fiscal», Diario Oficial 51.080, de 18 de septiembre de 2019, disponible en [http://www.suin-juriscol.gov.co/viewDocument.asp?ruta=Acto/30038092].

que posibilita la impugnación del acto administrativo que da fin al proceso de responsabilidad fiscal cuando este se encuentre en firme.

De superarse esta y otra serie de incidencias que se plantearán en el desarrollo de este capítulo, no dudamos de que se logrará contribuir en el combate de la corrupción, uno de los mayores flagelos que afecta la buena administración y el buen gobierno. En efecto, la buena administración como parte integrante de los derechos humanos, ha sido uno de los temas recurrentes planteados por la Comisión Interamericana de Derechos Humanos que precisa de una mención particular.

En efecto, en el informe del año 2019, la Comisión identificó, tendencias en cuanto a desafíos en derechos humanos, avances y problemáticas. En el caso colombiano, destacó los esfuerzos en el desarrollo de políticas públicas en materia de derechos humanos. Además, considera que el Estado debe garantizar los recursos humanos financieros que se requieran en el desarrollo de esas políticas de combate a la corrupción. Se señalan en el informe las medidas progresivas en materia de igualdad y no discriminación, particularmente, la plena capacidad jurídica de todas las personas adultas con discapacidad, la extensión de la vigencia de la Ley de Víctimas y Restitución de Tierras, el acceso a la información como garantía de trasparencia y rendición de cuentas en materia de radiodifusión comunitaria en Colombia y la inclusión de la perspectiva de género y diversidad con enfoque de derechos humanos, entre algunos de los aspectos.[267]

Valga señalar que la Comisión, en cumplimiento del artículo 59 de su Reglamento, elabora informes que describen la situación de los derechos humanos en términos de tendencias, problemáticas, de los derechos civiles y políticos como de los derechos económicos, sociales y culturales y presenta una serie de recomendaciones que no son otra cosa que la protección y promoción de buenas prácticas de Gobierno, enmarcadas en la Declaración

267 Informe 2019 CIDH. Disponible. https://www.oas.org/es/CIDH /informes/IA.asp?Year=2019. Identificación de tendencias: *"la persistencia de la discriminación y violencia contra mujeres, personas LGBTI, afrodescendientes e indígenas, niñas, niños y adolescentes y en particular contra personas defensoras de derechos humanos, periodistas y líderes sociales; el incremento de la represión de la protesta social en algunos países de la región mediante el uso desproporcionado de la fuerza, así como actos de violencia y vandalismo ocurridos en estos contextos; el fenómeno de las personas en situación de movilidad humana y en particular la migración forzada de personas; y la gravedad de las condiciones de detención de las personas privadas de libertad en la región y retrocesos en materia de pena de muerte"*

Americana, la Convención Americana y los demás instrumentos interamericanos en materia de derechos humanos. Lo cual, cobra especial relevancia en el desarrollo de pautas y criterios que se deben adoptar en el derecho interno para contrarrestar el fenómeno de la corrupción.

En efecto, la corrupción ha sido objeto de estudios doctrinales donde se destaca sus efectos e implicaciones, así Rico Ruiz[268], quien, refiriéndose a la corrupción en sus diferentes manifestaciones, expresa que esta socava el «Estado (social y democrático de derecho)» y además de atribuirle una doble dimensión, jurídica y ética, menciona que no es exclusiva de los actores políticos.

Frente a lo cual, debe resaltarse la relevancia de la «educación constitucional»[269] como un recurso muy importante a la hora de prevenir conductas deshonestas de las autoridades y de los ciudadanos. Lo anterior, porque permite que el ciudadano entendido en sentido general, desde el aprendizaje en la escuela, conozca los derechos, deberes y adquiera una percepción de la importancia de lo público, de manera que se empiezan a generar cambios de comportamiento individual y colectivo.

El doctrinante trae a colación una serie de instrumentos previstos en la Constitución española y que desarrolla la ley en algunos casos, que, al compararlos con el caso colombiano, están matizados por la forma de Gobierno y están presentes como mecanismos para luchar contra la corrupción y guardan relación con la moción de censura, las rendiciones de cuentas, la transparencia en la información, las instituciones como la Defensoría del Pueblo, la ley de financiación de partidos políticos, los mecanismos de elección de altos cargos del Estado con mayorías especiales, etc., respecto de los cuales plantea, deben ser revisados y abordados desde nuevas estrategias ante el aumento de las cifras de corrupción.

En Colombia quizás una de las mayores preocupaciones para la ciudadanía en general reside en la periódica publicación de grandes escándalos

---

268 Gerardo Ruiz-Rico Ruiz. «La lucha contra la corrupción desde el Estado constitucional de derecho: La legislación sobre financiación de partidos políticos en España», en Cuadernos Manuel Giménez Abad, n.º 7, junio de 2014, pp. 223 a 248, disponible en [https://dialnet.unirioja.es/servlet/articulo?codigo=4757490].

269 Ruiz-Rico Ruiz. «La lucha contra la corrupción desde el Estado constitucional de derecho...», cit.

de corrupción que afectan sectores especialmente sensibles de la población, tales como los suscitados por el Programa de Alimentación Escolar —PAE—, los sobornos promovidos por la multinacional Odebrecht, el carrusel de la contratación en Bogotá, entre otros, que se encuentran aún en la memoria reciente popular como escenarios en los que la corrupción ganó grandes porciones de terreno a la moralidad pública.

Respecto de los casos de corrupción que traspasan las fronteras nacionales, se pueden destacar considerando los aportes de Ramírez Barbosa, como las "tramas de corrupción" que funcionan como "empresas —criminales de poder—, en las cuales se dividen el trabajo, establecen roles, articulan relaciones de abuso de la función pública, con determinados funcionarios, para lograr acceder a información privilegiada u obtener beneficios en perjuicio de los recursos públicos." Y plantea que para luchar contra estas prácticas se tenga en cuenta la experiencia "en la lucha contra el crimen organizado" [270].

De manera puntual, la corrupción como fenómeno multisistémico que permea la sociedad, se traduce en una suerte de desviación de poder que conduce a la satisfacción de intereses individuales ajenos al interés público, siendo indudable su impacto negativo sobre la organización estatal que puede ver su legitimación en entredicho, y sobre la sociedad civil en general, que a causa de dicha desviación de poder no verá satisfechas sus necesidades; y esas necesidades se traducen en derechos humanos, de tal manera que el resultado de una deficiente administración en el sector salud, por citar a modo de ejemplo, no es otra cosa que la abierta vulneración del derecho humano a la salud que predica nuestra carta magna.[271]

Tal y como lo hemos planteado[272] frente al tema de la corrupción, al tenor se expuso en su momento que, en el mismo análisis de riesgo, no se

---

270 Paula Andrea Ramírez Barbosa, Farid Samir Benavides Vanegas, Víctor Gabriel Rodríguez. Derecho penal y criminología: sus transformaciones jurídicas. Libro homenaje a Roberto Bergalli Russo. Capítulo dos. Corrupción, crímenes corporativos y afectación a los derechos. Tirant lo Blanch. Bogotá, D.C. 2024.

271 Idem.

272 Carlos Felipe Córdoba Larrarte. El control fiscal en Colombia. Una aproximación a la situación de aplicación, Bogotá, Instituto Latinoamericano de Altos Estudios —ilae—, 2018, disponible en [http://www.ilae.edu.co/web/libros-html/libro-375/index.html], pp. 263 y 264.

puede ignorar la corrupción que enfrenta el país al momento de analizar la estructura del controlador fiscal. El último informe de Transparencia Internacional, sitúa a Colombia como uno de los países que mayor índice tiene a nivel global. Se ubica en la posición 87 sobre 180, aumentando un punto comparado al 2022.[273] Colombia obtuvo 40 puntos sobre 100 en el Índice de Percepción de la Corrupción 2023 de Transparencia Internacional. Este índice, que resulta de opiniones sobre la situación del país por parte de analistas y expertos, plantea nuevamente la aguda afectación que sufre la gestión pública por la corrupción tanto en el poder Ejecutivo como en el Legislativo y el Judicial[274].

La falta de oportunidad en la toma de decisiones es una circunstancia que desfavorece la aplicación de la justicia y del derecho, esa falta de oportunidad junto con la imposibilidad de tener acceso a la información, de manera alguna contribuye a la prevención ni resarcimiento del daño. En ese aspecto, la doctrina ha señalado el Estado tiene la obligación de proveer un medio, y garantizar un resultado que comprende *"el derecho a obtener una decisión judicial de fondo y a que esta sea ejecutada"*[275].

Como es evidente, los eventos en que exista un trasfondo de corrupción tienen la aptitud para generar escenarios de detrimento al patrimonio estatal, más corresponderá al operador jurídico competente determinar en cada caso si se conjugan las variables necesarias para predicar la existencia de responsabilidad fiscal, conforme a lo señalado en la ley.

La Corte Constitucional se ha ocupado del tema y particularmente ha incluido en sus pronunciamientos lo expuesto por, la Organización de las Naciones Unidas que describe como un principio básico del Estado el acceso a la justicia; por su parte la Convención Americana sobre Derechos Humanos, menciona el principio de *plazo razonable* orientado a evitar dilaciones injustificadas y la Corte Interamericana de Derechos Humanos se ha

273 Corruption Perceptions Index. https://www.transparency.org/es/press/cpi2023-corruption-perceptions-index-weakening-justice-systems-leave-corruption-unchecked

274 Corruption Perceptions Index. https://www.transparency.org/es/press/cpi2023-corruption-perceptions-index-weakening-justice-systems-leave-corruption-unchecked

275 Toscano, F. 2013. Aproximación conceptual al "acceso efectivo a la administración de justicia" a partir de la teoría de la acción procesal. *Revista de derecho privado* (24). http://www.scielo.org.co/scielo.php?script=sci_arttext&pid=S0123-43662013000100010

ocupado del tema en tanto considera que los parámetros y plazos razonables deben enmarcarse teniendo en cuenta: "*a) la complejidad del asunto; b) la actividad procesal del interesado, y c) la conducta de las autoridades judiciales*"[276].

La jurisprudencia constitucional desde sus primeros pronunciamientos ha indicado que "*el derecho fundamental de acceder a la administración de justicia implica necesariamente que el juez resuelva en forma imparcial, efectiva y prudente las diversas situaciones que las personas someten a su conocimiento. Para lograr lo anterior, es requisito indispensable que el juez propugne la vigencia del principio de la seguridad jurídica, es decir, que asuma el compromiso de resolver en forma diligente y oportuna los conflictos a él sometidos dentro de los plazos que define el legislador*".[277]

Entonces veamos cómo la oportunidad es un tema inherente al debido proceso y de acceso a la administración de justicia, del que se han ocupado las altas cortes nacionales e internacionales, así como la jurisprudencia y la doctrina nacional. Sin embargo, dicha labor no es por regla general algo de fácil consecución. Y es que, desde el punto de vista práctico, resulta en particular difícil obtener el resarcimiento pleno del daño patrimonial, por las razones expuestas en este capítulo y que se desarrollarán a lo largo del presente estudio.

3. Reflexiones en torno a la problemática de la contratación pública en Colombia

Cuando nos referimos a los aspectos normativos del contrato público, hacemos referencia a que si bien existe una clara habilitación para el legislador en torno a la labor de dictar un estatuto general de contratación de la administración pública, como mecanismo para el logro de esas finalidades a que tiende la estructura estatal a través de la adquisición de los bienes y servicios requeridos para ello, lo cierto es que la Ley 80 de 28 de octubre de 1993[278], concebida como cuerpo normativo de multiplicidad de posibilidades contractuales, ha sido objeto de modificaciones y extensas regla-

276 Sentencia T-286/20La Corte Constitucional

277 Sentencia T-286/20La Corte Constitucional, citando C-037 de 1996

278 *Diario Oficial*, n.º 41.094, de 28 de octubre de 1993, disponible en [http://www.suin-juriscol.gov.co/viewDocument.asp?ruta=Leyes/1790106]..

mentaciones que se han generado por la necesidad de atender los diversos cambios que las prácticas en materia contractual han tenido a lo largo del tiempo y al hecho mismo que la estructura estatal no es estática, sino que se ve abocada a permanentes cambios con miras a la mejor satisfacción de ese interés general[279].

Los decretos 1670 de 18 de agosto de 1975[280], 150 de 27 de enero de 1976[281] y 222 de 2 de febrero de 1983[282], pueden considerarse como estatutos contractuales codificados que en su momento acarrearon importantes evoluciones normativas que, podría decirse, tuvieron por común denominador las formalidades que rodeaban el tema contractual, estatutos estos que, además, pese a su vocación reguladora detallada, no se encontraban exentos de vacíos.

Dicho paradigma, más bien formalista, tuvo un cambio drástico a partir de la entrada en vigor de la Ley 80 de 1993 citada, que implicó tener que acudir a la normativa civil y comercial como mecanismo operativo para la labor contractual que ha venido desnaturalizándose, muchas veces debido a la existencia de multiplicidad de intereses o interpretaciones que se alejan de la satisfacción de aquel interés general al que debería propender la contratación pública, que no puede ser otro que cumplir el mandato constitucional de cumplir los fines esenciales del Estado.

Se observa entonces un roce resultante de cotejar los principios de economía y transparencia, ya que la eficiencia y celeridad en las actuaciones tanto de la entidad como del contratista con miras a la agilización de los trámites del caso, puede contraponerse con algunos componentes esencia-

279 Ver en extenso Julio César Cárdenas Uribe. El control fiscal interno y externo en la etapa de planeación de la contratación estatal, Bogotá, Instituto Latinoamericano de Altos Estudios —Ilae—, 2019, disponible en [http://www.ilae.edu.co/web/libros-html/libro-586/index.html].

280 Diario Oficial, n.º 34.388, de 29 de agosto de 1975, disponible en [https://www.redjurista.com/Documents/decreto_1670_de_1975_presidencia_de_la_republica.aspx?r=t#/].

281 Diario Oficial, n.º 34.492, de 18 de febrero de 1976, disponible en [http://www.suin-juriscol.gov.co/viewDocument.asp?ruta=Decretos/1708308].

282 Diario Oficial, n.º 36.189, de 9 de febrero de 1983, disponible en [http://www.suin-juriscol.gov.co/viewDocument.asp?ruta=Decretos/1049915].

les de la transparencia como lo son la selección objetiva, la publicidad o la moralidad administrativa.

La estrategia para combatir tal riesgo ha sido, de manera recurrente, producir una cantidad de reglamentaciones que pese a ser objeto de actualización, modificación o derogatoria y buscar responder a los cambios en las prácticas contractuales y a los cambios mismos de la estructura estatal, no dejan de generar una sensación de inseguridad jurídica en el operador, quien puede terminar por percibir que los formalismos terminan por desplazar a los aspectos sustanciales.

Entonces resulta claro que los particulares cuando colaboran con el Estado, y como forma de crear seguridad ciudadana y jurídica, deben ejecutar sus labores a nombre de la administración y de la forma más idónea. El Estado requiere de colaboradores en la prestación de los servicios, de tal manera que el apoyo, la intervención y la experiencia de los contratistas debe ser tan clara que el ciudadano se vea representado por quienes aportan en el cumplimiento de los proyectos, planes y programas.[283]

Esa misma situación puede terminar por extenderse al ciudadano común, quien puede llegar a interpretar que las múltiples reglamentaciones se integran al marco jurídico de la contratación pública, constituyen un sendero difuso y sinuoso que, lejos de facilitar el ejercicio del control ciudadano, terminan por dificultarlo. Por tanto, con respecto a la labor de vigilancia y control fiscal encomendada a los entes de control fiscal, la dispersión normativa en la materia no facilita el trabajo del auditor ni del investigador fiscal, e impacta la oportunidad en el ejercicio.

Si bien la dificultad a que se hizo referencia desciende a un nivel casi operativo, su relevancia no deja de estar presente, al considerar que el derecho de contradicción derivado del debido proceso aplicable a las actuaciones judiciales o administrativas, exige de parte del auditor la plena identificación de las normas que sustentan el juicio valorativo que subyace a los hallazgos que se detecten. En efecto, en ocasiones dicha identificación no se realiza de manera plena, o se hace directamente errada por la dispersión normativa que en la materia contractual puede darse o por las variadas

283 Corte Constitucional. Sentencia C-932 de 8 de noviembre de 2007, M. P.: Marco Gerardo Monroy Cabra.

interpretaciones que la misma puede recibir, lo que dificulta la labor de control del caso.

La contratación pública, como forma de ejecución del presupuesto a diferentes niveles, es en últimas una expresión en torno a la concepción particular relacionada con la forma de Estado y el sistema de Gobierno que se adopte en un determinado país, motivo por el cual resulta preciso recapitular con brevedad acerca del modelo estatal vigente en Colombia.

A partir de la entrada en vigor de la Constitución del 91, el alcance del concepto de Estado social de derecho ha sido bastante decantado tanto a nivel doctrinal como jurisprudencial y en la actualidad existe claridad que, en su acepción de derecho, el mismo remite a un esquema de organización regido por normas jurídicas dentro de las cuales es la Carta la norma fundamental de referencia. El marco social del modelo estatal, por su parte, se enfoca a la garantía de una serie de condiciones de vida dignas para los asociados, de manera tal que se exige de parte de la organización estatal la toma de una serie de medidas enfocadas a contrarrestar las desigualdades sociales existentes, para que se genere un entorno propicio para el desarrollo de las propias aptitudes y los proyectos de vida en particular.

Es precisamente en cumplimiento de dicho componente social que la contratación pública adquiere especial relevancia, como mecanismo instrumental para la implementación de las finalidades esenciales estatales previstas en el artículo 2.º de la Carta política.

La jurisprudencia se ha ocupado del tema en tanto expresa que dado dicho carácter instrumental, la finalidad perseguida a través de la contratación pública, es la satisfacción del interés general y es a dicha satisfacción que de manera necesaria ha de enfocarse el quehacer estatal en materia contractual Sin embargo, existen inconvenientes de distinto orden que dificultan al ciudadano común la concepción del contrato público como un instrumento eficaz para la satisfacción de dicho interés general. Tales dificultades pueden dividirse de manera amplia y general en dos grupos: el primero de ellos tiene que ver con los aspectos normativos que subyacen al contrato público; y el segundo, con la percepción según la cual la contratación pública sirve a fines distintos al interés general[284].

284 Al considerar precisamente que el contrato público es, como indicó la Corte Constitucional, de aquellos: «... instrumentos jurídicos de los que se vale el Estado para cumplir sus finalidades,

Las causas de tal fenómeno han sido objeto de análisis jurídicos, económicos, sociológicos y, desde la perspectiva del control fiscal, se enfocan sobre todo a las imperfecciones que pueden presentar los modelos de control fiscal a la gestión pública y al hecho que, pese a las reglas y restricciones definidas a nivel legal (leyes 1474 de 2011, cit., y 1475 de 14 de julio de 2011[285]) persisten aún prácticas de vieja data que ligan el ejercicio de la política hacia el favorecimiento de intereses particulares.

Todas las áreas de la gestión pública pueden considerarse como inacabadas, en el sentido de ser susceptibles de mejoramiento continuo a través de las modificaciones o replanteamientos que se encuentren adecuados según las coyunturas sociales o económicas a que una sociedad se enfrente y, como es evidente, los modelos de control a la gestión de todo orden son por igual susceptibles de replanteamientos o cambios de concepción en su alcance, por lo que conviene revisar el tema brevemente.

4. Reflexiones generales en torno al fenómeno de la corrupción como un conjunto de expresiones ilegales atentatorias a la recta administración pública

La corrupción tiene un desarrollo amplio en el ámbito del derecho penal, ya que la forma en que se realizan las conductas, está asociada a delitos que involucran desviación de recursos públicos y en los que participan funcionarios públicos y particulares. El Código Penal colombiano describe como delitos contra la administración pública: el peculado, la concusión, el

hacer efectivos los deberes públicos y prestar los servicios a su cargo, con la colaboración de los particulares a quienes corresponde ejecutar, a nombre de la administración, las tareas acordadas. De hecho, la contratación del Estado es una de las formas de actuación pública de mayor utilización, pues muchos sostienen que el contrato estatal surge con la propia consolidación del Estado moderno, pues cuando éste asume la responsabilidad de prestar los servicios y adelantar funciones para la defensa de los derechos de los administrados y, por ese hecho, aumenta la complejidad de las tareas a su cargo, necesita del apoyo, la intervención y la experiencia que aportan los particulares». Sentencia C-932 de 8 de noviembre de 2007, M. P.: Marco Gerardo Monroy Cabra, disponible en [https://www.corteconstitucional.gov.co/relatoria/2007/C-932-07.htm].

285 Diario Oficial, n.° 48.130, de 14 de julio de 2011, disponible en [http://www.suin-juriscol.gov.co/viewDocument.asp?ruta=Leyes/1681734].

cohecho, el tráfico de influencias, el enriquecimiento ilícito, el prevaricato, la utilización de asunto sometido a secreto o reserva y la utilización indebida de información oficial privilegiada, que se enmarcan dentro de las posiciones de poder que facilitan la corrupción.

Adicionalmente, y en la medida en que las transacciones económicas incluyen actores de otros países, la corrupción ha venido traspasando los límites fronterizos y se habla de corrupción transfronteriza, lo que ha llevado a la respuesta de la comunidad internacional, para combatir esas prácticas ilegales y a través de acuerdos multilaterales, se han creado mecanismos para evitar el manejo irregular de los recursos a través movimientos entre el sistema financiero nacional e internacional.

Dentro de las múltiples definiciones de lo que puede entenderse por corrupción, se destaca la postulada por Maldonado Copello, quien describe como las prácticas para abusar de los recursos públicos[286]. Pese a que esta definición no es nueva y que es una de las más utilizadas, cuando se trata de hablar de corrupción, ofrece una variedad de elementos importantes para entender que la corrupción busca privilegiar el interés personal sobre el general y que se sirve de variadas formas para obtener un provecho de tal conducta.

Sin embargo, existen otras definiciones que aportan otros elementos sobre lo que puede entenderse por corrupción, así Villamil destaca un análisis sobre los distintos factores que influyen en la construcción de una definición de corrupción, que resulte lo suficientemente amplia para abarcar el comportamiento de quien lleva a cabo una actuación que contraría los principios éticos o legales en una sociedad, en detrimento de la misma, así

[286] «La corrupción es el «abuso de posiciones de poder o de confianza, para beneficio particular en detrimento del interés colectivo, realizado a través de ofrecer o solicitar, entregar o recibir, bienes en dinero o en especie, en servicios o beneficios, a cambio de acciones, decisiones u omisiones». La corrupción en el sector público se concreta en un conjunto de prácticas mediante las cuales diversos agentes —gobernantes, funcionarios y personas, empresas u organizaciones del sector privado o no gubernamental— aprovechan, para beneficio privado, económico o de otra índole, los recursos públicos». Alberto Maldonado Copello. *La lucha contra la corrupción en Colombia: La carencia de una política integral*, Bogotá, Friedrich-Ebert-Stiftung, 2011.

como él comporta miento de todos aquellos, que a sabiendas de la situación, no toman ningún tipo de acción frente a la misma[287].

Por su parte, Rodríguez y Fernándes da Costa[288], al referirse al concepto de corrupción, lo hacen desde la antropología, que consideran más amplio, y la describen como "transacciones clandestinas fuera de los canales oficialmente reconocidos, o conjunto de alianzas y normas sociales ocultas que conducen a relaciones ilícitas o enigmáticas que desdibujan los límites entre lo público y o privado" y que en últimas impactan el crecimiento económico.

Mencionan además que una forma de corrupción se encuentra en la búsqueda de ingresos; otra en la que se conoce como "a nivel de calle" en donde se pretende resolver problemas de ineficacia de la burocracia en asuntos muy de la vida cotidiana y que podría derivar en la búsqueda de ingresos. Así mismo, resulta interesante la importancia que los autores atribuyen como determinantes de la corrupción, a los factores históricos y políticos, así como los económicos.

El profesor Klitgaard[289] señala que la corrupción tiene varios significados. En un sentido amplio es el abuso del cargo para fines no oficiales.

---

287 «Así entonces, se tiene que la corrupción en Colombia se relaciona con: todas aquellas acciones y omisiones que permiten obtener un provecho ilícito, mediante la infracción de un principio ético y/o un deber legal [...] el corrupto no es solamente aquella persona que promueve la conducta o quien la desarrolla, sino también aquella que no hace nada por evitarla y, aun conociéndola, no hace nada por denunciarla; de allí que la anterior definición sea abierta en este sentido, de tal manera que permita incluir y vincular a cuantos participan en ella. // Es necesario entender, además, que la corrupción siempre tendrá un solo objetivo, que no es otro que la obtención de un provecho o beneficio, independiente de la presentación o la forma del mismo (dinero, especie, favores, etc.), en ese sentido, lo que resulta necesario y conveniente, es identificar y calificar la ilicitud que acompaña su obtención, así como los medios legales o ilegales empleados para lograrlo». Jesús Emerio Villamil. La corrupción en Colombia, aproximaciones conceptuales y metodológicas para abordarla: un análisis de las entidades de control e

288 Víctor Gabriel Rodríguez y Lucas Fernandes Da Costa, en capítulo IV, "La corrupción en América Latina: concepción, percepción y combate", en Criminalidad organizada y corrupción: visiones multidimensionales, Paula Andrea Ramírez Barbosa, Directora, Tirant lo Blanch. Bogotá, D.C. 2024.

289 https://www.imf.org/external/pubs/ft/fandd/1998/03/pdf/klitgaar.pdf Robert Klitgaard. Corruption is a term with many meanings. The beginning of wisdom on the issue is to subdivide and analyze its many components. Viewed most broadly, corruption is the misuse of office for unofficial ends. The catalogue of corrupt acts includes— but is not

Menciona como actos corruptos conductas que corresponden a delitos, tales como "soborno, extorsión, tráfico de influencias, nepotismo, fraude, pagos para agilizar trámites, y malversación de fondos." Además, expresa que involucra el sector público y el sector privado.

Expone que la corrupción se representa con la siguiente fórmula:

C= M + D–A[290]

CORRUPCIÓN = MONOPOLIO + DISCRECIONALIDAD – TRANSPARENCIA.

Y para combatirla refiere que deben emplearse varias estrategias incluyendo modificaciones en las políticas económicas, un organismo nacional que cree estrategias, con una junta de vigilancia ciudadana, identificar áreas clave para concentrar esfuerzos anticorrupción, identificar y procesar delincuentes claves, reformas, cooperación internacional, contratar investigadores internacionales para rastrear depósitos obtenidos ilícitamente, etc., lo que nos muestra que se necesitan acciones conjuntas tanto al interior de los países como en el ámbito internacional.

Un aliado importante en tiempos actuales que se debe considerar en la lucha contra la corrupción es la inteligencia artificial, IA,[291] tal como lo expone Ramírez Barbosa al explicar cómo se puede emplear para la persecución del crimen, por sus aportes en la detección y prueba de las conductas anómalas y en sus implicaciones en el análisis de Big Data.

---

limited to—bribery, extortion, influence peddling, nepotism, fraud, the use of "speed money" (money paid to government officials to speed up their consideration of a business matter falling within their jurisdiction), and embezzlement. Although people tend to think of corruption as a sin of government, it also exists in the private sector. Indeed, the private sector is involved in most government corruption

290 KLITGAARD. OP CIT. C = M + D – A. Corruption equals monopoly plus discretion minus accountability. Whether the activity is public, private, or nonprofit, and whether it is carried on in Ouagadougou or Washington, one will tend to find corruption when an organization or person has monopoly power over a good or service, has the discretion to decide who will receive it and how much that person will get, and is not accountable

291 Paula Andrea Ramírez Barbosa, Luis Alberto Páez Durán. Derecho penal y criminología: sus transformaciones jurídicas. Libro homenaje a Roberto Bergalli Russo. Capitulo cuatro. Tirant lo Blanch. Bogotá, D.C. 2024.

En este sentido, y citando a "Luger[292], la referida autora señala como uno de los propósitos de la IA es la creación de programas capaces de entender y generar lenguaje humano, "Natural Language (NL)" y apoya en temas probatorios, ya que permite "procesar datos a gran nivel, depurar información relevante, y determinar alertas que anticipen de forma temprana ámbitos de riesgo delictual de la empresa"; Machine Learning (ML) para lo cual se "puede enseñar a las computadoras a detectar y reconocer comportamientos sospechosos y clasificar las alertas según un enfoque basado en el riesgo como de medio, alto y bajo riesgo" y emplear algoritmos para atender alertas tempranas útiles a las "investigaciones de las tipologías criminales" y Big Data (BD) y los tres ejes que la definen, volumen, variedad y velocidad, para contar con elementos probatorios para procesar "... Gran cantidad de transacciones y actividades financieras... y deducir patrones y pautas a partir del procesamiento de esos datos (las cuales permiten detectar, con mayor eficacia, transacciones sospechosas.)".[293]

De otro lado, en la Contraloría General de la República se destaca una importante experiencia soportada en el uso de la inteligencia artificial, con el apoyo de la Dirección de Información, Análisis y Reacción inmediata, DIARI cuando inició la pandemia por el COVID-19. En efecto, se llevaron a cabo análisis de información con el uso de la informática y se generaron alertas tempranas resultado de comparar precios de mercado de los insumos de prevención, elementos de seguridad, equipos médicos, kits de mercados, tomados de las bases de datos, lo que se reportó a la Unidad de Investigaciones Especiales contra la Corrupción, a la delegada de Investigaciones y otros operadores fiscales de la CGR, información que dio origen a Indagaciones Preliminares y Procesos de Responsabilidad Fiscal contra autoridades de diferentes niveles, nacionales, departamentales y municipales por sobrecostos[294].

Este fue un ejemplo exitoso de colaboración conjunta de la Fiscalía General de la Nación, la Contraloría General de la República y la Procuraduría General de la Nación, que ante la declaración del estado de emergencia

292 Citado por Ramírez Barbosa-Pérez Durán.

293 Idem.

294 https://transparenciacolombia.org.co/wp-content/uploads/seguimientos-organos-covid.pdf Seguimiento a las acciones de los órganos de control para atender la pandemia de covid-19. 2021. TRANSPARENCIA POR COLOMBIA.

del covid-19, trabajaron a partir del 14 de abril de 2020 y conformaron la alianza "Transparencia para la Emergencia"[295], que "buscaba adelantar seguimiento y control en tiempo real de los recursos invertidos en contratación estatal, en concordancia con las medidas que se han venido adoptando, como la asignación de nuevos recursos, la entrega de ayudas a población vulnerable, la compra de equipos de seguridad bio-sanitaria y la dotación de unidades de atención hospitalaria." [296],

> "Según el reporte hecho por la Contraloría, estas actuaciones permitieron:
>
> • Hacer alertas preventivas por sobrecostos a contratos por un valor de 419 mil millones de pesos.
>
> • De ese monto, se renegociaron contratos por un valor de 59 mil millones de pesos en donde se logró un beneficio económico de 25 mil millones de pesos.
>
> • Se cancelaron contratos por un monto superior a los 3 mil millones de pesos
>
> (…)
>
> A partir de la información recibida en la solicitud de información se destaca lo siguiente:
>
> • Se realizaron 105 indagaciones preliminares en 8 meses de emergencia. Lo que
>
> significa un promedio de 13 casos mensuales.
>
> • De las 105 indagaciones el 61 % de los casos han resultado en juicios fiscales de
>
> única o doble instancia.
>
> • El reporte de 39 procesos de responsabilidad fiscal de doble instancia, muestran que es posible que de forma expedita se adelanten y concluyan las investigaciones."

[295] https://transparenciacolombia.org.co/wp-content/uploads/seguimientos-organos-covid.pdf Seguimiento a las acciones de los órganos de control para atender la pandemia de covid-19. 2021. TRANSPARENCIA POR COLOMBIA.

[296] https://transparenciacolombia.org.co/wp-content/uploads/seguimientos-organos-covid.pdf Seguimiento a las acciones de los órganos de control para atender la pandemia de covid-19. 2021. TRANSPARENCIA POR COLOMBIA.

Se exponen a continuación las cifras preliminares presentadas por los entre de control PGN y CGR, resultado de la intervención oportuna, las acciones preventivas, activación de mecanismos de participación de la ciudadanía a través de la denuncia de irregularidades y seguimiento en la ejecución de contratos, así:

Tabla 2.

ENTIDAD	ALERTAS	PRELIMINARES	PROCESOS
Procuraduría General de la Nación–PGN		**53** Indagaciones preliminares **12** investigaciones preliminares	**68** PROCESOS DISCIPLINARIOS EN 26 GOBERNACIONES 4 fallos disciplinarios
Contraloría General de la República–CGR	Como resultados de las alertas, se cancelaron y renegociaron contratos, lo que generó un beneficio de **25.000 MILLONES** a mayo 18 de 2020.	**105** Indagaciones preliminares	Dieron origen a **39** procesos de responsabilidad fiscal de doble instancia **23** procesos ordinarios de única instancia

Elaboración del autor[297].

Esto para evidenciar un ejemplo de los resultados obtenidos empleando datos y análisis con el uso de las herramientas de la Inteligencia Artificial–IA, en conjunto con la colaboración y coordinación interinstitucional, y la experticia del talento humano de cada una de las entidades, cuando de manera coordinada se apoyan compartiendo información a la hora de combatir la corrupción y velar por la protección de los recursos públicos.

Al referirse a la corrupción, Ramírez Barbosa,[298] señala que "*se ha expandido a niveles impensables con consecuencias nefastas en el Estado de derecho y en la garantía de los Derechos humanos… Las formas existentes de corrupción incluyen*

297 Fuente https://transparenciacolombia.org.co/wp-content/uploads/seguimientos-organos-covid.pdf Seguimiento a las acciones de los órganos de control para atender la pandemia de covid-19. 2021. TRANSPARENCIA POR COLOMBIA.

298 Paula Andrea Ramírez Barbosa, Farid Samir Benavides Vanegas, Víctor Gabriel Rodríguez. Derecho penal y criminología: sus transformaciones jurídicas. Libro homenaje a Roberto Bergalli Russo. Capítulo dos. Corrupción, crímenes corporativos y afectación a los derechos. Tirant lo Blanch. Bogotá, D.C. 2024.

ámbitos públicos, privados e internacionales, involucrando algunas empresas transnacionales en los fraudes, sobornos y abusos de poder."

Afirma también, que: "La corrupción pública suele requerir i) de la participación de funcionarios públicos o particulares que ejercen transitoriamente funciones públicas; ii) la desviación de recursos públicos mediante el fraude, abuso de poder y sobornos; iii) la obtención de un beneficio privado directo o para otros, derivado de los recursos públicos; iv) la afectación de la administración pública y la intencionalidad de defraudación, y v) su opacidad en los medios que facilita su expansión."

La mirada ante la presencia de la corrupción de manera amplia ha de incluir necesariamente a las empresas en sus diferentes modalidades y en donde la comunidad internacional ha tenido un importante desarrollo en la prevención de conductas ilícitas en las que participan el sector público y el sector privado.

Como lo resalta Ramírez Barbosa,[299] el Pacto Mundial de las Naciones Unidas y el llamamiento a las empresas para que incorporen 10 principios universales relacionados con los derechos humanos, el trabajo, el medioambiente y la lucha contra la corrupción en sus estrategias y operaciones, así como para que actúen de forma que avancen los objetivos sociales y la implementación de los Objetivos de Desarrollo Sostenible (ODS).

Además, hay otros instrumentos que apoyan a la institucionalidad para impulsar la lucha contra la corrupción. Rodríguez, por ejemplo, trae a colación en "Índice de capacidad Anticorrupción" lanzado en 2019, por el Consejo de las Américas, en el que se toman en cuenta variables para medir la eficacia para combatir la corrupción, en donde sobre 10 como puntaje, Colombia registra 4,81.

Consideran como base para establecer los puntajes, la protección de mecanismos como periodismo investigativo, las sanciones a los ilícitos, for-

[299] Ramírez Barbosa, op cit. Cap Responsabilidad Social Corporativa, la lucha contra la corrupción y Compliance Se pueden consultar en: https://www.un.org/es/cr%C3%B3nica-onu/el-pacto-mundial-de-la-onu-la-b%C3%BAsqueda-de-soluciones-para-retos-globales. En el documento El Pacto Mundial de la ONU: La Búsqueda de Soluciones para Retos Globales, Lise Kingo es gerente general y directora ejecutiva del Pacto Mundial de la ONU. Menciona que cuentan con "9500 empresas y 3000 signatarios no empresariales con sede en más de 160 países (entre los que se incluyen una mayoría de países en desarrollo) y 70 redes locales."

talecimiento de la institucionalidad, transparencia en la información, por citar algunos.

En Colombia, además de todas las normas que promueven la transparencia y que emanan de la Constitución Política con la Ley 1474 de 2011[300], por la cual se dictan normas orientadas a fortalecer los mecanismos de prevención, investigación y sanción de actos de corrupción y la efectividad del control de la gestión pública, Ley más conocida como "Estatuto Anticorrupción". Allí, se contemplaron medidas administrativas para la lucha contra la corrupción, en temas de contratación, acción de repetición, control interno, prevención, control y vigilancia en el sector salud y sanción de las prácticas restrictivas de la competencia.

Se reforzaron los tipos penales, se introdujeron modificaciones en materia de control disciplinario, de control fiscal, se creó la Unidad de Investigaciones Especiales contra la Corrupción, para conocer de casos declarados de impacto nacional por el Contralor General de la República; se creó la Comisión Nacional para la Moralización, las Comisiones Regionales, la Comisión Nacional Ciudadana para la Lucha contra la Corrupción, se señalaron políticas institucionales y pedagógicas, etc. de manera que se instrumentalizó con diferentes acciones la lucha de Colombia contra la corrupción.

La norma surge como respuesta a la lucha permanente contra la corrupción y con el propósito de atender las desviaciones en la buena gobernanza entendida como la garantía de atención a las poblaciones vulnerables, a apoyar el progreso y desarrollo, a mejorar infraestructura, sistema de salud, conectividad, y todo ello se materializa en el cumplimiento de los fines esenciales del Estado, enmarcados en la Constitución Política de Colombia

Una mala administración afecta los derechos humanos de la población; pues la vida, la salud, la educación, la vivienda digna, y todos los derechos humanos y derechos fundamentales, descritos y desarrollados en el capítulo quinto del presente estudio en esta segunda edición, etc., les son vulnerados a quienes reciben el impacto directo de las prácticas ilegales.

Esas conductas que atentan contra el buen gobierno como derecho humano, deben contrarrestarse en el sector público, como en el privado, de tal manera que el erario se invierta en su finalidad; no obstante, se trata de una la-

300 Publicada en el Diario Oficial No. 48.128 de 12 de julio de 2011

bor conjunta que involucra a todos y a todas; a saber: la ciudadanía, las ramas del poder público, el sector privado y por supuesto los organismos de control.

Entonces, no podemos concebir, de modo alguno, una buena administración si se opta por prácticas corruptas, pues la corrupción se constituye en una abierta vulneración a los derechos humanos contenidos ampliamente en la Constitución política que preceptúa que Colombia es un Estado Social de derecho.

Reflexiones en torno al control previo, posterior y selectivo: dificultades en uno y otro.

Sobre este tema es importante anotar que se aprobó en el Congreso de la República el Acto Legislativo 04 de 2019, «Por medio del cual se reforma el régimen de Control Fiscal en Colombia» ya citado, y que se analizará en un capítulo aparte. Sin embargo, es oportuno describir en este estudio la evolución de dichas figuras, cada una con sus aciertos y debilidades, para luego enunciar el modelo recién aprobado, y mostrar las bondades del mismo; es por ello que se procederá como sigue, a plantear el modelo de control previo, ya revaluado y el posterior y selectivo.

Del control previo, cuando estaba vigente, se criticaba que paralizaba a la administración pública, que la obtención de los avales requeridos para la ejecución de las gestiones contractuales que fuesen necesarias en no pocas ocasiones pasaba por la necesidad de la entrega de prebendas al auditor a cargo, con miras no solo a asegurar la aludida ejecución, sino el eventual silencio ante las irregularidades previamente detectadas. Y del modelo de control posterior se critica su carencia de oportunidad, pues el mismo empieza cuando ya los daños están consumados y sus presuntos causantes lejos del alcance de las autoridades.

Como puede notarse con facilidad, ninguno de los dos modelos provee un control pleno y completo y por ello no resulta extraña la tendencia cíclica o que incluso elementos del uno terminen permeando al otro, buscándose un planteamiento ecléctico que rescate lo más adecuado de cada tendencia a fin de «crear» un tercer modelo. Hasta antes de entrar en vigencia el Acto Legislativo 04 de 2019 citado, el modelo de vigilancia y control fiscal vigente era el del control posterior y selectivo que, en resumidas cuentas, implicaba que la labor de vigilancia y control se realizara una vez la administración pública hubiera adelantado las gestiones administrativas de su resorte para la disposición del recurso público, dicho control se aplicaba a una muestra representativa de actos u operaciones a partir de la cual fuera posible deducir una conclusión acerca de la gestión del sujeto auditado.

De manera específica, en materia contractual, prevé el artículo 65 de la Ley 80 de 1993 ya citada, que la intervención de las autoridades de control fiscal se ejercerá una vez agotados los trámites administrativos de legalización de los contratos, aspecto este matizado por la Corte Constitucional[301].

Que la vigilancia se realice de manera posterior tiene, como ya se dijo, la desventaja evidente que para el momento en que los entes de control fiscal tengan la posibilidad de avizorar el mal uso del recurso estatal, el daño se encuentre ya consolidado, por lo que era requerido tener la posibilidad de aplicar el control preventivo[302], como en efecto se logró a través del Acto

301 Indicó sobre este aspecto: «... el control fiscal sobre la actividad contractual de la administración pública, según la disposición acusada, tiene lugar en dos momentos distintos: 1. Una vez concluidos los trámites administrativos de legalización de los contratos, es decir, cuando se ha perfeccionado el acuerdo de voluntades, para vigilar la gestión fiscal de la administración y, en general, el cumplimiento de las normas y principios que rigen la contratación estatal. Igualmente, se deberá ejercer control posterior sobre las cuentas y pagos derivados del contrato; y 2. Una vez liquidados o terminados los contratos, para ejercer un control financiero, de gestión y de resultados, fundado en la eficiencia, la economía, la equidad y la valoración de los costos ambientales». Sentencia C-623 de 25 de agosto de 1999, M. P.: Carlos Gaviria Díaz, disponible en [https://www.corteconstitucional.gov.co/relatoria/1999/c-623-99.htm].

302 Acto Legislativo 04 de 2019, «Artículo 1.° El artículo 267 de la Constitución Política de Colombia quedará así: // Artículo 267. La vigilancia y el control fiscal son una función pública que ejercerá la Contraloría General de la República, la cual vigila la gestión fiscal de la administración y de los particulares o entidades que manejen fondos o bienes públicos, en todos los niveles administrativos y respecto de todo tipo de recursos públicos. La ley reglamentará el ejercicio de las competencias entre contralorías, en observancia de los principios de coordinación, concurrencia y subsidiariedad. El control ejercido por la Contraloría General de la República será preferente en los términos que defina la ley. // El control fiscal se ejercerá en forma posterior y selectiva, y además podrá ser preventivo y concomitante, según sea necesario para garantizar la defensa y protección del patrimonio público. El control preventivo y concomitante no implicará coadministración y se realizará en tiempo real a través del seguimiento permanente de los ciclos, uso, ejecución, contratación e impacto de los recursos públicos, mediante el uso de tecnologías de la información, con la participación activa del control social y con la articulación del control interno. La ley regulará su ejercicio y los sistemas y principios aplicables para cada tipo de control [...]

Legislativo 04 de 2019, en tanto la prevención resulta propiamente exigible de las mismas entidades estatales, conforme a su propio sistema de control interno, según lo establecido en la Ley 87 de 29 de noviembre de 1993[303].

En el desarrollo legal del Acto legislativo, se afinó el ejercicio del control fiscal concomitante y preventivo para que se aplique de manera excepcional, sin que implique coadministración y en donde las alertas producto de la inteligencia artificial, constituyen un gran aliado a la hora de prevenir la afectación de los recursos públicos. Ello para precaver el retorno al modelo de control previo que dio pie a corrupción derivada de la posibilidad de —literalmente— paralizar la gestión administrativa, hasta tanto no se tuviese el aval del auditor respectivo.

De hecho, en consonancia con la dificultad anotada para este tipo de modelo, se tiene que la misma Ley 610 de 15 de agosto de 2000[304] define en su artículo 4.º que la responsabilidad fiscal tiene por objeto el resarcimiento de los daños ocasionados al patrimonio público como consecuencia de la conducta dolosa o gravemente culposa de quienes realizan gestión fiscal, lo cual, como es claro, exige la consolidación de un hecho dañino como condición para el ejercicio de la acción resarcitoria.

Una dificultad que no debe ignorarse es la eventual falta de cobertura de la vigilancia, derivada del hecho que la misma se fundamente en un esquema de selectividad, al interior de la cual una importante parte de hechos, operaciones o recursos pueden quedar fuera de la revisión fiscal del caso. Sin embargo, dicha vicisitud resulta inevitable ante el inmenso volu-

---

El control concomitante y preventivo tiene carácter excepcional, no vinculante, no implica coadministración, no versa sobre la conveniencia de las decisiones de los administradores de recursos públicos, se realizará en forma de advertencia al gestor fiscal y deberá estar incluido en un sistema general de advertencia público. El ejercicio y la coordinación del control concomitante y preventivo corresponde exclusivamente al Contralor General de la República en materias específicas…».

303 «Por la cual se establecen normas para el ejercicio del control interno en las entidades y organismos del Estado y se dictan otras disposiciones», Diario Oficial, n.º 41.120, de 29 de noviembre de 1993, disponible en [http://www.suin-juriscol.gov.co/viewDocument. asp?ruta=Leyes/1629910].

304 «Por la cual se establece el trámite de los procesos de responsabilidad fiscal de competencia de las Contralorías», Diario Oficial, n.º 44.133, de 18 de agosto de 2000, disponible en [http://www.suin-juriscol.gov.co/viewDocument.asp?ruta=Leyes/1664595].

men de operaciones que maneja el sector público y cuya revisión completa y detallada no resulta posible con la planta de personal asignada a los órganos de control fiscal, que resultaría insuficiente frente a una labor tan relevante.

Ahora bien, en consonancia con lo anterior, no debe dejarse de lado que si bien en la actualidad Colombia superó una etapa importante del conflicto interno que la aquejó por casi medio siglo, no es menos cierto que porciones importantes del territorio nacional continúan bajo el control de facto de grupos al margen de la ley. Dado que en no pocas oportunidades la labor de vigilancia exige la verificación in situ de obras y gestiones, dicha posibilidad se ve limitada en zonas de influencia de dichos grupos, puesto que si bien existe la posibilidad de requerir el apoyo de la fuerza pública, no siempre podrá contarse con la certeza de su efectiva materialización, no por desidia de aquella, sino porque las labores de inteligencia y aseguramiento demandan tiempo y esfuerzo en su planeación y ejecución, y no siempre se encuentran disponibles de manera permanente para coadyuvar la labor de control fiscal.

A. Informes de la Contraloría sobre postconflicto

Debido al Acuerdo Final para la Terminación del Conflicto Armado y la Construcción de una Paz Estable y Duradera suscrito entre el Gobierno Nacional y las Fuerzas Armadas Revolucionarias de Colombia-Ejército del Pueblo —FARC-EP— y de acuerdo con el Acto Legislativo 1 de 7 de julio de 2016, se dispuso la inclusión en el Plan Plurianual de Inversiones —PPI— del Plan Nacional de Desarrollo —PND, por los 20 años siguientes, de un componente para el cumplimiento del Acuerdo Final[305]. Así mismo, se ordenó a la Contraloría General de la República rendir ante el Congreso, al inicio de cada legislatura, un informe sobre la «ejecución de los recursos y cumplimiento de las metas del componente para la paz del Plan Plurianual

305 Diario Oficial, n.° 49.927, de 7 de julio de 2016, disponible en [http://www.suin-juriscol.gov.co/viewDocument.asp?ruta=Acto/30021746], artículo 3.°

de Inversiones»[306], lo que originó la expedición del Decreto 888 de 27 de mayo de 2017[307 - 308]

Así, la Contraloría General ha rendido cuatro informes sobre la ejecución de los recursos y el cumplimiento de las metas del componente para la paz del PPI. El primero de ellos, de julio de 2017, fue elaborado a partir del Marco Fiscal de Mediano Plazo —MFMP— que en su capítulo V se refiere a las «Necesidades de inversión para la implementación del acuerdo de paz y sus fuentes de financiamiento»[309]. El MFMP proyectó un plan presupuestal de 129.4 billones de pesos, constantes de 2016, para la implementación del Acuerdo Final durante el período 2017-2031 y, por lo tanto, una asignación anual de 8,6 billones de pesos.

Este documento no informa sobre la ejecución de los recursos del posconflicto, sino que analiza las dificultades de las acciones establecidas en el MFMP para la consecución de los fines propuestos en el Acuerdo Final, identifica la nueva institucionalidad en la que se desarrolla el posconflicto, a partir de la distinción de las entidades creadas antes de la suscripción de dicho acuerdo de aquellas instancias concebidas en razón del mismo, estudia las políticas públicas que sirven a los propósitos del posconflicto, examen que recae sobre el «Programa Nacional Integral de Sustitución de Cultivos de Uso Ilícito»[310] y los Programas de Desarrollo con Enfoque Territorial —PDET— creados por el Decreto 893 de 28 de mayo de 2017, y describe las

306 Ídem.

307 Con la misión «de liderar, coordinar y hacer seguimiento de toda la acción de la Contraloría General de la República, en relación con la implementación del Acuerdo para la Terminación del Conflicto Armado y la Construcción de una Paz Estable y Duradera; los recursos públicos destinados para tal efecto; la institucionalidad creada para cumplir los compromisos asumidos por el Estado; y las políticas públicas diseñadas y desarrolladas por éstas». Diario Oficial, n.° 50.246, de 27 de mayo de 2017, disponible en [http://www. suin-juriscol.gov.co/viewDocument.asp?ruta=Decretos/30031742], artículo 16.

308 Ibíd., artículo 2.°

309 *Contraloría General de la República. Ejecución de los recursos y cumplimiento de las metas del Componente para la Paz del Plan Plurianual de Inversiones. Informe al Honorable Congreso de la República.* Julio 2017, p. 13. Como quiera que, para la época, era el único documento oficial sobre las inversiones y cuentas destinadas a la realización del AF, debido a que no había sido proferido el PPI.

310 Acuerdo Final para la Terminación del Conflicto Armado y la Construcción de una Paz Estable, de 24 de noviembre de 2016. Capítulo 4, preámbulo.

acciones adelantadas por la Contraloría General, consistentes en el fomento de la participación ciudadana en los procesos de control y vigilancia de los recursos del posconflicto, por parte de la Contraloría Delegada para la Participación Ciudadana, y la creación de la UDP.

En agosto de 2018, la Contraloría General rindió informe con base en la información de ejecución de los proyectos de inversión[311], el Plan Marco de Implementación —PMI—[312], las conclusiones de las auditorías realizadas respecto de la vigencia 2017 y marzo de 2018 y los documentos contentivos del análisis de los PDET[313]. El ente de control señaló que, durante el 2017, se ejecutaron 4,9 billones de pesos correspondientes al Acuerdo Final y se reportaron 96 proyectos de inversión como asociados al postconflicto. Los recursos fueron apalancados por el Presupuesto General de la Nación en 2,5 billones de pesos, el Sistema General de Regalías en 0,741 billones de pesos y la Cooperación Internacional en 1,7 billones de pesos[314]. Además, concluyó que, según los planes sectoriales de inversión, los recursos asignados a los pilares del postconflicto son exiguos para cumplir los compromisos y satisfacer las necesidades de los territorios rurales, lo que se ve agrava por la no disposición y manejo total por parte del Gobierno de los recursos provenientes del Sistema General de Participaciones, de los entes territoriales y de la inversión privada y la ralentización y baja capacidad de ejecución presupuestal, derivadas de una gestión administrativa institucional insuficiente y de necesario robustecimiento.

311 Contraloría General de la República. Segundo Informe al Congreso sobre la ejecución de los recursos y cumplimiento de las metas del componente para la paz del Plan Plurianual de Inversiones 1 de enero de 2017 a 30 de marzo de 2018. Agosto de 2018, p. 19.

312 Instrumento de planeación aprobado en marzo de 2018 por parte de la Comisión de Seguimiento, Impulso y Verificación a la Implementación del Acuerdo Final —CSIVI—.

313 Contraloría General de la República. Segundo Informe, cit., p. 17. Se tomaron estas fuentes debido a que, para la fecha de generación del informe, aún no había sido expedido el PPI

314 Ibíd. p. 20

El informe de julio de 2019[315] fue el primero rendido respecto del PPI aprobado mediante la Ley 1955 de 25 de mayo de 2019[316], por medio de la cual se expidió el Plan Nacional de Desarrollo 2018-2022, en el que se asignaron 37,1 billones de pesos para la paz. Empero, el PPI discrepa del MFMP de 2017 en las distribuciones presupuestales para los pilares del Acuerdo Final, el porcentaje de participación de las nuevas fuentes de financiación, los recursos en efecto ejecutados durante 2018, $4 billones, el presupuesto de $7,6 billones concebidos en el MFMP para esta vigencia y los recursos proyectados para 2019, por $3,6 billones, además de aquellos preestablecidos en el MFMP en $7,5 billones, para el mismo período[317]. La Contraloría General reitera que existen riesgos asociados a costos del postconflicto aún no estimados en el PPI, a la falta de control total de los recursos provenientes de fuentes distintas al PGN y al SGR por parte del Gobierno[318] y a la calidad de la información por la priorización los subreportes[319].

También, destaca[320] la implementación del «Trazador Presupuestal para la Paz», en el que se condensarán la información de las partidas de funcionamiento e inversión provenientes del PGN y asignadas al Acuerdo Final incluido en el Proyecto de Ley de Presupuesto General de la Nación para cada anualidad[321] y la «Hoja de Ruta», en la que se armonizarán las acciones del Acuerdo Final, los programas de orden territorial y sectorial y las fuentes de

315 Contraloría General de la República. Tercer informe al Congreso sobre la ejecución de los recursos y cumplimiento de las metas del componente para la paz del Plan Plurianual de Inversiones. Noviembre de 2016 a 30 de marzo de 2019, con énfasis en la vigencia 2018. Julio de 2019, p. 13. Además, tuvo en cuenta el MFMP 2017-2018, el PMI, los resultados de las auditorías y estudios sectoriales adelantados, por parte de las Contralorías Delegadas, a las entidades que tienen a su cargo recursos para la paz, la información reportada en el Sistema de Rendición Electrónica de Cuentas y en el sistema Consolidador de Hacienda e Información Pública, en donde se incorporaron mecanismos de registro y medición de la implementación del AF.

316 Diario Oficial, n.° 50.964, de 25 de mayo de 2019, disponible en [http://www.suin-juriscol. gov.co/viewDocument.asp?ruta=Leyes/30036488].

317 Ibíd., p. 29.

318 Ibíd., p. 25.

319 Ibíd., p. 45.

320 Contraloría General de la República. Tercer informe, cit., p. 27.

321 Ley 1955 de 2019, cit., artículo 220

financiación y ejecución de recursos[322]274. Dentro de las acciones gestionadas por la Contraloría General a través de la UDP, está el acompañamiento y seguimiento técnico en el marco de las Comisiones de Seguimiento y Monitoreo de la Ley y Decretos Leyes de asistencia, atención y reparación integral de víctimas[323] y el uso de la Central de Información Océano para el estudio de los procesos de contratación pública[324].

En el cuarto informe, de julio de 2020, sobre el período comprendido entre noviembre de 2016 y el 31 de marzo de 2020, con énfasis en la vigencia 2019, la Contraloría General, a través de la CDP, empleó además de las fuentes tenidas en cuenta para el tercer informe y recabadas respecto de la vigencia de 2019, la información reportada en los sistemas oficiales de información[325]. Así, se concluye que durante el período 2017-2019, se ejecutaron $15,2 billones de los recursos del Acuerdo Final, pero los valores ejecutados durante cada vigencia son inferiores a los establecidos en el MFMP, lo que representa un retraso y una mayor duración del proceso de implementación del Acuerdo Final[326]. En la misma línea, aunque la ejecución presupuestal de 2019 es la más alta respecto de los demás períodos, con $6,2 billones, es inferior a lo estipulado en el MFMP[327]. Además, advierte que los recursos provenientes del SGP no corresponden ni siquiera al 1 % del valor total de la inversión que fue prevista en el MFMP y el PPI en un 29 % y un 35 % del valor total, respectivamente[328].

La Contraloría General, a través de sus delegadas sectoriales y en ejercicio del control fiscal, adelantó auditorías financieras a las entidades responsables del manejo de los recursos del Acuerdo Final, vigencia de 2018, en virtud de las cuales se formularon diez hallazgos con presunto alcance fiscal por $100.324 millones, de los cuales cinco serán objeto de indagación pre-

322 Ibíd., artículo 281.

323 Ibíd., p. 275

324 Ibíd., p. 276

325 Contraloría General de la República. Cuarto informe sobre la ejecución de los recursos y cumplimiento de las metas del componente para la paz del Plan Plurianual de Inversiones. Noviembre de 2016 a 31 de marzo de 2020–Énfasis Vigencia 2019. Julio de 2020, p. 15.

326 Ibíd., p. 28.

327 Ibíd., p. 22

328 Ibíd., p. 27

liminar, según el artículo 39 de la Ley 610 de 2000[329]. De igual manera, en 2019 se practicaron auditorías de cumplimiento a las entidades encargadas del manejo de los recursos del postconflicto, que dieron como resultado la formulación de cuatro hallazgos objeto de indagación preliminar[330].

En relación con la emergencia sanitaria por COVID-19, el informe advierte que a pesar de las acciones gestionadas por las entidades responsables del manejo de recursos del postconflicto durante la vigencia 2020 para la implementación del Acuerdo Final, la ejecución de los proyectos y el cumplimiento de las metas previstos se verán impactados por la dilación derivada de la suspensión de ejecuciones contractuales, modificación de cronogramas, dificultades y restricciones de movilidad, imposibilidad de realización de actividades en campo y priorización de atención de las circunstancias derivadas de la emergencia, presentadas con ocasión de la pandemia[331].

Por último, a nivel procedimental, resulta importante destacar que si bien los órganos de control fiscal son autónomos e independientes entre sí, sin perjuicio de la atribución prevista en el artículo 268 de la Constitución Política según la cual corresponde al Contralor General de la República dictar las normas generales para armonizar los sistemas de control fiscal de todas las entidades públicas del orden nacional y territorial, resulta necesario contar con un estatuto o código relativo al control, vigilancia fiscal y proceso de responsabilidad fiscal, que constituya un derrotero jurídico cierto frente a la manera en que habrá de ejercerse la función de vigilancia y control fiscal, que defina las particularidades de su ejecución y se fijen las reglas que gobiernen su ejecución instrumental, de la misma forma que los códigos sustantivos y procedimentales se ocupan de regular el marco jurídico general e instrumental de los campos más representativos del derecho.

No obstante lo anterior, resulta necesario advertir sobre la eventual discrepancia entre el modelo de control integral previsto en la Carta Superior y el derivado de las Normas Internacionales de las Entidades Fiscalizadoras Superiores —ISSAI—[332] emitidas por la Organización Internacional de Enti-

329 Ibíd., pp. 331-332

330 Ibíd., pp. 332-333.

331 Ibíd., pp. 337-339.

332 Ver en EUROSAI, disponible en [https://www.eurosai.org/es/topMenu/ISSAI.html].

dades Fiscalizadoras Superiores —INTOSAI—, sin perjuicio de su adaptación al contexto nacional.

Sobre este último punto resulta conveniente considerar que tanto el texto constitucional como su desarrollo legal posterior enfocan en ejercicio de vigilancia y control a un esquema de integralidad y regularidad. En tal sentido, la Ley 42 de 1993 ya citada contempla en su artículo 8.º que la vigilancia de la gestión fiscal del Estado se fundamenta en la eficiencia, la economía, la eficacia, la equidad y la valoración de los costos ambientales, lo cual supone, como es evidente, la pesquisa integral de la gestión del sujeto de control. Esquema este que la Ley 1474 de 2011 ya citada viene a reforzar cuando en su artículo 124 indica que la regulación de la metodología del proceso auditor por parte de la Contraloría General de la República y de las demás contralorías, tendrá en cuenta la condición instrumental de las auditorías de regularidad respecto de las auditorías de desempeño, con miras a garantizar un ejercicio integral de la función auditora.

Adquiere gran importancia la manera como la Contraloría General de la República y las contralorías territoriales, efectúan la vigilancia y el control a la gestión de la administración. Una de estas formas o maneras, es precisamente la auditoría.

La auditoría gubernamental con enfoque integral, es la revisión sistemática de los procesos, procedimientos u operaciones de diferente naturaleza que realizan las entidades sometidas al control y vigilancia de la Contraloría General de la República y demás contralorías territoriales, con el propósito de establecer la correcta utilización de los recursos públicos con apego a las disposiciones legales y reglamentarias, la razonabilidad de la información financiera, el grado en que se han alcanzado los objetivos previstos y los resultados obtenidos, pudiendo recomendar medidas para promover la mejora en la gestión pública.

La integralidad de que se habla en este estudio hace referencia a la posibilidad de integrar en forma válida las diferentes clases de control, así, se habla dentro de la auditoría con enfoque integral de evaluar la gestión de la administración, la parte financiera y los resultados obtenidos fundado en los principios de eficiencia, eficacia, economía, equidad, desarrollo sostenible y el cumplimiento del principio de valoración de costos ambientales.

En el control de gestión se examina la eficiencia y eficacia de las entidades de la administración y los recursos públicos, determinada mediante la evaluación de los procesos administrativos, la utilización de indicadores de rentabilidad pública y el desempeño y la identidad de la distribución del excedente que estas producen, así como de los beneficios de su actividad.

En otras palabras, el control y la vigilancia que se hace a la administración va orientado a evaluar el conjunto de actividades económicas, jurídicas, tecnológicas y de cualquier otra índole, tendiente a la adecuada y correcta adquisición, planeación, conservación, administración, custodia, explotación, enajenación, consumo, adjudicación, gasto, inversión y disposición de los bienes públicos, así como la recaudación, manejo e inversión de sus rentas, en orden a cumplir los fines esenciales del Estado.

De allí que en los informes de esa auditoría que presenta la Contraloría General de la República y demás contralorías territoriales, se evidencie la integralidad de la evaluación a la gestión administrativa, considerando los tópicos y aspectos ya mencionados.

Es una manera completa y soportada de realizar el control fiscal con altos niveles de precisión y efectividad.

Las normas internacionales a que se hizo referencia, por su parte, basan el esquema auditor en modalidades específicas de revisión con miras a analizar la gestión financiera, el cumplimiento normativo o el desempeño del sujeto con respecto a un comparativo, por lo que cada una en particular, supone una visión parcial de la gestión del sujeto auditado que, sin ser incorrecta ni mucho menos, puede no resultar conforme a los mandatos constitucional y legal a que se hizo referencia antes, en tanto se aleja de la integralidad que estos suponen.

Si descendemos a un nivel operativo, de modo específico referido al trámite del proceso de responsabilidad fiscal, el modelo hoy vigente presenta una dificultad fundamental y es que, si bien las leyes 610 de 2000, cit., y 1474 de 2011 introducen regulaciones sobre el trámite de este tipo de proceso, las mismas se ocupan de presentar los actos procesales que se siguen como concatenación que inicia con la apertura del proceso y concluye bien sea con la terminación del proceso o con la emisión de un fallo con o sin responsabilidad fiscal. Mas no se establece un límite temporal para la ejecución de cada una de ellas, lo cual puede traer como consecuencia que estas se extiendan más allá de lo necesario para su adecuada ejecución con el consecuente riesgo de prescripción del proceso, cuya causación estableció el legislador en el término de cinco años contados a partir de la apertura del proceso respectivo[333].

No está por demás tener en cuenta que una vez se expide el fallo con responsabilidad fiscal, en el caso colombiano nos encontramos con otra actuación administrativa que corresponde al trámite del cobro coactivo, proceso cuya eficacia dependerá de si hay medidas cautelares y garantías para hacerlas efectivas, ya que de lo contrario no se materializará la recuperación del patrimonio público.

Ahora bien, es útil recordar que el debido proceso, como garantía fundamental e institucionalización del principio de legalidad, implica la posibilidad de hacer valer ante la administración pública o judicial los derechos e intereses del administrado, al permitir el ejercicio de la debida contradicción y la obtención de una respuesta, cualquiera que sea su sentido, fundamentada en la normatividad jurídica vigente. Sin embargo, dicha garantía no puede ser tomada como licencia para el ejercicio arbitrario del propio derecho, de manera tal que entorpezca el curso normal del proceso de responsabilidad fiscal a través del ejercicio de estratagemas destinadas a dilatar el curso del proceso de manera injustificada, por lo que puede ser necesario de parte del operador jurídico observar una especial firmeza al detectar intentos en tal sentido que, desde el punto de vista sancionatorio, deberían contar con un reproche superior al de la sola negación de las pretensiones infundadas.

5. ¿Juego democrático o captura de la democracia?

En cuanto a la segunda dificultad encontrada, relativa a la dependencia del ejercicio político con respecto a los recursos particulares, tal como se mencionó, se tiene que se trata de una tendencia de vieja data que involucra un riesgo evidente de manejo clientelista de la política y el Gobierno, con la financiación de campañas que, pese a los esfuerzos realizados para su contención, perviven en la actualidad.

---

333 Artículo 9.° Ley 610 de 2000, cit.

Si bien el estatuto anticorrupción[334] prevé que las personas que hayan financiado campañas políticas a la Presidencia de la República, a las gobernaciones o a las alcaldías con aportes superiores al 2.5 % de las sumas máximas a invertir por los candidatos en las campañas electorales en cada circunscripción electoral, no podrán celebrar contratos con las entidades públicas —incluso descentralizadas— del respectivo nivel administrativo para el cual fue elegido el candidato, la realidad muestra todavía que la eficacia de esta norma es más bien simbólica, pues se procura eludir la prohibición legal de múltiples maneras, como lo es la creación de «carruseles» que extienden su poder político e influencia económica más allá de la circunscripción del elegido[335].

---

334 (Ley 1474 de 2011, cit.)

335 Se presenta el caso de la explotación del subsuelo en ciertos departamentos del país y la corrupción relacionada con la mala utilización de las regalías, ya que se evidenció que no se cumplió con ninguno de los propósitos perseguidos, como la inversión en el sector salud, en educación o en agua, entre otros, como se describe a continuación: «Con la expedición de la Ley 141 de 1994 y la creación del Fondo Nacional de Regalías, el Gobierno nacional concentró gran parte del dinero proveniente del derecho a la explotación del subsuelo en los entes territoriales productores de los recursos naturales. // Datos del Departamento Nacional de Planeación —DNP— sugieren que en el periodo 1995-2010 se recaudaron más de US$ 2.000 millones y ocho departamentos, que concentraban el 17 % de la población, recibieron el 80 % de las regalías directas giradas por dicho concepto. // Así mismo, la Ley 141 de 1994 decretó que la inversión de estos recursos estaría destinada a alcanzar las coberturas mínimas establecidas en el ámbito nacional en los sectores de educación, salud, agua potable y alcantarillado; sin embargo, Carrasquilla y Benavides en el 2000 realizaron un estudio económico para Fedesarrollo y encontraron que después de la aplicación de esta ley en los municipios productores, las regalías no tuvieron un efecto importante sobre las coberturas de los sectores priorizados, incluso se evidenció que el gasto municipal en los sectores de salud y educación perdió relevancia frente a la inversión en otras actividades no prioritarias como construcción de vías y pagos de servicio a la deuda [...]. Parte de la literatura revisada encuentra que el aumento de los recursos provenientes de la explotación de los recursos no renovables —no ganados— tiene efectos negativos en las inversiones del gasto público, los cuales, para los propósitos de este análisis, podrían estar relacionados con la investigación de casos en PGN. // En las aproximaciones empíricas de la presente investigación se encontraron efectos diferentes y significativos para los dos principales recursos extraídos en Colombia: petróleo y carbón. Por un lado, un aumento en los precios internacionales del petróleo incrementó el número de casos investigados por la PGN; por otro lado, el aumento en los precios internacionales del carbón redujo el número de casos investigados por la PGN. Una posible explicación de esta divergencia se encuentra en la comparación de la magnitud de los ingresos provenientes de estas extracciones y el grado de encadenamientos productivos relacionados directamente con el control municipal del

Este tipo de prácticas anti éticas por cierto tienen la potencialidad de direccionar en forma indebida la gestión pública para permitir el favorecimiento de intereses particulares, y aún más, como es evidente, controlar su realización in situ no resulta posible para los entes de control fiscal, los cuales por su naturaleza en esencia técnica se encuentran, al menos desde el punto de vista legal, en un terreno ajeno a la injerencia política en el manejo del recurso público, situación que limita su actividad a la revisión de los resultados bajo el modelo posterior y selectivo a que se hizo referencia en este libro.

No es un secreto que el volumen de contratación estatal en las economías emergentes, con frecuencia necesitadas de mejoras en aspectos cruciales para el desarrollo como infraestructura, salud y educación, suele disponer de un porcentaje significativo del producto bruto interno, por lo que ofrece un monto que resulta atractivo para participantes del juego político no probos y un sector privado que puede llegar a tener un inusual grado de dependencia de la contratación pública[336].

---

gasto. // Es importante señalar cómo los costos de corrupción pueden afectar severamente el crecimiento económico de una región. Mayores impuestos, presencia de mercados oligopólicos y pobreza extrema son solo algunos de los hallazgos de estos estudios económicos. Desde el punto de vista de los autores, los costos económicos de la corrupción se reflejan en el valor incremental de las externalidades positivas dejadas de percibir por la sociedad, debido a la desviación de los recursos de sus principales destinos regulatorios: educación, salud, agua, entre otros. Vale la pena aclarar que todo intercambio de recursos ilegales, entre los agentes involucrados, es visto desde el punto de vista económico como transacciones que, aunque pueden implicar costos incrementales de transacción —investigaciones, juicios, etc.—, no reflejan el verdadero costo de la corrupción. // Por último, con base en los resultados encontrados, una posible recomendación de política pública sería intensificar los controles de las inversiones provenientes de la extracción de recursos en los municipios productores de petróleo; sin embargo, otra recomendación que surge de este documento sería disminuir la asignación de los recursos en los municipios productores de petróleo. Esta recomendación ya fue aplicada con la nueva reforma del 2011 y la centralización de las regalías, con lo cual, y como ejercicio adicional, sería conveniente evaluar la corrupción posreforma y validar la consistencia de los resultados utilizando precios constantes. Diego Armando Castro Amado y Yeison Andrey Loaiza. La corrupción extractiva en Colombia 2000-2011. Apuntes del cenes, vol. 38, n.º 67, enero-junio de 2019, disponible en [https://revistas.uptc.edu.co/index. php/cenes/article/view/8210/7617].

336 Se sigue en este punto la postura de Glenn T. Ware, Shaun Moss, J. Edgardo Campos y Gregory P. Noone cuando indican textualmente que: «... la dependencia de muchas compañías del sector privado en negocios con el sector público suele ser desproporcionada-

Dentro de la organización territorial estatal, es el municipio uno de los escenarios que mayor atención requiere, en tanto la mayoría de los municipios del país presentan una baja capacidad de gestión y una alta dependencia del clientelismo político, más dicho escenario tiene en la realidad pocas oportunidades de cambio, comoquiera que el diseño planteado para el ejercicio del poder a nivel territorial que viene desde la misma Constitución Política de 1991 termina por permitir tal situación[337]289.

Cuando hablamos de Transparencia por Colombia nos referimos a un organismo dedicado a luchar contra la corrupción[338].

Por supuesto, no es el modelo en sí el que resulte imperfecto, sino el quehacer de quienes, al estar en posición de ejercer poder político a nivel territorial, lo emplean para favorecer intereses distintos al interés general, lo que se constituye en un círculo vicioso en el cual el ejercicio del poder, la financiación privada y el empleo de la contratación estatal se amalgaman para satisfacer intereses particulares.

mente mayor en países en desarrollo, donde la contratación pública puede ascender a más de 20 % del PIB, siendo el Estado el más grande actor económico y donde el sector privado puede estar relativamente subdesarrollado. La yuxtaposición de altos volúmenes de gastos, discrecionalidad excesiva y desenfrenada a disposición de los funcionarios públicos y la presencia de contratistas dependientes del sector privado, con frecuencia crea un mercado listo para la corrupción en la contratación pública». «Corruption in Public Procurement. A perennial Challenge», cap. 9, en J. Edgardo Campos y Sanjay Pradhan (eds.). The Many Faces of Corruption. Tracking Vulnerabilities at the Sector Level, Washington D. C., The World Bank, 2007, p. 296

337 Corporación Transparencia por Colombia. Informe Anual 2009, Bogotá, ctc, 2009, disponible en [https://transparenciacolombia.org.co/wp-content/uploads/informe-anual-2009.pdf].

338 La Corporación Transparencia por Colombia —TpC—, capítulo nacional de Transparency International, nace en 1998 como respuesta de la sociedad civil colombiana a un escenario político complejo, por la incidencia de la corrupción en la institucionalidad pública y en el debilitamiento de la democracia. Desde entonces, TpC ha liderado desde la sociedad civil la lucha contra la corrupción y por la transparencia, en lo público y en lo privado, para promover una ciudadanía activa, fortalecer las instituciones y consolidar nuestra democracia. (https://transparenciacolombia.org.co/nosotros/sobre-nosotros/)

El control a nivel contractual debe ser, sin duda alguna, uno de los puntos centrales y prioritarios de cualquier acción anticorrupción por el muy elevado ámbito de influencia que este representa para cualquier Estado[339].

6. Algunas consideraciones en relación con los problemas asociados con la corrupción en la contratación Estatal

La improvisación, carencia de estudios previos adecuados, estudios previos insuficientes, errores y debilidades en la etapa de planeación, falta de conocimientos por parte de los servidores que manejan los recursos públicos, ausencia de custodia en las obras, obras sin concluir y sin custodiar, son apenas algunos de los problemas identificados en la contratación estatal.

Transparencia por Colombia[340] analizó los hechos de corrupción entre 2016 y 2018 y llegó a la conclusión que más del 50 % de los servidores regionales electos para los años 2016-2019: «habrían estado involucrados en hechos de corrupción. También que los sectores más afectados son educación, infraestructura y transporte, y salud». Se expresa en el estudio que luego de analizar 327 hechos de corrupción, se llegó a la conclusión que más de la mitad de los alcaldes, concejales y gobernadores fueron investigados, sancionados o inhabilitados por tales hechos, configurándose la contratación pública como el principal problema, habida cuenta la notoriedad en los procesos de planeación y la «alta dependencia del clientelismo como forma de gestionar el empleo público».

Refiere que los problemas en la contratación pública, la provisión de bienes y servicios y el manejo de presupuesto y gasto público se materializan en inadecuados manejos administrativos, la obstaculización de la libre competencia, la cartelización o los sobrecostos en los contratos, entre otros,

339 Ídem. Pues a través de la contratación: «Se controla la inversión pública y por esta vía la población y el territorio, al tiempo que se pueden gestionar recursos para el financiamiento de campañas políticas, sean estas del nivel nacional o subnacional. Controlar los procesos de la contratación y sus recursos es una de las vías más eficientes para capturar al Estado». 292 Ver en [https://transparenciacolombia.org.co].

340 Ver en [https://transparenciacolombia.org.co].

hechos estos que producen un efecto negativo en el erario y en los derechos sociales y económicos de la ciudadanía.

En el mismo sentido la Auditoría General de la República menciona como los principales problemas de los contratos del Estado: los sobrecostos, el mal manejo de anticipos, los contratos sin soporte presupuestal, el uso exagerado de las urgencias manifiestas, la carencia e insuficiencia de estudios de conveniencia de las obras, la suscripción de contratos sin los requisitos legales, las contrataciones recurrentes con asociaciones, corporaciones, fundaciones, universidades y cooperativas, o los convenios administrativos que se utilizan para trasladar los recursos públicos a entidades regidas por el derecho privado, entre otros.

Del mismo modo, en informe de la Agencia Nacional de Contratación Pública, (Colombia Compra Eficiente)[341] al referirse al Decreto 342 de 5 de marzo de 2019[342], que plantea el uso de pliegos tipo para todo proceso de contratación en obras públicas y busca tener un mejor control fiscal y optimización en los procesos de licitación de estas, expresó que tales documentos tipo deben aplicarse a nivel nacional y cobijan a todos aquellos a quienes les aplique el Estatuto de Contratación.

Los planteamientos tomados de las entidades arriba mencionadas, nos llevan a concluir que los gestores fiscales presentan debilidades al momento de planear los proyectos, programas, planes, contratos… y así se modifiquen las normas que rigen la contratación pública, siempre primará la voluntad de quien toma las decisiones, no obstante, la normatividad debe adaptarse a los cambios requeridos por el Estado y las necesidades particulares de los sectores.

Los cambios en los modelos de distribución de los recursos se orientan a la equidad y distribución de los mismos, para tomar un caso en particular, nos referiremos a la decisión adoptada a través del Acto Legislativo 05 de 18

341 Ver en [https://www.colombiacompra.gov.co].

342 Diario Oficial, n.º 50.886, de 5 de marzo de 2019, disponible en [http://www.suin-juriscol. gov.co/viewDocument.asp?ruta=Decretos/30038288].

de julio de 2011[343] y la Ley 1530 de 17 de mayo de 2012[344], que modificaron el Sistema General de Regalías —SGR—. A través de dichas normas se mejoró la distribución de los recursos de las regalías, que eran distribuidos entre los departamentos productores, y en la actualidad, se distribuyen en todo el territorio nacional. Los objetivos de la reforma de promover la «equidad regional», se cumplió, pues los recursos se distribuirían para todo el país y beneficiarían a más territorios y más población, pues para 2010, el 80 % de la población recibía aproximadamente el 20 % de las regalías, con el SGR el 80 % de la población se beneficiaría con más del 70 % de los recursos. Sin embargo, estos se han dispersado, por lo que resultan insuficientes para desarrollar proyectos de impacto.

Es muy importante destacar que en el último informe del año 2023 sobre Regalías emitido por la Contraloría General de la república[345] se menciona como el Estado Colombiano, ha venido implementando modelos de buen gobierno y nueva gerencia pública, en pro del desarrollo económico y social, y la satisfacción de necesidades básicas de la población vulnerable; enfoque a destacar luego del análisis del máximo organismo de control fiscal en el país.

Se expresa en el informe la existencia de retrasos entre 3 y 5 años en la ejecución y puesta en marcha de los proyectos y condiciones inadecuadas en los proyectos aprobados por carencia de estudios previos o simplemente porque la demora en el lapso entre la aprobación del estudio previo y la iniciación del proyecto cambia las circunstancias. Textualmente, plantea la Contraloría General: "*Esta función fiscalizadora, denota cómo proyectos planteados y aprobados en algunas regiones con recursos del sistema, presentan una gran diferen-*

343 «Por la cual se constituye el Sistema General de Regalías, se modifican los artículos 360 y 361 de la Constitución política y se dictan otras disposiciones sobre el Régimen de Regalías y Compensaciones», Diario Oficial, n.° 48.134, de 18 de julio de 2011, disponible en [http://www.suin-juriscol.gov.co/viewDocument.asp?ruta=Acto/1000193].

344 «Por la cual se regula la organización y el funcionamiento del Sistema General de Regalías», Diario Oficial, n.° 48.433, de 17 de mayo de 2012, disponible en [http://www.suinjuriscol.gov.co/viewDocument.asp?ruta=Leyes/1682780].

345 Disponible en la página https://www.contraloria.gov.co

cia entre lo que se proyecta realizar a través del mismo y lo que realmente se ejecuta en la práctica" [346]

Se plantean las siempre mencionadas irregularidades en las etapas de planeación, ejecución, seguimiento y control que conllevan de suyo a obras sin concluir o que no prestan la utilidad y funcionalidad esperada.

Estas conclusiones se vienen planteando por el máximo órgano de Control fiscal en el País, y tal como lo planteamos en la primera edición de este estudio, la pretendida equidad no ha logrado que la problemática descrita de obras sin concluir o mala calidad entre otras, se erradique, y al ser uno de los propósitos el impulso de grandes proyectos regionales, no se está cumpliendo, máxime si se tiene en cuenta que las regalías son finitas y el propósito de la inversión de las mismas se orientó hacia grandes proyectos estratégicos de desarrollo territorial. [347]

Según el precitado informe, al ser prioridades las vías terciarias, el agua potable y el saneamiento básico, o el fortalecimiento de la infraestructura educativa, entre otros, se cuestiona que los saldos sin ejecutar alcanzan el 40 %, y en el último informe de 2023, se señalan las mismas circunstancias de ineficiencia que tienen una directa relación con las debilidades de las entidades territoriales a la hora de estructurar sus proyectos.

Ahora bien, Los Órganos Colegiados de Administración y Decisión —OCAD— fueron creados para garantizar la calidad de las inversiones y, para ello les fueron asignadas funciones de evaluación, diagnóstico, priorización y aprobación de los proyectos, empero no se establecieron prioridades, se dispersaron los recursos entre los municipios, no se articuló el sistema con los planes de desarrollo y la aprobación de proyectos es demorada debido a las devoluciones[348].

346 Contraloría General de la República. Manejo de la Regalías 2023, informe, Bogotá, CGR, julio de 2019, disponible en [https://www.contraloria.gov.co].

347 Contraloría General de la República. Manejo de la Regalías 2018, informe, Bogotá, CGR, julio de 2019, disponible en [https://www.contraloria.gov.co].

348 Los OCAD fueron creados a través del Acto Legislativo 05 de 2011, cit., sus funciones se determinan en la Ley 1530 de 2012, cit. Ver [https://www.sgr.gov.co/QuiénesSomos/ÓrganosdelSGR/ÓrganosColegiadosdeAdministraciónyDecisión.aspx].

En el estudio se cuestiona la falta de visión estratégica, pues en el documento que plantea la política pública del SGR, no se establecen lineamientos que orienten la inversión y menos aún metas verificables, por lo que, a pesar de pretender una buena administración, la forma como se diseñó el sistema y no obstante los propósitos de buen gobierno, entregó una chequera en blanco a las entidades territoriales, pues no es posible alcanzar resultados verificables ni aplicar sanciones a quienes no cumplan, esto no se compadece con el hecho de ser las entidades territoriales quienes deciden la orientación de las inversiones de los recursos de regalías.[349]

Los contratistas suelen justificar sus errores en la entrega de estudios insuficientes e inadecuados. Ellos son expertos en negocios y tienen la obligación de determinar claramente qué van a contratar y en qué condiciones lo van a desarrollar, son colaboradores del Estado y cumplen una función social que implica obligaciones, si bien es cierto la administración debe diseñar negocios pensados en sus necesidades reales, producto de estudios y diseños responsables que permitan el cumplimiento de los fines estatales, la protección del patrimonio público y el deber de planeación también abarca a estos colaboradores de la administración según lo manifestó el Consejo de Estado[350].

La permisividad y ausencia de denuncias sobre hechos ilegales, la carencia de plataformas y sistemas de contratación electrónica y la inseguridad jurídica respecto a la toma de decisiones, permea y facilita los actos de corrupción, razón por la cual se requiere de acciones contundentes y de fortalecimiento de los mecanismos de control que presenten alarmas desde el diseño de los proyectos para minimizar los riesgos de pérdida de los recursos públicos. De allí la importancia de medir los resultados del impacto de la reforma constitucional adoptada como resultado del Acto Legislativo No. 4 de 2019, como en efecto lo realizaremos en los capítulos siguientes, de modo que podamos determinar los efectos del nuevo modelo frente a las cifras que muestran el resultado del ejercicio de la vigilancia y control fiscal.

[349] Contraloría General de la República. Manejo de la Regalías 2023, informe, Bogotá, CGR, julio de 2019, disponible en [https://www.contraloria.gov.co].

[350] Consejo de Estado, Sala de lo Contencioso Administrativo, Sección Tercera. Sentencia de 24 de abril de 2013, Radicado n.°. 27315, M. P.: Jaime Orlando Santofimio Gamboa.

7. Ausencia de la buena administración en el control fiscal y sus posibles efectos

Si pretendemos referirnos a una administración efectiva, los estudiosos en esta materia, entre ellos Henri Fayol, precursor de dicha teoría, definía la administración así: «administración es prever, organizar, mandar, coordinar y controlar» y en coherencia con esta definición, enunció los elementos que la conforman: planificación, organización, dirección, coordinación y control[351].

Con el avance normal de las organizaciones tanto privadas como públicas, los elementos planteados por Fayol han evolucionado, y con ellos el consecuente desarrollo de aspectos novedosos acordes con el dinamismo que se orienta al logro de resultados efectivos en la administración mantienen su esencia, así mismo, las metodologías organizacionales, más en particular las relacionadas con las empresas privadas, apuntan a obtener mayores utilidades en términos cualitativos y cuantitativos, lo que significa para el adminis-

351 Veamos un breve concepto sobre dichos elementos: «Planificación: Primer paso y también el más importante, pues el no realizarla adecuadamente traerá consigo ineficiencias y la materialización de riesgos en la ejecución del proyecto, que provocarían fallas en el mismo a mediano y largo plazo. Organización: Identificación de los elementos que conformarían la empresa y creación de una estructura basada en dichos elementos, dispuestos de tal forma que se optimice el uso de los recursos y se cumplan las metas trazadas por la administración. Dirección: Los administradores deben conocer los puntos fuertes y débiles de su organización y de los recursos dentro de la empresa. La dirección requiere de esta habilidad, ya que es la encargada de la asignación apropiada de los recursos disponibles. Esta categoría también incluye la motivación a los empleados para que puedan cumplir de forma óptima con las tareas que deben cumplir. Coordinación: Siendo la empresa un sistema complicado, se deben coordinar todos sus componentes para que funcionen de manera armónica. Aquí son importantes dos componentes la delegación de las tareas para así completarlas efectivamente y la comunicación como herramienta central para coordinar a tiempo todas las partes de la compañía. Control: Se refiere a mantener las actividades de la empresa en dirección hacia las metas que se definieron en la planificación. Un buen control permitirá identificar imperfecciones mediante el análisis o la evaluación de recursos, y corregirlas cuanto antes. El control se consideraba como el último paso en la administración, sin embargo, el dinamismo y la complejidad de las empresas, ha permitido vislumbrar que la verificación de las metas y objetivos debe hacerse continuamente para que de manera oportuna y preventiva se tomen las acciones para encauzar los procesos y mitigar los riesgos que pueden afectar el cumplimiento de los objetivos». Henry Fayol. Administration industrielle et générale, Paris, H. Dunod et E. Pinat, 1916.

trador verse retado de manera permanente a direccionar y controlar para el logro de las políticas, objetivos, metas y estrategias que le permitan cumplir el objeto social de la organización que dirige, a su vez, ante los continuos riesgos misionales, el poder identificarlos para emprender las medidas o acciones preventivas y correctivas que busquen la mitigación de dichos riesgos[352]

Si nos referimos a la administración pública en Colombia, la Constitución Política señala una serie de elementos sobre la función administrativa, la coordinación, y el sistema de control estatal, de la siguiente manera:

En primer lugar, el artículo 2.° de la Carta Magna[353], expresa que los fines esenciales del Estado, que se convierten en el fundamento que dirigirá la función del administrador público o aquella persona de derecho privado en el ámbito que ejecuta, debe garantizar con calidad y efectividad los derechos y servicios que le provee a la comunidad que le ha conferido el manejo de un recurso público[354].

Esta premisa Constitucional se precisa aún más en el artículo 209[355] que se refiere a la función administrativa y allí resalta lo previsto por el constituyente primario en el artículo 1.° de la Carta magna, donde se expresa la

352 Henry Fayol. Administration industrielle et générale, Paris, H. Dunod et E. Pinat, 1916.

353 Corte Constitucional et ál. Constitución Política de Colombia 1991, Actualizada con los actos legislativos a 2016, Bogotá, Consejo Superior de la Judicatura, 2016, disponible en [http://www.corteconstitucional.gov.co/inicio/Constitucion%20politica%20de%20Colombia. pdf]. En adelante, todas las referencias a la Carta magna remiten a esta fuente.

354 Al tenor la norma expresa: «Artículo 2.° Son fines esenciales del Estado: servir a la comunidad, promover la prosperidad general y garantizar la efectividad de los principios, derechos y deberes consagrados en la Constitución; facilitar la participación de todos en las decisiones que los afectan y en la vida económica, política, administrativa y cultural de la Nación; defender la independencia nacional, mantener la integridad territorial y asegurar la convivencia pacífica y la vigencia de un orden justo. // Las autoridades de la República están instituidas para proteger a todas las personas residentes en Colombia, en su vida, honra, bienes, creencias, y demás derechos y libertades, y para asegurar el cumplimiento de los deberes sociales del Estado y de los particulares». El resaltado es nuestro.

355 «Artículo 209. La función administrativa está al servicio de los intereses generales y se desarrolla con fundamento en los principios de igualdad, moralidad, eficacia, economía, celeridad, imparcialidad y publicidad, mediante la descentralización, la delegación y la desconcentración de funciones. // Las autoridades administrativas deben coordinar sus actuaciones para el adecuado cumplimiento de los fines del Estado. La administración pública, en todos sus órdenes, tendrá un control interno que se ejercerá en los términos que señale la ley». El resaltado es nuestro.

existencia del Estado social de derecho, y entre otros, prevalece el interés general.

Enseguida, la Constitución de 1991 da un viraje fundamental al Sistema de Control Estatal, en donde, si bien es cierto, ratifica el control político[356] bajo la responsabilidad del Congreso de la República, elimina el control previo que realizaban las Contralorías y lo redirecciona para que las entidades vigiladas y controladas sean responsables de diseñar, implementar y mantener un control interno[357]. Este último engranaje del Sistema de Control Estatal se reconoce en el artículo 209, cuando señala en la parte final del inciso dos, que: «La administración pública, en todos sus órdenes, tendrá un control interno que se ejercerá en los términos que señale la ley». La anterior situación es concordante con lo establecido en el artículo 269[358].

Por otra parte, en la Constitución Política de Colombia y en particular en los artículos 119, 267 y 272, se confieren facultades de vigilancia y control

356 Ley 5.ª de 17 de junio de 1992, «Por la cual se expide el Reglamento del Congreso; el Senado y la Cámara de Representantes», Diario Oficial, n.º 40.483, de 18 de junio de 1992, disponible en [http://www.suin-juriscol.gov.co/viewDocument.asp?ruta=Leyes/1560382], artículo 6.º Clases de Funciones del Congreso [...] 3. Función de control político, para requerir y emplazar a los Ministros del Despacho y demás autoridades y conocer de las acusaciones que se formulen contra altos funcionarios del Estado. La moción de censura y la moción de observaciones pueden ser algunas de las conclusiones de la responsabilidad política.

357 Ley 87 de 1993, cit., artículo 1.º Definición del control interno. Se entiende por control interno el sistema integrado por el esquema de organización y el conjunto de los planes, métodos, principios, normas, procedimientos y mecanismos de verificación y evaluación adoptados por una entidad, con el fin de procurar que todas las actividades, operaciones y actuaciones, así como la administración de la información y los recursos, se realicen de acuerdo con las normas constitucionales y legales vigentes dentro de las políticas trazadas por la dirección y en atención a las metas u objetivos previstos. // El ejercicio del control interno debe consultar los principios de igualdad, moralidad, eficiencia, economía, celeridad, imparcialidad, publicidad y valoración de costos ambientales. // En consecuencia, deberá concebirse y organizarse de tal manera que su ejercicio sea intrínseco al desarrollo de las funciones de todos los cargos existentes en la entidad, y en particular de las asignadas a aquellos que tengan responsabilidad del mando.

358 Que reza: «En las entidades públicas, las autoridades correspondientes están obligadas a diseñar y aplicar, según la naturaleza de sus funciones, métodos y procedimientos de control interno, de conformidad con lo que disponga la ley, la cual podrá establecer excepciones y autorizar la contratación de dichos servicios con empresas privadas colombianas». El resaltado es nuestro.

a las contralorías[359], al asignarles el control de resultados de la administración y la función pública de vigilar la gestión fiscal de la administración y los particulares o entidades que manejen fondos o bienes públicos. Función fundamentada en la eficiencia, la economía, la eficacia, la equidad y la valoración de los costos ambientales[360]y que hasta antes del Acto Legislativo 04 de 2019, ya citado, se realizaba en forma exclusiva de manera posterior y selectiva.

Como se observa, en la Norma Superior, se visualizó un Sistema de Control Estatal con un engranaje organizado y articulado para lograr que los servicios y bienes que requiere sean obtenidos de tal manera que se garanticen tanto los criterios de la función administrativa como los de la gestión fiscal.

Además, como cada entidad tiene su propia función, en la Carta magna se da importancia al elemento de coordinación con las demás entidades, cuando establece que: «Las autoridades administrativas deben coordinar sus actuaciones para el adecuado cumplimiento de los fines del Estado».

Por último, las intenciones del constituyente se observan en gran medida desarrolladas mediante una serie de leyes que especifican la administración de lo público con instituciones que tienen unas funciones precisas, que se organizan, planifican, direccionan, coordinan y cuentan con un Sistema de Control Estatal que se encarga —sea interna o externamente— de medir, monitorear, vigilar y controlar la ejecución de sus actividades para garantizarle a la sociedad civil la provisión de bienes y servicios que le permitan gozar de una vida digna y la protección efectiva de sus derechos.

En la primera edición de este libro se presentó un cuadro comparativo y enunciativo de algunas normas fundamentales que orientan en materia pública la administración, y que se orientan a mostrar los criterios de efectividad, que en últimas corresponden a lo que se entiende por el derecho humano a una buena administración. En esta segunda edición y por efectos didácticos, se traslada al Anexo 1, denominado Cuadros Complementarios elaborados por el Autor y se identifica como cuadro Número 1.

Mostramos entonces, como las normas constitucionales en materia del Sistema de Control Interno, la Ley 87 de 1993, cit., y demás marco reglamen-

359 Entidades de carácter técnico con autonomía administrativa y presupuestal.

360 Ley 42 de 1993, cit., artículo 8.°

tario, le asigna a la administración de las entidades públicas la responsabilidad de diseñar, implementar y mantener un sistema que incorpora una serie de elementos y objetivos en los diferentes procesos de su actuar, con miras a cumplir su misión, su visión y sus objetivos institucionales, mediante el establecimiento de medidas preventivas y correctivas para mitigar los principales riesgos que le dificulten o le puedan afectar el cumplimiento de su función administrativa.

Concordante con esto, también es importante el concepto de autocontrol, entendida como la capacidad de cada servidor público para controlar su trabajo debe realizar sus funciones, observando de manera permanente situaciones de progreso, para tomar las medidas o establecer metas más ambiciosas que propendan por la mejora continua y las posibles debilidades que no le permiten aportar con eficacia y eficiencia a su institución.[361]

Por otra parte, las oficinas de control interno o quien haga sus veces, en su función de evaluación independiente, por no participar en forma directa en los procedimientos y procesos de las entidades que auditan, deberán ejecutar su labor al cumplir cinco roles[362]: valoración de riesgos, acompañamiento y asesoría, evaluación y seguimiento, fomento de la cultura de control y enlace con los entes externos, con lo cual coadyuvarán a la buena gobernanza y a la rendición de cuentas, con las situaciones detectadas y sus recomendaciones.

Para soportar de modo efectivo a la función administrativa, se dota al administrador público y aquella persona de derecho privado en el ámbito que la ejecuta, de herramientas al establecer un modelo de gestión en la Ley 872 de 2003, cit., para que dicho administrador de lo público a través del esquema Planear, Hacer, Verificar y Actuar —phva— ejecute un ciclo

361 Principios del modelo estándar de control interno meci 1000-2005, adoptado a través del decreto 1599 de 2005.

362 Cfr., Marie Anne Salnave Sanín et al. «Rol de las Oficinas de Control Interno, Auditoría Interna o quien haga sus veces», en Cartillas de Administración Pública, n.º 6, versión 2, Bogotá, Escuela Superior de Administración Pública —esap— y Departamento Administrativo de la Función Pública, 2009, disponible en [https://www.iiacolombia.com/resource/RolOficinas.pdf].

virtuoso de gestión, cuando en el artículo 1.° prevé la creación del Sistema de Gestión de la Calidad de las entidades del Estado[363].

Una vez realizado un recorrido rápido por la evolución normativa a partir de 1991, que establece las exigencias para el desarrollo de la función administrativa, de la gestión fiscal, del control interno y del control fiscal, entre otros, se infiere que la Constitución Política y su desarrollo en las leyes respectivas implementan conceptualmente un sistema con instituciones y funciones debidamente organizadas, coordinadas y con unas responsabilidades explícitas en relación con las actividades de planeación, direccionamiento y ejecución.

Entonces viene el interrogante ¿Por qué después de casi tres décadas de promulgación de la Constitución Política de Colombia, siguen presentes elevadas deficiencias en la provisión de los bienes y servicios a los colombianos? Ello se evidencia, entre otras, en las continuas solicitudes ciudadanas, en los resultados de los procesos de vigilancia y control fiscal a cargo de las contralorías, que evidencian la existencia de malas prácticas administrativas que llevan al uso ineficiente, ineficaz y antieconómico de los recursos públicos destinados a la provisión de bienes y servicios de los colombianos y cumplir así los fines esenciales del Estado.

En la problemática analizada que nos ocupa y con el pretendido propósito de encontrar el porqué de la ausencia de la buena administración en el control fiscal, que se materializa como una «lesión» patrimonial producida a partir de acciones o verbos rectores[364] que imposibilitan en cumplimiento de los fines esenciales del Estado, y afecta los intereses patrimoniales del

363 Como «... una herramienta de gestión sistemática y transparente que permita dirigir y evaluar el desempeño institucional, en términos de calidad y satisfacción social en la prestación de los servicios a cargo de las entidades y agentes obligados, la cual estará enmarcada en los planes estratégicos y de desarrollo de tales entidades. El sistema de gestión de la calidad adoptará en cada entidad un enfoque basado en los procesos que se surten al interior de ella y en las expectativas de los usuarios, destinatarios y beneficiarios de sus funciones asignadas por el ordenamiento jurídico vigente»

364 Menoscabo, disminución, perjuicio, detrimento, pérdida, deterioro de los bienes o recursos públicos, o a los intereses patrimoniales del Estado (art. 6.° Ley 610 de 2000, cit.).

Estado, y destacamos lo expresado sobre el particular por la Corte Constitucional[365].

El control fiscal se ejerce por la Contraloría General de la República, encargada de la vigilancia de la gestión fiscal de los recursos de la Nación, las contralorías territoriales, que vigilan la gestión fiscal de las entidades correspondientes territoriales, y la Auditoría General de la República, que vigila la gestión fiscal de las contralorías[366].

De manera excepcional, la Contraloría General de la República puede ejercer el control fiscal sobre las cuentas de cualquier entidad territorial[367],

---

365 Sentencia C-340 de 9 de mayo de 2007, M. P.: Rodrigo Escobar Gil, disponible en [https://www.corteconstitucional.gov.co/relatoria/2007/C-340-07.htm]. «4.2 [...] a partir del análisis del anterior contenido normativo es que la expresión «intereses patrimoniales» es una referencia al objeto sobre el que recae el daño. De manera general puede decirse que el objeto del daño es el interés que tutela el derecho y que, tal como se ha reiterado por la jurisprudencia constitucional, para la estimación del daño debe acudirse a las reglas generales aplicables en materia de responsabilidad, razón por la cual entre otros factores que han de valorarse, están la existencia y certeza del daño y su carácter cuantificable con arreglo a su real magnitud. De este modo, no obstante, a la amplitud del concepto de interés patrimonial del Estado, el mismo es perfectamente determinable en cada caso concreto en que se pueda acreditar la existencia de un daño susceptible de ser cuantificado. Tal como se puso de presente en la Sentencia C-840 de 2001, los daños al patrimonio del Estado pueden provenir de múltiples fuentes y circunstancias, y la norma demandada, de talante claramente descriptivo, se limita a una simple definición del daño, que es complementada por la forma como éste puede producirse. Así, la expresión intereses patrimoniales del Estado se aplica a todos los bienes, recursos y derechos susceptibles de valoración económica cuya titularidad corresponda a una entidad pública, y del carácter ampliamente comprensivo y genérico de la expresión, que se orienta a conseguir una completa protección del patrimonio público, no se desprende una indeterminación contraria a la Constitución...».

366 Por disposición del artículo 17, numeral 12, del Decreto 272 de 22 de febrero de 2000, Diario Oficial, n.° 43.905, de 22 de febrero de 20000, disponible en [http://www.suin-juriscol.gov.co/viewDocument.asp?ruta=Decretos/1063255], la Contraloría de Bogotá está exceptuada del control fiscal de la Auditoría General de la República, estando en cabeza del Auditor Fiscal del Distrito Capital de Bogotá. Así mismo, la competencia de la Auditoría General de la República debe entenderse sin perjuicio de la competencia de las contralorías departamentales respecto de las contralorías distritales y municipales, por mandato del artículo 162 de la Ley 136 de 2 de junio de 1994, Diario Oficial, n.° 41.377, de 2 de junio de 1994, disponible en [http://www.suin-juriscol.gov.co/viewDocument. asp?ruta=Leyes/1648916].

367 El inciso tercero del artículo 267 de la Constitución Política establece: «...En los casos excepcionales, previstos por la ley, la Contraloría podrá ejercer control posterior sobre cuentas de cualquier entidad territorial». Las siguientes disposiciones legales rigen las solicitudes de

y respecto a los recursos transferidos desde la Nación a las entidades territoriales, la Contraloría General de la República y las contralorías territoriales tienen competencia concurrente para el ejercicio del control fiscal y frente a ello, el Decreto 267 de 2000 «Por el cual se dictan normas sobre organización y funcionamiento de la Contraloría General de la República, se establece su estructura orgánica, se fijan las funciones de sus dependencias», en el artículo 5.°, numeral 6, asignó a la Contraloría General de la República competencia prevalente para ello, en coordinación con las contralorías territoriales[368].

En el mismo aspecto, es importante recordar la existencia de 65 contralorías en Colombia, constituidas por las departamentales, distritales, municipales y la Contraloría General de la República, al igual que la Auditoría General de la República que vigila la gestión fiscal de dichas contralorías, comparada con la Procuraduría General de la Nación y la Fiscalía General de la Nación que tienen atribuida una competencia única, a nivel nacional, les facilita a estas la gestión organizacional y la planeación estratégica. No obstante, para el caso de las contralorías que poseen autonomía, se genera dispersión, diversidad de criterios, pues corresponde a cada contralor determinar la forma y métodos como se ejerce el control fiscal.

control fiscal excepcional: artículo 26 de la Ley 42 de 1993, cit.; artículo 122 de la Ley 1474 de 2011, cit.; artículo 81 de la Ley 617 de 6 de octubre de 2000, Diario Oficial, n.° 44.188, de 9 de octubre de 2000, disponible en [http://www.suin-juriscol.gov. co/viewDocument. asp?ruta=Leyes/1664753]; artículo 68 de la Ley 1757 de 6 de julio de 2015, Diario Oficial, n.° 49.565, de 6 de julio de 2015, disponible en [http://www.suinjuriscol.gov.co/viewDocument.asp?ruta=Leyes/30019924]; y artículo 95 de la Ley 1523 de 24 de abril de 2012, Diario Oficial, n.° 48.411, de 24 de abril de 2012, disponible en [http:// www.suin-juriscol.gov.co/viewDocument.asp?ruta=Leyes/1682614]. Y para su admisión y trámite se siguen los lineamientos trazados por la jurisprudencia de la Corte Constitucional en las sentencias C-364 de 2 de abril de 2001, M. P.: Luis Eduardo Montealegre Lynett, disponible en [https://www.corteconstitucional.gov.co/relatoria/2001/C-364-01. htm] y C-292 de 8 de abril de 2003, M. P.: Luis Eduardo Montealegre Lynett, disponible en [https://www.corteconstitucional.gov.co/relatoria/2003/C-292-03.htm].

368 La Contraloría General de la República expidió la Resolución Orgánica 5678 de 6 de julio de 2005, Diario Oficial, n.° 45.976, de 21 de julio de 2005, disponible en [http://www.avancejuridico.com/actualidad/documentosoficiales/2003/45976/r_cgr_5678_2005.html], por la cual se adopta el Sistema de Vigilancia Especial a los recursos del Sistema General de Participaciones, que permite coordinar acciones por competencia concurrente y determinar en qué casos procede la prevalencia competencial.

Ahora bien, si nos referimos a responsabilidad fiscal, es preciso considerar que solo podrá predicarse la existencia de la misma cuando medie fallo con responsabilidad fiscal en firme, el cual, conforme a lo previsto en el artículo 53 de la Ley 610 de 2000 requiere que en el proceso obre prueba que conduzca a la certeza de la existencia del daño al patrimonio público y de su cuantificación, de la individualización y actuación dolosa o gravemente culposa[369] del gestor fiscal y de la relación de causalidad entre el comportamiento del agente y el daño ocasionado al erario.

Nótese como la mera existencia de daño al patrimonio del Estado, aun cuando se encuentre plenamente acreditado, no resulta imputable a un gestor fiscal, salvo que medie de su parte aquella conducta dolosa o gravemente culposa a que se refiere la norma.

Esta situación impide el ejercicio de una buena administración en lo que al control fiscal se refiere, en materia de los procesos de responsabilidad fiscal, pues, debe probarse la mala fe del gestor fiscal o una actitud negligente de tal envergadura, que resulte sospechosamente dolosa, conductas que si bien se encuentran de manera parcial relevadas de prueba cuando se trate de aquellas presunciones señaladas en el artículo 118 de la Ley 1474 de 2011, cit., deben acreditarse en el proceso[370].

Lo anterior sin duda alguna supone la prueba inequívoca de tales eventos, más allá de la presunción hecha por la ley.

No es sencillo, probar tales conductas, pues en general los administradores del recurso público que ejercen una indebida gestión fiscal procuran evitar caer en los excesos negligentes que la norma exige como condición

369 Exigencia esta presente a partir de lo establecido en la Sentencia C-619 de 8 de agosto de 2002, MM. PP.: Jaime Córdoba Triviño y Rodrigo Escobar Gil, disponible en [https://www.corteconstitucional.gov.co/relatoria/2002/C-619-02.htm], retomada en el artículo 118 de la Ley 1474 de 2011, cit.

370 Conviene en este punto recordar que la Corte Constitucional, al revisar la constitucionalidad de los artículos 82 y 119 de la Ley 1474 de 2011, en Sentencia C-338 de 4 de junio de 2014, M. P.: Alberto Rojas Ríos, disponible en [https://www.corteconstitucional.gov.co/relatoria/2014/C-338-14.htm], puntualizó que la responsabilidad fiscal: «... sólo será imputable cuando se haya comprobado la existencia de culpa grave o de dolo por parte de quien tenía a su cargo la administración o vigilancia de los bienes del Estado —incluso, el mismo artículo 118 prevé hipótesis en donde el dolo y la culpa grave, como elementos sine qua non en la imputación de responsabilidad fiscal, pueden presumirse—».

para responsabilizar. De hecho, actuar con culpa leve (que parte del modelo de conducta de diligencia mediana) ya les permitiría justificar su conducta y evitar el reproche fiscal en forma satisfactoria, pese a que su gestión no pueda reputarse como provechosa para la comunidad y el adecuado manejo de los recursos públicos. Y en el evento que exista póliza que cubra las eventualidades derivadas de una posible gestión fiscal indebida, resulta pertinente recordar que el artículo 1055 del Código de Comercio[371] señala que el dolo, la culpa grave y los actos meramente potestativos del tomador, asegurado o beneficiario son no asegurables, y que cualquier estipulación en contrario no producirá efecto alguno.

El artículo 44 de la Ley 610 de 2000, cit., tal como lo señaló la Oficina Jurídica de la Contraloría General de la República de Colombia[372], en el que retoma la línea jurisprudencial vertida en sentencias proferidas por el Consejo de Estado el 18 de marzo de 2010 y el 29 de septiembre de 2011, «participa del carácter de norma de orden público, de naturaleza especial, por cuya virtud desplaza las normas generales en los aspectos expresamente regulados por la ley aplicable para la determinación de la responsabilidad fiscal», lo cual permite que la vinculación de las compañías aseguradoras en calidad de tercero civilmente responsable al proceso de responsabilidad fiscal, y el consecuente pago del siniestro de darse los supuestos normativos y contractuales del caso, supere en forma satisfactoria el escollo a que refiere el párrafo precedente. Y no puede ser de otra forma, al considerar que la protección del patrimonio estatal como interés superior al particular, justifica la línea jurisprudencial referida y su correspondiente retoma a nivel de concepto institucional por parte del ente de control fiscal superior.

Al margen de lo anterior es importante considerar que el resarcimiento del perjuicio debe realizarse, conforme a lo señalado en los artículos 4.° y 53 de la Ley 610 de 2000, a través del pago de una indemnización pecuniaria que compense el perjuicio sufrido por la entidad afectada, lo cual puede dificultarse, pues luego de surtir el extenso trámite del proceso de respon-

371 Decreto 410 de 27 de marzo de 1971, Diario Oficial, n.° 33.339, de 16 de junio de 1971, disponible en [http://www.secretariasenado.gov.co/senado/basedoc/codigo_comercio.html].

372 Concepto Contraloría General de la República, OJ 183 de 2018, disponible en [www.contraloria.gov.co].

sabilidad fiscal, se encuentran los entes de control fiscal con la insolvencia del responsable fiscal que por lo general se extiende hasta la etapa de cobro coactivo del crédito.

Por supuesto, queda además por considerar, como ya se ha expresado en este capítulo, que la actuación administrativa de las contralorías es susceptible de control jurisdiccional. En efecto, es labor de los jueces de la República asegurar la preservación de la legalidad en las actuaciones adelantadas por los entes de control fiscal, por lo que la cantidad de procesos declarados nulos lleva también a considerar que la probidad jurídica que se observa para su adelantamiento en sede administrativa no es la más notable.

Es necesario que las decisiones de la Contraloría sean definitivas, además por la especialidad que representa el ejercicio del control fiscal. La doctrina[373] ha señalado que «la especialidad» de un órgano o su «elemento sustantivo», está constituido por sus «atribuciones», su materia, y sus «funciones». La Corte Constitucional se ha ocupado del tema en su Sentencia C-374 de 24 de agosto de 1995[374].

Otra dificultad que afecta la efectividad en los procesos de responsabilidad fiscal y su consecuente función de cobro coactivo, tiene que ver con

373 Aparicio Méndez Manfredini. Teoría del órgano, edición definitiva, Montevideo, Amalio M. Fernández, 1971 y Enrique Sayagués Laso y Daniel Hugo Martins. Tratado de derecho administrativo, t. i, 8.ª ed., Montevideo, Fundación de Cultura Universitaria, 2002, pp. 183 y ss.

374 «... En la Constitución Política de 1991 se reconoce expresamente la función de control fiscal, como una actividad independiente y autónoma y diferenciada de la que corresponde a las clásicas funciones estatales, lo cual obedece no sólo a un criterio de división y especialización de las tareas públicas, sino a la necesidad política y jurídica de controlar, vigilar y asegurar la correcta utilización, inversión y disposición de los fondos y bienes de la Nación, los departamentos, distritos y los municipios, cuyo manejo se encuentra a cargo de los órganos de la administración, o eventualmente de los particulares (arts. 267, 268 y 272 C. P.) [...] el control fiscal constituye una actividad de exclusiva vocación pública que tiende a asegurar los intereses generales de la comunidad, representados en la garantía del buen manejo de los bienes y recursos públicos, de manera tal que se aseguren los fines esenciales del Estado de servir a aquélla y de promover la prosperidad general, cuya responsabilidad se confía a órganos específicos del Estado como son las Contralorías (nacional, departamental, municipal), aunque con la participación ciudadana en la vigilancia de la gestión pública (art. 1.°, 2.°, 103, inciso 3 y 270 de la C. P.)». Corte Constitucional, Sentencia C-374 de agosto 24 de 1995, M. P.: Antonio Barrera Carbonell, disponible en [https://www.corteconstitucional.gov.co/relatoria/1995/C-374-95.htm].

la posición de algunos jueces, administradores concursales y liquidadores quienes desconocen el precepto constitucional establecido en el numeral 5 del artículo 268, en menoscabo de la atribución de cobro coactivo fiscal para el resarcimiento de recursos públicos. La Corte Constitucional[375] ha señalado la inescindibilidad de las atribuciones constitucionales exclusivas y excluyentes, providencia que aclaró que en materia fiscal existen dos etapas, una de conocimiento y una de ejecución, en las que primero se constituye el responsable fiscal como acreedor a favor del Estado y luego se busca el pago de la obligación a través de un proceso.

En ese mismo esquema, es importante señalar que las entidades públicas manejan sus propias oficinas de jurisdicción coactiva, empero no existe unificación de la información y el manejo en línea de aquella patrimonial de todas esas oficinas, que persiguen el mismo propósito resarcitorio de las contralorías, situación que lleva a la dispersión y carencia de efectividad en el propósito resarcitorio.

No es, pues, de extrañar que sean muchos quienes sostengan que el control fiscal, en las condiciones actuales, es más una función protocolar que de defensa efectiva del patrimonio público, en tanto su eventual ausencia de oportunidad para evitar la causación de daño al patrimonio estatal, aunada a la dificultad que jurídicamente entraña alcanzar un fallo con responsabilidad fiscal que supere de manera satisfactoria los filtros de control jurisdiccionales, transmiten esa percepción.

Por supuesto, el ciudadano común por lo general no profundiza en las dificultades operativas brevemente esbozadas y, por el contrario, suele criticar con vehemencia lo que considera es una actitud de desidia frente a la protección de los bienes públicos, más, por supuesto, no implica ello que carezca por completo de razón, ya que si bien existen eventos que no resultan imputables al quehacer de los entes de control, no es menos cierto que en otros casos es la eventual impericia de los operadores jurídicos la que da al traste con la posibilidad de una efectiva recuperación del detrimento al patrimonio público, como sucede en aquellos eventos que devienen en la

375 Principio de inescindibilidad de la norma, es decir, «aplicarse de manera íntegra en su relación con la totalidad del cuerpo normativo al que pertenece», Corte Constitucional. Sentencia T-832A de 14 de noviembre de 2013, M. P.: Luis Ernesto Vargas Silva, disponible en [https://www.corteconstitucional.gov.co/relatoria/2013/t-832a-13.htm].

anulación de toda la actuación cuando esta se encuentra ya en avanzado estado de trámite y los tiempos procesales no dan para su reestructuración debido a la prescripción del proceso.

Resulta claro que la pericia se fortalece a través del conocimiento. La Contraloría General de la República como supremo organismo de vigilancia y control debe comprometerse en una campaña de capacitación que cubra los aspectos más débiles del conocimiento en materia de control fiscal.

Para ello, ha adelantado y seguirá adelantando procesos de capacitación orientados a fortalecer las competencias de los servidores del ente de control fiscal, al garantizar con ello un adecuado cumplimiento de las funciones establecidas desde la Constitución.

Otro de los factores que afectan a la buena administración en el control fiscal, tiene que ver con el riesgo de caducidad y de prescripción de los procesos de responsabilidad fiscal, tema respecto del cual se profundizará en su evolución normativa en el capítulo siguiente, sin embargo, resulta relevante precisar que hoy dichas figuras se encuentran establecidas en el artículo 9.° de la Ley 610 de 2000 ya citada, por medio de la cual se señala el trámite ordinario de los procesos de responsabilidad fiscal de competencia de las contralorías.

Como bien lo indica la norma, las contralorías del país tienen cinco años desde la ocurrencia del hecho generador del daño para abrir el respectivo proceso de responsabilidad fiscal, de lo contrario caduca la acción, y una vez abierto, no puede transcurrir el término de cinco años sin que se profiera decisión de fallo en firme, porque prescribe el derecho para emitirlo. [376]

Entre estos dos términos ha existido siempre confusión, tanto en su aplicación como en su definición, por cuanto la caducidad y la prescripción se aplican en forma distinta en el tiempo en los procesos administrativos sancionatorios, porque allí el término de caducidad se cuenta a partir de la ocurrencia de la falta hasta el momento en que se profiere decisión de primera instancia y la prescripción una vez ha transcurrido un año para resolver los recursos de reposición y en subsidio de apelación, contra esa providencia

[376] Artículo 9 Ley 610 de 2000, Por la cual se establece el trámite de los procesos de responsabilidad fiscal de competencia de las contralorías.

del *a-quo*, por demás que allí se configura el silencio administrativo positivo para los investigados.

Uno de los problemas que se enfrenta en el tema de la caducidad, se refiere al concepto del «hecho generador del daño», pues la norma señala que es desde ese momento en que inicia a contarse el término, aunque en la parte final del párrafo legal establece otros momentos para hacerlo.

En cuanto a la prescripción, esta institución ha sido definida por la Honorable Corte Constitucional en diversos pronunciamientos, como el contenido en la Sentencia C-556 de 31 de mayo de 2001[377].

La máxima demostración de ausencia de la buena administración en el control fiscal, se materializa en la prescripción de los procesos de responsabilidad fiscal, pues con ello se demuestra con claridad la ineficiencia e incapacidad de las contralorías, en resolver dentro del término legal de cinco años que consagra la ley, cualquiera de las opciones previstas, a saber: 1. Fallo con responsabilidad fiscal; 2. Fallo sin responsabilidad fiscal; 3. Cesación del proceso; 4. Archivo, entre otros.

Para finalizar es necesario reorientar las auditorías, pues sus resultados no arrojan hallazgos fiscales y se ocupan más de los hallazgos con connotación disciplinaria. Dichas auditorías deben orientarse hacia los casos recurrentes de pérdida de recursos que se pueden identificar a través de metodologías que permitan identificar los riesgos. Ello se debe a la falta de modernización, de fortalecimiento del talento humano, y a la ausencia de certificación de los auditores como tales. En la actualidad, existen múltiples empresas privadas dedicadas a ejercer las labores de auditoría a través de profesionales entrenados como auditores, lo que supone una labor de capacitación permanente a los operadores fiscales con el propósito de generar seguridad jurídica, analizar las fallas que se presenten en el curso del proceso de responsabilidad fiscal y retroalimentar los resultados que conlleven a la mejora continua.

377 M. P.: Álvaro Tafur Galvis, disponible en [https://www.corteconstitucional.gov.co/relatoria/2001/C-556-01.htm], según la cual la prescripción consiste en «un instituto de orden público, por virtud del cual el Estado cesa su potestad punitiva —ius puniendi— por el cumplimiento del término señalado en la ley».

8. Carencia de gerencia efectiva y estratégica como garantía de buena administración

La gerencia pública debe ejercerse por personas idóneas, preparadas y con altísimas calidades personales y profesionales que garanticen el buen uso de los recursos públicos y el mejoramiento de la gestión pública, que es uno de los fines del control fiscal.

Para entender estos postulados, es importante describir los conceptos de la gestión fiscal para particularizar y concluir qué garantiza una buena administración y qué impide la gerencia efectiva y estratégica de la misma. Es por ello que se procede a continuación a enunciar los conceptos básicos de la gestión fiscal y los criterios que deben tenerse en cuenta para su desarrollo efectivo y estratégico, por ende, las carencias que afectan el resultado esperado.

Al respecto, el artículo 3.º de la Ley 610 de 2000 ya citada, define el conjunto de actividades de la gestión fiscal y bajo qué principios deben adelantarse dichas actividades[378].

De dicho postulado se infiere, que el gestor fiscal es aquel quien debe adelantar adecuada y correctamente las actividades de «adquisición, planeación, conservación, administración, custodia, explotación, enajenación, consumo, adjudicación, gasto, inversión y disposición de los bienes públicos, así como a la recaudación, manejo e inversión», funciones estas a cargo de su orientación o inclusive varias de ellas a cargo del jefe o representante legal de las entidades públicas, es decir, la alta dirección que tiene bajo su responsabilidad realizar una administración efectiva y estratégica de los recursos públicos con eficiencia, eficacia, economía y equidad, para cumplir su cometido de garantizarle a la población beneficiaria la provisión oportu-

378 «Gestión fiscal es el conjunto de actividades económicas, jurídicas y tecnológicas, que realizan los servidores públicos y la persona de derecho privado que maneje o administre fondos o bienes públicos, tendientes a la adecuada y correcta adquisición, planeación, conservación, administración, custodia, explotación, enajenación, consumo, adjudicación, gasto, inversión y disposición de los bienes públicos, así como a la recaudación, manejo e inversión de sus rentas en orden a cumplir los fines esenciales del Estado, con sujeción a los principios de legalidad, eficiencia, economía, eficacia, equidad, imparcialidad, moralidad, transparencia, publicidad y valoración de los costos ambientales».

na de bienes y servicios que les satisfaga sus necesidades bajo los principios establecidos en la Ley 610 de 2000[379].

En la primera edición de este libro se presentó un cuadro denominado "actividades de la gestión fiscal", que describe y analiza los verbos rectores y el significado cuya definición es tomada del Diccionario de la Real Academia de la Lengua y conceptos emitidos por las altas Cortes Colombianas, con el propósito de analizar lo que conlleva ese conjunto actividades e identificar las dificultades y debilidades que implica su ejercicio. En esta segunda edición y por efectos didácticos, se traslada al Anexo 1, denominado Cuadros Complementarios elaborados por el Autor y se identifica como cuadro Número 2.

Del análisis del cuadro número 2 se infiere que la vulneración a los verbos rectores de la gestión fiscal enunciados, conlleva a la violación de normas disciplinarias, fiscales y penales, por acción y por omisión. No obstante, es importante destacar que el servidor público se debe a la administración y es ahí en ese momento en el cual se le confiere la facultad o el mandato, con autonomía y autoridad, para que le provea los bienes y servicios que satisfagan sus necesidades bajo principios de legalidad, eficiencia, economía, eficacia, equidad, imparcialidad, moralidad, transparencia, publicidad y valoración de los costos ambientales.

En la primera edición de este libro se presentó un cuadro denominado "Principios de la gestión Administrativa" En esta segunda edición y por efec-

[379] El Consejo de Estado sobre el particular manifestó: «... Como bien se aprecia, se trata de una definición que comprende las actividades económicas, jurídicas y tecnológicas como universo posible para la acción de quienes tienen la competencia o capacidad para realizar uno o más de los verbos asociados al tráfico económico de los recursos y bienes públicos, en orden a cumplir los fines esenciales del Estado conforme a unos principios que militan como basamento, prosecución y sentido teleológico de las respectivas atribuciones y facultades. Escenario dentro del cual discurren, entre otros, el ordenador del gasto, el jefe de planeación, el jefe jurídico, el almacenista, el jefe de presupuesto, el pagador o tesorero, el responsable de la caja menor, y por supuesto, los particulares que tengan capacidad decisoria frente a los fondos o bienes del erario puestos a su cargo. Siendo patente que en la medida en que los particulares asuman el manejo de tales fondos o bienes, deben someterse a esos principios que de ordinario son predicables de los servidores públicos, al tiempo que contribuyen directa o indirectamente en la concreción de los fines del Estado...». Consejo de Estado Sala de lo Contencioso Administrativo Sección Primera. Expediente núm. 050012331-000-1997- 02093 01, 26 de agosto de 2004, C. P.: Gabriel Eduardo Mendoza Martelo.

tos didácticos, se traslada al Anexo 1, denominado Cuadros Complementarios elaborados por el Autor y se identifica como cuadro Número 3.

Del análisis del cuadro número 3, se infiere que los postulados constitucionales le imponen también a la función administrativa un significado de resultados y de rendimiento, cuando establecen que su desarrollo se hará conforme a los principios de eficacia, eficiencia y economía, es decir, el gestor fiscal, para cumplir el mandato conferido por la sociedad civil en la entidad a su cargo, deberá garantizar una adecuada planificación y direccionamiento con objetivos, metas y estrategias que de manera continua monitoreará y controlará para obtener insumos al menor costo, en oportunidad y de la mejor calidad, que le permitan proveer a sus usuarios o beneficiarios los bienes y servicios que estos demandan bajo los principios antes citados y que denoten que los recursos públicos administrados si se canalizan a estos fines.

Los beneficiarios de los servicios y bienes que provee el gestor fiscal, le fijan la responsabilidad de rendirle cuenta de su gestión, entendida tal responsabilidad como el deber del servidor público y de la persona de derecho privado que maneje fondos o bienes del Estado, de informar y responder ante dicha colectividad de manera transparente por su administración, manejo, rendimiento y resultados obtenidos en cumplimiento del mandato que le ha sido conferido[380].

Sus responsabilidades debe adelantarlas de la mano de la sociedad civil que lo facultó a desarrollar una función administrativa, quienes a través del control social que ejercen indagan, preguntan, verifican y le exigen en forma continua que responda por sus decisiones y el efecto de las mismas, so pena de las consecuencias administrativas, fiscales, disciplinarias y penales

380 De acuerdo con lo reglado por la Contraloría General de la República, se entiende por informar y responder, la obligación que tiene todo funcionario público y/o particular de comunicar a la Contraloría General de la República, la gestión fiscal desarrollada con los recursos públicos y asumir la responsabilidad que de ellos se derive. Contraloría General de la República. Resolución Orgánica 7350 de 29 de noviembre de 2013, «Por la cual se modifica la Resolución Orgánica número 6289 del 8 de marzo de 2011 que establece el Sistema de Rendición de la Cuenta e Informes a la Contraloría General de la República», disponible en [https://www.cvc.gov.co/sites/default/files/Sistema_Gestion_de_Calidad/Procesos%20y%20procedimientos%20Vigente/Normatividad_Gnl/Resolucion%20organica%207350%20de%202013-Nov-29.pdf].

que de allí se deriven, por el indebido manejo de los fondos y bienes públicos puestos bajo su administración al no arrojar los resultados esperados y por ende, no cumplir los fines esenciales del Estado.

Los Gestores fiscales deben ejercer un verdadero liderazgo, el cual se deriva de las responsabilidades del cargo en el manejo de los recursos públicos y por ende, funjan como gerentes que deban garantizar la buena administración, pues ellos deben orientar todos sus esfuerzos al logro de los fines esenciales del Estado en cumplimiento de la Constitución y la ley. La jurisprudencia se ha ocupado ya del tema[381].

En este contexto, es importante señalar, que el ciudadano —como dueño de los recursos públicos y beneficiario de toda la actividad del Estado que debe orientar sus esfuerzos hacia la satisfacción de las necesidades— no siempre recibe esos bienes y provisiones de manera oportuna ni en los términos de calidad, lo que demuestra una carencia de una gerencia efectiva.

Prueba de ello son las denuncias formuladas ante el órgano de control fiscal[382], que evidencia que de 1.198 derechos de petición con respuestas de fondo, 213 contenían información sobre irregularidades que en efecto fueron materializadas en el ejercicio del proceso auditor, ello significa que los postulados previstos en la Constitución de 1991 respecto a la participación ciudadana deben potenciarse y garantizarse su efectivo ejercicio en la prevención del daño a través de las distintas modalidades de intervención de control fiscal participativo[383].

---

[381] «[E]l concepto de gestión fiscal, cuyo contenido va más allá del simple comportamiento fiscal apegado al principio de legalidad, comprende igualmente la verificación de los resultados que se quieren alcanzar con ella [y, por lo tanto] ... quienes tengan bajo su responsabilidad el manejo de los recursos presupuestales, están llamados a orientar dicha actividad hacia la consecución efectiva de los fines del Estado, con un apego estricto e incondicional a las normas vigentes, buscando alcanzar de manera exacta y puntual los objetivos a los cuales apunta el manejo de tales recursos». Consejo de Estado. Sentencia de 15 de abril de 2010, proferida en el expediente con radicación núm. 66001-23-31-003- 2006-00102-01, C. P.: Rafael E. Ostau De Lafont Pianeta.

[382] Contraloría General de la República, Contraloría Delegada para la Participación Ciudadana. «Resultados en control fiscal micro de las denuncias durante la vigencia 2016», 13 de junio de 2017, disponible en [https://www.contraloria.gov.co/documents/487635/633691/Informe+resultados+de+denuncias+2016.pdf/d27b6ca4-2213-4963-9f2f-d4f7cf68b9c2].

[383] El control fiscal participativo es entendido como la integración del control social a lo público y el control fiscal, con el propósito de incrementar la eficacia de la vigilancia fiscal y

Ahora bien, consideramos que la función de advertencia, fue declara inconstitucional en el año 2015, a través de la Sentencia C-103, y antes de ser declarada inconstitucional, se constituyó en una herramienta preventiva por excelencia, es así como se evidencia que durante los años 2006 y 2015[384]344, se formularon y comunicaron 1.549 funciones de advertencia que alcanzaron la suma de 25.7 billones de pesos, que se discriminan de la siguiente manera:

Tabla 3.

Formulación de funciones de advertencia. Comparativo entre vigencias Valores en pesos colombianos			
Vigencia año	**Número de funciones de advertencia**	**Cuantía**	**Porcentaje de participación**
2006	8	3.159.652.019	0,00 %
2007	30	407.787.870.696	2 %
2008	64	1.600.878.712.709	6,24 %
2009	62	502.895.509.801	2 %
2010	144	860.834.890.520	3,35 %
2011	171	1.512.800.402.747	6 %
2012	328	4.832.363.349.130	18,82 %
2013	322	2.683.928.749.413	10 %
2014	417	13.267.017.914.608	51,68 %
2015	3	0	0 %
Total	**1.549**	**25.671.667.051.643**	**100 %**

Fuente: Elaboración propia obtenida de CGR-Aplicativo SIIGEP a 2 de octubre de 2018.

También se presenta la utilización de la herramienta por sectores, como se muestra a continuación:

contribuir a la mejora y transparencia en la gestión pública. La promoción y el desarrollo del control fiscal participativo es competencia de la Contraloría Delegada para la Participación Ciudadana, de acuerdo con las funciones que le otorga el Decreto 267 de 2000, cit., artículos 55 a 57.

[384] Se incluyen datos hasta 2015, debido a la declaratoria de inconstitucionalidad vigente ocurrida el 11 de marzo de ese año (Sentencia C-103 de 2015, cit.). Datos registrados por la Oficina de Planeación de la Contraloría General de la República y en los informes de gestión al Congreso de la República

Tabla 4.

Formulación de funciones de advertencia comparativo por sectores-en las vigencias 2006-2015 Valores en pesos colombianos		
Dependencia	**Cuantía**	**% participación**
Contraloría Delegada Sector Agropecuario	918.174.003.716	3,58 %
Contraloría Delegada Sector Social	2.267.340.784.066	9 %
Contraloría Delegada Gestión Pública	2.644.902.708.779	10,30 %
Contraloría Delegada Infraestructura	3.430.122.718.871	13 %
Contraloría Delegada Sector Defensa	9.224.859.656.485	35,93 %
Contraloría Delegada Medio Ambiente	198.886.792.153	1 %
Contraloría Delegada de Minas	2.076.860.005.871	8,09 %
Regalías	63.764.682.854	0 %
Gerencias departamentales	4.846.755.698.848	18,88 %
Total	25.671.667.051.643	100 %

Fuente: Elaboración propia obtenida de CGR-Aplicativo SIIGEP del 1.° de septiembre de 2010 al 31 de mayo de 2014.

Consideramos, pese a que el artículo 129, literal d, de la Ley 1474 de 2011[385], determina la función preventiva, la carencia del control de advertencia afecta de manera sensible la posibilidad de intervenir en forma oportuna ante el riesgo inminente de pérdida de recursos, por lo tanto, se pierde la oportunidad de contribuir al mejoramiento de la gestión pública y por ende, a garantizar una buena administración, propósito del control fiscal, pues las cifras demuestran situaciones de impacto nacional que no son otra cosa sino contribuciones orientadas a que los gestores fiscales posean múltiples opciones para la toma de decisiones que eviten el daño advertido.

En la función preventiva, el ciudadano como titular del erario no tiene disponible la información de manera oportuna que le permita así ejercer

385 La Ley 1474 de 2011, cit., artículo 129, establece: «Planeación estratégica en las contralorías territoriales. Cada contraloría departamental, distrital o municipal elaborará su plan estratégico institucional para el período del respectivo contralor, el cual deberá ser adoptado a más tardar dentro de los tres meses siguientes a su posesión. // La planeación estratégica de estas entidades se armonizará con las actividades que demanda la implantación del modelo estándar de control interno y el sistema de gestión de calidad en la gestión pública y tendrá en cuenta los siguientes criterios orientadores para la definición de los proyectos referentes a su actividad misional: [...] d) Énfasis en el alcance preventivo de la función fiscalizadora y su concreción en el fortalecimiento de los sistemas de control interno y en la formulación y ejecución de planes de mejoramiento por parte de los sujetos vigilados».

el control social y alertar a la administración y a los organismos de control acerca de las situaciones irregulares que observe en su entorno.

Reiteramos, como ya se expuso en párrafos precedentes, que la falta de oportunidad en el ejercicio del control fiscal genera injusticia, es por ello que sin pretender coadministrar, la concomitancia en el marco del nuevo modelo de control fiscal busca contribuir al buen uso de los recursos públicos, cual es uno de los propósitos del control fiscal, ello por supuesto apunta hacia la buena administración como deber de los gestores públicos y el derecho de los administrados. No se trata de revivir el control previo, sino, por el contrario, dotar a las contralorías de las herramientas constitucionales para cumplir con eficiencia y eficacia su función. Y justamente la reforma constitucional adoptada a través del Acto legislativo No. 4 de 2019, dentro de las atribuciones del Contralor, dispuso la de "*Advertir a los servidores públicos y particulares que administren recursos públicos de la existencia de un riesgo inminente en operaciones o procesos en ejecución, con el fin de prevenir la ocurrencia de un daño, a fin de que el gestor fiscal adopte las medidas que considere procedentes para evitar que se materialice o se extienda, y ejercer control sobre los hechos así identificados*". [386]

Ahora bien, compartimos lo señalado por la doctrina, en lo concerniente la definición de derecho administrativo en tanto se ignora a los particulares, pues se considera que ese derecho es el derecho de la administración»; y como ello ha venido evolucionando, pues «la relación entre la actuación del Estado y los particulares y su reflejo en la expansión del derecho administrativo, se muestra claramente en la vida diaria, de tal manera que el derecho comunitario, es una «expresión más específica de las relaciones jurídicas entre Estados».[387].

En Colombia, el Código de Procedimiento Administrativo y de lo Contencioso Administrativo —cpaca—[388], destaca la importancia de la persona a quien se le deben garantizar en sede administrativa sus derechos y «al concebir y organizar los procedimientos administrativos en función de los

[386] Artículo 268 de la Constitución Política numeral 13

[387] Libardo Rodríguez Rodríguez. Derecho administrativo general y colombiano, Bogotá, Temis, 2013, p. 2.

[388] Ley 1437 de 18 de enero de 2011, Diario Oficial, n.º 47.956, de 18 de enero de 2011, disponible en [http://www.secretariasenado.gov.co/senado/basedoc/ley_1437_2011.html#PARTE%20PRIMERA].

derechos de toda persona, el nuevo código admite ser leído como una especie de carta de derechos ciudadanos ante la administración»[389].

Corolario de lo expuesto, se resalta, que la buena administración es un derecho humano, pues conjuga todos los derechos que le son inherentes al ser humano por el solo hecho de existir y quienes tienen a cargo la delicada función de administrar lo público, deben garantizar a los ciudadanos el ejercicio pleno de sus derechos en términos de efectividad, eficiencia y orientación hacia resultados medibles, que se enmarquen en los postulados del artículo 3.º de la Ley 610 de 2000, que describe y orienta el concepto de gestión fiscal hacia el cumplimiento de los fines esenciales del Estado, con sujeción a los principios de legalidad, eficiencia, economía, eficacia, equidad, imparcialidad, moralidad, transparencia, publicidad y valoración de los costos ambientales.

Reflexiones en torno a la integridad en la buena administración pública.

La noción de integridad pública la encontramos en la OCDE[390]. Por su parte la doctrina ha desarrollado la noción de la ética relacionada con el sector público[391]. Esto significa que la actividad de los funcionarios de la

389 Augusto Hernández Becerra. «El nuevo código y la constitucionalización del derecho administrativo», en xviii Encuentro de la Jurisdicción de lo Contencioso Administrativo, Neiva 19 al 21 de septiembre de 2012.

390 En los siguientes términos: «Por «integridad pública» se entiende el posicionamiento consistente y la adhesión a valores éticos comunes, así como al conjunto de principios y normas destinadas a proteger, mantener y priorizar el interés público sobre los intereses privados. La integridad es uno de los pilares fundamentales de las estructuras políticas, económicas y sociales y, por lo tanto, es esencial para el bienestar económico y social, así como para la prosperidad de los individuos y de las sociedades en su conjunto». Organisation for Economic Co-operation and Development —OECD—. «Recomendación de la OCDE sobre integridad pública», disponible en [http://www.oecd.org/gov/integridad/recomendacionintegridad-publica/].

391 La ética, en cuanto referida a la manera de actuar, coherente, constante y permanente del hombre para llevar a cabo «lo bueno», legitima la actuación del Estado alineándose con su razón misional de promover lo justo y bueno. La ética de lo público, de manera ambiciosa, cobija las actuaciones de quienes, desde el Estado, la sociedad civil, o la comunidad promueven los intereses generales de la sociedad en general. Fabio Hernández Ramírez. «Ética de lo público. Modelo de gestión ética para las entidades del Estado colombiano», en Integritas: Revista de Ética, año 1, n.º 1, enero-junio de 2018, disponible en [https://www.

administración pública debe obedecer al cumplimiento de los intereses del Estado y en la medida en que sea alineada con ellos consolida la integridad pública.

El alcance de la integridad es bastante amplio y abarca a las autoridades públicas, al sector privado y a los ciudadanos, de tal modo que todos deben contribuir al logro de los fines estatales. Además, afecta la esfera privada del individuo, toda vez que implica un aspecto volitivo y de principios que llevan a actuar de manera que se privilegien los fines comunes de la sociedad.

La integridad para el caso del servidor público adquiere una mayor relevancia, toda vez que sus actuaciones privadas trascienden a lo público y es por ello que la exigencia en su comportamiento es mayor que la requerida para el ciudadano que no ostenta dicha condición, pues justamente el servidor público representa los intereses de la colectividad. Los mecanismos tradicionales de exigencia del cumplimiento de sus funciones se regulan a través de los códigos disciplinarios en los que se establecen una serie de conductas orientadas a prevenir abusos en su condición de servidor público en ejercicio de la función pública.

En Colombia se expidió un nuevo código disciplinario que en su artículo 23[392] hace referencia a la «garantía de la función pública» Como se planteó en la primera edición, los hechos de corrupción afectan seriamente esa noción de integridad pública y su impacto es muy alto para la ciudadanía en la medida en que se vieren involucrados a los servidores públicos; de tal manera que los análisis a juicio del autor, de este libro deben mirarse siempre

procuraduria.gov.co/iemp/media/file/docs/Revista%20Integritas%20p_%2082-94%20(6_Ética%20de%20lo%20público).pdf], p. 84.

392 213 «Con el fin salvaguardar la moralidad pública, transparencia, objetividad, legalidad, honradez, lealtad, igualdad, imparcialidad, celeridad, publicidad, economía, neutralidad, efi cacia y eficiencia debe observar en desempeño su empleo, cargo o funciones del sujeto disciplinable ejercerá derechos, cumplirá los deberes, respetará las prohibiciones y acatará régimen de inhabilidades, incompatibles, impedimentos y conflictos de establecidos en la Constitución Política y en las leyes». Ley 1952 de 28 de enero de 2019, Diario Oficial, n.º 50.850, de 28 de enero de 2019, disponible en [http://www.suin-juriscol.gov.co/viewDocument.asp?ruta=Leyes/30036201], «Por medio de la cual se expide el código general disciplinario se derogan la Ley 734 de 2002 y algunas disposiciones de la Ley 1474 de 2011, relacionadas con el derecho disciplinario», iniciará su vigencia el 1.º de julio de 2021 por establecerlo así el artículo 140 de la misma, Plan Nacional de Desarrollo 2018- 2022.

desde la óptica de la buena administración, que conlleva a que se revisen las estrategias para fortalecer el cuidado de lo público en todos los órdenes y en particular, por los organismos de control.

Es interesante la mención a la proliferación de los «códigos de ética» que trae el profesor FERNÁNDEZ FARRERES[393] y que con acierto refiere cómo resulta arriesgado que se confíe «exclusivamente el buen gobierno a la ética personal de los gobernantes y servidores públicos y está a lo que dispongan los códigos de conducta pública» y explica que ante «el aumento de la degradación creciente del sistema jurídico-público» se debe contar con otra serie de medidas que deben ser estrictamente cumplidas para que apoyen la labor de que las actuaciones de los funcionarios estén acorde con los fines públicos a los que sirven.

Debe reconocerse que el factor humano representado por el funcionario público requiere unas condiciones especiales de preparación, de selección, de remuneración y de compromiso, cuya institucionalidad sea reconocida por su integridad. Al decir del tratadista FERNÁNDEZ FARRERES, «las instituciones no pueden mejorar si no están integradas por hombres y mujeres con espíritu de grandeza y sujetos a unos principios éticos interiorizados».

El profesor RODRÍGUEZ ARANA MUÑOZ, también destaca la importancia de la ética de lo público[394]. El manejo de lo público trasciende a los intereses personales de los servidores y solo si prima el interés público, se logra materializar el ejercicio de la democracia y el derecho fundamental a una buena administración, que para el caso de la autoridad que ejerce el control fiscal,

393 GERMÁN FERNÁNDEZ FARRERES. «Los códigos de buen gobierno de las administraciones públicas», Fórum Administrativo: Direito Público, Belo Horizonte, vol. 7, n.º 81, pp. 17 a 29, noviembre de 2007.

394 «La tarea de la gestión de los intereses colectivos tiene un contenido ético de notable envergadura. Por eso exige, de quienes ocupan cargos públicos, una especial ejemplaridad en la medida que tienen el sagrado deber de aplicar constantemente los intereses públicos [...] Cuando estos faltan, las instituciones terminan por deteriorarse, cuando no por corromperse, aunque hayan sido adecuadamente diseñadas. Por el contrario, cuando predominan las virtudes, las imperfecciones institucionales pueden quedar atemperadas por ese espíritu superior dirigido hacia el bien común». Citado por HERNÁNDEZ RAMÍREZ. «Ética de lo público. Modelo de gestión ética para las entidades del Estado colombiano», cit.

es necesario identificar y prevenir los riesgos que permitan tomar medidas que materialicen el derecho a una buena administración.

La definición de la ética suele estar asociada a los valores y principios morales, propios del fuero interno. Los autores Cadaval Sampredo y Vaquero García[395] señalan que no hay una definición única de la ética pública. “Paul y Elder (2006) realizan una aproximación explícita a la ética desde la perspectiva pública y la definen como el conjunto de conceptos y principios que guían la actuación pública para determinar el comportamiento que beneficia o perjudica a la sociedad. Previamente, el libro *Ethics for Bureaucrauts* (Rohr, 1978) sirvió como referencia para la extensión del uso de la ética en las organizaciones, en especial en aquellos países de cultura anglosajona, que asumen con más arraigo este concepto.”

Exponen los autores que, en el caso de Estados Unidos, se reconoce desde el año 1939, a la *American Society for Public Administration*, aspa, como la entidad encargada de mejorar los niveles de ética de las administraciones públicas y que aprobó un código ético para todos sus miembros. “La Red de Escuelas Públicas, Asuntos y Administración (National Asociation of Schools of Public Affairs and Administration, naspaa) elaboró un código de conducta para mejorar los “valores morales, el conocimiento y las habilidades de los estudiantes y actuar de forma ética y eficaz”.

Por su parte, la Oficina de Ética Gubernamental de Estados Unidos (oge, por sus siglas en inglés) estableció las directrices necesarias para garantizar la democracia, la economía de mercado y la confianza de la ciudadanía en la integridad de las instituciones, de los gobernantes y de los empleados públicos.” Estos referentes muestran la importancia de estrategias de diferente orden, encaminadas a establecer y fortalecer la ética pública que debe estar presente y reflejarse en las actuaciones de la administración pública.

La ética pública hace referencia al comportamiento y respecto del servidor público guarda relación con los valores que plantea Ruiz-Zapata Pérez[396] quien expresa que “dentro del ámbito democrático han de estar pre-

395 La ética en la gestión pública. El caso de España. María Cadaval Sampedro y Alberto Vaquero García. GESTIÓN Y POLÍTICA PÚBLICA VOLUMEN XXXII, NÚM. 2, SEGUNDO SEMESTRE DE 2023

396 Ética del jurista y ética social. Elena García Cuevas Roque, Editorial DYKINSON, Madrid, 2022. La ética en la justicia constitucional. Jorge Ruiz-Zapata Pérez.

sentes 1) El servicio al interés general, 2) Imparcialidad, 3) Transparencia, 4) Uso adecuado de los bienes públicos, 5) Responsabilidad profesional, 6) Lealtad a la administración y, 7) Humanización de la administración. (Camps, 1997, 55). Cita el precitado autor que en el Reino Unido, ante la detección de varios casos de corrupción, "en mayo de 1995, se aprobó el Informe Nolan, que recoge los principios y actuaciones que deben inspirar a políticos y funcionarios para recuperar y conservar las normas de conducta en la vida pública".

Además, destaca como la implementación de los códigos de conducta "precisan contar con un Sistema de Integridad Institucional" en el que resalta respecto del elemento de rendición de cuentas, el papel fundamental de las Entidades de Fiscalización Superior, "... Las agencias y entidades fiscalizadoras tienen un papel fundamental en el refuerzo de la eficiencia, la rendición de cuentas y la transparencia de la administración pública. En concreto, la Resolución de la Asamblea General de las NU 69/228, "Promoción y fomento de la eficiencia, la rendición de cuentas, la eficacia y la transparencia de la administración pública mediante el fortalecimiento de las entidades fiscalizadoras superiores", señala el importante papel de las entidades fiscalizadoras superiores (EFS) en estas tareas[397]."

Al referirse a la ética en la justicia constitucional, plantea el profesor Zapata Pérez "el equilibrio entre el fuero interno del funcionario que detenta el cargo de magistrado y las decisiones que toma en su labor de protección de la constitucionalidad, ya que al hacer la verificación entre la materia sobre la que se aplica el juicio de constitucionalidad y la Constitución, necesariamente sus creencias van a estar presentes a la hora de tomar decisiones al presentar su ponencia sobre el asunto materia de conocimiento." [398]

La jurisprudencia constitucional ha dispuesto que la carta magna impone deberes orientados al bien común, en el marco de una ciudadanía

[397] María Cadaval Sampedro y Alberto Vaquero García. "Las EFS se sitúan como actores centrales, independientes e indispensables en el perfeccionamiento de la función pública y en la consolidación del sistema democrático, a través de la articulación de instituciones eficientes, transparentes e íntegras, así como también de la fiscalización y el seguimiento de la aplicación de los objetivos de desarrollo sostenible (ODS) de la agenda 2030 de las NU." Op.Cit.

[398] Op cit.

responsable que propicie la armonía en la convivencia. Se señala:" *Los deberes encuentran fundamento en el principio de solidaridad y son presupuestos del orden y de la existencia misma de la sociedad y del derecho. En la base de esos deberes está la idea misma de sometimiento al Derecho y la obligatoriedad de la que son revestidos obedece a la consideración de que si cada persona pudiese, según los dictados de su conciencia, decidir cuáles normas acata y cuáles no, se desvertebraría el orden y se haría imposible la existencia de la comunidad organizada".*[399]

Indica además que la justicia constitucional en su máxima expresión no es otra que el fin ético por el que debe optar un magistrado responden en tanto su decisión es libre e individual de tal manera que está en su deber el de apropiársela personalmente en tanto las decisiones al ser colegiadas posibilitan "la convivencia y la comunidad política, dentro del parámetro de la Constitución".[400]

Y es que el rol del funcionario público es bien especial, ya que como lo menciona el profesor Goig Martínez[401] al citar a Cicerón, "Es propio del cargo (...) tener presente que representa al Estado y que es su deber mantener su dignidad y su decoro, guardar las leyes, precisar los derechos y recordar que todo se le ha encargado de buena fe," (Cicerón, sobre los deberes, I, XXXIV).

Sobre el tema de la ética pública indica el profesor Goig Martínez que se trata de un concepto en permanente evolución en el que hay una corriente que hace referencia a una serie de valores que solo se comprenden en la región donde se aplican y otra corriente que señala que es posible "identificar valores universales para la administración pública" y que se encuentran presenten en varios países.

Es necesario trabajar permanentemente en el mejoramiento de los valores que se manifiestan en el comportamiento de los servidores públicos, quienes tienen la obligación de acatar la Constitución y las leyes; y tener en cuenta que la probidad también hace parte de la integridad, pues no se con-

399 Corte Constitucional, sentencia C-455 de 2014.

400 Op cit.

401 Ética pública y poder democrático: Transparencia en el estado de derecho. Juan Manuel Goig Martínez. Catedrático de Derecho Constitucional UNED.

cibe que un servidor del Estado no posea calidades personales intachables, así como conocimiento y experiencia adecuada para el cargo que detenta.

Adicionalmente, un instrumento que apoya la aplicación de los valores, se encuentra en las instancias que se ocupan de la ética profesional, tales como los colegios de abogados, juntas de contadores, consejos médicos, por mencionar algunas agremiaciones que se ocupan de asociar a los profesionales de las diferentes disciplinas, con el fin de llevar un registro, promover actividades que enaltezcan la profesión y contribuyan al desempeño en el marco del respeto a los valores y principios éticos.

Por presentar solo un ejemplo, nos referimos al Tribunal Nacional de ética Médica, ha sido enfático en la necesidad de soportar y documentar las operaciones en un caso en el que se pretendió defraudar a una entidad pública por el cobro de siniestros amparados por el seguro obligatorio de accidentes de tránsito. [402]

Según Nieto Rojas[403] al referirse a la "corrupción del poder, la imprevisión y la ineficiencia del Estado son los problemas básicos más relevantes que aquejan al sistema político en Colombia" hace referencia a cómo esas conductas afectan la gobernabilidad y el patrimonio moral textualmente señala: "Por consiguiente, cada acto que atente contra la moralidad administrativa, el patrimonio moral y económico del Estado y el efectivo desempeño de la función pública, es un **atentado directo a la institucionalidad, legitimidad y gobernabilidad de nuestro Estado social de derecho."**[404]

Destaca Nieto Rojas la evolución y los cambios positivos en la gestión pública y expone como el manejo trasparente de los recursos públicos, la de-

402 GACETA JURISPRUDENCIAL, SEPTIEMBRE DE 2013, NÚMERO ESPECIAL, FALSEDAD DOCUMENTAL, 2013, El Tribunal Nacional de ética Médica, expone sus decisiones frente a casos de faltas frente a documentos médicos. Uno de los que pública hace referencia a: ... un informe recibido de la Contraloría interna de la Caja Agraria donde: "se detallan las operaciones fraudulentas que se tramitaron entre un empleado de la Caja y algunos médicos, con el fin de que se adopten los correctivos a que haya lugar... entre los varios partícipes habían logrado defraudar a la entidad en una cifra millonaria a través del cobro de siniestros amparados con pólizas del seguro obligatorio de accidentes de tránsito SOAT.-

403 César Augusto Nieto Rojas. 01, julio 2021. Asesor y coordinador académico del Instituto de Estudios del Ministerio Público. La construcción ética de lo público. Innova 7 (2011) En https://iemp.gov.co/noticias/instituto/construccion-etica-de-lo-publico/,

404 https://iemp.gov.co/noticias/instituto/construccion-etica-de-lo-publico/,

manda a los funcionarios para que respondan por las omisiones en las que incurren, el avance en la participación de la ciudadanía, hacen que la ética tenga un papel activo en la transformación de la sociedad. Se trata entonces de una ciudadanía activa que apoya a la vigilancia del recurso público y que de esa manera contribuye al fortalecimiento de la democracia. Concluye diciendo que "**El resultado de la ética «aplicada» debe ser el mejoramiento de la sociedad**, o sea, de la calidad de vida de la población de una comunidad, municipio, departamento, *etc.*, lo cual implica el logro de un desarrollo sustentable."

A la ética de lo público se la ve como el único medio para ponerle solución a la corrupción y se evidencia en el actuar diario del servidor público, por lo que las "prácticas éticas requieren construcciones reiteradas, en tiempo y espacio, de principios y valores organizacionales, en especial, cuando se trata de entidades públicas que renuevan su recurso humano por los vaivenes políticos"[405].

La Corte Constitucional al referirse al tema ético, expuso que la medicina al igual que cualquier otra profesión presta "servicios en muchos casos relacionados con aspectos esenciales de la vida y del desarrollo en sociedad", de tal manera que requiere de la observancia de deberes que garanticen la excelencia, calidad y por ende el mejoramiento de la sociedad. [406] Dispone el alto tribunal, que el ejercicio de las distintas disciplinas —entre ellas la de la ciencia médica— no solo deben cumplir la Constitución y la Ley y someterse a los procedimientos disciplinarios cuando se vulneren normas de los Códigos de Ética Profesional cuyo objetivo no es otro que el de garantizar la dignidad de los pacientes; y en ese marco el artículo 26 de la Carta Política, preceptúa la facultad de regular las profesiones, delimitar su ejercicio conforme a principios éticos y axiológicos conforme a la Constitución de 1991.[407]

[405] Revista-Integritas-p_-82-94-6_Etica-de-lo-publico.pdf Etica de lo público. Modelo de gestión ética para las entidades del Estado colombiano. FABIO HERNÁNDEZ RAMÍREZ. Abogado, de la Universidad Católica de Colombia, especializado en derecho disciplinario de la Universidad Externado de Colombia, y en gerencia de procesos y calidad de la Universidad EAN de Colombia. formador de formadores en ética pública del Consejo Asesor del Gobierno Nacional en Materia de Control Interno y de la Procuraduría General de la Nación.

[406] Sentencia C-064/21

[407] Sentencia C-064/21

Ahora bien, un aspecto que debe considerarse es que el gran capital financiero transnacional se ha usado como fuente de corrupción[408] y ha generado casos sonados como el "caso Lava Jato, más conocido en Colombia como el "caso Odebrecht" [409], según lo describe la Doctrina:

> *"Odebrecht empleó una secreta, pero totalmente funcional, unidad de negocios de la empresa —un departamento de sobornos, por decirlo de alguna manera— que, sistemáticamente, pagó cientos de millones de dólares para corromper a funcionarios del Gobierno en países de tres continentes… El mundo brasilero se echó a temblar; y el mundo político también… Fue un caso de corrupción que involucró a diversas empresas acusadas de pagar coimas a funcionarios públicos para ganar licitaciones de obras públicas…".*

Este y otros casos conocidos de corrupción, como el cartel de la contratación, el desvío de recursos de la salud, ponen de presente la importancia de fortalecer todas aquellas acciones encaminadas a privilegiar los valores y el cuidado de los recursos públicos desde diferentes ámbitos, tanto en lo privado[410], como en la ética de lo público.

Y es que la afectación Nacional, trasciende en muchos eventos a corrupción trasnacional, y ello dificulta el ejercicio del control que por ejemplo a la hora de adelantar los procesos de responsabilidad fiscal, para resarcir el patrimonio público, exige que las Contralorías busquen formas de colaboración para recuperar los recursos públicos que han salido del radar del Esta-

---

408 La inevitabilidad de la Ética: Siete escritos sobre la importancia de la ética y su enseñanza. Cap 3 La ética como campo interdisciplinar. Raúl Cuadro Contreras, Ed Rafael Silva Vega, Cali Universidad Icesi, 2018. Reconocer el fuerte rol corruptor del capital, en especial del capital financiero internacional.

409 Paula Andrea Ramírez Barbosa. Criminalidad organizada y corrupción: visiones multidimensionales. Ed. Tirant lo Blanch, Cap. IV, Corrupción y crimen organizado. Carlos Eduardo Castañeda Crespo. 2024.

410 Paula Andrea Ramírez Barbosa. En Responsabilidad penal corporativa y compliance. Un nuevo marco regulatorio de ética, gobernanza y control de los riesgos en las empresas corporate criminal liability and compliance. a new regulatory framework for ethics, governance and control of risks in companies se refiere a un concepto que apoya el desarrollo de la ética en el sector empresarial privado, así: **Compliance** equivale a vigilancia, cumplimiento, regulación, cultura de la legalidad en un marco ético, de transparencia e integridad. En este entorno, aparece como un actor clave en esta misión, el oficial de cumplimiento, quien trabaja en articulación con el oficial ejecutivo principal y la junta directiva, entre otros miembros de la empresa, para garantizar de forma efectiva la cultura de la legalidad corporativa.

do con maniobras irregulares para poderlos detectar en el sistema financiero y en donde la cooperación internacional reviste una especial importancia como mecanismo para su recuperación.

Aliados claves en la lucha contra la corrupción y como una confirmación de la ética pública se encuentran las medidas que aseguran la trasparencia y el acceso a la información. En las Naciones Unidas, la gobernanza se considera "buena" y "democrática" en la medida en que las instituciones y procesos de cada país sean trasparentes. Sin embargo, ha tomado tiempo crear esa cultura de trasparencia, como se puso de presente en el caso de la Unión Europea, en donde se señala por parte de la doctrina que el punto de partida se encuentra en el Tratado de la Unión Europea, firmado en Maastricht el 7 de febrero de 1992 y como se ha venido dando acceso a los documentos del Consejo y de la Comunidad y la opción de impugnar las decisiones denegatorias de acceso[411].

En el caso español, la ética pública ha tenido un interesante desarrollo, y el fundamento se encuentra en el artículo 103 de la Constitución Política, predicable al servidor público. Rodríguez Arana, refiere que "El instrumento de aseguramiento de la ética en el quehacer de los poderes, además del cumplimiento de la norma, es el establecimiento de mecanismos de control "positivos", persuasivos o incentivatorios —entre los que se encuentran los códigos de conducta o códigos éticos de funcionamiento y los mecanismos de control "negativos", disuasorios o punitivos— que abarca el control político, el control administrativo (jurídico o económico) el control jurisdiccional." [412]

En el caso español, la Ley 7/2002 es el Estatuto Básico del Empleado Público y se le considera como su código de conducta. La Ley 19 de 2013 establece las obligaciones del buen gobierno y en el título II "otorga rango de ley a los principios éticos y de actuación que deben regir la labor de los miembros del Gobierno y altos cargos y asimilados de la Administración del Estado, de las Comunidades Autónomas y de las Entidades locales".

---

411 Estudios de Ética pública, Elena García-Cuevas Roque, directora, Aranzadi-Thomson Reuters, Navarra, 2022

412 Citado en Estudios de Ética pública, Elena García-Cuevas Roque, directora, Aranzadi-Thomson Reuters, Navarra, 2022.

Lo expuesto, en relación con la integridad y la ética de lo público, permiten concluir que no son exclusivas de los servidores públicos, sino que también deber acatarse por la empresa privada y por los ciudadanos[413], toda vez que, si se permiten prácticas irregulares, se propician condiciones para que impere la corrupción.

Adicionalmente, la educación en la ética de lo público es fundamental, para que desde todos los estamentos sociales se promueva el respeto de la Constitución y la ley, el cuidado de lo público y se descalifiquen las conductas corruptas.

Los mecanismos que garantizan el ejercicio del control social como rendición de cuentas, participación ciudadana, publicidad en los trámites de contratación, respeto por la prensa investigativa, transparencia en la actividad pública, los códigos de conducta, los compromisos de las empresas del sector privado de actuar con integridad, el aporte de los consejos de profesionales que cuidan que se cumplan los códigos de ética, el aporte en la vigilancia y control de las entidades superiores de fiscalización, la cooperación interinstitucional, etc., son apenas alguna de las herramientas que apoyan en la prevención de la corrupción.

Sin embargo, la efectividad, se demuestra solo cuando se adquiera la confianza ciudadana y se materialicen las sanciones ejemplarizantes contra aquellos que atenten contra los derechos y las garantías individuales y colectivas, afectando bienes jurídicos de especial trascendencia.

413 Francisco Merino Amad, Op. cit. En 3.3 ¿Cómo comprender la relación entre ética de la función pública y la Corrupción? "Si la gente no imagina la posibilidad de una gobernabilidad no corrupta, entonces la corrupción permanece naturalizada como un conjunto de prácticas demasiado implicadas en nuestra vida social como para ser controladas. De esta actitud surge la frase (…) 'está bien que robe, pero que haga'. Es decir, el fatalismo y la resignación. La clave estaría, entonces, en imaginar luchas más eficaces contra la corrupción. Luchas que tiene que partir de la ruptura (…) de la complicidad" (Portocarrero 2005:129)"

CAPÍTULO TERCERO

LA INTELIGENCIA ARTIFICIAL Y SUS APORTES A LA BUENA GOBERNANZA PÚBLICA

En esta segunda edición, nos aproximaremos el tema de la inteligencia artificial como herramienta para la optimización del servicio público y la buena gobernanza como derecho humano, tal y como lo hemos venido desarrollando en los capítulos precedentes. En este sentido, compartimos el planteamiento de Ramió en tanto la utilización de la revolución tecnológica es una oportunidad para repensar y renovar la administración pública en términos de gobernanza.

Los cambios son solo oportunidades cuyo resultado puede generar crecimiento en términos de eficacia y eficiencia bajo la concepción de la responsabilidad social corporativa, la inteligencia artificial y la robótica debe contribuir al mejoramiento de la prestación de los servicios públicos tanto por los gestores públicos como por los privados, pudiendo incluso generarse la articulación entre dichos sectores. [414]

1. Aspectos esenciales relacionados con la inteligencia artificial

Señalamos en la primera edición que la denominada "inteligencia artificial", surge como una disciplina que involucra el conocimiento y el uso intensivo de tecnologías que tienen su utilidad en el procesamiento de los tipos de datos derivados de las transacciones provenientes de las relaciones sociales, financieras y económicas de una sociedad. En consecuencia, se trata de una ciencia con enormes aportes y grandes transformaciones en los métodos de producción del conocimiento y con impactos en el desarrollo de las sociedades, la generación de nuevos productos de información

---

[414] Inteligencia artificial y administración pública. Robots y humanos compartiendo el servicio público Carles Ramió Madrid, Los Libros de la Catarata, 2019. Estado abierto, Vol. 4, N.o 1, 2019, pp.189-193 ISSN 2525-1805 (impresa) / ISSN 2618-4362 (en línea)

que serán de vital importancia para el desarrollo económico y social de la humanidad.

Desde el punto de vista histórico, es necesario hacer mención de los primeros avances que contribuyeron a que se gestara dicho término. Para ello, es importante mencionar que el término "inteligencia artificial", es "... una de las ramas de la informática, que tiene raíces muy fuertes en otras áreas tales como la lógica y la ciencia cognitiva"[415].

Dicho término tuvo su origen en 1956, en el marco de una reunión celebrada en Dartmouth (Estados Unidos), que luego se conocería como la Conferencia de Dartmouth (*Dartmouth Summer Research Project on Artificial Intelligence*), organizada por John McCarthy[416], Marvin Lee Minsky[417], Nathaniel Rochester[418] y Claude Elwood Shannon[419].

Este último fue un matemático, ingeniero eléctrico y criptógrafo americano, conocido como "el padre de la teoría de la información", los referidos autores en conjunto elaboraron una propuesta donde aparece por primera vez el término "inteligencia artificial". El documento definió el problema de la inteligencia artificial, como el de construir una máquina que se comporte de tal manera que, si el mismo comportamiento lo realizara un ser humano, este sería llamado inteligente. En el mismo sentido, también existen otras definiciones de inteligencia que se fueron postulando a partir de este planteamiento[420].

---

415 Ver "La inteligencia artificial", disponible en [https://inteligenciaartificial.science].

416 Boston, 4 de septiembre de 1927-Stanford, CA, 24 de octubre de 2011.

417 Nueva York, 9 de agosto de 1927-Boston, 24 de enero de 2016.

418 Bufalo, NY, 14 de enero de 1919-Newport, Vermont, 8 de junio de 2001.

419 Petoskey, Michigan, 30 de abril de 1916-Medford, Oregon, 24 de febrero de 2001.

420 "1. Actuar como un hombre. Esta es la definición de McCarthy, donde el modelo a seguir para la evaluación de los programas corresponde a la conducta de las personas. El llamado Test de Turing (1950) [Bautizado así por su creador, Alan Mathison Turing, padre de la ciencia de la computación (Paddington, Londres, 23 de junio de 1912-Wimslow, UK, 7 de junio de 1954), que consiste en evaluar la inteligencia de una máquina si sus respuestas no se logran distinguir de las que podría dar un humano] también utiliza este razonamiento. El sistema de Elisa, el *bot* (programa) hablado, es un ejemplo de esto. 2. Razonar como personas. Lo importante es cómo se realiza el razonamiento y no el resultado de este razonamiento. La propuesta aquí es desarrollar sistemas que razonen de la misma manera como lo hacen

En 1950 Alan Turing escribió el test Turning que plantea el hecho de si una máquina puede ganarle a una persona, y de allí un aporte más al concepto de IA, cuyo propósito sea el de crear un software que imite algunas de las funciones del cerebro humano. En ese sentido, la base está en la ingeniería informática, que se ocupa de crear algoritmos, que son comandos para resolver problemas.[421]

La Organización para la Cooperación y el Desarrollo Económico (OCDE), describe IA como: "un sistema computacional que puede, para un determinado conjunto de objetivos definidos por humanos, hacer predicciones y recomendaciones o tomar decisiones que influyen en entornos reales o virtuales. [422]

En este sentido, es útil considerar el aporte del Economista **Schwab**, quien plantea como la globalización debe generar seguridad entre ciudadanos y líderes en defensa de la democracia, en el marco de la cuarta revolución industrial y orientada al mejoramiento de las condiciones humanas que favorezcan la sostenibilidad ambiental y la inclusión social de tal manera que se identifiquen las causas de la desigualdad.[423]

A su vez, resaltamos el primer programa de Inteligencia artificial, el cual, fue desarrollado en 1995 por Allen Newell, Herbert A. Simon y CliffS-

las personas. La ciencia cognitiva utiliza este punto de vista. 3. Pensar de forma racional. En este caso, se dirige en el razonamiento, pero aquí se parte de la existencia de una única forma racional para pensar. La lógica permite formalizar el razonamiento y se utiliza para este propósito. 4. Actuar racionalmente. De nuevo el objetivo es el resultado, pero ahora evaluado objetivamente. Por ejemplo, programa en el juego como el ajedrez va a ganar. Para lograr este objetivo se requiere cómo calcular el resultado". Ver "La inteligencia artificial", cit.

421 http://xamanek.izt.uam.mx/map/cursos/Turing-Pensar.pdf. 93 UNIVERSOS JURÍDICOS Revista de derecho público y diálogo multidisciplinar 93 93 UNIVERSIDAD VERACRUZANA. Instituto de Investigaciones Jurídicas http://universosjuridicos.uv.mx/index.php/univerjuridicos/index Xalapa, Veracruz, México 93 ídem
Disponible en https://www.project-syndicate.org/commentary/globalization-4-0-by-klaus-schwab. Los forcejeos de la globalización 4.0 by Klaus Schwab–Project Syndicate (project-syndicate.org)

422 ídem

423 Disponible en https://www.project-syndicate.org/commentary/globalization-4-0-by-klaus-schwab. Los forcejeos de la globalización 4.0 by Klaus Schwab–Project Syndicate (project-syndicate.org) Traducción del inglés: Rocío L. Barrientos.

haw, y se llamó *Logic Theorist* y utiliza el razonamiento automatizado que logra resolver 38 de 52 teoremas que luego se conoció como Inteligencia Artificial Fuerte o General. En 1956 el Dartmouht College de New Hampshire organizó un simposio en el cual McCarthy propuso el término "Inteligencia Artificial ", en tanto se considera como el acto en que se oficializó dicho término; posteriormente surgieron laboratorios especializados en el Instituto Tecnológico de Massachusetts y en la Universidad de Stanford.[424]

El mundo de hoy utiliza el Software: Google, Microsoft, Skype, Facebook, Twitter, Netflix, Amazon, entre otros, que facilitan los accesos y reducen tiempos en trámites en todas las disciplinas; hoy desde un celular inteligente puede controlarse una oficina un hogar y conectarse a diligencias, reuniones, analizar y elaborar documentos[425].

En ese camino, surge entonces el nuevo problema al que denominaremos el impacto de la información, la transparencia y sus implicaciones éticas, debido a que con los adelantos tecnológicos de la informática, ya no es el problema obtener datos, pues estos se obtienen de muchas fuentes y son de fácil adquisición, como es el caso de los que son tomados directamente por los equipos computacionales de forma dinámica, los intercambios de datos y en general, los datos que yacen en múltiples medios al alcance de los usuarios. El interrogante es, entonces, ¿qué hacer con tantos datos?, ¿están las organizaciones en condiciones de convertirlos en información útil para la toma de decisiones? Las respuestas no son tan obvias, fundamentalmente porque los datos hoy están por todas partes, solo que están almacenados en diferentes medios, formatos y plataformas, que no son integrables con facilidad, de ahí que sea requerida su transparencia y fiabilidad[426].

424 La Inteligencia Artificial y La Atribución Del Estado De Impartir Justicia Autor. Rosa María Ramos Parra1 Andrea del Pilar Villamil Mican2 Universidad Libre de Colombia. Disponible en

425 Universos Jurídicos. Revista de derecho público y diálogo multidisciplinar. Año 11, No. 21, noviembre 2023-abril 2024, ISSN 2007-9125

426 Ver acá Marcelo Mejía Giraldo. *Gobierno abierto. El camino hacia la gobernanza en América Latina*, Bogotá, Instituto Latinoamericano de Altos Estudios –ilae– y Federación Nacional de Departamentos –fnd–, 2019, *passim*.

Bajo esta dinámica, es normal encontrar que hoy hay muchas personas usuarias de plataformas de: correos electrónicos (*e-mails*), mensajería instantánea (*Short Message Service* —SMS—), redes sociales y telefonía, entre otros. A partir de dichos servicios, se generan y almacenan grandes volúmenes de datos; no obstante, a la hora de tomar decisiones, su utilidad se ve reducida o truncada debido a la multiplicidad de fuentes que deben consultarse. Por lo tanto, este se constituye en el verdadero reto, es entonces cuando los adelantos tecnológicos basados en la inteligencia artificial surgen como alternativa para solucionar las necesidades de información como insumo para el crecimiento económico y social.

La inteligencia artificial está presente en el día a día de todas las personas, desde una simple navegación en internet, el uso de teléfonos, electrodomésticos y es a partir de programas que operan de forma silenciosa como se almacenan datos relativos con gustos de las personas, sitios electrónicos que visita, clases de videos, almacenamiento de música predilecta, difusión de campañas publicitarias, entre otros. En esta misma línea, hoy el mercado ofrece productos de *software*, que proveen herramientas para automatización de los hogares y algunos ya están presentes en los automóviles. Todo ello lleva a la conclusión, que la inteligencia artificial cambiara muchos procesos y generara grandes transformaciones en las sociedades, sin que ello elimine las discusiones existentes en su aplicación y efectos.

Desde el punto de vista más operativo, incluye de forma holística todas las plataformas de procesamiento de datos de una organización, iniciando con los sistemas transaccionales, los de soporte a las decisiones, los de soporte a los ejecutivos y los de nivel gerencial. Para dar una idea más clara, presentamos a continuación la imagen de la pirámide de jerarquización de los sistemas de información, con el propósito de ilustrar acerca de cómo se utilizan en las organizaciones.

Figura 1. Jerarquía de los sistemas de información en las organizaciones

Fuente: [https://www.gestiopolis.com/sistemas-de-informacion-en-la-empresa-y-niveles-de-la-piramide-de-informacion/].

La IA, en Europa se fundamenta en el liderazgo, estrategias y enfoques para el desarrollo del sector público, a través de un plan coordinado que genere confianza, cuyo centro son las personas, y se denomina "IA fiable", que se basa en tres elementos, a saber: "*1) Principios éticos como el respeto por la autonomía humana y la equidad, 2) requisitos clave como la transparencia y la rendición de cuentas; y 3) métodos técnicos y no técnicos para evaluar la IA fiable*"[427].

Vemos cómo el ser humano es el centro del concepto IA fiable, pues los fundamentos se erigen sobre principios éticos de igualdad, equidad, autonomía y conocimiento de las decisiones a través de la transparencia y rendición de cuentas, como forma de la predicada fiabilidad.

En ese mismo enfoque, la Unesco ha aseverado que la Inteligencia Artificial (IA), es potencialmente necesaria en temas de educación y progreso, lo que obliga a innovar y asumir los riesgos que implican los cambios y regulaciones; de tal manera que el compromiso de apoyar a los Estados

[427] «Inteligencia Artificial en el Sector Público: perspectivas europeas para 2020 y años siguientes» INFORME ENCARGADO POR MICROSOFT Y REALIZADO POR EY BUILDING BETTER

miembros con la visión de alcanzar los propósitos de la Agenda de Educación 2030, se fundamente en principios de inclusión y equidad. Este es un enfoque basado en el ser humano, en tanto aporta soluciones a temas de desigualdad y acceso al conocimiento, la investigación y la diversidad en el marco del concepto de "IA para todos".[428]

Entonces según lo mencionado y retomando el planteamiento de la Figura 1: "Jerarquía de los sistemas de información en las organizaciones", vista en los párrafos precedentes, el sector real de las organizaciones, hoy produce grandes volúmenes de datos no estructurados, pero que su análisis tomaría demasiado tiempo y sería muy costoso transformarlos como datos estructurados y llevarlos a una base de datos tradicional. Dicha situación pone de manifiesto una realidad que no se puede desconocer.

Para ilustrar lo expuesto, se considera relevante y útil compartir la información tomada por el autor acerca de lo que pasa cada 60 segundos en el internet; por ejemplo, más de 87.500 tuits en Twitter, 347.000 *scrolls* que se realizan en Instagram, 4,5 millones de vídeos que se visualizan en YouTube; Google soporta 3,8 millones de búsquedas en cada minuto, en Tinder se producen más de 1,4 millones de desplazamientos, y ni qué decir del *email*, pues se envían más de 188 millones de mensajes cada minuto. Igualmente, a través del SMS se envían 18,1 millones de mensajes de texto a través del móvil, principalmente con fines publicitarios. Todo ello indica la gran cantidad de datos que se manejan.[429]

La gran cantidad de datos obtenidos a través de diferentes fuentes para generar información se denomina *Big data.* Este es un término que se utiliza para designar y sirve de herramienta para la toma de decisiones e insumo para elaborar diferentes productos. Se ha llegado a afirmar que los datos son "el petróleo del siglo XXI", pues la cantidad de información que se encuentra en constante movimiento en internet y en redes sociales es masiva, y se halla al alcance de cualquier persona[430].

428 UNESCO disponible en. .

429 Ver "¿Qué ocurre en un minuto en internet en 2019?", en *TreceBits, redes sociales y tecnología*, 3 de abril de 2019, disponibl en [https://www.trecebits.com/2019/04/03/minuto-internet-infografia/].

430 *"En 2006 Clive Humby, uno de los primeros científicos de datos de la historia dijo, "los datos son el nuevo petróleo" que luego Michael Palmer amplió diciendo, "los datos son valiosos, pero si no están*

2. La inteligencia artificial en la administración pública: reflexiones generales

Las transformaciones de la inteligencia artificial y la robótica deben utilizarse e impactar cambios positivos y buenas prácticas en las administraciones públicas, en tanto, la cantidad de datos facilitan la generación de algoritmos útiles a la hora de tomar decisiones; la inteligencia artificial es una herramienta útil en el mejoramiento de la gestión pública que perciben los ciudadanos.[431]

Al recoger información de América Latina y con los desarrollos propios de la informática en especial del *Big data*, se encuentra un gran flujo de información útil para diversos propósitos y en particular para la toma de decisiones; no obstante, para que sea aplicado en Latinoamérica se requiere de mayor conocimiento sobre tecnología, pues los departamentos que usan el *Big data* representan únicamente un 17,6 %. [432]

Estos planteamientos son traídos a Colombia bajo el supuesto de empezar a mejorar procesos, pero sobre todo de tener insumos para la toma de decisiones en las organizaciones. Esto se puede resumir en el planteamiento de Giber, profesora titular de minería de datos y soporte a la decisión en la Universidad Politécnica de Cataluña, "ante el mar de datos tiene que ser capaz de entender qué es lo que tiene que hacer para obtener la información que se necesita"[433]. Básicamente, el uso y análisis de datos se fundamenta en poder descubrir, predecir y evaluar el impacto en un conjunto de infor-

refinados, en realidad no se pueden usar. El Petróleo debe transformarse en gas, plástico, productos químicos, etc. para crear una entidad valiosa que impulse una actividad rentable; por lo tanto, los datos deben desglosarse y analizarse para que tengan valor" . Revista FORBES, Disponible en https://www.forbes.com.

431 UNIVERSIDAD DE SALAMANCA. TRABAJO GRADO Derecho Administrativo, financiero y procesal. INTELIGENCIA ARTIFICIAL Y ADMINISTRACIÓN PÚBLICA María Soledad Rodríguez Gallego Daniel Terrón Santos Junio de 2022

432 Solidaridad Latina. "Los desafíos del *big data* en Latinoamérica", 24 de agosto de 2018, disponible en [https://solidaridadlatina.com/actualizacion/desafios-big-data-latinoamerica/].

433 Karina Gilbert. "Las cualidades de un *data scientist* para realizar una buena minería de datos", 16 de marzio de 2015, disponible en [https://www.bbva.com/es/cualidades-data-scientist-realizar-buena-mineria-datos/].

mación para la toma de decisiones que se deben soportar bajo un modelo comprensible; como lo explica muy bien Tomasa Rodrigo[434].

Dicha respuesta se originó desde el Departamento Nacional de Planeación —DNP—[435], en los siguientes términos: "Avanzar en una cultura del uso de los datos es una muestra del desarrollo y progreso de un país y lleva a reconocer los datos como un activo estratégico de la Nación". Del mismo modo, se indicó que Colombia será el noveno país del mundo con una política de *Big data,* después de Estados Unidos, que la adoptó en 2012; Australia (2013); Reino Unido (2013); Corea del Sur (2013), Japón (2013); Unión Europea (2014), Francia (2014) y China en 2014[436].

De lo que ocurre en el internet cada minuto, consideramos, que la mayoría de las entidades públicas en Colombia requiere de intervenciones específicas que se orienten en la optimización y utilización de la información digital, y ello debe realizarse por personal idóneo y preparado para tales propósitos.

Como se expuso en la primera edición de este libro, se elaboró un cuadro que se observa a continuación, tomando como fuente el contenido del ya precitado estudio denominado: ¿Qué ocurre en un minuto en internet en

434 "Que esto se traduzca en conocimiento será función del analista, que tendrá que articular esta maraña de datos desestructurados, procesarlos y analizarlos para traducirlo en conocimiento e impulsar el crecimiento y bienestar social". Tomasa Rodrigo. "¿Cuál es la diferencia entre datos e información?: cómo convertir el *'big data'* en valor real para las personas", en BBVA, 23 de septiembre de 2019, disponible en [https://www.bbva.com/es/cual-es-la-diferencia-entre-datos-e-informacion-como-convertir-el-big-data-en-valor-real-para-las-personas/].

435 Lineamientos de la política de *big data,* 18 de octubre de 2017.

436 El texto original de la declaración, se consigna a continuación: "Entre los principales lineamientos de la política de *big data* se mencionan la capacidad de utilizar información para masificar la disponibilidad de datos de las entidades públicas y la generación de seguridad jurídica para la explotación de datos [...] Además, que el país disponga de fortaleza técnica para generar valor con los datos y que exista una cultura de datos [...] La política de explotación de datos, que se aprobará en un documento Conpes en las siguientes semanas, busca articular las acciones de las entidades que intervienen en el uso de datos y, adicionalmente, que el marco jurídico permita maximizar los beneficios, así como minimizar riesgos, protegiendo el derecho a la intimidad de los ciudadanos [...] Por el lado oferta, el objetivo es que haya personas y empresas (públicas y privadas) con las capacidades para generar bienes y servicios aprovechando los datos y que las personas con poder de decisión en las organizaciones reconozcan el valor de que estas decisiones se sustenten en datos para aumentar la eficiencia y la productividad".

2019?", en *TreceBits, redes sociales y tecnología,* 3 de abril de 2019,[437] y que pretende ilustrar de manera gráfica el contenido del mencionado informe con el propósito de presentar aportes de cómo se puede mejorar y ser más eficientes en la prestación de los bienes y servicios a cargo del Estado, utilizando las tecnologías modernas que deben ser puestas a su servicio.

Gráfica 2. Lo que pasa en internet en un minuto

Gráfica elaborada por el autor, tomando como Fuente: "¿Qué ocurre en un minuto en internet en 2019?", cit.[438]

En el informe tomado como fuente para la elaboración de la gráfica se obtienen conclusiones interesantes sobre los avances del internet en el país[439]. Ahora bien, de acuerdo a la información recogida en la revisión rea-

437 Disponible en [https://www.trecebits.com/2019/04/03/minuto-internet-infografia/].

438 Ver "¿Qué ocurre en un minuto en internet en 2019?", en *TreceBits, redes sociales y tecnología,* 3 de abril de 2019, disponible en [https://www.trecebits.com/2019/04/03/minuto-internet-infografia/].

439 "Sólo el 3,3 % de las entidades cuenta con las condiciones para avanzar a la implementación del big data y el aprovechamiento de los datos. El 96,7 % restante requiere de intervenciones específicas para afrontar los retos actuales de generación de valor social y económico con

lizada por el DNP, la entidad con mayor información digital es Ecopetrol, con 3.600 TB almacenados. Si se compara con el tamaño y almacenamiento de una Universal Serial Bus —USB— estándar (1 cm x 2 cm x 5 cm), que tiene capacidad de almacenar 8 GB, la información de la petrolera cabría en 18 piscinas olímpicas (cada una mide 50 m de largo X 20 m de ancho X dos m. de profundidad). [440]

La segunda entidad que reportó disponer mayor cantidad de información digitalizada es la Dirección de Impuestos y Aduanas Nacionales —DIAN—, con 1.000 TB. Las diez entidades con menos información no superan las 10 TB. El DNP ocupa el lugar 18, con 127 TB de información digitalizada. En el mismo sentido, se elabora una gráfica que muestra las 10 entidades con mayor cantidad de información digital, a saber:

1. Ecopetrol: 3.600; 2. DIAN: 1.000; 3. Dirección General de la Policía Nacional: 800; 4. Servicio Geológico Colombiano: 370; 5. Fondo de Desarrollo de la Educación Superior —FODESEP—: 301; 6. Contraloría General de la República: 223; 7. Departamento Administrativo para la Prosperidad Social —DPS—: 210; 8. Banco de la República: 201; 9. Instituto de Hidrología,

la explotación de datos digitales. Para avanzar en la explotación de los datos, las entidades públicas deberían explorar la conformación de equipos de personas que se dediquen a analizar el aprovechamiento de los datos para la toma de decisiones. Por ejemplo, en el Departamento Nacional de Planeación se creó un grupo de científicos de datos con el objetivo de desarrollar proyectos de explotación y analítica de datos (big data) para la entidad y, simultáneamente, cooperar con otras instituciones del Estado. Dentro de los primeros resultados obtenidos para una gestión pública más eficiente se encuentra la Aplicación de big data para predicción del pib basado en Google Trends. Además, el monitoreo de precios agropecuarios, una herramienta que automatiza, mediante web scraping, el seguimiento de los precios de los productos agropecuarios comercializados en centrales mayoristas del país y predice su comportamiento con un mes de antelación. Y el uso del *web scraping* para análisis de datos abiertos: el 71 % de entidades nacionales ha publicado menos de seis conjuntos de datos con tamaño promedio de 12,06 MB. Sólo hasta el actual Plan Nacional de Desarrollo se identificó la necesidad de generar valor social y económico con los datos, por lo que el dnp, en conjunto con otros ministerios, está construyendo la política de explotación de datos que debe ser sometida para aprobación a final de año". Portal oficial del Departamento Nacional de Planeación –DNP–, disponible en [https://www.dnp.gov.co/].

440 Ver "¿Qué ocurre en un minuto en internet en 2019?", en *TreceBits, redes sociales y tecnología*, 3 de abril de 2019, disponible en [https://www.trecebits.com/2019/04/03/minuto-internet-infografia/].

Meteorología y Estudios Ambientales —IDEAM—: 200; y 10. Departamento Administrativo Nacional de Estadística —DANE—: 200. [441]

Gráfico 3. Las 10 de entidades con mayor cantidad de información digital en TB

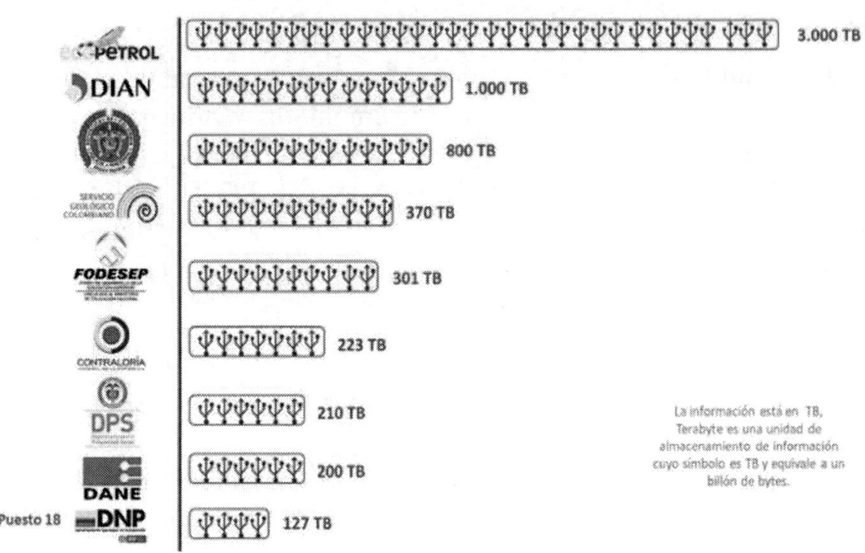

Fuente: Elaboración propia tomando como fuente la gráfica de El Economista[442].

De acuerdo con el texto publicado por la DNP, es claro que Colombia entra en la era del aprovechamiento de los datos bajo la dinámica tecnológica de la inteligencia de negocios (BI) soportado al usar herramientas de *big data.* Ahora bien, teniendo en cuenta que el concepto de BI proviene de entornos privados, es perfectamente apropiable a los ambientes del Estado colombiano, bajo la dinámica de la competitividad y el liderazgo, toda vez que ello no es otra cosa que apoyarse en los hechos históricos de la administración para rediseñar el futuro de la prestación de los bienes y servicios a

441 ìdem

442 "97 % de entidades nacionales colombianas debe actualizarse en *big data*", en *El Economista,* 12 de octubre de 2017, disponible en [https://www.eleconomistaamerica.co/empresas-eAm-colombia/noticias/8670407/10/17/97-de-entidades-nacionales-colombianas-debe-actualizarse-en-Big-Data.html].

cargo de las entidades estales, lo cual desde el punto de vista de la eficiencia administrativa cobra gran importancia.[443]

Desde el punto de vista de la transferencia y apropiación de la tecnología, es de excelente recibo la vinculación de las universidades y diversas organizaciones para que el Estado entre en la dinámica del aprovechamiento de los datos que apoye los procesos de toma de decisiones.

En materia jurisprudencial, la Corte Suprema de Justicia colombiana[444], invita a los jueces del país a aprovechar las TIC, y que estas sean incorporadas en la actividad judicial, para la satisfacción de los usuarios y en el marco de la igualdad de oportunidades y efectividad de sus derechos fundamentales al debido proceso (art. 29 de la Constitución Política), la tutela judicial efectiva (canon 229 ibid.) y ser oídos en los procesos de los que hacen parte y se cita la regla 8.1 de la Convención Americana sobre Derechos Humanos[445].

---

443 ÍDEM.

444 SC2420-2019 Radicación N.° 11001-02-03-000-2017-01497-00, 4 De Julio De 2019, M. P.: Aroldo Wilson Quiroz Monsalvo.

445 Textualmente se expresa por el máximo tribunal de Justicia lo siguiente: "Igualmente, para establecer el conocimiento generalizado debe tenerse en cuenta que, en los tiempos actuales, gracias al auge de las tecnologías de la información y la comunicación (TIC's), generalmente los datos se difunden con mayor rapidez, realidad que no puede ser desatendida en el proceso ni por su director. No en vano, desde 1996, en el inciso segundo de la regla 95 de la Ley Estatutaria de la Administración de Justicia (n.° 270), se dispuso que '[l]os juzgados, tribunales y corporaciones judiciales podrán utilizar cualesquier medios técnicos, electrónicos, informáticos y telemáticos, para el cumplimiento de sus funciones'. En la misma línea, el primer párrafo del canon 103 del Código General del Proceso señala que '[e]n todas las actuaciones judiciales *deberá* procurarse el uso de las tecnologías de la información y las comunicaciones en la gestión y trámite de los procesos judiciales, con el fin de facilitar y agilizar el acceso a la justicia así como ampliar su cobertura' (se destaca). Aunque ambas normas se conjugan para que las TIC's sean empleadas en la actividad judicial, resulta evidente que la segunda de ellas impone a la administración de justicia el deber de hacer esfuerzos dirigidos a aprovecharlas, lo que no puede considerarse como una mera potestad, respecto de la cual ha dicho la Sala: '... es comprensible que la teleología primordial de esa implementación es ganar en términos de eficiencia y efectividad a la hora de cruzar información con interés para la lid, y desde luego que lograrlo reclama compromisos de cada uno de los sujetos «procesales»; como quedó visto, en lo que concierne al funcionario, singular o plural, atañe prestar sus mejores oficios a fin de optimizar ese canal «comunicacional» (STC4964, 18 abr. 2018, rad. 2018-00761-00). La incorporación de las referidas tecnologías en la actividad judicial, entonces, facilita el ejercicio de las funciones de quienes administran justicia y asegura que los usuarios satisfagan, con iguales oportunidades, sus

En consecuencia, la aplicación de la Inteligencia Artificial en la administración pública, debe integrar los resultados de los algoritmos con la toma de decisiones, de tal manera que las instituciones deben sumergirse en el conocimiento y comprensión del modelo que lleva a la gobernanza de la IA, de tal manera que se resuelvan las ambigüedades e incertidumbres[446].

Ahora bien, tratándose de las múltiples tareas que deben realizarse para cumplir con determinada misión institucional, cada vez se ofrecen más soluciones para mejorar la prestación de los servicios públicos, en tanto se analizan grandes cantidades de información que debe ser manejada de modo responsable en tanto representan riesgos jurídicos y éticos. En efecto, se trata nada más y nada menos que la preservación de derechos fundamentales como la igualdad, la intimidad y la protección de datos personales, e igualmente la preservación del debido proceso. En ese propósito, el principal reto está en conjugar: "*el alcance de la transparencia (algorítmica), la motivación adecuada de decisiones asistidas por inteligencias artificiales y la responsabilidad en caso de daños producidos por seguir, o por ignorar, los resultados ofrecidos por el algoritmo*"[447].

derechos fundamentales al debido proceso (art. 29 de la Constitución Política), la tutela judicial efectiva (canon 229 ibíd.) y ser oídos en los procesos de los que hacen parte (regla 8.1 de la Convención Americana sobre Derechos Humanos). Además, existen directrices específicas que invitan a los jueces, tribunales y cortes a emplear los canales de transmisión y almacenamiento de datos electrónicos, por ejemplo, para eximir al demandante de la carga de allegar con el libelo el documento que prueba la existencia y representación de personas jurídicas de derecho privado, cuando esa información conste en bases de datos de entidades públicas o privadas encargadas de certificarla (art. 85 del Código General del Proceso), o para oficiar a estos mismos entes a fin de recabar lo pertinente con miras a ubicar el sujeto procesal cuya notificación personal se intenta (art. 291 ibíd.). Así las cosas, es indiscutible que los falladores deben procurar el uso de las TIC's en el procedimiento, mandato que también cobija la verificación del grado de divulgación suficiente que tiene un hecho para estar exento de prueba". En el mismo sentido el Código General del proceso, en el artículo 103, señala que "en todas las actuaciones judiciales deberá procurarse el uso de las tecnologías de la información y las comunicaciones en la gestión y trámite de los procesos judiciales, con el fin de facilitar y agilizar el acceso a la justicia así como ampliar su cobertura".

446 Artificial en la administración pública: ambigüedad y elección de sistemas de IA y desafíos de gobernanza digital . Inteligencia Artificial en la administración pública: ambigüedad y elección de sistemas de IA y desafíos de gobernanza digital Fernando Filgueiras. Revista del CLAD Reforma y Democracia, No. 79, Mar. 2021

447 La inteligencia artificial del sector público: desarrollo y regulación de la actuación administrativa inteligente en la cuarta revolución industrial 1 Oscar Capdeferro Villagrasa Profesor

El Derecho administrativo como parte del derecho público, no puede ser ajeno a las constantes transformaciones sociales y económicas, que llevan consigo a la modernización y adaptación a la era digital, y que "asegure el ejercicio y cumplimiento de los derechos fundamentales" y proporcione optimización en la prestación de los servicios tales como la reducción de tiempos de espera y mejor calidad del servicio, en el marco de los objetivos planteados en la Agenda 2030 para el Desarrollo Sostenible de la ONU.

En el mismo sentido la Unión Europea ha venido trabajando en el manejo de una aplicación única de datos *"desde la protección de los derechos fundamentales hasta la fiscalidad asociada a los negocios y transacciones digitales"*, en pro del interés general en términos de: "*racionalidad, celeridad y simplificación administrativa: • Minimización de tiempos asociados a la gestión de expedientes • Mayor accesibilidad • Reducción de costes de desplazamiento • Incremento de la coordinación interadministrativa • Aumento en la eficiencia asociada a la distribución de recursos"*.[448]

Dentro de los modelos que se aplican está el *Blockchain* o la cadena de bloques, que contienen registros, que en sus inicios se utilizó para transacciones electrónicas de moneda digital que permite capturar y almacenar información inmutable entre actores de la red, cuya validación debe darse por consenso, y al no requerir de intermediarios, su costo será mucho menor. "*Por ejemplo, si el usuario X, desea hacer una transferencia al usuario Y, la propuesta será remitida a todos los nodos de la red, de tal manera que la misma pueda ser validada y aprobada en el libro mayor"*.[449]

Son infinitas las posibilidades de aplicar la IA, como herramienta de buena administración pública. Como lo sostiene el doctrinante Padilla Ruiz: *"Tecnologías como machine learning, big data o incluso blockchain no deben asustarnos a la hora de implantarla, pues podemos comenzar por sus aplicaciones más sencillas, o utilizar herramientas gratuitas y muy potentes de relativamente fácil manejo"*,

lector (Derecho Administrativo). Universidad de Barcelona. IDP N.° 30 (Marzo, 2020) I ISSN 1699-8154 4 Revista de los Estudios de Derecho y Ciencia Política www.uoc.edu/idp Universitat Oberta de Catalunya.

448 UNIVERSIDAD DE SALAMANCA. TRABAJO GRADO Derecho Administrativo, financiero y procesal. INTELIGENCIA ARTIFICIAL Y ADMINISTRACIÓN PÚBLICA María Soledad Rodríguez Gallego Daniel Terrón Santos Junio de 2022

449 ìdem

resulta mucho más útil que las tecnologías convencionales tratándose de temas concernientes a registros de propiedad, historias clínicas y trazabilidad en el manejo de pacientes, certificaciones digitales instantáneas, pensiones, por citar apenas algunos asuntos relacionados con la administración pública que requieren de "transparencia, fiabilidad y agilidad".[450]

En una interesante investigación consultada, se plantea que el propósito de la tecnología Blockchain, es el de garantizar transparencia, seguridad y confiabilidad que facilite soluciones eficientes que satisfagan las necesidades de sus ciudadanos. Se citan avances en el sector público tales como *"el voto electrónico, al recaudo de impuestos, al registro de activos y de historias clínicas, entre otros"*. Y la utilización de la tecnología representa una importante solución a problemas como la corrupción que en muchos eventos se facilita por la carencia de trazabilidad y controles, que a largo plazo se materializa en reducción de tiempos y de costos.[451]

Según lo ha señalado Pilar López Presidenta de Microsoft en España, la Inteligencia Artificial, colabora en la transformación del Sector Público en tanto se han reemplazado los "sistemas obsoletos que ya no es rentable mantener", de tal manera que la innovación debe ser una constante en el compromiso de aprendizaje que facilite el aprovechamiento de la tecnología.[452]

La pandemia de la COVID-19 dejó en evidencia la importancia de la IA y los aportes de la información oportuna para el manejo de crisis y la satisfacción de las necesidades ciudadanas en tiempo real, inclusivas, oportunas y con la mayor cobertura posible. *"Si no se desarrollan soluciones centradas en*

---

450 Inteligencia artificial y Administración Pública. Posibilidades y aplicación de modelos básicos en el procedimiento administrativo Pedro Padilla Ruiz. Revista Innovación y e-administración

451 BLOCKCHAIN COMO HERRAMIENTA EN LA GESTIÓN DEL SECTOR PÚBLICO- FINANZAS AUTORES: Andrés Alba Gualteros Andrés Avellaneda Choachi Ingri Vallejo Castañeda . Tesis Universidad Santo Tomás DOCENTE: Miller Rivera Lozano Especialización en Finanzas Especialización en Gerencia Empresarial Bogotá, 2022.

452 «Inteligencia Artificial en el Sector Público: perspectivas europeas para 2020 y años siguientes» INFORME ENCARGADO POR MICROSOFT Y REALIZADO POR EY BUILDING BETTER

las personas, las nuevas políticas no tendrán los efectos previstos y el Sector Público no cumplirá su compromiso de servir a todas las partes de la sociedad."[453]

El profesor Capdeferro Villagrasa, en su publicación *"La inteligencia artificial del sector público: desarrollo y regulación de la actuación administrativa inteligente en la cuarta revolución industrial"*, resalta como una de las características de la incorporación de las tecnologías, que se garanticen los derechos de la ciudadanía. Señala el autor que la IA son herramientas inteligentes con gran capacidad de procesar gran cantidad de datos que sirvan para tomar decisiones y por ende mejorar la prestación de los servicios públicos y expresa además la imperiosa necesidad de identificar situaciones que puedan poner en riesgo; *"derechos fundamentales como la igualdad, la intimidad o la protección de datos personales"*.[454]

En el mismo sentido, destacamos el contenido de la Revista latinoamericana de ciencias sociales y humanidades, en la que se plantea como la IA se vuelve cada vez más indispensable y útil en el sector público, y menciona temas tales como "*la gestión de recursos humanos, prestación de servicios sociales y gestión de emergencias*". Se expresa acertadamente que la IA se constituye en una ayuda para los gobiernos en el ahorro de recursos, calidad de servicios y satisfacción de los ciudadanos, a quienes debe garantizárseles su privacidad, y resalta la importancia del manejo ético de la información.[455]

Coincidimos con las apreciaciones de los diversos tratadistas que se ocupan de plantear la buena administración de forma expresa o tácita como derecho humano, bien sea que se oriente en la necesidad de garantizar su libre ejercicio, o de proteger la información personal que, a través de la IA, facilite el acceso a datos que pudieran eventualmente vulnerar el derecho a la intimidad.

En este aspecto traemos a colación el enfoque de la Inteligencia Artificial basado en derechos humanos que plantea la Unesco, en tanto señala

453 «Inteligencia Artificial en el Sector Público: perspectivas europeas para 2020 y años siguientes» INFORME ENCARGADO POR MICROSOFT Y REALIZADO POR EY BUILDING BETTER

454 Oscar Capdeferro Villagrasa Profesor lector (Derecho Administrativo). Universidad de Barcelona. Revista marzo de 2020. Revista Derecho y Política.www.uoc.edu/idp

455 LATAM. Revista latinoamericana de ciencias sociales y humanidades DOI: https://doi.org/10.56712/latam.v4i6.1541 La inteligencia artificial en los procesos de administración pública.

como uno de los principios básicos, el derecho a la intimidad y la protección de datos, como cambio fundamental del panorama de la gobernanza de la IE, de modo que el intercambio de experiencias y conocimientos se constituya en un reto de aprendizaje mutuo que se fundamente en las buenas prácticas. Como lo sostuvo textualmente la subdirectora general de Ciencias Sociales y Humanas de la Unesco La cuestión no es si legislar o no sobre la IA y las tecnologías convergentes, sino **cuál** es la mejor manera de hacerlo. Necesitamos una verdadera coordinación mundial y compartir conocimientos para construir un ecosistema de IA responsable que beneficie a todos [456]

La Unesco ha sido enfática en precisar, la importancia de la ética en la IA, de tal manera que pide a los gobiernos: *"Apliquen sin demora el marco ético mundial"*, literalmente la directora general de la Unesco expuso en reciente informe "*El mundo necesita normas éticas más estrictas para la inteligencia artificial: este es el gran reto de nuestro tiempo. La Recomendación de la Unesco sobre la Ética de la IA establece el marco normativo apropiado… Es hora de aplicar las estrategias y normativas a nivel nacional. Tenemos que predicar con el ejemplo y asegurarnos de que cumplimos los objetivos de la misma*". [457]

Las recomendaciones sobre la ética de la IA, se orientan a la optimización de los beneficios y a la reducción de los riesgos, y para ello presenta una serie de valores, principios y estrategias innovadoras en temas de lucha contra la discriminación, los estereotipos, la fiabilidad de la información, así como el respeto y protección a la privacidad, los datos, el medioambiente, todo ello con un enfoque hacia el respeto del ser humano y sus derechos, Se destaca, como la autorregulación no es suficiente y de allí la importancia de la disposición del ciudadano de la información, de sus derechos y la forma como pueden repararse. En este marco de recomendaciones, también se plantea como los Estados miembros deben evaluar de forma periódica como se está regulando la IA y construyendo la Ética de la Inteligencia Artificial.[458]

456 **"2° Foro Mundial sobre la Ética de la Inteligencia Artificial: Cambiando el panorama de la gobernanza de la IA" . Centro de Congresos Brdo de Kran 5 y 6 de febrero de 2024. Disponible en** www.unesco.org

457 Audrey Azoulay Directora general de la UNESCO. Disponible en https://unesdoc.unesco.org/

458 ìdem

Entonces enfatizamos que el punto de partida y de llegada de la administración pública, es y debe ser el ciudadano, y así lo hemos planteado en este libro, pues la IA, no es otra cosa que una herramienta al servicio de los intereses colectivos; como garantía del ejercicio de los derechos de una parte, y de protección de su intimidad.

3. Reflexiones vinculadas con los adelantos informáticos en el ámbito de la buena administración pública

Con la incorporación de las tecnologías de la información y la comunicación —TIC—, las organizaciones deben tecnificar los procesos administrativos desde la perspectiva del control, cada día tienen la necesidad de aplicar métodos apoyados en tecnología informática con el propósito de recaudar los elementos probatorios necesarios que sirvan de soporte y reflejen la eficiencia y eficacia de la gestión fiscal.

Es común encontrar entidades con gran variedad de procesos que almacenan y procesan amplios volúmenes de datos en forma automática que son fundamentales para la toma de decisiones, de ahí lo relevante que resulta para los propietarios de la información dotar a los sistemas de procesos de control automatizados que garanticen la integridad de los datos y los doten de alertas inmediatas y tempranas que evidencien desviaciones que permitan actuar con oportunidad.

Bajo esa realidad, el ejercicio del control fiscal que realizan los organismos constitucionalmente habilitados para esta tarea, adquiere una dimensión más allá de la revisión minuciosa de los documentos que contienen las evidencias del quehacer misional, debe abarcar la evaluación integral de las transacciones incorporadas en los sistemas de información, aspecto que demanda del talento humano (auditores), una mayor especialización en el uso de técnicas de procesamiento de datos (técnicas de auditoría con ayuda de computadora —TAAC—, o en inglés *computer assisted audit techniques* —CAAT–)[459] para acopiar las evidencias suficientes y conducentes que permitan la

459 Las TAAC, son programas y datos de computadora que el auditor usa como parte de los procedimientos de auditoría para procesar datos importantes contenidos en los sistemas de información de una entidad.

estructuración de los conceptos sobre los resultados de la gestión fiscal de un ente de control en un determinado periodo de tiempo.

Actualmente, existen las TAAC, que son programas y datos de computadora que el auditor usa como parte de los procedimientos de auditoría para procesar datos importantes contenidos en los sistemas de información de una entidad. Existe mucha información imposible de ser verificada por los organismos de control, pues los reportes por lo general no se dan a conocer si no hasta tanto están consumados los hechos, ello representa debilidades en el ordenamiento jurídico desde el punto de vista contractual, pues la naturaleza posterior del control fiscal, traza por sí misma una brecha entre el antes y el después de las decisiones, en consecuencia, dificulta la determinación de las responsabilidades individuales frente a eventuales actuaciones que lesionen el patrimonio público.

4. Algunos modelos comparados de articulación de la inteligencia artificial con la buena gobernanza pública

La Revista Latinoamericana de Ciencias Sociales y Humanidades, LATAM, publicó en diciembre, 2023, el Volumen IV denominado: "La inteligencia artificial en los procesos de administración pública". En dicha publicación se señala la importancia de la tecnología y el aporte de la inteligencia artificial a la administración pública.

Según el tratadista Criado[460], tratándose de administración pública la IA se fundamenta en cuatro ejes que resumimos y mostramos en la siguiente gráfica:

[460] Criado, J.I. (2021). Inteligencia artificial (y administración pública). En R. e. Legalidad. Eunomía.

Gráfico 4.

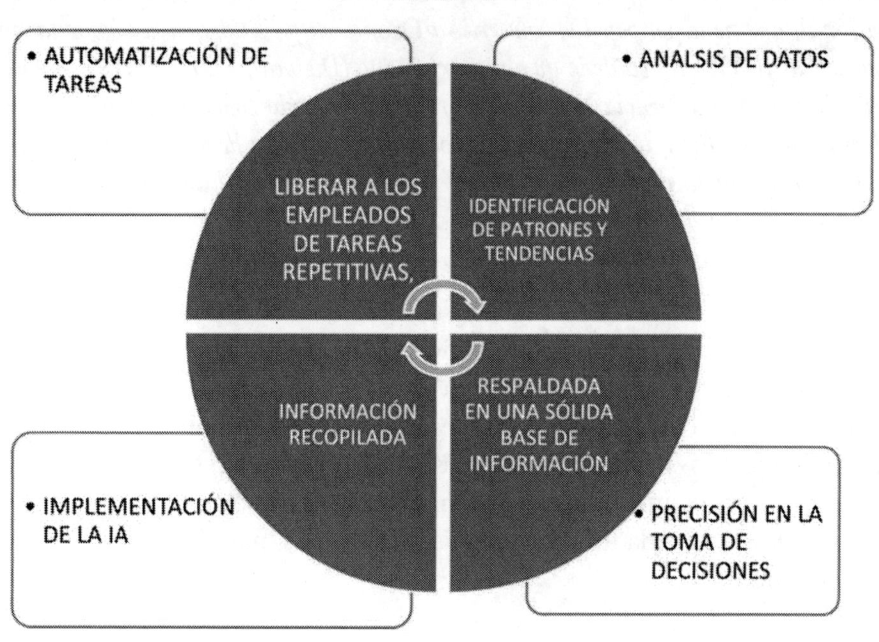

Elaboración propia tomando como fuente la publicación
Inteligencia artificial y administración pública [461]

Este estudio de la revista LATAM toma como modelos los siguientes países: *"**Estados Unidos,** debido a su implementación de una serie de sistemas de inteligencia artificial basados en la predicción de delitos y la detección de fraudes en ayudas sociales; **China,** que ha sido líder en la implementación de la inteligencia artificial en su administración pública; **Singapur**, donde la implementación de la inteligencia artificial se ha enfocado en sistemas de gestión de la movilidad urbana y el seguimiento del COVID-19 y **Estonia** debido a que es uno de los países más avanzados*

461 Los Cuatro ejes de la Administración pública. *"En el primero se aborda la automatización de tareas, que presenta la ventaja de liberar a los empleados de tareas repetitivas, permitiéndoles enfocarse en actividades que requieran mayor experiencia y conocimiento. El segundo eje se refiere al análisis de datos, donde la inteligencia artificial puede ayudar en la identificación de patrones y tendencias, lo que conduce a una toma de decisiones más informada. El tercer eje se relaciona con la precisión en la toma de decisiones, respaldada por una sólida base de información. Por último, el cuarto eje aborda la implementación de la inteligencia artificial como herramienta para crear experiencias personalizadas con los usuarios, utilizando la información recopilada para identificar fácilmente sus necesidades"*. Criado, J.I. (2021). Inteligencia artificial (y administración pública). En R. e. Legalidad. Eunomía.

en el manejo de la inteligencia artificial desarrollando de tal manera una estrategia nacional, que tiene por objetivo convertir a Estonia en país líder en el uso de la inteligencia artificial. Acerca de lo que han expresado (Dwivedi, y otros, 2019), se puede deducir que la inteligencia artificial (IA) se ha mostrado como un tema de interés. Ha sido representada de una manera apocalíptica, como lo hemos visto en películas de ficción, donde la inteligencia artificial domina sobre el ser humano. Aunque esta interpretación pueda parecer exagerada, es importante reconocer que la inteligencia artificial está presente y la mayoría de nosotros interactuamos con ella regularmente en nuestra vida cotidiana"[462].

Entonces, es completamente válido para el análisis que nos ocupa, los modelos escogidos por la precitada revista LATAM, pues toma países destacados en la implementación y avances de la IA, en la administración pública conforme a los resultados arrojados de los indicadores y ejes mostrados en la gráfica que antecede, tal y como lo señalaremos a continuación en tanto se describe cada uno de los países escogidos, para luego citar el caso colombiano.

A. El caso de los Estados Unidos

La implementación de la IA en la administración pública en Estados Unidos se aplica en los gobiernos locales, federales y estatales y según el informe del (United States Government Accountability Office, 2022), se está llevando a cabo el proceso de aprobación de visas, lo que ha llevado a reducir los tiempos de otorgamiento de 12 a 6 meses. Ello propicia la mayor entrada de extranjeros al país, estimula la economía, las interacciones internacionales y mejora la competitividad global. Se expresa también en el informe proporcionado por (California Department of Justice, 2022), que la inteligencia artificial es una herramienta que permite predecir el riesgo de reincidencia criminal, lo que facilita la toma de decisiones y focalización de poblaciones o recursos; sin perder de vista los sesgos algorítmicos, de tal suerte que debe obrarse con precaución para: *"garantizar su uso justo y equitativo en el sistema de justicia penal"*.

462 LATAM Revista Latinoamericana de Ciencias Sociales y Humanidades, Asunción, Paraguay. ISSN en línea: 2789-3855, diciembre, 2023.

También se menciona la publicación que en la ciudad de New York, en temas de orientación para la utilización de servicios públicos, y se menciona también la utilización de la IA para identificar y rastrear posibles amenazas terroristas por parte del departamento de defensa. En cuestiones de agricultura es posible detectar y prevenir enfermedades en los cultivos, lo que promueve la seguridad alimentaria y en salud se orienta al desarrollo de nuevos tratamientos que aportan al área investigativa médica y el propósito es el mejoramiento de la calidad de vida de los estadounidenses.[463]

Consideramos, que este es un modelo a replicar, en tanto se muestra la implementación en todo el país, y se observan resultados visibles en términos de reducción de trámites y aporte económico. Es notoria también la contribución en temas de seguridad ciudadana, pues las predicciones en cuanto a riesgos de reincidencia criminal se constituyen en un importante aporte al sistema judicial y por ende a la seguridad ciudadana.

También, en la ciudad de New York, en asuntos de orientación para el uso de servicios públicos, y se menciona también la utilización de la IA para identificar y rastrear posibles amenazas terroristas por parte del departamento de defensa. En temas de agricultura es posible detectar y prevenir enfermedades en los cultivos, lo que promueve la seguridad alimentaria y en salud se orienta al desarrollo de nuevos tratamientos que aportan al área investigativa médica y el propósito es el mejoramiento de la calidad de vida de los estadounidenses.

B. China

En China según se señala en LATAM Revista Latinoamericana de Ciencias Sociales y Humanidades, en un artículo de prensa de (Xinhua News Agency, 2022), la Oficina de Asuntos Civiles aplica la IA en los trámites de pasaportes y visas y que ha conllevado la reducción del trámite de 30 a 5 días, disminución de errores que generalmente se cometían en los procesos manuales, ahorros en gastos operativos por la disminución de personal y se destaca en este informe la disponibilidad de tiempo que permite a la IA, trabajar conforme a las necesidades de los solicitantes. Se destaca en China el

463 LATAM Revista Latinoamericana de Ciencias Sociales y Humanidades, Asunción, Paraguay. ISSN en línea: 2789-3855, diciembre, 2023.

escaneo de contenedores en temas de Aduanas, que antes se tomaba 24 horas y que se redujo a 2 horas, circunstancia que contribuye a la economía.[464]

C. Singapur

En Singapur, se utiliza a IA en la automatización de tareas administrativas, por ejemplo, "e-Claims", revisa los reclamos de seguros y el uso del sistema "Termal Scanner", detecta la fiebre en las personas, igualmente implementaron un sistema de tomografía y Rayos x que detecta signos de covid-19 enfatizando el compromiso utilizar la IA con ética y responsabilidad.[465]

D. Estonia

En Estonia se implementa la IA en la administración pública como estrategia nacional, principalmente en temas de salud, educación, justicia, seguridad. El aplicativo más utilizado tiene que ver con la clasificación de documentación y consultas de la ciudadanía; se utiliza el "e-Government Services", para trámites de pasaportes, licencias de conducir, registro de negocios, pago de impuestos, entre otros, lo que ha llevado a la reducción de los tiempos.[466]

En la siguiente tabla se muestran los resultados del uso de la inteligencia artificial que reflejan la utilidad en los países antes mencionados, donde se encuentran tres apartados que mencionan el país, la aplicación más relevante y el porcentaje del uso de la inteligencia artificial dentro de la administración pública.[467]

---

464 LATAM Revista Latinoamericana de Ciencias Sociales y Humanidades, Asunción, Paraguay. ISSN en línea: 2789-3855, diciembre, 2023.

465 LATAM Revista Latinoamericana de Ciencias Sociales y Humanidades, Asunción, Paraguay. ISSN en línea: 2789-3855, diciembre, 2023.

466 ídem

467 LATAM Revista Latinoamericana de Ciencias Sociales y Humanidades, Asunción, Paraguay. ISSN en línea: 2789-3855, diciembre, 2023. Tabla 1 Porcentajes de utilidad en la administración pública en cuatro países País Aplicación Utilidad % China Gestión de la información 90 Estados Unidos Toma de decisiones 80 Estonia Servicios públicos 70 Singapur Prevención de delitos 60 Las cifras presentadas en utilidad demuestran que China tiene una cifra alta,

confirmando un uso casi completo dentro de sus procesos de administración pública. Su principal aplicación es la gestión de información. Estados Unidos ha encontrado utilidad en la inteligencia artificial para la toma de decisiones, lo que ha reducido considerablemente el tiempo de entrega de documentos solicitados, como el otorgamiento de visas. Estonia se enfoca principalmente en la aplicación de servicios públicos, alcanzando un porcentaje del setenta por ciento, y ha desarrollado un sistema de identidad electrónica que permite a los ciudadanos realizar trámites públicos en línea. Esto la convierte en el país de la Unión Europea con los servicios públicos más digitalizados. Un estudio ha demostrado que los ciudadanos estonios están satisfechos con esta implementación de la inteligencia artificial en el sector de la administración pública.. Singapur ha aplicado la inteligencia artificial en la prevención de delitos en un sesenta por ciento, demostrando eficacia en la prevención de ataques terroristas y en el rastreo de personas desaparecidas. Su objetivo es continuar implementando gradualmente la inteligencia artificial en los servicios públicos, con la meta de alcanzar el 100 % para el 2030. La utilización de la inteligencia artificial en los ciudadanos de Singapur muestra satisfacción, pero también ha generado ciertas preocupaciones, como la pérdida de empleo debido a la sustitución por sistemas informáticos, la vulnerabilidad de los datos dentro de un sistema de información y la discriminación de ciertos grupos de personas por parte de la inteligencia artificial. CONCLUSIÓN En este estudio, se realizó una investigación acerca del aporte de la inteligencia artificial en el sector de la administración pública realizado por medio de investigación de resultados de países que lo han implementado y cuáles han sido sus resultados respecto al tema. Encontramos que los países que utilizan este sistema dentro de su administración ha dado como efectos la demostración que el uso de la inteligencia artificial mejora y agiliza los procesos de la administración pública, ha servido para poder realizar tareas que son repetitivas. En los países mencionados en este artículo los ciudadanos que han hecho uso de esta tecnología se han mostrado notablemente satisfechos por la utilización de esta herramienta, ya que se han optimizado los procesos administrativos, creando de esta manera un fácil y pronto acceso a las plataformas que aportan un almacenaje de información, ayudando a la toma de decisiones. A pesar de todos los beneficios que ha traído esta herramienta dentro de la administración pública, existe cierta preocupación por parte de los usuarios, a que la información introducida en estos softwares sirva para que sea vulnerada, como también un alto porcentaje de personas temen ser reemplazadas por la inteligencia artificial. Para contrarrestar los impactos negativos que pueda llegar a causar el uso de esta herramienta, se deberían desarrollar políticas y regulaciones en cada país donde fomenten el buen uso de tal manera que sea ético, justo y equitativo para todos. Se debe crear un fondo de inversión de capacitación de los empleados públicos para el manejo de esta herramienta, ya que podrán garantizar a los usuarios las habilidades y conocimientos de la herramienta y que de esta forma sea aprovechada de la mejor manera sin que se llegue a exponer a riesgos

Tabla 5.

País	Aplicación	Utilidad %
China	Gestión de la información	90
Estados Unidos	Toma de decisiones	80
Estonia	Servicios públicos	70
Singapur	Prevención de delitos	60

Fuente: Cuadro tomado del LATAM Revista Latinoamericana de Ciencias Sociales y Humanidades, Asunción, Paraguay. ISSN en línea: 2789-3855, diciembre, 2023, Volumen IV, Número 6, p. 1492.

En ese aspecto vemos como, la China tuvo un 90 % de utilidad en la aplicación de indicador de Gestión de la Información; Estados Unidos un 80 % en la toma de decisiones; Estonia, muestra una utilidad del 70 % en lo concerniente a los servicios públicos, seguido de Singapur, que mostró un porcentaje en el indicador correspondiente a la prevención de delitos de un 60 %.

Como se puede apreciar en el cuadro, los modelos escogidos y que resultan interesantes para enriquecer nuestro estudio, en razón a que se enfocan hacia la prestación de los servicios públicos que se deben materializar en una buena gobernanza, cual es el caso que nos ocupa. Tenemos que los países enunciados presentan un porcentaje alto en términos de utilidad en el manejo de las aplicaciones y los indicadores materia de análisis están todos enfocados a la administración y conciernen directamente a los ciudadanos, pues la gestión de la información, la toma de decisiones, los servicios públicos y la prevención de delitos, son temas sensibles que impactan los derechos de las personas.

E. Colombia

El Ministerio de tecnologías de la información y comunicaciones es la cabeza del sector y se ocupa de liderar las políticas públicas del sector de tecnologías de la información y comunicaciones, cuyo marco se define en la Ley y su amplio objeto regula el sector, en términos de competencia, cobertura, protección al usuario, calidad del servicio, promoción, uso eficiente del espectro radioeléctrico y libre acceso a todos los habitantes[468] Dentro de los Objetivos y funciones del MINTIC[469], está el diseño, formulación, adopción y promoción de planes, programas y proyectos que contribuyan al bienestar de los ciudadanos.

Es importante destacar, que tal y como lo preceptúa el artículo 2 de la Ley 1341 de 2009 el respeto a los derechos humanos, forma parte del desarrollo de la política de Estado que involucra la investigación, el fomento, la promoción de las TIC; de tal manera que la preciada norma incluye además el servicio al interés general. [470],

La regulación de las TIC, se fundamenta en 11 principios orientadores, que establecen la forma como se accede a su uso, y la prioridad de la población pobre, vulnerable y en zonas apartadas. De igual manera, se establece la libre competencia en condiciones de igualdad**,** la **Protección de los derechos de los usuarios** derivados del Hábeas Data, la **Promoción de la inversión en términos de igualdad,** la libre adopción de tecnologías, en armonía con el desarrollo ambiental sostenible, así como la **masificación del**

468 Ley 1341 de 2009 "***Por la cual se definen principios y conceptos sobre la sociedad de la información y la organización de las Tecnologías de la Información y las Comunicaciones ?TIC?, se crea la Agencia Nacional de Espectro y se dictan otras disposiciones. ARTÍCULO 1°.*** *Objeto. La presente ley determina el marco general para la formulación de las políticas públicas que regirán el sector de las Tecnologías de la Información y las Comunicaciones, su ordenamiento general, el régimen de competencia, la protección al usuario, así como lo concerniente a la cobertura, la calidad del servicio, la promoción de la inversión en el sector y el desarrollo de estas tecnologías, el uso eficiente de las redes y del espectro radioeléctrico, así como las potestades del Estado en relación con la planeación, la gestión, la administración adecuada y eficiente de los recursos, regulación, control y vigilancia del mismo y facilitando el libre acceso y sin discriminación de los habitantes del territorio nacional a la Sociedad de la Información"*

469 *Artículo 17 de la Ley 1341 de 2009 modificado por el artículo 13 de la Ley 1978 de 2019, y el Decreto 1064 de 2020*

470 "Ley 1341 de 2009 "***Por la cual se definen principios y conceptos sobre la sociedad de la información y la organización de las Tecnologías de la Información y las Comunicaciones ARTÍCULO 2°. Principios orientadores.*** *La investigación, el fomento, la promoción y el desarrollo de las Tecnologías de la Información y las Comunicaciones son una política de Estado que involucra a todos los sectores y niveles de la administración pública y de la sociedad, para contribuir al desarrollo educativo, cultural, económico, social y político e incrementar la productividad, la competitividad, el respeto a los Derechos Humanos inherentes y la inclusión social. Las Tecnologías de la Información y las Comunicaciones deben servir al interés general y es deber del Estado promover su acceso eficiente y en igualdad de oportunidades, a todos los habitantes del territorio nacional"*

Gobierno en Línea, orientado a la eficiencia en la prestación de servicios a los ciudadanos, de tal manera que se expresa que las entidades públicas "deberán adoptar todas las medidas necesarias para garantizar el máximo aprovechamiento de las Tecnologías de la Información y las Comunicaciones en el desarrollo de sus funciones". Igualmente, se señala el deber de promover, **acceder y propender por el servicio universal de las TIC**[471]

Destacamos el principio: ***"El derecho a la comunicación, la información y la educación y los servicios básicos de las TIC"*, pues determina que** *"en desarrollo de los artículos 16, 20 y 67 de la Constitución Política el Estado propiciará a todo colombiano el derecho al acceso a las tecnologías de la información y las comunicaciones básicas, que permitan el ejercicio pleno de los siguientes derechos: La libertad de expresión y de difundir su pensamiento y opiniones, el libre desarrollo de la personalidad, la de informar y recibir información veraz e imparcial, la educación y el acceso al conocimiento, a la ciencia, a la técnica, y a los demás bienes y valores de la cultura".* [472]

La Constitución Política de 1991, que define a Colombia como un Estado social de derecho es el eje fundamental de cualquier tipo de avance tecnológico, donde el centro es el ser humano como sujeto de derechos a la comunicación, la información, la educación y toda herramienta que facilite el acceso y utilización de las TIC, para su bienestar y desarrollo.

En el mismo sentido, el precitado artículo 2.°, resulta muy inclusivo en tanto determina programas de acceso y uso de las TIC, para las poblaciones vulnerables, pobres y rurales, en el marco del respeto al libre desarrollo de las comunidades indígenas, afrocolombianas, palenqueras, raizales y ROM.[473] Quiere ello decir, que el Estado es el garante de la accesibilidad y uso de las herramientas tecnológicas y que estas estén disponibles; no obstante los derechos humanos están por encima de cualquier condición de empleo de las TIC, pues el derecho al libre desarrollo así lo indica.

---

[471] Ley 1341 de 2009 "***Por la cual se definen principios y conceptos sobre la sociedad de la información y la organización de las Tecnologías de la Información y las Comunicaciones Art 2***

[472] Ley 1341 de 2009 "***Por la cual se definen principios y conceptos sobre la sociedad de la información y la organización de las Tecnologías de la Información y las Comunicaciones Art 2***

[473] ídem

Según el informe 2023 presentado por MINTIC, los propósitos de conectar a todos los colombianos, Fomentar la transformación digital de los sectores público y privado, y Formar habilidades digitales para promover la generación de nuevos empleos y tomando cifras del Boletín Mensual de Sinergia del DNP, el MINTIC presenta un cumplimiento del 98,2 % conforme a los 20 indicadores y enmarcados en el PND tal y como se muestra en la siguiente tabla.[474]

Tabla 6.

No	Indicador	Meta Cuatrienio	Avance Cuatrienio
1	Usuarios únicos del Modelo de Servicios Ciudadanos Digitales	3.500.000,00	3.085.233,00
2	Porcentaje de hogares con conexión a Internet suscrita	70,00	60,50
3	Porcentaje de personas de cinco años o más que usan Internet	80,00	73,03
4	Porcentaje de hogares con Internet fijo instalado	50,00	47,28
5	Formaciones en competencias digitales	500.000,00	631.389,00
6	Porcentaje de entidades del orden nacional con proyectos de uso de datos abiertos desarrollados	50,00	50,00
7	Personas capacitadas en programas de tecnologías de la información y generación de nuevos negocios	228.000,00	247.595,00
8	Porcentaje de cabeceras municipales de municipios PDET conectadas a internet de alta velocidad	100,00	100,00
9	Conexiones a Internet con más de 10 Mbps de descarga en funcionamiento	32.000.000,00	36.145.199,00
10	Formaciones en uso seguro y responsable de las TIC	13.374.719,00	15.300.839,00
11	Contenidos en plataforma RTVC PLAY en funcionamiento	12.000,00	12.161,00
12	Conexiones a Internet móvil 4G suscritas	27.000.000,00	29.898.171,00
13	Personas con discapacidad capacitadas en TIC	30.000,00	47.079,00
14	Porcentaje de entidades públicas que utilizan habilitador de Arquitectura de Gobierno Digital	30,00	36,00
15	Transacciones digitales realizadas	290.414.782,00	535.909.300,00
16	Porcentaje de entidades del orden nacional utilizando software público o cívico disponible en código abierto	60,00	75,00
17	Trámites de alto impacto ciudadano transformados digitalmente	34,00	68,00
18	Porcentaje de entidades del orden nacional y territorial que identifican y valoran los riesgos de seguridad digital	90,00	90,00
19	Encuentro realizado	4,00	4,00
20	Mujeres formadas en el uso y apropiación de las TIC	44.500,00	89.255,00

Cuadro tomado del INFORME DE GESTIÓN MINTIC 2023[475]

Se infiere entonces que el **derecho a la comunicación, la información y la educación y los servicios básicos de las TIC inmersos en** los artículos

474 INFORME DE GESTIÓN MIN TIC 2023, disponible en https://www.mintic.gov.co/portal/715 articles 276950 doc pdf.pdf (mintic.gov.co)

475 Disponible en https://www.mintic.gov.co/portal/715 articles 276950 doc pdf.pdf (mintic.gov.co)

16, 20 y 67 de la Constitución Política y la garantía de acceso que el Estado Colombiano debe permitir para poder ejercer plenamente todos los derechos humanos se viene desarrollando conforme lo demuestra el 98,2 % de cumplimiento de los indicadores enunciados que muestran las metas Vs. porcentaje de avance en los temas de cantidad de usuarios, porcentaje de hogares conectados, Contenidos de plataformas, inclusión de población vulnerable, entidades que utilizan arquitectura de gobierno digital y riesgos de seguridad digital, entre otros.

Según se destaca en los últimos informes de la Honorable Corte Constitucional, los retos surgidos de la experiencia que dejó consigo la pandemia por el covid-19 en el año 2020, llevó a la suspensión de términos y a tener que implementar la justicia virtual. Consultados los informes de los años 2022 y 2023, respectivamente, la H Corte Constitucional, se refiere a la utilización de: "PRETORIA", como una herramienta de IA que ayuda a seleccionar tutelas y detectar entre 42 categorías, 20 derechos, fecha del fallo de última instancia, entidades más demandadas y providencias judiciales.

Según se expresa en el mencionado informe antes del covid-19, según lo dispuso un estudio del BID el 99 % de los trámites de tutela que se surtían por medios físicos se realizan en forma virtual, de tal manera que la plataforma ha permitido el ahorro de importantes recursos públicos que antes se invertían en el envío de correos físicos. Para el año 2023 se han presentado avances en términos de eficiencia, eficacia y participación ciudadana, en tanto se incrementaron las sentencias proferidas en un 23 % con respecto al año 2022, se redujeron los tiempos de publicación de fallos en un 36 %, se duplicó la cantidad de conflictos de jurisdicciones resueltos, que pasaron de 1299 en 2022 a 2611 en 2023, todo ello como resultados visibles que ofrece la justicia virtual. [476]

Los avances destacados por la Corte Constitucional demuestran como el Tribunal guardián de nuestra Carta Fundamental, a través de la utilización de la IA, garantiza el respeto por los derechos humanos y contribuye a la buena gobernanza en tanto ha demostrado importantes avances en el cumplimiento de su misión institucional como lo muestran las cifras anali-

476 Informes de Gestión Corte Constitucional 2023. Disponible en https://www.google.com/search?q=informe+de+gestion+corte+constitucional+2023_

zadas, garantizando con ello tres pilares en términos de eficacia, objetividad e igualdad.[477]

Destacamos también, herramientas de Big Data, y en particular el programa WATSON, que analiza textos, selecciona argumentos, agrupa casos, los organiza por temas y es un recurso útil para ayudar al análisis de datos y la toma de decisiones en el ámbito jurídico y que fue utilizado en el sistema judicial colombiano en 2018. No obstante, en el sistema penal debe tenerse especial cuidado tratándose de los resultados que arrojan los algoritmos[478].

Entonces de allí destacamos la importancia de las recomendaciones de la OCDE frente a los riesgos que se presentan por los eventuales sesgos de la información; de tal manera que la seguridad en el uso de la IA y la ponderación de la información arrojada, resulta válida a la hora de decidir en temas que tengan que ver son los derechos humanos de los investigados. Del mismo modo, señala la OCDE, debe tenerse en cuenta los ataques cibernéti-

477 Ídem. También se destaca en el informe: *"la regulación e implementación del teletrabajo, la ampliación del ecosistema digital para la realización de trámites judiciales y la generación de espacios de capacitación para los servidores de la Corporación y los jueces constitucionales, que tuvieron como foco principal el fortalecimiento de la escritura jurídica para transmitir las decisiones en un lenguaje más claro y comprensible. De otra parte, la Corte Constitucional continuó con un intensivo trabajo de acercamiento a los ciudadanos, que permitió ampliar el enfoque diferencial y territorial de las estrategias que comenzaron años atrás. Así, por ejemplo, en el proyecto "Guardianes de la Constitución", que busca acercar la Constitución a los niños, niñas y adolescentes, se elaboraron nuevos materiales pedagógicos para docentes y una versión adaptada de la Constitución para niños y niñas con discapacidad visual. Por su parte, en el proyecto "Derechos en el territorio" se organizaron talleres de socialización de las sentencias adaptadas a lenguas indígenas y el alcance de la estrategia se extendió a las comunidades raizal, afrodescendiente y palenquera. Así mismo, con el fin de poner en el centro del debate un tema de interés para Colombia y para la humanidad, el Encuentro de la Jurisdicción Constitucional "Entre ríos y saberes", llevado a cabo el 28 y 29 de septiembre de 2023, propició un diálogo interinstitucional y multicultural en torno a los derechos de la naturaleza, el cambio climático y el desarrollo sostenible. Confiamos en que estos resultados contribuyan a la justicia oportuna, transparente y con seguridad jurídica que esperan las y los colombianos para lograr la materialización de los derechos constitucionales y el fortalecimiento de la democracia"*

478 PENSAMIENTO JURÍDICO, No. 54, ISSN 0122-1108, JULIO-DICIEMBRE, BOGOTÁ, 2021: " *En el proceso penal resulta decisivo investigar sobre los algoritmos aparentemente neutrales que permiten el funcionamiento de la ia; esto, en virtud de que la persecución penal es por naturaleza sesgada, por lo que un algoritmo corre el riesgo de automatizar dichos sesgos y producir sentencias masificadas regidas por pro-babilidades. El Fiscal Watson emplea una pequeña porción de la información de los delitos reportados, para arrojar una probabilidad de que alguien en concreto pueda ser responsable penalmente".*

cos que ponen en riesgo la información de los usuarios, y en ese aspecto la confianza ciudadana, podría resquebrajarse [479]

5. Retos del sistema de control fiscal en Colombia respecto de los avances tecnológicos

Las normas que regulan el proceso de responsabilidad fiscal se basan en las normas generales en materia de pruebas, pues ellas son el fundamento para tomar decisiones que deben fundarse en pruebas legalmente producidas y allegadas o aportadas al proceso, conducentes, útiles, enmarcadas en los criterios de la libertad para demostrarse a través de cualquier medio de prueba. [480]

El estatuto Anticorrupción dispone, la utilización de las TIC en el desarrollo de las pruebas y diligencias, audiencias, comunicación virtual, así: *"Las pruebas y diligencias serán recogidas y conservadas en medios técnicos. Así mismo, la evacuación de audiencias, diligencias en general y la práctica de pruebas pueden llevarse a cabo en lugares diferentes a la sede del funcionario competente para adelantar el proceso, a través de medios como la audiencia o comunicación virtual, siempre que otro servidor público controle materialmente su desarrollo en el lugar de su evacuación. De ello se dejará constancia expresa en el acta de la diligencia".*[481]

Las TIC representan una herramienta útil en el ejercicio de la vigilancia y el control fiscal, y la misma ley dispone de su utilización; no obstante no puede perderse de vista que las evidencias tal y como lo indican las normas atrás señaladas, deben observar una rigurosidad que garantice el debido proceso de los investigados; de otra parte hay que tener en cuenta, que pese a los avances tecnológicos, la apreciación de la prueba, "*de acuerdo con las*

---

479 OCDE. (2019). Artificial intelligence in government: A road map for public servants. OECD Publishing, citada en LATAM Revista Latinoamericana de Ciencias Sociales y Humanidades, ISSN en línea: 2789-3855, diciembre, 2023

480 **Ley 610 de 2000, por la cual se establece el trámite de los procesos de responsabilidad fiscal de competencia de las contralorías.**

481 **Ley 1474 de 2011** *"Por la cual se dictan normas orientadas a fortalecer los mecanismos de prevención, investigación y sanción de actos de corrupción y la efectividad del control de la gestión pública." Artículo 116. Utilización de medios tecnológicos.*

reglas de la sana crítica y la persuasión racional"[482], es una valoración que debe realizar en juez y para ello nunca una máquina podría reemplazarlo, pues existen análisis que escapan de cualquier tendencia o parametrización; de tal manera que ese es un ejercicio cuyo manejo debe orientarse siempre a la garantía de los derechos fundamentales de los investigados.

Este postulado coincide con el criterio de una buena gobernanza que se orienta a generar confianza entre los investigados, en tanto se les va a garantizar su derecho de defensa en el desarrollo del proceso, al punto que es la Ley misma la que preceptúa como causales de nulidad: la falta de competencia, la violación al derecho de defensa y las irregularidades que afecten el debido proceso; todas ellas serían un exabrupto para la buena gobernanza[483].

Entonces, si el control fiscal basa su gestión en la consecución y valoración de pruebas, el reto está en utilizar las TIC y en poner a tono las evidencias que pueden ser digitales, pero además válidas y aportadas al proceso con el ritualismo legal. En ese sentido, la ley regulatoria del proceso de responsabilidad fiscal sienta su rigor, en tanto preceptúa el Aseguramiento de las pruebas con el fin de garantizar que las mismas no sean alteradas, ocultadas o destruidos, considerándose como inexistentes las pruebas que no cumplan con el lleno de requisitos y que vulneren los derechos fundamentales[484].

482 Artículo 26 Ley 610 de 2000. "Apreciación integral de las pruebas. Las pruebas deberán apreciarse en conjunto de acuerdo con las reglas de la sana crítica y la persuasión racional"

483 *Ley 610 de 2000 NULIDADES "Artículo 36. Causales de nulidad. Son causales de nulidad en el proceso de responsabilidad fiscal la falta de competencia del funcionario para conocer y fallar; la violación del derecho de defensa del implicado; o la comprobada existencia de irregularidades sustanciales que afecten el debido proceso. La nulidad será decretada por el funcionario de conocimiento del proceso. Artículo 37. Saneamiento de nulidades. En cualquier etapa del proceso en que el funcionario advierta que existe alguna de las causales previstas en el artículo anterior, decretará la nulidad total o parcial de lo actuado desde el momento en que se presentó la causal y ordenará que se reponga la actuación que dependa del acto declarado nulo, para que se subsane lo afectado. Las pruebas practicadas legalmente conservarán su plena validez.(Modificado por el Art. 134 del Decreto 403 de 2020).* ***Artículo 38.*** *Término para proponer nulidades. Podrán proponerse causales de nulidad hasta antes de proferirse el fallo definitivo. En la respectiva solicitud se precisará la causal invocada y se expondrán las razones que la sustenten. Sólo se podrá formular otra solicitud de nulidad por la misma causal por hechos posteriores o por causal diferente. Contra el auto que resuelva las nulidades procederán los recursos de reposición y apelación".*

484 Ley 610 de 2000, "Artículo 29. Aseguramiento de las pruebas. El funcionario de la Contraloría en ejercicio de las facultades de policía judicial tomará las medidas que sean necesarias para asegurar que los elementos de prueba no sean alterados, ocultados o destruidos. Con tal fin podrá ordenar entre otras las siguientes medidas: disponer vigilancia especial de las

Ahora bien los sistemas de información en sus múltiples usos, se constituyen como herramientas alternativas a los métodos tradicionales de vigilancia y control fiscal, que, aunados a estrategias de control adecuadas, son vitales para la protección del patrimonio público y el futuro del control fiscal.

La Contraloría general de la República ha avanzado en ese propósito; y es así como se creó la Central de Información Contractual "Océano, que a través de herramientas tecnológicas realiza una labor de depuración y análisis de datos de la gestión contractual del Estado Colombiano, tal y como podemos observar en la siguiente imagen tomada de la página oficial de la Contraloría General de la República.

Figura 2.

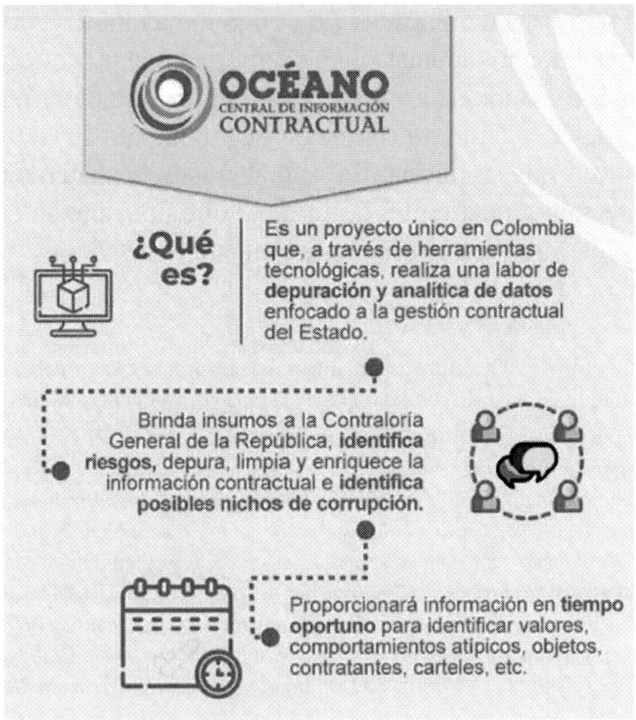

personas, de los muebles o inmuebles, el sellamiento de éstos, la retención de medios de transporte, la incautación de papeles, libros, documentos o cualquier otro texto informático o magnético. Artículo 30. Pruebas inexistentes. Las pruebas recaudadas sin el lleno de las formalidades sustanciales o en forma tal que afecten los derechos fundamentales del investigado, se tendrán como inexistentes."

La plataforma Océano se construyó a través del programa Power BI[485] que integra toda la información que permite georreferenciar la inversión pública y que a manera de ejemplo respecto al nuevo sistema de regalías del año 2012 al 31 de diciembre de 2018, permite monitorear los cerca de 35 billones de pesos invertidos a través de 14.279 proyectos desarrollados en las seis regiones del país; la integración de toda la información permitió también calcular la malla empresarial[486] en 16.346 contratos.

Figura 3.

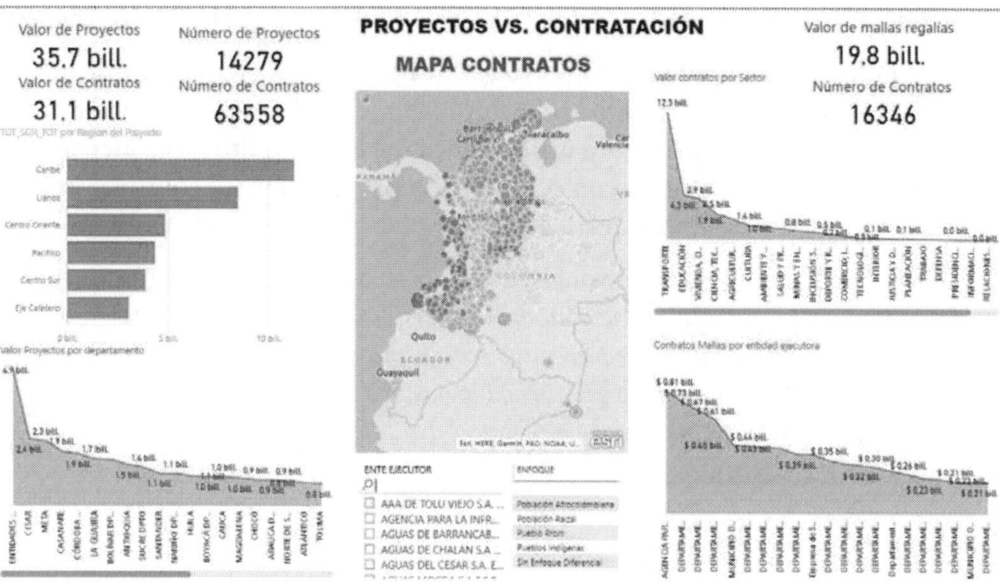

Dichas mallas empresariales en la fuente de regalías son cercanas al 65 % a nivel país, mientras que en las otras fuentes del Estado colombiano ese indicador es del 30 %.

Estos ejemplos ilustran acerca de la importancia de las herramientas tecnológicas en el ejercicio del control fiscal y lo necesario que representa el hecho de revisar las guías y capacitar a los funcionarios para que las involu-

485 Power BI es una solución de análisis empresarial que permite visualizar los datos y compartir información con toda la organización, o insertarla en su aplicación o sitio *web.*

486 Las "mallas empresariales" son la unión de varias empresas y/o personas naturales que se pueden camuflar a través de Uniones Temporales y Consorcios, con el fin de ganar los procesos de selección de las diferentes contrataciones que se realizan en el país.

cren en sus protocolos a la hora de ejercer la vigilancia del recurso público. Así mismo, conducen a que se revise la normativa actual con el propósito de introducir modificaciones orientadas a superar las dificultades y evidenciar riesgos.

Incluimos a la DIARI, parte de la Contraloría creada como resultado de la Reforma Constitucional adoptada a través del Acto Legislativo No. 4 de 2019 y operativizada por medio del Decreto Ley 403 de 2020. Si bien es cierto en el capítulo siguiente nos ocuparemos de desarrollar detalladamente los cambios que introdujo la reforma, en este capítulo sobre IA, abordaremos la creación, funcionamiento y resultados presentados por esa dependencia.

Entonces recordemos que el acto legislativo 4 de 2019 reformó el artículo 267 de la Constitución Política, e incluyó la función de vigilancia a través del control concomitante y preventivo a través del seguimiento permanente sin oponibilidad de reserva y con competencia prevalente para controlar la gestión de cualquier entidad territorial.

En particular el artículo 56 del Decreto Ley 403 de 2020, preceptúa, que "*la vigilancia y seguimiento permanente de los bienes, fondos y recursos públicos en el marco del control concomitante y preventivo se realizará en tiempo real y oportuno a través del acceso a la información y el acompañamiento a la gestión fiscal en todas sus etapas o ciclos de manera presencial o mediante el uso de tecnologías de la información y de las comunicaciones, con el fin de observar a los sujetos de control mientras estos realizan sus procesos o toman sus decisiones, sin que la Contraloría General de la República pueda interferir en aquellos o tener injerencia en estas, de conformidad con los mecanismos y ejercicios definidos en el siguiente capítulo*".(subraya el autor)[487].

Esa función se desarrolla a través de la Dirección de Información, Análisis y Reacción Inmediata – DIARI, dependencia que según su último informe de Gestión 2024[488], "*ha realizado la estabilización de la arquitectura tecnológica del "Lago de Datos", en este sentido, se migraron 9.357 fuentes de información al lago de datos que son insumo para los modelos analíticos*", y de allí se generó un catálogo unificado de datos que permite procesar el trabajo en menor tiempo; lo que

487 **DECRETO 403 DE marzo 16 de 2020, "Por el cual se dictan normas para la correcta implementación del Acto Legislativo 04 de 2019 y el fortalecimiento del control fisca**

488 Informe de Gestión Contraloría general de la República UN AÑO UN AÑO DE GESTIÓN, RESULTADOS 2022 2023 www.contraloria.gov.co

realizaba en días se lleva a cabo en minutos y se maneja un alto volumen de datos. Se señala en el informe que, resultado de la labor de la DIARI, se han producido, en los últimos 18 meses, 828 alertas, cuyo resultado se materializa en haberse evitado la pérdida de 18.7 billones del Erario.[489]

Lo expuesto se observa en la siguiente imagen tomada del precitado informe:

Figura 4.

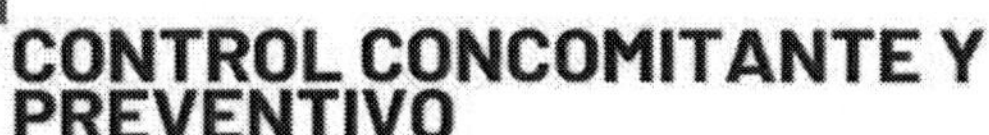

Imagen tomada del informe 2024[490]

Igualmente, se señala en el informe[491] que, a través del mecanismo de seguimiento permanente, se revisaron 234 proyectos por valor de $ 3,51 billones de pesos, de los cuales se culminaron 106 proyectos por valor de $1.96

489 *Los sectores más alertados según modelo fueron: Infraestructura con 193 por un valor de $ 14.2 Billones de pesos, Regalías con 171 por un valor de $ 2.7 Billones de pesos, Salud con 132 por un valor de $ 702.450 Millones de pesos, Trabajo con 180 por $ 16.885 Millones de pesos, Vivienda y Saneamiento Básico con 56 por un valor de $ 795.809 Millones de pesos, Minas y energías con 20 alertas y el sector de Educación con 15 por $ 134.164 Millones de pesos.*

490 Informe de Gestión Contraloría general de la República UN AÑO UN AÑO DE DE GESTIÓN, RESULTADOS 2022 2023 www.contraloria.gov.co

491 Informe de Gestión Contraloría general de la República UN AÑO UN AÑO DE DE GESTIÓN, RESULTADOS 2022 2023 www.contraloria.gov.co

billones; se reactivaron 34 proyectos por valor de $378.950 millones, y se remitieron 94 proyectos a otras dependencias por valor de $1.17 billones.[492]

Creemos que las cifras demuestran el compromiso de quienes ejercen la vigilancia y el control fiscal en la actualidad en la Contraloría General de la República, y como la reforma Constitucional aprobada a través del Acto Legislativo No. 4 de 2019 y operativizada a través del Decreto Ley 403 de 2020, se erige en principios como la eficiencia, eficacia, equidad, economía, concurrencia, coordinación, desarrollo sostenible, valoración de costos ambientales, efecto disuasivo, especialización técnica, oportunidad; entre otros, que en efecto contribuyen a la defensa y protección del patrimonio público, a la defensa de los derechos humanos y a propiciar buenas prácticas de gobernanza.[493]

---

492 *Nota: La remisión como insumo a Controlarías Delegadas Sectoriales, se realiza cuando no se ha materializado el riesgo identificado; y, además, se concluye que el proceso de seguimiento permanente no tendrá resultados a corto o mediano plazo, superando los tiempos contemplados en el alcance de este tipo de actuación, por lo tanto, se considera pertinente que el informe interno sirva como insumo para un proceso de control posterior y selectivo.*
La remisión como insumo a la Unidad de Investigaciones Especiales contra la Corrupción, se genera cuando se ha materializado el riesgo identificado, evidenciándose que, en el proceso de seguimiento permanente, no es posible la reactivación o finalización de la obra. Por lo cual, se remite el informe como insumo para que, desde esa dependencia, en el marco de sus competencias, adelanten las actuaciones correspondientes.

493 **ARTÍCULO 3. Principios de la vigilancia y el control fiscal.** La vigilancia y el control fiscal se fundamentan en los siguientes principios: **a) Eficiencia:** En virtud de este principio, se debe buscar la máxima racionalidad en la relación costo-beneficio en el uso del recurso público, de manera que la gestión fiscal debe propender por maximizar los resultados, con costos iguales o menores. **b) Eficacia:** En virtud de este principio, los resultados de la gestión fiscal deben guardar relación con sus objetivos y metas y lograrse en la oportunidad, costos y condiciones previstos. **c) Equidad:** En virtud de este principio, la vigilancia fiscal debe propender por medir el impacto redistributivo que tiene la gestión fiscal, tanto para los receptores del bien o servicio público considerados de manera individual, colectivo, o por sector económico o social, como para las entidades o sectores que asumen su costo. **d) Economía:** En virtud de este principio, la gestión fiscal debe realizarse con austeridad y eficiencia, optimizando el uso del tiempo y de los demás recursos públicos, procurando el más alto nivel de calidad en sus resultados. **e) Concurrencia:** En virtud de este principio, la Contraloría General de la República comparte la competencia de la vigilancia y control fiscal sobre los sujetos y objetos de control fiscal de las contralorías territoriales en los términos definidos por la ley. **f) Coordinación.** En virtud de este principio, el ejercicio de competencias concurrentes se hace de manera armónica y colaborativa, de modo que las acciones entre la Contraloría General de la República y los demás órganos de control

fiscal resulten complementarias y conducentes al logro de los fines estatales y, en especial, de la vigilancia y el control fiscal. **g) Desarrollo sostenible:** En virtud de este principio, la gestión económico financiera y social del Estado debe propender por la preservación de los recursos naturales y su oferta para el beneficio de las generaciones futuras, la explotación racional, prudente y apropiada de los recursos, su uso equitativo por todas las comunidades del área de influencia y la integración de las consideraciones ambientales en la planificación del desarrollo y de la intervención estatal. Las autoridades estatales exigirán y los órganos de control fiscal comprobarán que en todo proyecto en el cual se impacten los recursos naturales, la relación costo-beneficio económica y social agregue valor público o que se dispongan los recursos necesarios para satisfacer el mantenimiento de la oferta sostenible. **h) Valoración de costos ambientales:** En virtud de este principio el ejercicio de la gestión fiscal debe considerar y garantizar la cuantificación e internalización del costo-beneficio ambiental. **i) Efecto disuasivo:** En virtud de este principio, la vigilancia y el control fiscal deben propender a que sus resultados generen conciencia en los sujetos a partir de las consecuencias negativas que les puede acarrear su comportamiento apartado de las normas de conducta que regulan su actividad fiscal. **j) Especialización técnica.** En virtud de este principio, la vigilancia y el control fiscal exigen calidad, consistencia y razonabilidad en su ejercicio, mediante el conocimiento de la naturaleza de los sujetos vigilados, el marco regulatorio propio del respectivo sector y de sus procesos, la ciencia o disciplina académica aplicable a los mismos y los distintos escenarios en los que se desarrollan. **k) Inoponibilidad en el acceso a la información.** En virtud de este principio, los órganos de control fiscal podrán requerir, conocer y examinar, de manera gratuita, todos los datos e información sobre la gestión fiscal de entidades públicas o privadas, exclusivamente para el ejercicio de sus funciones sin que le sea oponible reserva alguna. **l) Tecnificación:** En virtud de este principio, las actividades de vigilancia y control fiscal se apoyarán en la gestión de la información, entendida como el uso eficiente de todas las capacidades tecnológicas disponibles, como inteligencia artificial, analítica y minería de datos, para la determinación anticipada o posterior de las causas de las malas prácticas de gestión fiscal y la focalización de las acciones de vigilancia y control fiscal. con observancia de la normatividad que regula el tratamiento de datos personales. **m) Integralidad:** En virtud de este principio, la vigilancia y control fiscal comprenderá todas las actividades del respectivo sujeto de control desde una perspectiva macro y micro, sin perjuicio de la selectividad , con el fin de evaluar de manera cabal y completa los planes, programas, proyectos, procesos y operaciones materia de examen y los beneficios económicos y/o sociales obtenidos, en relación con el gasto generado, los planes y sus metas cualitativas y cuantitativas, y su vinculación con políticas gubernamentales **.n) Oportunidad.** En virtud de este principio, las acciones de vigilancia y control fiscal, preventivas o posteriores se llevan a cabo en el momento y circunstancias debidas y pertinentes para cumplir su cometido, esto es, cuando contribuyan a la defensa y protección del patrimonio público, al fortalecimiento del control social sobre el uso de los recursos y a la generación de efectos disuasivos frente a las malas prácticas de gestión fiscal.**o) Prevalencia.** En virtud de este principio, las competencias de la Contraloría General de la República primarán respecto de las competencias de las contralorías territoriales, en los términos que se definen en el presente Decreto Ley y demás disposiciones que lo modifiquen o reglamenten. En aplicación de este principio,

Ahora bien dentro de esos mismos principios y atendiendo el tema del uso de la IA, **la Inoponibilidad en el acceso a la información, el principio de Tecnificación preceptúa textualmente que deben utilizarse** "*las capacidades tecnológicas disponibles, como inteligencia artificial, analítica y minería de datos*", con el propósito de determinar una mala administración, o dicho en los mismos términos que utiliza la ley evitarse las "*malas prácticas de gestión fiscal*", demuestran que la reforma, está proporcionando los resultados esperados por la comunidad.[494]

6. Reflexiones a modo de conclusiones sobre los aportes de la inteligencia artificial en la buena administración pública

Algunas de las ventajas y desventajas que lleva consigo el uso de la IA, en la aplicación del derecho y herramientas judiciales planteadas en un interesante estudio [495] son: Ventajas "• *Alexitimia: Al carecer por completo de emociones, toma decisiones completamente racionales, y no pasionales…* • *Perfección: Minimiza casi la totalidad de posibilidades de error; la IA razona de forma metódica y perfecta…* • *Más información: La IA contiene una base descomunal de información (Big da-*

cuando la Contraloría General de la República inicie un ejercicio de control fiscal, la contraloría territorial debe abstenerse de actuar en el mismo caso; así mismo, si la contraloría territorial inició un ejercicio de control fiscal y la Contraloría General de la República decide intervenir de conformidad con los mecanismos establecidos en el presente Decreto Ley, desplazará en su competencia a la contraloría territorial, sin perjuicio de la colaboración que las contralorías territoriales deben prestar en estos eventos a la Contraloría General de la República. **p) Selectividad:** En virtud de este principio, el control fiscal se realizará en los procesos que denoten mayor riesgo de incurrir en actos contra la probidad administrativa o detrimento al patrimonio público. Así mismo, en virtud de este principio, el control fiscal podrá responder a la selección mediante un procedimiento técnico de una muestra representativa de recursos, cuentas, operaciones o actividades, que lleve a obtener conclusiones sobre el universo respectivo. **q) Subsidiariedad.** En virtud de este principio, el ejercicio de las competencias entre contralorías debe realizarse en el nivel más próximo al ciudadano, sin perjuicio de que, por causas relacionadas con la imposibilidad para ejercer eficiente u objetivamente, la Contraloría General de la República pueda intervenir en los asuntos propios de las contralorías territoriales en los términos previstos en el presente Decreto Ley"

494 ìdem

495 La Inteligencia Artificial y La Atribución Del Estado De Impartir Justicia Autor. Rosa María Ramos Parral Andrea del Pilar Villamil Mican Universidad Libre de Colombia. Repositorio Institucional Unilibre disponible en https//repositoryunilibre.edu.co.

ta)... • Incorruptibilidad y trazabilidad... • Eficacia de recursos: La IA facilita llegar al fin propuesto, en el menor tiempo posible... Razonamiento: Emula procesos cognitivos llevados a cabo por los operadores del derecho...". Se señalan las desventajas que podrían afectar el acceso a la justicia en términos de oportunidad en caso de congestión del sistema o falta de mantenimiento; y también podría verse afectado el acceso para las personas que carecen de servicio de internet y se destaca que en el caso de interpretar las normas, es el juez quien debe adecuar y valorar cada caso que tiene sus particularidades de tal manera que la IA, no puede de modo alguno vulnerar derechos fundamentales, en eventos de aplicarse por analogía situaciones que requieren de análisis exclusivo del conocimiento y razonabilidad que solo puede realizar el ser humano. [496]

Los algoritmos son herramientas al servicio de la sociedad y están presentes en nuestra vida cotidiana y deben optimizarse en la toma de decisiones gubernamentales que agilicen trámites y permitan por ejemplo asignar beneficios; y dado el impacto directo que tiene en los derechos humanos, es deber el manejo adecuado en términos de conocimiento, transparencia, y supervisión. Debe tenerse en cuenta que los algoritmos son falibles de tal modo que los sesgos y los riesgos deben identificarse y ante todo la aplicación ética en el manejo de la información, la protección de la información personal y el respeto por la privacidad y seguridad ciudadana, son el principal derrotero que se traducen en buena gobernanza.[497]

La IA, en el sector público, se constituye en un permanente reto que debe estar regulado conforme a los siguientes 10 pilares: "*1. Un marco jurídico básico que permita, con seguridad jurídica pero de un modo adaptativo, garantizar la protección de los derechos fundamentales de los ciudadanos, sin suponer un contrapeso a las oportunidades de innovación para la mejora de los servicios públicos. 2. Un sistema de atribución de responsabilidad por los eventuales daños que se pudieran producir en el desarrollo de actividad pública basada en la IA, discriminando entre diseñadores, proveedores, y los propios usuarios. 3. Garantía del respeto a la autonomía organizacional en los procesos de toma de decisiones, asegurando siempre la adopción de la decisión que mejor responda al interés general y no siempre a los resultados*

496 ídem

497 Abdala, M. B.; Lacroix Eussler, S. y Soubie, S. (octubre de 2019). La política de la Inteligencia Artificial: sus usos en el sector público y sus implicancias regulatorias. Documento de Trabajo N°185, Buenos Aires: CIPPEC.

algorítmicos. 4. Automatización de todas aquellas tareas del sector público, que sean automatizables, no solo en la esfera administrativa y en las que la intervención de las personas al servicio de la administración no añada valor. 5. Gestión de riesgos en garantía los derechos y libertades de todas las personas, en particular, su derecho a la no discriminación mediante la aparición de sesgos consecuencia de las técnicas de deep learning y machine learning, evitando la posibilidad de introducción de sesgos éticos, por acción u omisión, desde el diseño de las aplicaciones. 6. Conformación de equipos multidisciplinares para asumir los retos derivados de la IA y evitar capturas tecnológicas, facilitando los máximos desarrollos en innovación pública. 7. Establecimiento de la obligación de medir y evaluar el resultado de la utilización de estas aplicaciones y nuevas tecnologías, analizando los outputs en relación a su no utilización. 8. Promoción de la innovación y la creatividad en el ámbito de la gestión pública, tanto innovación abierta como innovación pública; tanto mediante sistemas formales como informales, estructurales y puntuales. 9. Disponibilidad de una estrategia que permita asegurar la seguridad y confidencialidad de los datos personales y su privacidad en su utilización por los algoritmos al servicio de la gestión pública. 10. Asunción del compromiso de que los datos personales solo se usarán para fines exclusivamente autorizados por el usuario"[498]. De allí la importancia de la regulación que permita optimizar las ventajas que ofrece la tecnología al servicio del buen gobierno, en términos de eficiencia, eficacia, efectividad, oportunidad, calidad, en los servicios públicos en beneficio de la comunidad y atendiendo el cumplimiento de los fines esenciales del estado contenidos en la Carta fundamental.

La Organización de las Naciones Unidas para la Educación, la Ciencia y la Cultura, Unesco, como organismo de las Naciones Unidas, se ha ocupado siempre de fijar posiciones frente a temas de educación, ciencia, cultura; y por supuesto sobre IA.

Valga señalar que la igualdad de género es un asunto prioritario de la Unesco, y en un reciente informe se expresa que son notorios los sesgos en datos, algoritmos que pueden estigmatizar a las mujeres, pues basados en una investigación del FMI, se consideró que la automatización del trabajo

[498] Inteligencia Artificial e Innovación en la Administración Pública: (in)necesarias regulaciones para la garantía del servicio público. M.ª Concepción Campos Acuña Doctora en Derecho y Secretaria de Administración Local, Categoría Superior Ayuntamiento de Vigo concepcioncamposacunha@gmail.com.

podría eventualmente afectarlas debido a que la mayoría de los trabajos con alto riesgo de automatización, tales como los puestos de oficina, administrativos, de contabilidad y de cajero, son ocupados por mujeres; de tal suerte que en las recomendaciones sobre la Ética de la Inteligencia Artificial, se indica la necesidad de: 1. Establecer un punto de vista de toda la sociedad y trazar un mapa de los objetivos más amplios que pretendemos alcanzar; 2. Generar una comprensión de los Principios Éticos de la inteligencia artificial y cómo posicionar la igualdad de género dentro de ellos; 3. Reflexionar sobre posibles enfoques para poner en práctica los Principios de la inteligencia artificial y la igualdad de género; 4. Identificar y desarrollar un plan de acción y una coalición de múltiples partes interesadas con su respectivo financiamiento como un siguiente paso fundamental.[499]

Las recomendaciones de la Unesco, frente a la importancia de la ética en la IA, se constituyen en un imperativo a la hora de reducir riesgos que en su mayoría se orientan al respeto de los derechos humanos en la construcción de la Ética de la Inteligencia Artificial.[500]

EL PNUD, conjuntamente con El Ministerio de Ciencia, Tecnología e Innovación, está trabajando en la identificación de fortalezas, oportunidades, beneficios y riesgos en el marco del estudio AIRA[501]. Este estudio involucra a todos los miembros del Sistema Nacional de Ciencia, Tecnología e Innovación, para la construcción de políticas públicas, estrategias, gobernanza, pensamiento emergente, en el marco de la investigación y el manejo de la ética de la IA.[502]

La Unión Europea, se centra en enfocar la IA, principalmente en los derechos del ser humano, en términos de excelencia, confianza e impulso de la investigación. Se destaca la protección y seguridad de las personas para

499 Nuevo informe de la UNESCO sobre Inteligencia Artificial e Igualdad de Género | UNESCO, disponible en https://www.unesco.org/es/article.

500 ìdem

501 *La 'Evaluación de Preparación de Inteligencia Artificial' (en inglés Artificial Intelligence Readiness Assessment–AIRA), es un estudio que le permitirá al país identificar fortalezas y oportunidades de mejora, así como maximizar los beneficios de la IA y minimizar sus riesgos potenciales.*

502 MinCiencias y PNUD Colombia avanzan en la evaluación de la inteligencia artificial en el país. Disponible en https://minciencias.gov.co/sala_de_prensa/minciencias-y-pnud-Colombia.

la construcción de una Europa resiliente en la década digital. Según se describe en el informe de 2024 se promueve la innovación y apoyo a empresas emergentes y pymes europeas en que la IA prospere desde el laboratorio, hasta el mercado, sea una fuerza para el bien de la sociedad y se promueva el liderazgo estratégico. En ese propósito, promueven la ciberseguridad, la ley de datos y la gobernanza de datos, que además genere confianza en los usuarios, respete los derechos fundamentales, de tal manera que se aborden los riesgos y se reglamenten los temas de responsabilidad en el marco jurídico de la IA.[503]

Ahora bien, consideramos que la inteligencia artificial es una herramienta al servicio de la administración pública que debe contribuir al mejoramiento de la calidad de vida de los ciudadanos en tanto reciban servicios eficientes y efectivos; y quizás su mayor contribución a la óptima gobernanza y adecuadas prácticas de una buena administración se resume en las siguientes reflexiones finales de este capítulo:

- La inteligencia artificial se constituye en un soporte fundamental y garantía de una buena administración.
- La inteligencia artificial debe utilizarse con orientación al servicio y garantía de los derechos humanos, en tanto se pueden optimizar tiempos y trámites que inciden en la salud, educación, seguridad y hasta en la vida de las personas.
- La Inteligencia artificial es una herramienta útil a la hora de tomar decisiones; sin embargo, es importante realizar mediciones de avances, para lo cual los algoritmos resultan útiles; pero ellos deben analizarse, para evitar sesgos en las conclusiones.
- Los sistemas de IA promueven una mayor conexión entre gobiernos y ciudadanos.
- La IA contribuye al seguimiento de la inversión y optimización de los recursos públicos.

[503] Shaping Europe`s digital future. Enfoque europeo de la Inteligencia artificial, disponible en: https://digital-strategy.ec.europa.eu.

- La IA incrementa la credibilidad de los ciudadanos en la medida en que tengan acceso a la información y puedan evidenciar la trazabilidad y transparencia de la información.
- La administración debe estar a la vanguardia en la implementación de la IA para propiciar el crecimiento y desarrollo económico.
- Se hace necesario identificar los riesgos que pudieran afectar el derecho a la intimidad, que podría verse afectado por el acceso a la información de los ciudadanos; de tal manera que debe garantizarse la intimidad y la protección de datos personales.
- Las recomendaciones de la OCDE, PNUD, Unesco, y todos los organismos que se ocupan del desarrollo económico, social, cultural, educativo a nivel mundial, deben tenerse en cuenta, pues siempre se dirigen al mejoramiento de la gestión pública como derecho de las personas.
- La importancia de la seguridad en el uso de la IA, por los ataques cibernéticos que ponen en riesgo la información de los usuarios, es un tema relevante a la hora de implementar las IA, que siempre deben estar al servicio de la comunidad.
- La confianza ciudadana es un asunto primordial, en tanto se podría generar rechazo, frente a la percepción de amenaza para los puestos de trabajo y generación de desempleo, así como los posibles sesgos algorítmicos. [504]
- El respeto por los derechos humanos que se derivan del derecho de defensa y del debido proceso son fundamentales a la hora de analizar y valorar las pruebas, valoraciones que si bien es cierto en la actualidad existen herramientas que apoyan estos propósitos, no pueden ser reemplazados por un aplicativo, pues requiere del razonamiento exclusivo del ser humano.

[504] OCDE. (2019). Artificial intelligence in government: A road map for public servants. OECD Publishing, citada en LATAM Revista Latinoamericana de Ciencias Sociales y Humanidades, ISSN en línea: 2789-3855, diciembre, 2023

- La oportunidad es sinónimo de justicia y en ello la IA, debe estar al servicio ciudadano, como garante de sus derechos humanos y ejemplo de buena administración.
- Los algoritmos son falibles y deben ocupar el lugar de indicadores que apoyan una labor.
- La IA debe regularse de forma permanente y adaptable a los cambios que la sociedad y las circunstancias conlleven.
- La IA debe regirse por normas que ante todo garanticen el respeto por los derechos fundamentales y la información.
- El marco jurídico debe fijar responsabilidades claras que garanticen el debido proceso de quienes manejan y tienen accesos a la información.

Recomendación sobre la ética de la inteligencia artificial

En noviembre de 2021, la Unesco elaboró la primera norma mundial sobre la ética de la IA: la "Recomendación sobre la ética de la inteligencia artificial". Este marco fue adoptado por los 193 Estados miembros.

La protección de los derechos humanos y la dignidad es la piedra angular de la Recomendación, basada en el avance de principios fundamentales como la trans, el género, la educación, la investigación, la salud y el bienestar social, entre otros.

CAPÍTULO CUARTO

DERECHOS HUMANOS Y BUENA GOBERNANZA EN LA ADMINISTRACIÓN PUBLICA

En la primera edición de este libro destacamos que el Estado colombiano no reconoce de forma expresa la buena administración como derecho fundamental, pero su consagración aparece en la Constitución Política y en la Ley. En esta segunda edición postulamos que la buena administración es un derecho humano por los efectos que despliega en el desarrollo y garantía de los derechos de los ciudadanos.

1. Los derechos fundamentales en la administración pública

Los derechos fundamentales como fuente del desarrollo de los individuos tienen importantes implicaciones en la vida de los pueblos[505]. El concepto de derecho fundamental es sin duda un imperativo que atañe a casi todas las Constituciones contemporáneas. En Colombia cobró destacada relevancia el término a partir de la Constitución de 1991, cuando se consagró una nueva orientación filosófica, ubicando al hombre o ser humano en un lugar privilegiado y convirtiéndolo en el centro, razón de ser, principio y fin del Estado.

Precisamos entonces el concepto de Estado, según varios doctrinantes, en primer lugar a Reyes, concibe el Estado como una sociedad jurídica-

---

505 Refiere Julián Tole Martínez que: "Los derechos fundamentales no son ningún descubrimiento de nuestra época. No obstante, hasta hace pocos años la Constitución colombiana los reconoce como normas jurídicas de carácter constitucional. Y esto se debe a que difícilmente, en la actualidad, un Estado constitucional o cualquier orden social democrático pueden renunciar a garantizar los derechos fundamentales o, al menos, a proclamarlos; son discutibles todavía su contenido, su estructura normativa o su significado, pero no el principio de la necesidad de protección". Julián Tole Martínez. "La teoría de la doble dimensión de los derechos fundamentales en Colombia. El estado de cosas inconstitucionales, un ejemplo de su aplicación", en Cuestiones Constitucionales, n.º 15, 2006, p. 254.

mente organizada, que posibilita la convivencia y los fines humanos y que se conforma por, el territorio, la población, el gobierno y la soberanía.[506]

Esta interesante descripción entroniza al individuo pues la alusión: "realización de la totalidad de los fines humanos" lo sitúa como el propósito, el sentido, el fundamento, la fuente y la razón que justifica la existencia del Estado bajo una concepción humana.

Señala Huxley que la organización social, entendida como Estado, sólo se justifica cuando se la considera un medio al servicio del hombre. El Estado es el medio y el hombre el fin. Una organización no es un ente vivo, es solo una pieza de maquinaria social, que debe promover el bien colectivo; de tal manera que priorizar a las organizaciones sobre las personas, es situar a los medios por encima de los fines.[507]

Echandi, considera que el Estado, está compuesto por el orden jurídico y por el pueblo que vive en un territorio y señala además que Maquiavelo, al igual que Hegel, consideraron al estado como la máxima expresión de la conciencia ética, de la que se erige la supremacía del concepto de patria, que trasciende y está por encima de todo.[508]

506 Mecalco Reyes Jorge, Concepto de Estado, elementos que conforman el concepto de estado e introducción a los tipos de estados: "*El territorio, que es el espacio físico, donde se asienta la población y que comprende el espacio aéreo, el mar territorial y el espacio territorial; la población, que es la agrupación humana que habita el territorio de manera estable; el gobierno que es la autoridad que dirige, controla y administra las instituciones del estado y la soberanía que es la voluntad política que posee un pueblo para autodeterminarse, tomando sus decisiones con independencia de poderes externos*".

507 *Aldous Huxley: "El conjunto social, cuyo valor es considerado superior al de sus partes componentes, no es un organismo en el sentido en que pueden ser considerados un organismo, una colmena o un termitero. Es meramente una organización, una pieza de maquinaria social. Sólo puede tener valor en relación con la vida y la conciencia. Una organización no es un ente consciente ni vivo. Su valor es instrumental y derivativo. No es buena en sí misma; es buena únicamente en la medida en que promueve el bien de los individuos que son partes del conjunto colectivo. Atribuir a las organizaciones precedencia sobre las personas, es subordinar los fines a los medios. Lo que sucede cuando los fines son subordinados a los medios, fue claramente demostrado por Hitler y Stalin. Bajo su odioso gobierno personal, los fines fueron subordinados a los medios organizativos, por una mezcla de violencia y propaganda, de terror sistemático y sistemáticmanipulación de las mentes* Nueva Visita a un Mundo Feliz", Ed. Seix Barral, Barcelona, 1984, pág. 46).

508 Echandi Guardián Marcela. El concepto de Estado y los aportes de Maquiavelo a la teoría del Estado-Revista de ciencias jurídicas-119. "*La idea de patria, según Maquiavelo es superior a todo orden jurídico y a toda organización estatal. La patria es ante todo una realidad espiritual, una realidad trascendente, en cuanto representa una comunidad indestructible entre las generaciones. Es*

Entonces, según se expresa por la doctrina precedente, el Estado debe ser la máxima expresión de la conciencia ética, pues como lo hemos descrito en varios apartes de este libro, no se concibe una sociedad sin valores éticos y morales que persigan la justicia y los derechos humanos, y es el Estado a través de sus servidores el modelo de buen actuar, de respeto y reconocimiento de la dignidad humana como baluarte del buen gobierno. El Estado concita la organización y las relaciones sociales en hombres que requieren de la unidad y el consenso para satisfacer sus necesidades, cuya base se erige hacia un sentir común y humano del ser pensante.

La consideración de la persona y su dignidad es el presupuesto y el elemento esencial del "Estado social de derecho", razón por la cual el sistema constitucional de derechos y garantías –máxima expresión jurídica de la dignidad de la persona humana– contribuye a darle sentido, contenido a esta modalidad de Estado. Destaca la Honorable Corte Constitucional la consagración constitucional del derecho a la personalidad jurídica reconocido además en institutos internacionales, instrumentalizados en tal sentido por el Pacto Internacional de Derechos Civiles y Políticos –PIDCP- y la Convención Americana sobre Derechos Humanos -CADH-. predican la igualdad de todos los seres pertenecientes a la raza humana. [509]

Del mismo modo el máximo tribunal guardián de la Constitución Política de Colombia, explicó que la Constitución de 1991 señaló la personalidad jurídica en el caso de la persona natural le otorga toda la idoneidad y titularidad de sus actividades e intereses[510]

En la misma orientación la Corporación en sala Plena indicó que la personalidad jurídica es un derecho fundamental; un atributo que tiene esencialmente todo ser humano, en tanto contiene las características propias de

ella la que merece todo sacrificio individual y a su servicio se debe dirigir la existencia y la orientación del Estado".

509 Sentencia T-241 de 2018 M. P., Gloria Stella Ortiz Delgado. "Esta Corporación, desde sus inicios, lo definió como derecho fundamental, pues además de ser una disposición de rango supralegal es un axioma fundamental para la interacción de la persona humana con el mundo jurídico; en otras palabras, es la parte sustancial de la idea de persona en los Estados Constitucionales modernos".

510 *Sentencia C-486 de 1993*

la persona[511]. También señala la Corte: *"al establecer que el concepto jurídico de sujeto de derecho expresa solamente la unidad de pluralidad de deberes, responsabilidades y derechos subjetivos"*.[512]

Como se advierte el reconocimiento de la persona como sujeto de derechos y obligaciones, tiene igualmente un trasfondo constitucional, legal y de linaje Internacional que obliga al Estado a otorgar beneficios y garantías, que materializan los referidos derechos y obligaciones.

Así las cosas, la protección que brinda el estado a las personas como destinatarias de derechos y obligaciones está directamente ligada con el reconocimiento de su dignidad y con la obligación del Estado de preservar y salvaguardar todos los derechos inherentes a las personas en todas sus dimensiones.

La persona en su manifestación individual y colectiva es contemplada en la Constitución como fuente suprema y última de toda autoridad y titular de derechos inalienables para cuya protección se crea el Estado que le otorga competencias a sus agentes. El Estado reconoce la primacía de los derechos inalienables de la persona humana y las autoridades están instituidas para proteger a todas las personas residentes en Colombia, en su vida, honra, bienes y demás derechos y libertades, además para asegurar el cumplimiento de los deberes sociales del Estado y de los particulares acorde con lo instituido en el artículo 2.º Constitucional[513].

---

511 *Sentencia C-109 de 1995*

512 *Sentencia C-591 de 1995. "De conformidad con las reglas decantadas por esta Corporación, el derecho a la personalidad jurídica dentro del ordenamiento constitucional colombiano: (i) está reconocido en los artículos 14 Superior, 16 del PIDCP y 3° de la CADH con una especial trascendencia práctica de carácter legal, pues es el medio por el cual se reconoce la existencia a la persona humana dentro del ordenamiento jurídico; (ii) es un derecho fundamental y presupuesto esencial de la consagración y efectividad del sistema de derechos y garantías contemplado en la Constitución; (iii) su materialidad conlleva a los atributos propios de la persona humana; y (iv) es propio de los sujetos de derecho en el ordenamiento jurídico constitucional.*

513 Así en Sentencia T-571 de 26 de octubre de 1992, M. P.: Jaime Sanín Greiffenstein, disponible en [https://www.corteconstitucional.gov.co/relatoria/1992/t-571-92.htm], la Corte Constitucional expresó: "Los derechos humanos fundamentales que consagra la Constitución Política de 1991 son los que pertenecen a toda persona en razón a su dignidad humana. De allí que se pueda afirmar que tales derechos son inherentes al ser humano: es decir, los posee desde el mismo momento de su existencia –aún de su concepción– y son anteriores a la misma existencia del Estado, por lo que están por encima de él. Fuerza

La determinación de reconocer unos derechos fundamentales como garantía de seguridad y de adecuada prestación de servicios se materializa a través de un pacto o contrato social, que busca obtener un orden social más justo y equitativo. Lo cual, permita la construcción de una convivencia pacífica a cuya cabeza está el Estado, encargado de garantizarlos, al tiempo que limita el ejercicio del poder público, para evitar que se desborde[514]

Lo fundamental de un derecho no depende de su ubicación dentro de un texto constitucional, sino que son fundamentales aquellos derechos inherentes a la persona humana. [515]

La fundamentación de un derecho no depende sólo de su naturaleza, sino que se deben considerar las circunstancias particulares del caso. La vida, la dignidad, la intimidad y la libertad son derechos fundamentales dado su carácter inalienable. En la Constitución colombiana se señala expresamente cuales son los derechos fundamentales, que representan los mínimos y atañen a la persona humana; de tal manera que el reconocimiento, respeto, garantía deben enmarcarse en los principios de oportunidad, eficiencia, efi-

concluir entonces, como lo ha venido sosteniendo ésta Corte que el carácter fundamental de un derecho no depende de su ubicación dentro de un texto constitucional sino que son fundamentales aquellos derechos inherentes a la persona humana. La fundamentalidad de un derecho no depende sólo de la naturaleza del derecho, sino que se deben considerar las circunstancias particulares del caso. La vida, la dignidad, la intimidad y la libertad son derechos fundamentales dado su carácter inalienable"

514 Así en Sentencia T-571 de 26 de octubre de 1992, M. P.: Jaime Sanín Greiffenstein, disponible en [https://www.corteconstitucional.gov.co/relatoria/1992/t-571-92.htm], la Corte Constitucional expresó: "Los derechos humanos fundamentales que consagra la Constitución Política de 1991 son los que pertenecen a toda persona en razón a su dignidad humana. De allí que se pueda afirmar que tales derechos son inherentes al ser humano: es decir, los posee desde el mismo momento de su existencia –aún de su concepción– y son anteriores a la misma existencia del Estado, por lo que están por encima de él. Fuerza concluir entonces, como lo ha venido sosteniendo ésta Corte que el carácter fundamental de un derecho no depende de su ubicación dentro de un texto constitucional sino que son fundamentales aquellos derechos inherentes a la persona humana. La fundamentalidad de un derecho no depende sólo de la naturaleza del derecho, sino que se deben considerar las circunstancias particulares del caso. La vida, la dignidad, la intimidad y la libertad son derechos fundamentales dado su carácter inalienable"

515 De manera puntual, en el artículo 10.1 se dice que "La dignidad de la persona, los derechos inviolables que le son inherentes, el libre desarrollo de la personalidad, el respeto a la ley y a los derechos de los demás son fundamento del orden político y de la paz social".

cacia, a cargo de las autoridades que detentan el poder de dirigir y gobernar los destinos de los coasociados.

En España, los derechos fundamentales son considerados como aquellos derechos que, con eficacia directa, se contienen en la Constitución y vinculan a todos los poderes públicos. De manera general en el título I que habla de los derechos y deberes fundamentales, se alude a los derechos de la persona.[516]

Retomando lo expresado por la Corte Constitucional, expresa el alto tribunal, que Colombia es un estado social de derecho cuya forma y organización tiene un fundamento que no puede ser otro que el respeto de la dignidad humana, que equivale a: "*(i) al merecimiento de un trato especial que tiene toda persona por el hecho de ser tal; y (ii) a la facultad que tiene toda persona de exigir de los demás un trato acorde con su condición humana*"; y también señala que la dignidad humana se expresa como*: "(i) principio fundante del ordenamiento jurídico y por tanto del Estado, y en este sentido la dignidad como valor; (ii) principio constitucional; y (iii) derecho fundamental autónomo*[517].

Entonces es claro que la dignidad humana supone el reconocimiento de unos derechos mínimos derivados justamente de esa condición humana que apareja el cumplimiento de las autoridades que integran el Estado, de las obligaciones que le son propias y que le aseguran a la persona mediante prestaciones públicas, un mínimo de condiciones sociales materiales que le permiten su supervivencia. [518]

516 De manera puntual, en el artículo 10.1 se dice que "La dignidad de la persona, los derechos inviolables que le son inherentes, el libre desarrollo de la personalidad, el respeto a la ley y a los derechos de los demás son fundamento del orden político y de la paz social".

517 Sentencia T-291 de 2016 M.P. Alberto Rojas Ríos.

518 Sentencia C-251 de 1997 M.P. Alejandro Martínez Caballero. *La Constitución acoge la fórmula del Estado social de derecho, la cual implica que las autoridades buscan no sólo garantizar a la persona esferas libres de interferencia ajena, sino que es su deber también asegurarles condiciones materiales mínimas de existencia, por lo cual el Estado debe realizar progresivamente los llamados derechos económicos, sociales y culturales. El Estado tiene frente a los particulares no sólo deberes de abstención sino que debe igualmente realizar prestaciones positivas, sobre todo en materia social, a fin de asegurar las condiciones materiales mínimas, sin las cuales no es posible vivir una vida digna. Existe entonces una íntima relación entre la consagración del Estado social de derecho, el reconocimiento de la dignidad humana".*

En nuestra Constitución conforme convenciones, tratados y normas internas se ha establecido unos derechos mínimos que se contemplan de manera puntual, siendo algunos fundamentales y otros que sin serlo le dan valor y posibilidad de desarrollo a las personas. Así puede decirse que existen derechos mínimos de libertad, de participación y derechos sociales y prestacionales, todos ellos susceptibles de un manejo progresivo e integrativo. [519]

2. La buena administración, como derecho humano

Los derechos humanos, son aquellos que naturalmente le pertenecen a los individuos por el solo hecho de serlo, son entendidos sin ninguna clase de distinción de nacionalidad, raza, religión, sexo, status social, orientación sexual, creencias, militancias, origen, opiniones, condición; que pueda ser considerada como una limitación para el pleno disfrute de ventajas y beneficios que otorga la especie humana y que debe ser reconocida por los demás seres pensantes y garantizada por las autoridades.

Un sector de la doctrina como Muller considera que los derechos humanos deben ser entendidos: *"Como aquellos principios inherentes a la dignidad humana que necesita el hombre para alcanzar sus fines como persona y para dar lo mejor de sí en la sociedad, son aquellos reconocimientos mínimos sin los cuales la existencia del individuo o la colectividad carecerían de significado y de fin en sí mismas. Consisten en la satisfacción de las necesidades morales y materiales de la persona humana."*[520]

519 Sentencia C-251 de 1997 M.P. Alejandro Martínez Caballero. *Esta interdependencia y unidad de los derechos humanos tiene como fundamento la idea de que para proteger verdaderamente la dignidad humana es necesario que la persona no sólo tenga órbitas de acción que se encuentren libres de interferencia ajena, como lo quería la filosofía liberal, sino que además es menester que el individuo tenga posibilidades de participación en los destinos colectivos de la sociedad de la cual hace parte, conforme a las aspiraciones de la filosofía democrática, y también que se le aseguren una mínimas condiciones materiales de existencia, según los postulados de las filosofías políticas de orientación social. Los derechos humanos son pues una unidad compleja. Por ello algunos sectores de la doctrina suelen clasificar los derechos humanos en derechos de libertad, provenientes de la tradición liberal, derechos de participación, que son desarrollo de la filosofía democrática, y derechos sociales prestacionales, que corresponden a la influencia de las corrientes de orientación social y socialista..*

520 Díaz Muller, Luis, Manual de derechos humanos, México, Comisión Nacional de Derechos Humanos, 1992, p.53.

Cobra importancia de esta definición el reconocimiento de unos mínimos, sin los cuales los individuos no podrían ser viables, ni ver satisfechos sus más elementales necesidades que hacen parte de su esencia; pues es justamente la existencia como ser humano la que le da sentido y razón a sus derechos.

Ha señalado la Honorable Corte Constitucional en Sentencia T-653 de 2012, que la actividad jurisdiccional ejercida en materia de protección de los derechos reconocidos en la Convención Americana sobre Derechos Humanos por parte de la Corte Interamericana, se erige como un mecanismo que desarrolla el reconocimiento del respeto de la dignidad humana, principio fundamental previsto en el artículo 1° de la Carta, y el de primacía de los derechos inalienables de las personas, establecido en el 5° constitucional. De igual forma, ampara los valores contenidos en el artículo 2° de nuestra Constitución, en especial en cuanto garantiza la efectividad de los derechos de las personas.

En palabras García Ramírez, Presidente del Tribunal Internacional en el periodo 2004-2006:

> *"La jurisdicción internacional sobre derechos humanos sirve a un múltiple propósito. Aspira a restablecer el orden jurídico vulnerado por la violación cometida, a crear condiciones de paz y justicia que permitan el flujo natural de las relaciones sociales -bajo la idea de que justicia pacis fundamentum- y a satisfacer los derechos e intereses legítimos de quien se ha visto lesionado por una conducta antijurídica. En otros términos, atiende las necesidades del derecho objetivo y las exigencias del derecho subjetivo. En la primera hipótesis, se proyecta sobre la sociedad en su conjunto -en este caso, sobre la sociedad nacional, e incluso sobre la internacional: regional americana-; en el segundo supuesto, se dirige a quien ha sido víctima de la conducta ilícita. Así, abarca al conjunto social y a uno o algunos de sus integrantes. En todo caso, esta preocupación -que es ocupación de la sentencia- incide de manera directa e inmediata sobre las decisiones que se adopten en materia de reparaciones, al amparo de las normas que rigen en este ámbito."*[521]

Autores como Carpizo, destacan que los derechos humanos nacen de la dignidad humana al señalar: *"el conjunto de atribuciones reconocidas en los instrumentos internacionales y en las constituciones para hacer efectiva la idea la dignidad de todas las personas en consecuencia, que pueden conducir una existencia*

[521] Sentencia T-653-12 M.P. Jorge Iván Palacio Palacio

realmente humana desde los ámbitos más diversos, los que se imbrican, como el individual, el social, el político, el económico y el cultural". [522]

Nótese como el reconocimiento de los derechos humanos impacta de manera positiva y armónica distintos aspectos de la vida de los seres humanos, en cada uno de los tópicos que la hacen funcional y determinante.

La Corte Interamericana de Derechos Humanos ha expresado que el Estado tiene el deber de prevenir las violaciones de los derechos humanos, de tal manera que no pueden ahorrarse esfuerzos en el propósito de salvaguardar y establecer medidas coercitivas para quien vulnere; en ese sentido la función investigativa, sancionatoria y resarcitoria debe evitar la impunidad y garantizar el restablecimiento de los derechos, pues no se trata simplemente de investigar, si no que el resultado sea efectivo [523]

Acorde con lo señalado por la Corte Constitucional, es obligación de los Estados prevenir, investigar, procesar y sancionar los atentados contra los derechos humanos reconocidos por la Convención Americana de Derechos Humanos, así como de reparar a las víctimas. Frente a la obligación de prevenir, debe materializarse a través de la adopción de medidas jurídicas, políticas, administrativas y aun culturales, que, aunque pueden ser de varia-

522 CARPIZO, JORGE, "Los derechos humanos: naturaleza, denominación y características", en Revista Mexicana de Derecho Constitucional, México, Núm. 25, julio – diciembre de 2011, p.13

523 *"En ciertas circunstancias puede resultar difícil la investigación de hechos que atenten contra derechos de la persona. La de investigar es, como la de prevenir, una obligación de medio o comportamiento que no es incumplida por el solo hecho de que la investigación no produzca un resultado satisfactorio. Sin embargo, debe emprenderse con seriedad y no como una simple formalidad condenada de antemano a ser infructuosa. Debe tener un sentido y ser asumida por el Estado como un deber jurídico propio y no como una simple gestión de intereses particulares, que dependa de la iniciativa procesal de la víctima o de sus familiares o de la aportación privada de elementos probatorios, sin que la autoridad pública busque efectivamente la verdad. Esta apreciación es válida cualquiera sea el agente al cual pueda eventualmente atribuirse la violación, aun los particulares, pues, si sus hechos no son investigados con seriedad, resultarían, en cierto modo, auxiliados por el poder público, lo que comprometería la responsabilidad internacional del Estado".* Caso Godínez Cruz vs. Honduras. En ese caso el señor Godínez Cruz, dirigente sindical, fue secuestrado y posteriormente desaparecido. La pruebas obrantes dentro del proceso permitieron establecer que el hecho fue ejecutado por las autoridades hondureñas, dentro de una práctica generalizada de desaparecer a personas consideradas peligrosas. La Corte consideró que Honduras había violado, en perjuicio del señor Godínez Cruz, los deberes de respeto y garantía de los derechos a la vida, la integridad y la libertad personales consagrados en la Convención Americana sobre Derechos Humanos.

da naturaleza, deben dirigirse a impedir que tales hechos sucedan aunque "no se demuestra su incumplimiento por el mero hecho de que un derecho haya sido violado". En cuanto a la investigación, se trata de una obligación de medio que no es incumplida por el solo hecho de que la investigación no produzca un resultado satisfactorio. Finalmente, la Corte advierte que la responsabilidad estatal por la prevención, investigación y enjuiciamiento de los atentados contra derechos humanos reconocidos por la convención americana subsiste con independencia de los cambios de gobierno en el transcurso del tiempo[524]

Frente a la Sentencia de la Corte Interamericana de Derechos Humanos del 15 de junio de 2005 [525]destaca la Honorable Corte Constitucional, que entre los varios asuntos que fueron extensamente tratados en este pronunciamiento, resaltan los relativos al deber de reparación que generan las graves violaciones de los derechos humanos. Respecto de la responsabilidad estatal de reparar, se afirmó en esta ocasión que *al producirse un hecho ilícito imputable a un Estado, surge de inmediato la responsabilidad internacional de éste por la violación de la norma internacional de que se trata, con el consecuente deber de reparar y hacer cesar las consecuencias de la violación.* En cuanto a las condiciones de la reparación, señaló que en la medida de lo posible debía ser plena, es decir debía consistir en el restablecimiento de la situación anterior a la violación; si esto no fuera posible, se indicó que deben adoptarse otras medidas de reparación, entre ellas el pago de una indemnización compensatoria; además, señaló que la reparación implica el otorgamiento de garantías de no repetición[526].

524 Sentencia C-370 de 2006 Magistrados Ponentes: Dr. Manuel José Cepeda Espinosa, Dr. Jaime Córdoba Triviño, Dr. Rodrigo Escobar Gil, Dr. Marco Gerardo Monroy Cabra, Dr. Alvaro Tafur Galvis, Dra. Clara Inés Vargas Hernández.

525 Caso comunidad Moiwana vs. Suriname. Los hechos que dieron lugar al proceso consistieron en que las fuerzas armadas de Suriname aracaron la comunidad N'djuka Maroon de Moiwana. Los soldados masacraron a más de 40 hombres, mujeres y niños, y arrasaron la comunidad. Los que lograron escapar huyeron a los bosques circundantes, y después fueron exiliados o internamente desplazados. A la fecha de la presentación de la demanda no había habido una investigación adecuada de la masacre, nadie habría sido juzgado ni sancionado, y los sobrevivientes permanecerían desplazados de sus tierras.

526 Así se manifestó la Corte Internacional: *"Obligación de reparar "De acuerdo con las consideraciones sobre el fondo expuestas en los capítulos anteriores, la Corte declaró, con base en los hechos del caso, la violación de los artículos 5, 22, 21, 8 y 25 de la Convención Americana, todos en relación con el artículo*

Como puede observarse, los citados pronunciamientos de las altas Cortes, están inequívocamente dirigidos a proteger los derechos humanos y lograr la efectividad de los mismos, en cabeza del ciudadano como titular y destinatario de la buena administración; siendo el mismo, el principal afectado cuando no se cumple con ese propósito, pues se trata de la vulneración de un derecho humano, que representa en sí mismo un cúmulo de derechos.

La doctrina ha señalado sobre el derecho humano a una buena administración pública,[527] que "*El tema de los derechos humanos es de amplia importancia para los Estados, pero principalmente desde la perspectiva internacional, tal es el caso del derecho humano a una buena administración pública, del cual se debe indicar que se ha venido dando un desarrollo por parte de los estamentos internacionales desde el año 2000 cuando se expidió la Carta de los Derechos Fundamentales de la Unión*

1.1 de dicho tratado. La Corte ha establecido, en varias ocasiones, que toda violación de una obligación internacional que haya producido daño comporta el deber de repararlo adecuadamente[79]. A tales efectos, el artículo 63.1 de la Convención Americana establece que: Cuando decida que hubo violación de un derecho o libertad protegidos en esta Convención, la Corte dispondrá que se garantice al lesionado en el goce de su derecho o libertad conculcados. Dispondrá asimismo, si ello fuera procedente, que se reparen las consecuencias de la medida o situación que ha configurado la vulneración de esos derechos y el pago de una justa indemnización a la parte lesionada. "Dicho artículo refleja una norma consuetudinaria que constituye uno de los principios fundamentales del Derecho Internacional contemporáneo sobre la responsabilidad de los Estados. De esta manera, al producirse un hecho ilícito imputable a un Estado, surge de inmediato la responsabilidad internacional de éste por la violación de la norma internacional de que se trata, con el consecuente deber de reparar y hacer cesar las consecuencias de la violación. "La reparación del daño ocasionado por la infracción de una obligación internacional requiere, siempre que sea posible, la plena restitución (restitutio in integrum), la cual consiste en el restablecimiento de la situación anterior a la violación. De no ser esto posible, como en el presente caso, cabe al tribunal internacional determinar una serie de medidas para que, además de garantizar el respeto de los derechos conculcados, se reparen las consecuencias producidas por las infracciones y se establezca, inter alia, el pago de una indemnización como compensación por los daños ocasionados. La obligación de reparar, que se regula en todos los aspectos (alcance, naturaleza, modalidades y determinación de los beneficiarios) por el Derecho Internacional, no puede ser modificada o incumplida por el Estado obligado invocando disposiciones de su derecho interno. "Las reparaciones consisten en las medidas que tienden a hacer desaparecer los efectos de las violaciones cometidas. Su naturaleza y su monto dependen del daño ocasionado en los planos material e inmaterial. Las reparaciones no pueden implicar ni enriquecimiento ni empobrecimiento para la víctima o sus sucesores.. Sentencia C-370 de 2006 Magistrados Ponentes: Dr. Manuel José Cepeda EspinosaDr. Jaime Córdoba Triviño, Dr. Rodrigo Escobar Gil, Dr. Marco Gerardo Monroy Cabra, Dr. Alvaro Tafur Galvis, Dra. Clara Inés Vargas Hernández.

527 Arcila, L.A., López, M.A. (2019) El derecho humano a una buena administración pública en México y Colombia. Inciso, 21; 41-57.

Europea,[528] *lo cual generó como consecuencia que se discutiera este tema desde otros horizontes o acuerdos internacionales como lo es el caso de la Carta Iberoamericana de los Derechos y Deberes del Ciudadano con relación a la Administración Pública.*[529]

Veamos como la importancia del reconocimiento internacional del derecho humano a una buena administración ha venido escalando pues luego de la expedición de la Carta de los Derechos Fundamentales de la Unión Europea, conllevó a otros reconocimientos respecto a la Administración pública tal es el caso de Carta Iberoamericana de los Derechos y Deberes del Ciudadano, que en todo caso deben enfocarse hacia la concepción de un buen gobierno.

En este contexto y para ofrecer una medida cuantificable de buen gobierno, "Huther y Shah[530] desarrollaron un índice de calidad de gobernabilidad para una muestra de 80 países. Al medir la calidad de gobernabilidad, los autores desarrollaron una guía para medir la capacidad del gobierno en el logro de los siguientes aspectos:

- *Asegurar la transparencia política y una vocería para todos los ciudadanos*: El índice de participación ciudadana mide libertad y estabilidad políticas.
- *Prestar servicios públicos efectivos en forma eficiente*: El índice de orientación gubernamental mide la eficiencia judicial y burocrática y la ausencia de corrupción.
- *Promover la salud y el bienestar de los ciudadanos*: El índice de desarrollo social mide el desarrollo humano y la distribución equitativa del ingreso.

528 Op, cit "Firmada en Niza, el 7 de diciembre del año 2000, por los miembros del Parlamento Europeo."

529 Op, cit "Aprobada por el Consejo Directivo del CLAD en reunión presencial-virtual celebrada desde Caracas el 10 de octubre de 2013.

530 SERIE SOBRE SECTOR PÚBLICO, BUEN GOBIERNO, Y RESPONSABILIDAD Y RENDICIÓN DE CUENTAS,34378, Editado por ANWAR SHAH. BANCO MUNDIAL.2005. CAPÍTULO 2 Una medida simple de buen gobierno https://documents1.worldbank.org/curated/en/253461468165278922/pdf/343780SPANISH0101OFFICIAL0USE0ONLY1.pdf

- *Crear un clima favorable para el crecimiento económico estable*: El índice de gestión económica mide la orientación hacia el exterior, la independencia del banco central y una razón de deuda a PIB invertida.

Los indicadores si bien no pueden ofrecer una medida exacta de lo que representa un buen gobierno, máxime si tenemos en cuenta que las condiciones de los Estados son diversas, debido a las condiciones particulares, la guía presentada resulta útil a la hora de medir lo que se considera un buen gobierno, pues el control social y la participación ciudadana es una forma expedita de medir los niveles de satisfacción por parte de los dueños de los recursos públicos, como considera el autor de este libro se concibe a los ciudadanos.

En cuanto al indicador que mide la ausencia de corrupción, no compartimos en su totalidad, los criterios planteados pues así se presten los servicios públicos de forma eficiente, ello no es garantía de ausencia de corrupción; en tanto la promoción de la salud y el bienestar ciudadano si contribuye al desarrollo humano y la distribución del ingreso, así como el clima favorable para el crecimiento económico; no obstante la medición en estos eventos debe guardar correspondencia con los resultados en términos cualitativos y cuantitativos.

En este contexto, las Naciones Unidas, a través de su Carta y de la Declaración Universal de los Derechos Humanos, aprobados por la Asamblea General en 1945 y 1948 respectivamente, han creado una normativa universal sobre derechos humanos, a la cual puede adherirse cualquier Nación. Es un espectro amplio, donde se reconocen derechos de índole económico, cultural, social, político, civil y que responde a las necesidades de los pueblos y sus circunstancias cambiantes.[531]

531 Carta de las Naciones Unidas. ***Capítulo I: Propósitos y principios Artículo 1*** *Los propósitos de las Naciones Unidas son:Mantener la paz y la seguridad internacionales, y con tal fin: tomar medidas colectivas eficaces para prevenir y eliminar amenazas a la paz, y para suprimir actos de agresión u otros quebrantamientos de la paz; y lograr por medios pacíficos, y de conformidad con los principios de la justicia y del derecho internacional, el ajuste o arreglo de controversias o situaciones internacionales susceptibles de conducir a quebrantamientos de la paz; Fomentar entre las naciones relaciones de amistad basadas en el respeto al principio de la igualdad de derechos y al de la libre determinación de los pueblos, y tomar otros medidas adecuadas para fortalecer la paz universal; Realizar la cooperación internacional en la solución de problemas internacionales de carácter económico, social, cultural o humanitario, y en el desarrollo y estímulo del respeto a los derechos humanos y a las libertades fundamentales de todos, sin*

Desde el preámbulo señala la Declaración la reafirmación de la dignidad y el valor de la persona humana, de tal manera que se promueva la justicia, el respeto, el progreso social, la tolerancia y el progreso económico y social de todos los pueblos,

Autores como Cornelio Zamudio[532] destacan lo que ya la Corte Interamericana de los Derechos Humanos ha decantado, sobre los principios en que se basan los derechos humanos, siendo uno de ellos La Universalidad, que consiste en que los derechos humanos corresponden para todas las personas por igual sin distinción alguna, y que a nuestro juicio este principio, se constituye en uno de los pilares más importantes en los que descansan los derechos humanos. La Universalidad no es otra cosa, que el reconocimiento de la naturaleza y esencia del ser humano, que dada sus características uniformes y generales, debe ser reconocido y aceptado; es decir, no debe haber nada más globalizado que el reconocimiento y aceptación a nivel mundial.

Otro principio es la Interdependencia: este señala que todos los derechos humanos están conectados unos a otros, de tal manera que al reconocer uno o garantizar, se tiene que proteger los múltiples derechos que se

hacer distinción por motivos de raza, sexo, idioma o religión; Servir de centro que armonice los esfuerzos de las naciones por alcanzar estos propósitos comunes ***Artículo 2*** *Para la realización de los Propósitos consignados en el Artículo 1, la Organización y sus Miembros procederán de acuerdo con los siguientes Principios: La Organización esta basada en el pricipio de la igualdad soberana de todos sus Miembros. Los Miembros de la Organización, a fin de asegurarse los derechos y beneficios inherentes a su condición de tales, cumplirán de buena fe las obligaciones contraidas por ellos de conformidad con esta Carta. Los Miembros de la Organización arreglarán sus controversias internacionales por medios pacíficos de tal manera que no se pongan en peligro ni la paz y la seguridad internacionales ni la justicia. Los Miembros de la Organización, en sus relaciones internacionales, se abstendrán de recurrir a la amenaza o al uso de la fuerza contra la integridad territorial o la independencia política de cualquier Estado, o en cualquier otra forma incompatible con los Propósitos de las Naciones Unidas.Los Miembros de la Organización prestaron a ésta toda clase de ayuda en cualquier acción que ejerza de conformidad con esta Carta, y se abstendrán de dar ayuda a Estado alguno contra el cual la Organización estuviere ejerciendo acción preventiva o coercitiva. La Organización hará que los Estados que no son Miembros de las Naciones Unidas se conduzcan de acuerdo con estos Principios en la medida que sea necesaria para mantener la paz y la seguridad internacionales. Ninguna disposición de esta Carta autorizará a las Naciones Unidas a intervenir en los asuntos que son esencialmente de la jurisdicción interna de los Estados, ni obligará; a los Miembros a someter dichos asuntos a procedimientos de arreglo conforme a la presente Carta; pero este principio no se opone a la aplicación de las medidas coercitivas prescritas en el Capítulo VII.* Disponible en: https://www.un.org/es/about-us/un-charte

532 Cornelio Zamudio Leticia del Rocío- El Derecho Humano a la Buena Administración Pública, pagina 325

vinculan, de la misma forma cuando estos son violentados, pues siempre que no se cumpla un derecho humano es probable que no se estén cumpliendo o quebrando solo uno, si no, todos los derechos que estén ligados.

Consideramos, que se trata de la correlación y la reciprocidad de los derechos, pues van tan íntimamente ligados pues si se vulnera un derecho, resultaría de suyo vulnerado también otro; por ejemplo, una experiencia de mala gobernanza que afecte un derecho a la salud, atenta también el derecho a la vida. Es como si alrededor del derecho a una buena administración se construyera una simbiosis difícil de desatar, so riesgo de lesionar valores fundantes a los que no se puede escindir.

En cuanto al principio de la indivisibilidad, este se refiere al todo que representa el conjunto de derechos humanos de tal manera que al ser inherentes a la persona de allí se deriva el concepto de la dignidad humana; es claro que los reconocimientos y protección a los derechos humanos solo se puede predicar del ser pensante, del que tiene y contiene esencia humana; de ese ser que tiene dignidad y sobre ella se edifican los referidos derechos. De allí que no pueden dividirse, ni separarse o cercenarse; de tal manera que aplicación debe ser en su totalidad.

En cuanto al principio de la progresividad, este hace mención a la obligación o deber que tiene el Estado de mantener el derecho humano en el estado que se encuentre, es decir de no retroceder y de la misma forma de asegurar el progreso en el desarrollo constructivo de los derechos humanos, pues si con el tiempo la necesidad de la sociedad cambia este tiene la obligación de evolucionar para tal necesidad por así decirlo.

Entonces es innegable, la evolución de los pueblos y naturalmente del ser humano y de allí que el reconocimiento de los derechos humanos, debe ser una constante de progresividad y evolución; conforme a las particulares circunstancias de cada entorno, que lejos de convertirse en una preocupación de los Estados, debe ser el detonante que impulse las modificaciones constructivas de los derechos que conforme pasa el tiempo van exigiendo una mayor progresividad en su desarrollo.

Estos principios y su desarrollo van inequívocamente dirigidos a lograr la protección de los multicitados derechos humanos que en la mayoría de casos hallan en el poder coercitivo del Estado su fuente de reconocimiento y cumplimiento.

Con plena razón la Honorable Corte Constitucional, se pronunció así:

"De esta manera, la actividad jurisdiccional ejercida en materia de protección de los derechos reconocidos en la Convención Americana sobre Derechos Humanos por parte de la Corte Interamericana, se erige como un mecanismo que desarrolla el reconocimiento del respeto de la dignidad humana, principio fundamental previsto en el artículo 1° de la Carta, y el de primacía de los derechos inalienables de las personas, establecido en el 5° constitucional. De igual forma, ampara los valores contenidos en el artículo 2° de nuestra Constitución, en especial en cuanto garantiza la efectividad de los derechos de las personas". [533]

Nótese cómo la dignidad humana adquiere relevancia extrema, en el entendido que de ella se derivan las bases fundantes de un Estado social de derecho, con respeto irrestricto de la persona humana y el reconocimiento de su valor intrínseco. Así se deduce de lo consignado en el artículo 1° de nuestra carta cuyo tenor literal es el siguiente:

*"Colombia es un Estado social de derecho, organizado en forma de República unitaria, descentralizada, con autonomía de sus entidades territoriales, democrática, participativa y pluralista, **fundada en el respeto de la dignidad humana**, en el trabajo y la solidaridad de las personas que la integran y en la prevalencia del interés general"*[534]. (resaltado del autor)

En igual sentido la Constitución Política reconoce la preponderancia de los derechos humanos, que son inalienables en la medida en que le pertenecen a las personas.

"El Estado reconoce, sin discriminación alguna, la primacía de los derechos inalienables de la persona y ampara a la familia como institución básica de la sociedad".
[535]

Se itera entonces que la dignidad humana, es la dimensión primaria para la plena realización de la persona. Ahora bien, si los derechos humanos surgen del reconocimiento de la dignidad de la persona, resulta coherente deducir que la buena gobernanza en un Estado social de derecho es un *derecho humano* que trasciende cualquier horizonte para ubicarse en un plano supra especial en la medida en que cobija los intereses de toda una colectividad.

[533] Sentencia T-653 de 2012 M.P. Jorge Iván Palacio Palacio

[534] Artículo 1° Constitución política de Colombia

[535] Artículo 5 Constitución Política de Colombia.

3. Eficiencia de la función pública

En sentido amplio la noción de función pública se entiende como el conjunto de actividades que realiza el Estado, a través de los órganos de las ramas del poder público, (art. 113) para alcanzar sus fines. En sentido restringido la función pública, recoge el conjunto de principios y reglas aplicables a quienes tienen un vínculo laboral subordinado con los distintos organismos del Estado; es decir el servidor público que esta investido de una función, que desarrolla en el marco Constitucional, legal y reglamentario[536]

La jurisprudencia de la Corte Suprema de Justicia afirmó que la función pública: exige condiciones, aptitudes, capacidad, e idoneidad de quienes forman parte de ella, quienes tienen que someterse al amparo del orden jurídico.[537]

En ese mismo orden el artículo 209 de la Carta Política, preceptúa que la función administrativa se encuentra instituida *"al servicio de los intereses generales"* y ha de cumplirse de manera tal que a través de las actuaciones de los funcionarios públicos se hagan efectivos *"los principios de igualdad, moralidad, eficacia, economía, celeridad, imparcialidad y publicidad"* lo que significa que las conductas contrarias a estos principios constituyen quebranto de la Constitución Política, que habrá de sancionarse de acuerdo con la ley.[538]

La legitimidad del Estado social de derecho radica, en el acceso y ejecución del poder en forma democrática, y en la capacidad para resolver las dificultades sociales desde la perspectiva de la justicia social y el derecho; entonces los mandatos contenidos en los artículos 2º y 209 de la Constitución imponen a las autoridades la obligación de atender las necesidades, hacer efectivos los derechos de los administrados y asegurar el cumplimiento de las obligaciones sociales.

---

536 Sentencia C-563 de 1998 M.P Antonio Barrera Carbonell y Carlos Gaviria Diaz.

537 *"supone el ceñimiento de quienes a ella se vinculan a las reglas señaladas en el orden jurídico y que exijan determinadas condiciones y requisitos de aptitud, capacidad e idoneidad para desempeñarla a cabalidad, siempre y cuando esas regulaciones normativas se deriven de un mandato constitucional, hayan sido proferidos por el organismo o funcionario competente para expedirlas y no atenten contra alguno de los derechos o libertades reconocidos por la Carta"* (CSJ, Sentencia No. 61 de agosto 12 de 1982; M.P. Manuel Gaona Cruz Sentencia C-893 de 2003 M.P. Alfredo Beltrán Sierra).

538 Ibidem

De lo expuesto, surge palmaria la obligación del Estado de desarrollar la función pública con arreglo a los principios de eficiencia, eficacia, celeridad cuyo objetivo primordial no puede ser otro que lograr la efectividad de los derechos de las personas.

En ese marco, la eficiencia supone la elección de los medios más idóneos para el cumplimiento de los objetivos; y la eficacia corresponde a la verificación objetiva de la distribución y producción de bienes y servicios del Estado social de Derecho para alcanzar sus fines. De allí la importancia de la idoneidad en los servidores públicos, y de la utilización de herramientas vanguardistas que facilite un Estado bien administrado y así lo imponen los artículos 2°, 209, 365, 256, 268 superiores en tanto señalan de forma imperativa al administrador, lograr la eficiencia y eficacia, en el desarrollo de la función pública.

Con sobrada razón la honorable Corte Constitucional ha preceptuado que la eficacia se fundamenta en diversa normativa constitucional, en especial en el artículo 2°, en tanto señala como uno de los fines esenciales del Estado *"el de garantizar la efectividad de los principios, deberes y derechos"*. En el mismo orden el alto tribunal expresa que quienes ejercen la función administrativa deben acatar obligatoriamente el contenido del artículo 209; en tanto la prestación de los servicios públicos es uno de los objetivos, tal y como lo señala el art 365; e igualmente se refiere de forma clara al control de la gestión y resultados en los artículos 256 numeral 4°, 268 numeral 2°, 277 numeral 5° y 343.[539]

En el mismo pronunciamiento la Corte señala como una cualidad de la acción administrativa, un atributo del Estado Social y la máxima racionalidad de la relación costo-beneficio, cual es la eficacia; y menciona la importancia de la planificación, para atender las necesidades *"sin el despilfarro del gasto público"*, de tal manera que este principio de la administración es imperativo en tanto deben adoptarse acciones preventivas que permitan el goce de los derechos humanos y en particular los de poblaciones en condición vulnerable. Se destaca que en este pronunciamiento la Honorable Corte Constitucional menciona de manera expresa en tratándose de condición de vulnerabilidad, a personas privadas de la libertad, víctimas de desastres,

[539] Sentencia C-826 de 2013 M.P. Luis Ernesto Vargas Silva

conflicto interno, estado de indigencia, que requieren respuestas eficaces, en tanto se trata de crisis humanitarias.[540]

En ese aspecto la función pública, como dice Maggiore, es toda actividad que realice fines propios del Estado, aunque la ejerzan personas extrañas a la administración pública; en esta perspectiva la función pública no puede ejercerse de otra forma que no constituya el cumplimiento de los cometidos Estatales independientemente de quien lo ejerza o colabore en ese propósito [541]

Y en ese sentido los artículos 123, 131, 210, 246 y 365 de la Constitución Política, entre otros describen ampliamente quienes son servidores públicos, al servicio de quién están, los principios generales que orientan la actividad administrativa, la regulación legal y normativa aplicable incluso para las jurisdicciones especiales.[542]

---

540 ÎDEM " *En síntesis, esta Corte ha concluido que el logro de la efectividad de los derechos fundamentales por parte de la administración pública se basa en dos principios esenciales: el de eficacia y el de eficiencia. A este respecto ha señalado que la eficacia, hace relación al cumplimiento de las determinaciones de la administración y la eficiencia a la elección de los medios más adecuados para el cumplimiento de los objetivos. En este sentido, ha sostenido que estos dos principios se orientan hacia la verificación objetiva de la distribución y producción de bienes y servicios del Estado destinados a la consecución de los fines sociales propuestos por el Estado Social de Derecho. Por lo tanto, la administración necesita un apoyo logístico suficiente, una infraestructura adecuada, un personal calificado y la modernización de ciertos sectores que permitan suponer la transformación de un Estado predominantemente legislativo a un Estado administrativo de prestaciones.*

541 *Giuseppe Maggiores, Derecho Penal, parte especial, Edt. Temis, 1955, p.137.*

542 *Constituciòn Polìtica de Colombia: "Artículo 123. Son servidores públicos los miembros de las corporaciones públicas, los empleados y trabajadores del Estado y de sus entidades descentralizadas territorialmente y por servicios. Los servidores públicos están al servicio del Estado y de la comunidad; ejercerán sus funciones en la forma prevista por la Constitución, la ley y el reglamento. La ley determinará el régimen aplicable a los particulares que temporalmente desempeñen funciones públicas y regulará su ejercicio.. Artículo 131. Compete a la ley la reglamentación del servicio público que prestan los notarios y registradores, la definición del régimen laboral para sus empleados y lo relativo a los aportes como tributación especial de las notarías, con destino a la administración de justicia. El nombramiento de los notarios en propiedad se hará mediante concurso. Corresponde al Gobierno la creación, supresión y fusión de los círculos de notariado y registro y la determinación del número de notarios y oficinas de registro. Artículo 210. Las entidades del orden nacional descentralizadas por servicios sólo pueden ser creadas por ley o por autorización de ésta, con fundamento en los principios que orientan la actividad administrativa. Los particulares pueden cumplir funciones administrativas en las condiciones que señale la ley. La ley establecerá el régimen jurídico de las entidades descentralizadas y la responsabilidad de sus presidentes, directores o gerentes. Artículo 246. Las autoridades de los pueblos indígenas*

En concepto 011271 de 2023, el Departamento Administrativo de la Función Pública, expresa que la Función Pública se ejerce por los órganos del Estado para cumplir con sus fines y que los particulares también pueden ejercerla de forma excepcional; no obstante, indica que de modo alguno puede equipararse la función pública a la de un particular. De igual manera citando a Roberto Dromi sobre el punto dice: Las funciones públicas atañen a la defensa exterior, para resguardo de supremas necesidades de orden y paz y a la actuación del derecho para la tutela de los propios valores jurídicos como orden, seguridad y justicia.[543]

Entonces debe concebirse el concepto de función pública como la manifestación de la autoridad propia e inherente del Estado que solo puede manifestarse a través de quienes tienen la potestad para ejercerla[544]; y ese ejercicio sólo puede concebirse en términos de buena Gobernanza y Buena administración.

Existe una relación estrecha entre buena gobernanza y buena administración, autores como Ponce Sole destacan que "*el paradigma de la buena gobernanza supone el reconocimiento de la existencia de redes integradas por actores públicos y privados en la toma pública de decisiones; los principios de buena gobernanza se dirigen a todos estos actores; mientras que la buena administración se refiere en concreto a los públicos. Empero el Tribunal Europeo de Derechos humanos utiliza ambas expresiones de forma indistinta, pues aunque alude al principio de buena gobernanza (Good Governance) derivado del convenio Europeo de Derechos humanos*

podrán ejercer funciones jurisdiccionales dentro de su ámbito territorial, de conformidad con sus propias normas y procedimientos, siempre que no sean contrarios a la Constitución y leyes de la República. La ley establecerá las formas de coordinación de esta jurisdicción especial con el sistema judicial nacional. Artículo 365. Los servicios públicos son inherentes a la finalidad social del Estado. Es deber del Estado asegurar su prestación eficiente a todos los habitantes del territorio nacional. Los servicios públicos estarán sometidos al régimen jurídico que fije la ley, podrán ser prestados por el Estado, directa o indirectamente, por comunidades organizadas, o por particulares. En todo caso, el Estado mantendrá la regulación, el control y la vigilancia de dichos servicios. Si por razones de soberanía o de interés social, el Estado, mediante ley aprobada por la mayoría de los miembros de una y otra cámara, por iniciativa del Gobierno decide reservarse determinadas actividades estratégicas o servicios públicos, deberán indemnizar previa y plenamente a las personas que en virtud de dicha ley, queden privadas del ejercicio de una actividad lícita"

543 Concepto Dpto Administrativo de la función pública Radicado No.20236000011271

544 Sentencia C-185 de 2019 M.S. Luis Guillermo Guerrero P.

de 1950, lo aplica a la actividad administrativa, relativa a la revocatoria de una pensión por parte de la administración Polaca"[545].

En efecto, no se concibe una buena gobernanza sin una buena administración, por esa razón en este libro, al igual que lo estima el Tribunal Europeo, utilizamos y equiparamos los términos de buena gobernanza con buena administración. La buena gobernanza en términos públicos está directamente relacionada con el arte de administrar. Como lo describe Escola, es: "*Aquella función del Estado que consiste en una actividad concreta y continuada, practica y espontánea, de carácter subordinado, que tiene por objeto satisfacer en forma directa e inmediata las necesidades colectivas y el logro de los fines del estado, dentro del orden jurídico establecido y con arreglo a este*". [546]

De esta definición resulta de importancia destacar aspectos esenciales, que determinan una acertada administración. Primero ha de resaltarse que es una función a cargo del Estado, en aquellos en donde se la ha establecido como una forma de gobernar y siendo un imperativo, el Estado no puede dejar de desarrollarla. Significa ello que la función de administrar se convierte en un deber de quien administra.

En segundo lugar, esta función se materializa a través de una actividad concreta que no puede ser interrumpida, es decir que debe llegar a su culminación con un propósito claro.

En tercer lugar, la función es subordinada; y es claro que la subordinación es a la Constitución y a la Ley, no puede el administrador actuar de manera arbitraria. Y en cuarto lugar esa actividad de administración debe tener como propósito claro e indeclinable la satisfacción de las necesidades de la colectividad, en orden al cumplimiento de los cometidos y fines del estado, que es el fundamento de su existencia.

Bajo este amparo, la función pública de administrar debe humanizarse a fin de lograr coherencia con su funcionalidad social.

Se ha expuesto que una buena gobernanza tiene como fundamento el servicio a la colectividad con predominio del interés general sobre el parti-

545 Buen Gobierno y derechos Humanos -El derecho a la buena administración y la calidad de las decisiones administrativas- Ponce Sole Yuli

546 Escola, Héctor J, Compendio de derecho administrativo, Depalma, Buenos aires, 1984, Vol. I, p.33.

cular. Para Rodríguez-Arana señala que el derecho ciudadano a una buena administración pública es "*la obligación de la administración pública de ajustar su actuación a una serie de parámetros y características concretas y determinadas que se expresen constitucionalmente en la idea de servicio objetivo al interés general*[547]."

Resulta diáfano establecer que, para el tratadista, la buena administración es un derecho y una obligación del administrador público, como lo hemos venido señalando en este libro, donde la vocación de servicio y efectiva prestación de este se convierte en el fundamento y razón de ser de la función administrativa.

En la Carta Iberoamericana de los Derechos y Deberes del ciudadano se establece que *"el derecho fundamental a la buena Administración Pública consiste en que los asuntos de naturaleza publica sean tratados con equidad, justicia, objetividad, imparcialidad, siendo resueltos en plazo razonable al servicio de la dignidad humana"*[548],

Esta que es una declaración con tinte universal, responde a una valoración eminentemente humana, que busca entronizar a la buena gobernanza como un baluarte de la dignidad con que se reconoce al ser pensante. Es innegable que la buena gobernanza es un derecho fundamentalmente humano, que está implícito en la esencia de los estados democráticos y sociales. Y es que de una buena gobernanza se desprenden múltiples derechos que, de ser satisfechos efectivamente, logran la legitimación del estado y el cumplimiento de los fines para los que fueron establecidos.[549]

La Doctrina ha señalado el derecho general fundamental de los ciudadanos a una buena Administración Pública que puede concretarse, entre otros, en derechos subjetivos de orden administrativo, tales como la motivación de las actuaciones administrativas en términos de oportunidad y posibilidad de presentar solicitudes respetuosas tanto escritas como a modo de opinión, que-

547 Rodríguez-Arana, Jaime, "El derecho fundamental a la buena administración y centralidad del ciudadano en el derecho administrativo" en Fernández Ruiz, Jorge (coord.), Estudios Jurídicos sobre administración pública, México, UNAM, 2012, P. 231.

548 Carta iberoamericana de los Derechos y Deberes del Ciudadano en Relación con la Administración Pública, adoptada por la XXII Cumbre iberoamericana de Jefes de Estado y de Gobierno, Ciudad de Panamá.

549 ìdem

jas, reclamaciones, recursos, así como la publicidad y el trato adecuado, sobre todo cuando se trata de personas en condiciones especiales[550]:

Todo este compendio de derechos señalados por la doctrina y que guardan fundamento constitucional se orientan a patentar la adecuada gobernanza, como derecho humano. En efecto, una buena gobernanza materializada en una adecuada administración, no solo debe fundarse en el principio de legalidad y criterios de buenas prácticas, sino que debe edificarse sobre

550 Cornelio Zamudio, Leticia del Rocío-EL DERECHO HUMANO A LA BUENA ADMINISTRACIÓN PÚBLICA "*Derecho a la motivación de las actuaciones administrativas. 2. Derecho a la tutela administrativa efectiva. 3. Derecho a una resolución administrativa en plazo razonable 4. Derecho a una resolución justa en actuaciones administrativas.5. Derecho a presentar por escrito o de palabras peticiones de acuerdo con lo que se establezca en las normas, en los registros físicos o informativos.6. Derecho a respuesta oportuna y eficaz de las autoridades administrativas. 7. Derecho a no presentar documentos que ya obren en poder de la administración pública. 8. Derecho a ser oído siempre antes de que se adopten medidas que les puedan afectar desfavorablemente. 9. Derecho de participación en las actuaciones administrativas en que tengan interés, especialmente a través de audiencias y de informaciones públicas. 10. Derecho a una indemnización justa en los casos de lesiones de bienes o derechos como consecuencia del funcionamiento de los servicios de responsabilidad pública. 11. Derecho a elegir los servicios de interés general de su preferencia. 12. Derecho a opinar sobre el funcionamiento de los servicios de responsabilidad administrativa. 13. Derecho a conocer las obligaciones y compromisos de los servicios de responsabilidad administrativa. 14. Derecho a formular alegaciones en cualquier momento del procedimiento administrativo.15. Derecho a presentar quejas, reclamaciones y recursos ante la administración. 16. Derecho a interponer recursos ante la autoridad judicial sin necesidad de agotar la vía administrativa previa, de acuerdo con lo establecido en las leyes. 17. Derecho a conocer las evaluaciones de los entes públicos y a proponer medidas para su mejora permanente.18. Derecho de acceso a los expedientes administrativos que les afecten en el marco del respeto al derecho a la intimidad y a las declaraciones motivadas de reserva que en todo caso habrán de concretar el interés general al caso concreto.19. Derecho a una ordenación racional y eficaz de los archivos públicos.20. Derecho de acceso a la información de interés general. 21. Derecho a copia sellada de los documentos que presenten a la administración pública. 22. Derecho a ser informado y asesorado en asuntos de interés general. 23. Derecho a ser tratado con cortesía y cordialidad. 24. Derecho a conocer el responsable de la tramitación del procedimiento administrativo. 25. Derecho a conocer el estado de los procedimientos administrativos que les afecten.26. Derecho a ser notificado por escrito o a través de las nuevas tecnologías de las resoluciones que les afecten en el más breve plazo de tiempo posible, que no excederá de los cinco días.27. Derecho a participar en asociaciones o instituciones de usuarios de servicios públicos o de interés general.28. Derecho a actuar en los procedimientos administrativos a través de representante. 29. Derecho a exigir el cumplimiento de las responsabilidades del personal al servicio de la Administración pública y de los particulares que cumplan funciones administrativas.30. Derecho a recibir atención especial y preferente si se trata de personas en situación de discapacidad, niños, niñas, adolescentes, mujeres gestantes o adultos mayores, y en general de personas en estado de indefensión o de debilidad manifiesta. Es decir, el derecho fundamental a la buena Administración pública trae consigo, con todas sus consecuencias, la centralidad de la persona en el régimen jurídico de la administración pública*". paginas 335-337

la moralidad que envuelve la gestión fiscal y que impone para el servidor público un comportamiento pulcro y honesto en todas sus manifestaciones. Así lo ha reseñado la Honorable Corte Constitucional al referirse al principio de la moralidad en la gestión fiscal, en sentencia C-046 de 1994 *"La gestión fiscal que cumplen los funcionarios del erario, comprendida en la órbita de la función administrativa, debe desarrollarse con fundamento en el principio de la moralidad que, en su acepción constitucional, no se circunscribe al fuero interno de los servidores públicos sino que abarca toda la gama del comportamiento que la sociedad en un momento dado espera de quienes manejan los recursos de la comunidad y que no puede ser otro que el de absoluta pulcritud y honestidad. La sociedad, a través de los órganos de control fiscal, tiene derecho legítimo a comprobar, en cualquier momento, la conducta de sus agentes. También éstos tienen en su favor el derecho, de que la sociedad examine su patrimonio y sus actuaciones y, para el efecto tienen el deber y la carga de facilitar, promover y exigir el más abierto examen de su conducta y de las operaciones realizadas"*[551].

Significa lo anterior que los servidores que desarrollan la función administrativa, no solo deben enmarcar sus actuaciones en parámetros fundantes de legalidad con estricto apego a las normas y procedimientos que regulan su ejercicio, sino que deben permear estas actuaciones también con comportamientos acordes con la dignidad que representan. Dicho en otras palabras, quienes sirven al Estado deben ser moralmente capaces y objetivamente conocedores de las normas.

Ello impone un deber para el organismo de control que debe verificar la adecuada conducta del administrador y una carga para el servidor público que debe demostrar en todo momento su idoneidad para el desempeño del cargo para el cual fue elegido y como ya se ha expresado, solo es un encargo para que administre de la mejor forma los recursos que son de toda una comunidad y que no le da mejor derecho sobre ellos, para disponer sino conforme a los lineamientos establecidos y con estricta sujeción a la Ley.

Como lo señala Muñoz: "*Permanente recordatorio a las Administraciones pública, de que su actuación ha de realizarse con arreglo a unos determinados cánones o estándares que tienen como elemento medular la posición central del ciudadano. Posición central del ciudadano que ayudará a ir eliminando de las praxis adminis-*

[551] Sentencia C-046 de 1994 M.P. Eduardo Cifuentes Muñoz

trativas toda esa panoplia de vicios y disfunciones que conforman la llamada mala administración"[552].

La buena administración, la buena gobernabilidad, el buen gobierno o la buena gobernanza tiene que ver con los procesos gubernamentales, el conjunto de instituciones, procesos, procedimientos, y tienen en común la realización de una adecuada gestión con miras a satisfacer las necesidades colectivas y el sano equilibrio entre el Estado y los coasociados. De allí que la buena gobernanza como derecho humano deba estar orientada como ya se ha señalado a la satisfacción de las necesidades del individuo, en una simbiosis perfecta entre administrador y administrado.

Cerrillo Martínez, al referirse a la Gobernanza señala que se trata de una forma interactiva, plural, equilibrada de gobernar, en la que participan administradores y administrados [553]; de allí el equilibrio de poderes, los derechos que podemos ejercer y las obligaciones a contraer; de tal manera que los derechos humanos dentro de los cuales se encuentra la buena gobernanza; supone el reconocimiento de la dignidad humana; una buena gobernanza es una obligación del Estado dirigida a la satisfacción de las necesidades de los administrados, en una irrompible correlación de derechos y deberes mutuos.

4. Los derechos humanos asociados a la función pública

La importancia de los Derechos Humanos en el desarrollo de la función pública se circunscribe al valor fundamental para la sociedad a nivel mundial, particularmente para las sociedades democráticas. Los derechos humanos son el reconocimiento de la esencia del ser pensante que debe dignificarse y la función administrativa, en cuanto actividad del estado tiene como objetivo, la regulación racional de los intereses generales de los ciudadanos amparados en principios de eficiencia, efectividad, celeridad, economía, publicidad, igualdad y demás, a fin de construir una concepción más justa y humana del poder, lo que crea una relación estrecha entre uno y otro.

552 Muñoz J.R. 2012, p262-263.

553 Cerrillo Martínez A., "La Gobernanza Hoy"Page 13

En la Ley 412 de 1997, se define "Función pública", como toda actividad temporal o permanente, remunerada u honoraria, realizada por una persona natural en nombre del Estado o el servicio del Estado o de sus entidades, en cualquiera de sus niveles jerárquicos.[554]

Ha señalado la Honorable Corte Constitucional que la función pública, "*implica el conjunto de tareas y de actividades que deben cumplir los diferentes órganos del Estado, con el fin de desarrollar sus funciones y cumplir sus diferentes cometidos y, de este modo, asegurar la realización de sus fines. Se dirige a la atención y satisfacción de los intereses generales de la comunidad, en sus diferentes órdenes y, por consiguiente, se exige de ella que se desarrolle con arreglo a unos principios mínimos que garanticen la igualdad, la moralidad, la eficacia, la economía, la celeridad, la imparcialidad y la publicidad, que permitan asegurar su correcto y eficiente funcionamiento y generar la legitimidad y buena imagen de sus actuaciones ante la comunidad*[555].

En el mismo sentido ha expuesto también que "*La progresiva comprensión de la unidad del Estado a través de la interrelación de los tres poderes públicos, el legislativo, el ejecutivo y el judicial* ***ha permitido establecer la categoría común de servidores públicos para incorporar en ella a todas las personas que ejercen la función pública****. Así, el artículo 123 de la Carta Política vigente establece: 'Son servidores públicos los miembros de las corporaciones públicas, los empleados y trabajadores del Estado y de sus entidades descentralizadas territorialmente y por servicios. // Los servidores públicos están al servicio del Estado y de la comunidad; ejercerán sus funciones en la forma prevista por la Constitución, la ley y el reglamento. // La ley determinará el régimen aplicable a los particulares que temporalmente desempeñen funciones públicas y regulará su ejercicio'*"[556].

En otro pronunciamiento la Honorable Corte Constitucional puntualizó:

"*En sentido amplio la noción de función pública atañe al conjunto de las actividades que realiza el Estado, a través de los órganos de las ramas del poder público, de los órganos autónomos e independientes, (art. 113) y de las demás entidades o agencias públicas, en orden a alcanzar sus diferentes fines. En un sentido restringido se habla de función pública, referida al conjunto de principios y reglas que se aplican*

554 Ley 412 de 1997.

555 Sentencia C-631 de 1996 M.P. Antonio Barrera Carbonell.

556 Sentencia C-185 de 2019 M.S. Luis Guillermo Guerrero Pérez.

a quienes tienen vínculo laboral subordinado con los distintos organismos del Estado. Por lo mismo, empleado, funcionario o trabajador es el servidor público que esta investido regularmente de una función, que desarrolla dentro del radio de competencia que le asigna la Constitución, la ley o el reglamento"[557].

De lo expuesto surge palmaria, que la función pública es adelantada por el Estado y transitoriamente por particulares, con fundamento en principios fundantes de economía, celeridad, imparcialidad, publicidad, moralidad, igualdad entre otros, con el propósito de lograr los fines del Estado. Bajo esta égida, es coherente concluir que la función pública armoniza con los derechos humanos, en la medida en que la primera adquiere desarrollo en los segundos.

La función pública que lleva aparejada la actividad administrativa, tiene en su ejecución unos procedimientos cuyos linderos los da para el caso Colombiano la Constitución, la Ley y los reglamentos. Dicho en otras palabras, la actividad administrativa es reglada, no responde al arbitrio o al interés particular de quien adelanta la actividad, si no que su fundamento está dado por el servicio a la colectividad, con preeminencia del interés general.

Ahora bien, tal y como lo señala Danos Ordóñez, el procedimiento administrativo es una herramienta cuyo soporte es reglado y se orienta a encausar la administración pública de tal manera que posee un control jurídico.[558]

Esta manifestación refuerza el imperio de la legalidad, que establece procesos y procedimientos preestablecidos, que aseguran el cumplimiento de las funciones, deberes y derechos de las partes involucradas en ellos. De allí que la existencia de reglas previamente normadas para el desempeño de la actividad de administración del estado es una garantía de cumplimiento que de no darse, puede ser requerida por los beneficiarios incluso de forma coercitiva, lo que patenta la seguridad jurídica, la legitimidad y el debido proceso de la actuación, todo como ya se dijo con estricto apego al reconocimiento de la dignidad humana como fuente inspiradora de la gestión.

557 C-593 de 1998 Ms.Ps. Antonio Barrera Carbonell y Carlos Gaviria.

558 Buen Gobierno y Derechos Humanos-Principios del buen gobierno en el derecho administrativo Peruano y legitimidad de la actividad administrativa- Danos Ordóñez Jorge.

¿Ahora bien, puede desarrollarse la función pública con desconocimiento de los derechos humanos? La respuesta a este interrogante es un no rotundo.

La gestión administrativa no puede quedarse estática, con los roles vetustos de una administración formal, que no tiene en cuenta las reales necesidades del individuo, y menos el reconocimiento de su dignidad en el ejercicio de su actividad administradora. La nueva gestión pública según Escobar Tovar "*redefine la forma en que las instituciones gubernamentales operan y prestan servicios a los ciudadanos, enfocándose en la optimización de recursos, la simplificación de procedimientos burocráticos y la eliminación de procesos redundantes. Además, fomenta la participación ciudadana y la colaboración con la parte privada y la comunidad civil para lograr una gestión más ágil y adaptativa a las exigencias cambiantes de la población*".[559]

En este punto, cobra importancia reiterar que la gestión pública debe fundarse en políticas públicas, desarrollo de programas gubernamentales e implementación de ordenamientos jurídicos en donde prime la solidaridad y la sensatez humana. Dicho de otra manera, la gestión de la administración pública debe constituir un derecho humano, cuyo cimiento sea la persona en atención a la satisfacción de sus necesidades.

Se insiste en que los derechos humanos tienen una relación directa con el ejercicio de la función pública, " *La administración estatal abarca el conjunto de acciones, procedimientos y tácticas empleadas por los gobiernos y entidades públicas para diseñar, ejecutar y valorar medidas y proyectos que cumplan con las exigencias y peticiones de la comunidad. Se centra en la administración eficaz y segura de los recursos públicos con la finalidad de alcanzar resultados y beneficios para los ciudadanos y la comunidad en general. La gestión pública abarca diversas áreas, tales como el diseño de estrategias gubernamentales, la distribución de fondos, el DERECHO HUMANO A LA BUENA ADMINISTRACIÓN, planificación estratégica, el manejo financiero, la gestión de valores humanos, el monitoreo y evaluación de programas, la responsabilidad y la apertura informativa.*"[560]

[559] Tesis derecho humano a la buena administración ANGÉLICA MARÍA ESCOBAR TOVAR Page 42

[560] Tesis derecho humano a la buena administración ANGÉLICA MARÍA ESCOBAR TOVAR Page 28

La observancia de los derechos humanos es el punto de partida para abordar las fallas estructurales y las lagunas institucionales de la gobernanza tanto a nivel nacional como internacional.[561]

El buen gobierno y los derechos humanos son dos aspectos fundamentales para el adecuado funcionamiento del Estado y de la sociedad en su conjunto. De hecho, se considera como ya se esbozó en párrafos anteriores, ambos conceptos están ligados. Sin ellos, tanto los derechos e intereses de los ciudadanos como los intereses de gobierno son difíciles de garantizar de manera estructural. Por ello, diversos autores sostienen "*que en democracias formadas y en vías de consolidación, el respeto de los derechos humanos y la implementación de principios de buen gobierno pueden ser dos factores determinantes para el fortalecimiento del Estado de derecho y la sostenibilidad en el proceso de su desarrollo*"[562]

5. Normas relacionadas con la buena gestión publica

La normatividad Colombiana en materia de gestión pública, se deriva de la Constitución Política, que desde su preámbulo orienta el sentido político y jurídico a la Carta de 1991; en palabras de nuestra honorable Corte Constitucional indica: " *los principios que la orientan y los fines a cuya realización se dirige y por ello no sólo hace parte de ésta como sistema normativo sino que además tiene efecto vinculante sobre los actos de la legislación, la administración y la jurisdicción y constituye parámetro de control en los procesos de constitucionalidad. Y esto es comprensible pues carecería de sentido que una fórmula política y jurídica tan densa de contenidos como la advertida en el Preámbulo, no estuviera llamada a tener implicaciones en los ejercicios de poder subordinados a la teleología en ella señalada.*[563]

Descendiendo en la pirámide regulatoria, enunciaremos algunas de las normas que rigen la gestión pública, pues entendemos que toda la normativa tanto sustancial como procedimental no es otra cosa que el desarrollo de la administración pública, cuyo sentido es el cumplimiento de los fines

561 Enfoques sobre los ODS POR SYLVIA BEALES Y NICOLA WIEBE, GLOBAL COALITION FORSOCIAL PROTECTION FLOORS

562 Buen Gobierno y derechos humanos- Alberto Castro Paginas 18-19

563 Corte Constitucional. Sentencia C-477/05

esenciales del Estado, como lo hemos expresado en el contenido de esta segunda edición.

La Ley 80 de 1993, "*Por la cual se expide el Estatuto General de Contratación de la Administración Pública. Esta disposición normativa igualmente dirigida a precaver prácticas de corrupción, reglamenta los procedimientos para la adquisición de bienes, obras y servicios de las entidades estatales. Establece reglas de ejecución y liquidación de contratos así como responsabilidades de servidores públicos, consultores y contratistas*".

La Ley 190 de 1995 "*Por la cual se dictan normas tendientes a preservar la moralidad en la administración pública y se fijan disposiciones con el fin de erradicar la corrupción administrativa*" En esta norma se establece el régimen de los servidores públicos, se establece como requisito de posesión la declaración de bienes y rentas, se realizan modificaciones al Código penal señalando algunas inhabilidades y el incremento de algunas penas por delitos contra el patrimonio del estado, se establecen algunos sistemas de control entre otros.

Ley 962 de 2005 "*Por la cual se dictan disposiciones sobre racionalización de trámites y procedimientos administrativos de los organismos y entidades del Estado y de los particulares que ejercen funciones públicas o prestan servicios públicos*". Esta disposición busca racionalizar los trámites y procedimientos administrativos para evitar la corrupción.

Ley 1474 de 2011, "Por la cual se dictan normas orientadas a fortalecer los mecanismos de prevención, investigación y sanción de actos de corrupción y la efectividad del control de la gestión pública." Esta norma dicta medidas administrativas para la lucha contra la corrupción, medidas penales en la lucha contra la corrupción pública y privada para la lucha contra la corrupción, medidas disciplinarias para la lucha contra la corrupción, crea Organismos Especiales para la lucha contra la Corrupción, determina políticas Institucionales y Pedagógicas, establece disposiciones para prevenir y combatir la corrupción en la contratación pública, establece medidas para la eficiencia y eficacia del control fiscal en la lucha contra la corrupción, establece medidas para el fortalecimiento del ejercicio de la función de control fiscal, profiere medidas especiales para el fortalecimiento del ejercicio de la función de control fiscal territorial entre otros.

Ley 1437 de 2011 o CPCA "por la cual se expide el Código de Procedimiento Administrativo y de lo Contencioso Administrativo". Esta norma orientada también a la prevención de la corrupción, tienen como finalidad proteger y garantizar los derechos y libertades de las personas, la primacía de los intereses generales, la sujeción de las autoridades a la Constitución y demás preceptos del ordenamiento jurídico, el cumplimiento de los fines estatales, el funcionamiento eficiente y democrático de la administración, y la observancia de los deberes del Estado y de los particulares.

En esta disposición conforme lo establece el artículo 3°, se estipula que en la actuación administrativa se aplicarán los principios de debido proceso, paridad, justicia, buena fe, ética, celeridad, responsabilidad, publicidad, eficiencia, coordinación, eficacia y economía entre otros, lo que en letras, representa garantía de legítima gestión orientada al buen servicio, desprovista de corrupción.

Decreto Ley 019 de 2012 "*Por el cual se dictan normas para suprimir o reformar regulaciones, procedimientos y trámites innecesarios existentes en la Administración Pública.*" Se busca moderar los trámites para lograr mayor efectividad en los procesos y procedimientos evitando corrupción.

Ley 2052 de 2020 "*Por medio de la cual se establecen disposiciones transversales a la Rama Ejecutiva del nivel nacional y territorial y a los particulares que cumplan funciones públicas y/o administrativas, en relación con la racionalización de trámites y se dictan otras disposiciones*" Busca igualmente esta normativa, combatir la corrupción racionalizando los trámites.

Ley 2195 de 2022 o Ley Anticorrupción. A través de esta disposición se insta a los empresarios a buscar medidas para prevenir actos de corrupción, promoviendo así una cultura de legalidad e integridad.

Pero adicional a estas normas el ordenamiento jurídico Colombiana contempla las llamadas "acciones populares y de grupo"[564] cuyo propósito se centra en la protección de los derechos e intereses colectivos, cuando por acción u omisión de una autoridad o particular sean vulnerados. Destacamos dentro de esta gama de protecciones, *la Moralidad administrativa,* que involucra principios y valores fundados en la dignidad humana, a la cual me referiré en párrafos posteriores.

El Estado Colombiano cuenta también con una Agencia Nacional de Defensa Jurídica -ANDJE- que ha sido creada como una Unidad Administra-

564 Ley 472 de 1998

tiva Especial a través del Ley 1444 de 2011 y cuyo propósito principal es la estructuración, formulación, aplicación, evaluación y difusión de las políticas de prevención del daño antijurídico, así como la defensa y protección efectiva de los intereses litigiosos de la Nación, en las actuaciones judiciales de las entidades públicas.

Reviste importancia esta entidad en la medida en que el Estado puede precaver también una forma de corrupción, que se materializa a través de la inacción en los procesos judiciales en los cuales es parte el Estado y que culminan con sentencias condenatorias en cuantías exorbitantes que afectan sus intereses patrimoniales y que conllevan también una vulneración a derechos humanos, con la consecuente afectación a la buena administración.

Como se puede demostrar existe en el ordenamiento jurídico colombiano, todo un conjunto de normas dirigidas inequívocamente a prevenir y combatir la corrupción, incluidas acciones con las que la ciudadanía puede hacer cesar los actos y efectos nocivos con que la corrupción vulnera los derechos humanos. No obstante, los resultados parecieran no estar relacionados con las acciones que de buena fe emprende el Estado.

La Ley 489 de 29 de diciembre de 1998: "Dicta normas sobre la organización y funcionamiento de las entidades del orden nacional...", y la Ley 872 de 30 de diciembre de 2003, que "Crea el sistema de gestión de la calidad en la Rama Ejecutiva del Poder Público y en otras entidades prestadoras de servicio; el Decreto 1083 de 26 de mayo de 2015: "Compila en un sólo cuerpo normativo los decretos reglamentarios vigentes de competencia del sector de la función pública, incluidos entre otras, las siguientes materias, que hacen referencia a los temas planteados: Sistema de Control Interno; Modelo Integrado de Planeación y Gestión; Sistema de Gestión de Calidad".

El Decreto 1499 de 11 de septiembre de 2017[565]. "Actualiza el Modelo Integrado de Planeación y Gestión –MIPG–, que tal como lo reporta el Departamento Administrativo de la Función Pública DAFP, articula el nuevo sistema de gestión, que integra los sistema de gestión de calidad y de desarrollo administrativo, con el Sistema de Control Interno, es un marco de referencia para dirigir, planear, ejecutar, hacer seguimiento, evaluar y controlar la

565 *Diario Oficial*, n.º 50.353, de 11 de septiembre de 2017, disponible en [http://www.suin-juriscol.gov.co/viewDocument.asp?ruta=Decretos/30033473].

gestión de las entidades y organismos públicos, con el fin de generar resultados que atiendan los planes de desarrollo y resuelvan las necesidades y los problemas de los ciudadanos, con integridad y calidad en el servicio".

La Ley 87 de 1993, cit. "Establece normas para el ejercicio del control interno en las entidades y organismos del Estado y se dictan otras disposiciones", y el Decreto 1599 de 20 de mayo de 2005[566]. "Adopta el Modelo Estándar de Control Interno para el Estado Colombiano –MECI– 1000:2005, el cual determina las generalidades y la estructura necesaria para establecer, documentar, implementar y mantener un Sistema de Control Interno en las entidades y agentes obligados".

Nuestro ordenamiento jurídico se erige sobre principios que rigen la función administrativa y que se hallan inmersos en toda la normativa. Enunciamos algunos de ellos:

A. Principios de la función administrativa

En primer lugar consideramos que el principio de Legalidad en un Estado social de Derecho como es el nuestro es fundamental, en tanto nos regimos por una serie de normas cuyas jerarquías están plenamente identificadas; de tal manera que las actuaciones públicas o privadas, están regidas y regladas, principalmente por lo dispuesto en la Carta Magna que en su artículo 6 preceptúa que: *"Los particulares sólo son responsables ante las autoridades por infringir la Constitución y las leyes. Los servidores públicos lo son por la misma causa y por omisión o extralimitación en el ejercicio de sus funciones".* [567]

A su turno el principio de Economía se enmarca en el cumplimiento de los fines del Estado buscando el mayor beneficio social al menor costo[568]; en términos de Eficiencia y eficacia desarrollados ampliamente en este estudio, en tanto a voces de la honorable Corte Constitucional persiguen el cumplimiento de las finalidades y decisiones de la administración con la máxima

566 *Diario Oficial*, n.° 45.920, de 26 de mayo de 2005, disponible en [http://www.suin-juriscol.gov.co/viewDocument.asp?ruta=Decretos/1910681].

567 Constitución Política de Colombia, Artículo 6

568 Sentencia C-649 de 13 de agosto de 2002, M. P.: Luis Eduardo Montealegre Lynett, disponible en [https://www.corteconstitucional.gov.co/relatoria/2002/C-649-02.htm].

racionalidad, esto es, mediante el uso de los recursos y medios estrictamente necesarios para la obtención de resultados óptimos[569].

En la misma dirección la Corte, se ocupa de la eficacia cuando se refiere a la eficacia, en tanto sostiene se imponen deberes y obligaciones a las autoridades para garantizar la dignidad y el goce efectivo de los derechos humanos en condiciones de igualdad y en particular para quienes se hallen en condiciones de vulnerabilidad, y en cuanto a la eficiencia ha preceptuado que se trata de la máxima racionalidad de la relación costos-beneficios, y de allí la importancia de la adecuada planeación. [570]

Sobre la función administrativa considera la Corte, que las autoridades están en la obligación de actuar frente a los problemas ciudadanos y solucionarlos de forma eficaz[571]

Ahora bien, en cuanto a la Moralidad en el ejercicio de la función pública, como principio fundamental, ella: *"no se circunscribe al fuero interno de los servidores públicos, sino que abarca toda la gama del comportamiento que la sociedad en un momento dado espera de quienes manejan los recursos de la comunidad y que no puede ser otro que el de absoluta pulcritud y honestidad"*[572], en el desarrollo del servicio público que se enmarque dentro de los límites legales y tenga como objetivo la realización de las disposiciones de la Carta Política de forma clara, evidente, sin ambigüedades, de público conocimiento de tal suerte que facilite el control político y por ende el fortalecimiento de la democracia[573].

B. Principios de la vigilancia y el control fiscal

La función pública de vigilancia y control fiscal que ejercen las Contralorías en Colombia, sobre la gestión fiscal de la administración y de todos

569 Sentencia C-118 de 14 de noviembre de 2018, M. P.: Gloria Stella Ortiz Delgado, disponible en [https://www.corteconstitucional.gov.co/relatoria/2018/c-118-18.htm].

570 M. P.: Luis Ernesto Vargas Silva, disponible en [https://www.corteconstitucional.gov.co/relatoria/2013/C-826-13.htm].

571 Sentencia T-648 de 17 de septiembre de 2013, M. P.: Mauricio González Cuervo, disponible en [https://www.corteconstitucional.gov.co/relatoria/2013/T-648-13.htm].

572 Sentencia C-046 de 10 de febrero de 1994, M. P.: Eduardo Cifuentes Muñoz, disponible en [https://www.corteconstitucional.gov.co/relatoria/1994/C-046-94.htm].

573 Sentencia C-118 de 2018, cit.

aquellos que manejen fondos o bienes públicos[574], se fundamenta y desarrolla a través de los principios consagrados en Decreto Ley 403 de 2020.

La citada norma señala los principios de eficiencia y eficacia ya mencionados y referidos a la máxima racionalidad en el uso de los recursos públicos y a la coherencia que debe existir entre los objetivos y metas y resultados de la gestión, respectivamente. [575]

Se señala también el principio de equidad que se orienta a medir el impacto redistributivo que tiene la gestión fiscal, y el principio de economía, que menciona la austeridad y optimización del tiempo y recursos públicos, procurando el más alto nivel de calidad en sus resultados.[576]

Ahora bien es claro el aporte a la buena Gobernanza que a través de esta norma aportan los principios de Concurrencia, Coordinación, subsidiaridad, oportunidad y prevalencia en tanto se comparte la competencia de la Contraloría General de la República con las Contralorías territoriales de manera armónica, colaborativa y complementarias, de tal manera que se optimiza el ejercicio de vigilancia y control fiscal, "en defensa y protección del patrimonio público, al fortalecimiento del control social sobre el uso de los recursos y a la generación de efectos disuasivos frente a las malas prácticas de gestión fiscal" . [577]

Se consagran también los principios de Desarrollo sostenible, y valoración de costos ambientales que propenden por la preservación de los recursos naturales, así como la cuantificación e internalización del costo-beneficio ambiental.[578]

El aporte del Decreto 403 de 2020, es invaluable en tratándose de la Buena administración, pues principios como la especialización técnica, el efecto disuasivo, propugnan por el conocimiento de las entidades vigiladas y la definición de buenas prácticas que orienten el actuar del servidor público

574 Constitución Política de Colombia, Título x de los organismos de control. Capítulo 1 de la Contraloría General de la República, artículo 267.

575 DECRETO 403 DE 2020" Por el cual se dictan normas para la correcta implementación del Acto Legislativo 04 de 2019 y el fortalecimiento del control fiscal.

576 ídem

577 ídem

578 ídem

hacia el conocimiento de las consecuencias que conlleva un actuar inadecuado, lo que aporta a la ética y moralidad pública.

Señala Ponce Solé[579] al referirse a la ética o moralidad y buena administración: "*dada la vinculación de las Administraciones al ordenamiento jurídico en todo Estado de Derecho, como consecuencia del principio de legalidad, la ética o moralidad pública no puede ser otra cosa, al menos de lege lata, que lo que el ordenamiento indique como tal. Por ello, la ética pública se conecta con la buena administración, pues ésta es la expresión de aquélla en acción. Cuando nos referimos a la buena administración, no hacemos alusión a un concepto filosófico, para ser considerado, en todo caso, de lege ferenda, sino que aludimos a un concepto jurídico, incorporado–como veremos ya–en diversos ordenamientos y que genera una serie de obligaciones jurídicas públicas susceptibles de ser exigidas por diversas vías*".

Y si bien en el caso de Colombia como lo afirma A Martínez Lazcano, como en el de Italia, Alemania, España y Brasil entre otras, la concepción del derecho tiene un tinte Neoconstitucional, caracterizado por una forma de organización del poder que involucra fines y cometidos sustantivos[580], éstos se encausan al reconocimiento de la dignidad humana como imperio del cual emana y se justifica la existencia del Estado. No siendo esquivo el desarrollo de principios y valores en los que debe fundarse la función pública que se desarrolla a través de la actividad administrativa.

Se insiste entonces, en la necesidad de crear nuevos mecanismos o instrumentos de defensa de los derechos humanos que resulten efectivos y que dignifiquen la esencia del ser pensante. Luna Cervantes destaca "*Como bien afirma el Colegiado constitucional peruano, en referencia al Preámbulo de la Convención Interamericana contra la Corrupción, en el sistema jurídico peruano el buen funcionamiento de la administración estatal constituye un bien de índole constitucional. La corrupción socava la legitimidad de las instituciones públicas, atenta contra la sociedad, el orden moral y la justicia, así como en el desarrollo integral de los pueblos. Los actos en los que los funcionarios públicos atenten contra el correcto desempeño en*

579 Libro Buen Gobierno y Derechos Humanos- Ponce Sole Juli-El derecho a la buena administración y la calidad de las decisiones administrativas

580 El Sistema Interamericano de Derechos Humanos: Un análisis de sus dimensiones sustantivas y procesosInter-American Human Rights System: An analysis of substantive dimensions and processes- Alfonso Jaime Martínez Lazcano

el ejercicio de sus funciones atentan contra las bases mismas del Estado. Ello explica por qué la lucha contra la corrupción es considerada un mandato constitucional" [581]:

6. La corrupción como un fenómeno lesivo a la buena gobernanza y los derechos humanos

Hemos expuesto acerca de la importancia de los derechos humanos en la vida de los pueblos, plantearemos en seguida cómo la corrupción impacta los derechos humanos produciendo su deterioro y debilitando las estructuras de gobernanza. Aquí, profundizaremos un poco en algunas visiones normativas.

Por considerarlo jurídicamente válido y puntualmente acertado la honorable Corte Constitucional, la señalado que l*a corrupción amenaza el Estado social de Derecho,* en la medida en que afecta las bases de la democracia y ello altera de suyo el sistema y los principios en que se basa la carta fundamental; de tal suerte que se merma la confianza ciudadana, se reduce la inversión en tanto no hay certidumbre en términos de inversión, lo trae consigo la formación de monopolios [582]

---

581 Luna Cervantes Eduardo. Ensayo presentado dentro del libro Buen Gobierno y Derechos Humanos. Sobre la legitimación constitucional del ombudsman peruano para enfrentar el fenómeno de la corrupción en la administración pública y un ejemplo paradigmático de su praxis.

582 "*La corrupción es una de las principales amenazas contra el Estado social de Derecho, pues vulnera los cimientos sobre los cuales se estructura la democracia, generando graves alteraciones del sistema político democrático, de la economía y de los principios constitucionales de la función pública: 1. Desde el punto de vista político, la corrupción reduce la confianza de los ciudadanos en el Estado de derecho, pues implica el desprecio de los intereses de los ciudadanos, quienes se sienten totalmente ajenos a las decisiones públicas. Por lo anterior, se afecta la legitimidad de las decisiones del gobierno y del funcionamiento del Estado de derecho, generándose la apatía y el desconcierto de la comunidad. 2. Desde el punto de vista económico, la corrupción reduce la inversión, aumenta los costos económicos, disminuye las tasas de retorno y obstaculiza el comercio internacional, aumentando los precios de los bienes y servicios y reduciendo su volumen y calidad. Adicionalmente, este fenómeno facilita la formación de monopolios de hecho, conformados por las empresas que pagan sobornos. La eliminación de la competencia genera a su vez que la empresa que pague sobornos no invierta en todos los recursos necesarios para superar a la competencia, como costes de proyectos, modernización, investigación e inversiones tecnológicas, situación que va en detrimento de los consumidores y del desarrollo de la propia empresa. 3. Desde el punto de vista administrativo público, este fenómeno hace que los recursos públicos se desvíen hacia*

Luna Cervantes destaca que la corrupción es un fenómeno social complejo que se produce en las relaciones entre ciudadanos y funcionarios públicos –o funcionarios públicos entre sí– e implica, en su ocurrencia, el mal uso del poder público con la intención de obtener ventajas o beneficios indebidos para quienes lo detentan o para terceros allegados a ellos[583].

Sin profundizar el tema de la corrupción del que nos ocupamos en otro capítulo de este libro, hacemos mención a las relaciones que se dan entre los funcionarios o servidores públicos con la ciudadanía o entre ellos mismos que deviene de la función pública, entraña la actividad administrativa y está dirigida al cumplimiento de los cometidos y fines del Estado.

El otro tópico que se evidencia es la obtención de ganancia o provecho ilícito, que puede ser para el servidor público o para un tercero público o privado; ganancia que no tiene que ser necesariamente dineraria si no que puede reflejarse en otro tipo de beneficio; y el otro elemento que se desprende de la definición es el perjuicio o daño que se causa a la sociedad, con acciones irregulares que minan la confianza en las instituciones públicas, deslegitiman el estado y crean espacios de zozobra que afectan la democracia y por ende los derechos humanos.

Estos elementos del término corrupción [584] están presentes en todas las definiciones del vocablo y claro, que tiene aparejada una acción y una con-

los patrimonios particulares o del entorno de los funcionarios corruptos, lo cual disminuye la cantidad gastada en fines públicos, especialmente en educación y salud. Por otro lado, se merman las rentas públicas, teniendo en cuenta que el coste irregular del pago de los sobornos constituye una inversión para eludir el pago de costos como los tributos. Adicionalmente, la reducción de la inversión y del gasto público, ocasionada por la corrupción, afecta directamente el desarrollo económico a largo plazo, situación que se evidencia especialmente en los países menos desarrollados, en los cuales genera un diseño de los programas públicos que desemboca en beneficios para grupos de población relativamente bien situados desde el punto de vista económico en detrimento de las personas más necesitadas. 4. Desde el punto de vista jurídico, la corrupción afecta el correcto funcionamiento de la Administración pública, es decir, el funcionamiento del Estado de acuerdo a los principios de la función pública, en especial de la objetividad, la imparcialidad, la legalidad y la eficiencia Sentencia C-944 de 2012 M.P. Jorge Ignacio Pretelt Chaljub.

583 Buen Gobierno y derechos humanos- Luna Cervantes Eduardo -Pagina 200

584 Según la Real Academia de la Lengua Española, *la corrupción es la acción y el efecto de corromper o corromperse. También incluye la utilización de las funciones y medios de organizaciones (públicas o privadas) en provecho económico o de otra índole, de sus gestores.* Definición de la RAE, septiembre 2020.

secuencia contrarias a la legalidad y de naturaleza defraudatoria. La corrupción afecta la democracia y constituye un lastre para el crecimiento de los pueblos y una afectación grave a los derechos humanos de justicia, igualdad, equidad, seguridad entre otros.

Entonces el común denominador de la corrupción es la desviación del poder hacia fines no legítimos, con vulneración de los derechos humanos y con incumplimiento de los deberes que les corresponden a los servidores públicos; pues la dignidad humana debe estar por encima de cualquier interés.

La adopción de mecanismos expeditos que logren identificar riesgos para atacar la corrupción forma parte de un Estado democrático, y el no poder ejercer los derechos humanos es una clara violación a los mismos. A voces de Transparencia por Colombia: "*Reducir la corrupción es una condición clave para una sociedad justa y equitativa, y combatirla eficazmente fortalece las iniciativas de desarrollo, la promoción de derechos humanos y libertades y la erradicación de la pobreza global.*[585]

La corrupción ha dejado de ser un fenómeno interno de los Estados y ha mutado hacia formas cada vez más perversas y sofisticadas, que se presentan hasta en las transacciones comerciales internacionales. La globalización e internacionalización de la economía ha generado la existencia de grandes flujos de capital, lo cual hace necesario la creación, adecuación y fortalecimiento de instrumentos idóneos para combatir la corrupción. La lucha contra la corrupción es una política de Estado, contemplada incluso en el Plan de Desarrollo que busca no solamente atacar el delito, sino también prevenir su comisión y crear una cultura de transparencia.[586]

La Honorable Corte Constitucional señala que el reconocimiento del ser humano es la base para la construcción del Estado social de derecho[587];

585 Transparencia internacional- Las personas y la corrupción: América Latina y el Caribe- Barómetro Global de la Corrupción-TI-2017.

586 Argumentos del Decano de la facultad de Derecho, Ciencias Políticas y Sociales de la Universidad Nacional de Colombia dentro de la sentencia C-944 de 2012.

587 "*El Estado social de derecho se construye a partir del reconocimiento del ser humano como sujeto autónomo, dotado de razón, cuya realización integral debe promover el Estado, garantizándole condiciones dignas para el desarrollo de sus potencialidades, condiciones que se anulan y diluyen en contextos en los que prevalezca el interés mezquino de quienes anteponen los suyos particulares a los de la sociedad, incluso desdeñándolos y sacrificándolos, mucho más si para ello hacen uso indebido del aparato administrativo*

y la impunidad caracterizada por la ausencia de castigo, es el terreno más fértil para que germine la corrupción, la inseguridad y la violencia; y esa incapacidad del Estado vulnera de forma evidente los derechos humanos.

La impunidad no solo socava la democracia, sino que crea estados de incertidumbre y falta de credibilidad en las instituciones y en las personas mismas.

Señala Montoya Vivanco *que desde una perspectiva amplia, por impunidad podemos comprender aquella situación que va más allá de la mera ausencia de sanción e implica la ausencia de todo cuestionamiento a las estructuras del ejercicio abusivo del poder público para el beneficio privado. Esta estructura supone, evidentemente, ausencia de control sobre los agentes públicos, amplia discrecionalidad, clientelismo, informalidad, no rendición de cuentas, etc. En otras palabras, supone que los funcionarios corruptos y los particulares corruptores mantienen vinculación con dichas estructuras de poder*[588].

La impunidad, a juicio del autor de esta segunda edición demuestra la incapacidad del Estado en impartir justicia de forma oportuna; y por ende se vulneran todos los derechos que conlleva esa falta de oportunidad, que es la demostración de una rampante ineficiencia Institucional que permea la buena administración; una forma de corrupción que es menester corregir en la medida en que deslegitima el Estado y lo convierte en inútil. La ineficiencia que es contraria a la eficiencia, vulnera el fin fundamental del Estado consagrado en el artículo 2° de la Carta[589].

En una investigación de Newman Pont y Ángel Arango se *señala " las formas de corrupción más identificadas por la literatura son el soborno, la extorsión,*

---

que conduce el Estado, de los recursos que lo nutren, y del ejercicio de las funciones propias de la administración pública, conductas que por lo general se identifican en los tipos penales que describen prácticas corruptas C-944 de 2012 Corte Constitucional. M.P. JORGE IGNACIO PRETELT CHALJUB

588 Montaño Vivanco Yván – Buen Gobierno y Derechos Humanos. Buen gobierno, gobernabilidad, corrupción e impunidad: relaciones y superación del círculo vicioso.

589 Artículo 2° Constitucional. Son fines esenciales del Estado: servir a la comunidad, promover la prosperidad general y garantizar la efectividad de los principios, derechos y deberes consagrados en la Constitución; facilitar la participación de todos en las decisiones que los afectan y en la vida económica, política, administrativa y cultural de la Nación; defender la independencia nacional, mantener la integridad territorial y asegurar la convivencia pacífica y la vigencia de un orden justo.

la malversación de fondos, el fraude, el tráfico de influencias, los conflictos de interés, el nepotismo, la colusión privada y el uso de información privilegiada para tomar decisiones económicas o sociales privadas. [590]

En esta segunda edición, nos permitimos destacar lo consignado por Transparencia Internacional, en donde al referirse a la Contratación pública y financiación de partidos señala que "*España, como otros países de la Unión Europea, también tiene pendiente la adecuada regulación de la financiación de los partidos políticos. Hasta tanto no se resuelva, será normal que sigan surgiendo escándalos sobre sobornos y extorsiones en las obras públicas. Recientemente, el Parlamento catalán ha creado una comisión especial de investigación al respecto. Pero el problema de fondo no está en las actuaciones corruptas de actores individuales, sino en la corrupción institucionalizada vinculada a la obtención ilícita de fondos para los partidos. Éste es el principal cáncer y aquél donde el nuevo Gobierno deberá demostrar su verdadera voluntad moralizadora*". [591]

7. Especial referencia al sistema interamericano de derechos humanos

Solo a manera de introducción recordemos que el sistema Interamericano de derechos humanos (CIDH) es un complejo de Instituciones y disposiciones normativas, que buscan la protección y promoción del derecho internacional de los derechos humanos en todo el continente Americano. Lo crea la Organización de Estados Americanos (OEA) con fundamento en la Declaración Americana de los Derechos y Deberes del Hombre, adoptada en el año 1948, en la Carta de la Organización de los Estados Americanos del mismo año y en la Convención Americana sobre derechos Humanos suscrita en 1969 y con vigencia desde 1978.

Es de interés resaltar la importancia de la declaración Universal de los Derechos Humanos que se constituye en la gran guía orientadora de los derechos de las personas reconocida a nivel universal; guía o declaración que fue proclamada por la Asamblea General de las Naciones Unidas en Paris el

590 Fedesarrollo-Sobre la corrupción en Colombia: marco conceptual, diagnóstico y propuestas de política Vivian Newman Pont–María Paula Ángel Arango.

591 Transparencia Internacional-Informe Global de la Corrupción Manuel Villoria (Catedrático de Ciencia Política de la Universidad Rey Juan Carlos de Madrid)

10 de diciembre de 1948, con el propósito fundamental de reconocer derechos humanos de raigambre universal.[592]

El Congreso de la República aprobó la *"CONVENCIÓN INTERAMERICANA CONTRA LA CORRUPCIÓN"* a través de la Ley 412 del 6 de Noviembre de 1997, la cual fue declarada constitucional mediante la sentencia C-397 de 1998, considerándose que se ajusta plenamente a la filosofía y principios de la Constitución Política:

> *"Es decir, que en tratándose de cumplir el objetivo de la Convención que se somete a examen de constitucionalidad, de prevenir, detectar, sancionar y erradicar la corrupción, el cual ha encontrado la Corte que se ajusta plenamente a la filosofía y principios de la Constitución Política, el compromiso que adquiere el Estado colombiano al suscribirla, de levantar la reserva bancaria a solicitud de otro de los Estados-parte, en manera alguna vulnera dicho ordenamiento, pues se configura inequívocamente una situación en la que se impone hacer prevalecer el interés general, artículo 1o. de la C.P., el cual se ve gravemente amenazado por prácticas de corrupción que, como se dijo, atentan contra las bases mismas de la organización jurídico-política por la que optó el Constituyente, y contra sus principios y valores fundamentales".*[593]

Esta disposición Internacional, como todas las de su especie adquiere especial importancia en la lucha contra la corrupción en la medida en que busca facilitar la cooperación entre estados a fin de lograr una unidad normativa orientada a prevenir y perseguir los actos de corrupción que atenten contra el establecimiento y por ende contra los derechos reconocidos universalmente. Se hace especial énfasis en la actividad administrativa que desarrollan los servidores públicos y que en muchos casos se desvían de los objetivos y metas en los que se fundan, para convertirse en conductas lesivas a los intereses de la sociedad que representan y que impone la obligación de investigarlos y sancionarlos ejemplarmente.

La Convención no solo determina conductas irregulares, que deben ser perseguidas por los estados miembros, sino que establece lineamientos de

[592] El 29 de marzo de 1996 se suscribió la Convención Interamericana contra la Corrupción, en adelante (CICC), en el marco de la Organización de Estados Americanos en la ciudad de Caracas, instrumento que significó un verdadero modelo en la lucha contra la corrupción a nivel mundial

[593] Sentencia C-944 de 2012

política pública, dirigidas a fortalecer los estados, legitimar las democracias y por sobre todas las cosas proteger los derechos humanos, que al ser violentados ponen en riesgo la convivencia pacífica y el bien común. De igual manera señala disposiciones orientas a la prevención de conductas irregulares que atenten contra los derechos humanos.

De allí que las convenciones abrigadas por el Sistema, sean verdaderos instrumentos de lucha contra la corrupción, derrotero de reglas y procedimientos susceptibles de ser aplicados aún por los más escépticos, ya que se constituyen en barrera de contención para los que al margen de la institucionalidad buscan desconocer las más elementales reglas de convivencia y de respeto hacia la dignidad de los que de manera libre y consciente conforman un conglomerado, a cuya cabeza está un estado.

Dentro de los propósitos de la convención, a saber: 1. Promover y fortalecer el desarrollo, por cada uno de los Estados Partes, de los mecanismos necesarios para prevenir, detectar, sancionar y erradicar la corrupción. 2. Promover, facilitar y regular la cooperación entre los Estados Partes a fin de asegurar la eficacia de las medidas y acciones para prevenir, detectar, sancionar y erradicar los actos de corrupción en el ejercicio de las funciones públicas y los actos de corrupción específicamente vinculados con tal ejercicio,[594] considera el autor del presente libro, que tales cometidos consagran los verbos rectores necesarios para cumplir el propósito de promoción, fortalecimiento, prevención y sanción de actos de corrupción.

El aporte a la buena gobernanza de CICC está ampliamente demostrado en tanto aporta medidas de difusión en todos los temas que conciernen a la función pública, normas de conducta que promueven la transparencia y conocimiento del comportamiento los servidores públicos y el fomento de la participación ciudadana[595], consideradas como adecuadas estrategias que recogen ampliamente los fines de la convención.

Mas tarde en el año 2003, se aprueba en Colombia la "***CONVENCIÓN DE NACIONES UNIDAS CONTRA LA DELINCUENCIA ORGANIZADA TRANSNACIONAL***" a través de la Ley 800 de 2003 *Por medio de la cual se aprueban la "Convención de las Naciones Unidas contra la Delincuencia Organizada Trans-*

594 Ley 412 de 1997.

595 Artículo 3 de la CICC.

nacional" y el "Protocolo para Prevenir, Reprimir y sancionar la Trata de Personas, especialmente Mujeres y Niños, que representa un aporte a la protección de personas en condición de vulnerabilidad. Es importante señalar que el artículo 8° de la convención, exige la penalización de la corrupción por los Estados e identifica plenamente la responsabilidad de las personas jurídicas que participen en tales conductas punibles, e insta a la adopción de medidas eficaces especiales de lucha contra la corrupción y exige la adopción de una serie de medidas contra la corrupción de carácter legislativo, administrativo o de otra índole, para promover la integridad y prevenir, detectar y castigar la corrupción de funcionarios públicos.[596]

En el año 2005, exactamente el 13 de julio, a través de Ley 970 se aprobó la **CONVENCIÓN DE NACIONES UNIDAS CONTRA LA CORRUPCIÓN** (CNUCC), *Por medio de la cual se aprueba la "Convención de las Naciones Unidas contra la Corrupción", adoptada por la Asamblea General de las Naciones Unidas, en Nueva York, el 31 de octubre de 2003,* la cual fue declarada Constitucional mediante sentencia C-172 de 2006. Esta convención tuvo como finalidad, a) Promover y fortalecer las medidas para prevenir y combatir más eficaz y eficientemente la corrupción; b) Promover, facilitar y apoyar la cooperación internacional y la asistencia técnica en la prevención y la lucha contra la corrupción, incluida la recuperación de activos; c) Promover la integridad, la obligación de rendir cuentas y la debida gestión de los asuntos y los bienes públicos.[597]

La democracia, al igual que sus instrumentos normativos, deben estar en constante renovación, dada la constante evolución de los derechos humanos, pues en voces de Salmón, *si bien el régimen democrático es base para el respeto y garantía de los derechos humanos, también debe comprenderse que, ante la evolución constante de los derechos humanos, será imprescindible una reactualización de los contenidos propios de las instituciones democráticas. En este sentido, el régimen*

---

596 Así dispuso: *Además de las medidas previstas en el artículo 8 de la presente Convención, cada Estado Parte, en la medida en que proceda y sea compatible con su ordenamiento jurídico, adoptará medidas eficaces de carácter legislativo, administrativo o de otra índole para promover la integridad y para prevenir, detectar y castigar la corrupción de funcionarios públicos* Artículo 9 Ley 800 de 2003. Convención de Naciones Unidas contra la delincuencia organizada Transnacional

597 Artículo 1 de la Convención de Naciones Unidas contra la corrupción.

democrático debe verse acompañado por disposiciones de implementación interna, sean de carácter normativo o de políticas públicas[598]

En este punto es de resaltar que la lucha contra la impunidad ha sido un eje central en la Jurisprudencia de la Corte Interamericana de Derechos Humanos, debido a la larga historia de graves violaciones a los derechos humanos que se dieron en nuestro continente durante la segunda mitad del siglo XX. Desde sus primeras sentencias la Corte Interamericana de Derechos Humanos ha señalado que los Estados tienen la obligación de prevenir, investigar, sancionar y reparar toda violación de los derechos reconocidos por la Convención.[599]

Compartimos el planteamiento de Martínez Lazcano cuando señala que: "*Aunque la doctrina del agotamiento de recursos internos sigue siendo importante, el enfoque debe estar en asegurar la protección efectiva de los derechos, sobre la base de que el SIDH es subsidiario, pero no supletorio de las instancias nacionales*[600]

Es innegable el rol y aportes del Sistema Interamericano de Derechos humanos, empero se espera la colaboración de los organismos que la integran, el mejoramiento de los instrumentos establecidos, la identificación de riesgos y remoción de obstáculos en pro del beneficio de la colectividad entonces representa un desafío constante, la identificación y avance en la implementación de reformas y políticas públicas.

8. Propuesta de vislumbrar las afectaciones graves a la administración pública como una vulneración de derechos humanos

La buena administración no está explícitamente señalada en el derecho positivo del estado Colombiano, este derecho humano está reconocido jurisprudencialmente y a manera interpretativa en las diversas disposiciones

598 Buen Gobierno y Derechos humanos. Salmón Elizabeth. El buen gobierno en la jurisprudencia del sistema interamericano de Derechos Humanos y su relevancia para el Estado peruano.

599 ibidem

600 Martínez Lazcano Jaime Alfonso. El Sistema Interamericano de Derechos Humanos: Un análisis de sus dimensiones sustantivas y procesos–VOL 1, NO. 1, ENERO-JUNIO 2024. www.revistanomos.uanl.mx

normativas que conforman el marco jurídico interno. Igualmente encuentra respaldo en la propia constitución en el artículo 93 donde puntualmente se señala que los pactos y acuerdos a los cuales adhirió el país miembro se entienden incorporados al ordenamiento interno, teniendo el mismo nivel jerárquico Constitucional, lo que implica su aceptación y debida protección.[601]

Se ha expresado a través de las diferentes convenciones y las declaraciones efectuadas dentro del Sistema Interamericano de Derechos Humanos, y de las disposiciones normativas que conforman el ordenamiento jurídico interno de Colombia, que la buena administración es un derecho humano, que involucra no solo la obligación del estado de ofrecer un servicio con fundamento en el interés general y en el respeto por la dignidad humana sino que es una forma de legitimar la intervención estatal.

No desarrollar una adecuada administración es vulnerar los derechos humanos, que en esta va implícita. La mejora de la administración pública contribuye a fortalecer la democracia, crear lazos de confianza entre el administrador y el administrado y a patentar la función del estado, como quiera que en un estado democrático y social de derecho la buena gobernanza que tiene como base una buena administración es determinante para garantizar la protección y efectividad de los derechos fundamentales, lo que se ve reflejado en una adecuada calidad de vida.

Un estado social de derecho, debe estar encausado a preservar la igualdad y el equilibrio en el reconocimiento y la protección que debe brindar a sus administrados, tal como lo señala la Honorable Corte Constitucional "*En suma, la cláusula de Estado social ordena hacer de la nación un orden social equilibrado, en el cual las cargas y los beneficios públicos y sociales sean equitativos, las oportunidades y los beneficios del desarrollo similares y el ejercicio de los derechos fundamentales y, en especial, de la dignidad humana para todos los habitantes del territorio sea materialmente igualitario. La cláusula de Estado social, en consecuencia,*

601 Artículo 93 Constitución Política de Colombia Los tratados y convenios internacionales ratificados por el Congreso, que reconocen los derechos humanos y que prohíben su limitación en los estados de excepción, prevalecen en el orden interno. Los derechos y deberes consagrados en esta Carta, se interpretarán de conformidad con los tratados internacionales sobre derechos humanos ratificados por Colombia.

está conceptualmente ligada a la superación de los obstáculos de origen que recaen en los individuos y les pone en condición de desventaja"[602].

El Estado, debe propender por un orden social justo, edificado sobre el respeto a la dignidad humana sobre la cual descansa la democracia. Tal como lo declara el más alto órgano de lo Constitucional en Colombia: "*Además del respeto a la dignidad humana, la solidaridad entre los habitantes y la prevalencia del interés general, principios sobre los que se funda el Estado colombiano, la Constitución de 1991 establece como sus fines esenciales, es decir, como los propósitos que confieren razón de ser a su existencia, entre otros, servir a la comunidad, promover la prosperidad general, asegurar la convivencia pacífica y garantizar la vigencia de un orden justo"*[603].

Afectar la buena administración, se reitera es atentar contra los derechos humanos cuya protección le ha sido indefectiblemente asignada al Estado con fundamento en el respeto de la dignidad humana y con aplicación de principios de eficacia, eficiencia, economía y celeridad entre otros.

Ya nos ocupamos de desarrollar los conceptos de eficacia y eficiencia; no obstante es necesario mencionar un principio que es acorde, cual es el principio de celeridad, que conforme la jurisprudencia de la Honorable Corte, implica: "*para los funcionarios públicos el objetivo de otorgar agilidad al cumplimiento de sus tareas, funciones y obligaciones públicas, hasta que logren alcanzar sus deberes básicos con la mayor prontitud, y que de esta manera su gestión se preste oportunamente cubriendo las necesidades y solicitudes de los destinatarios y usuarios, esto es, de la comunidad en general. Igualmente ha señalado esta Corporación, que este principio tiene su fundamento en el artículo 2° de la Constitución Política, en el cual se señala que las autoridades de la Nación tienen la obligación de proteger la vida, honra, bienes, creencias y demás derechos y libertades de los ciudadanos, al igual que asegurar el cumplimiento de los deberes sociales del Estado y de los particulares, lo cual encuentra desarrollo en artículo 209 Superior al declarar que la función administrativa está al servicio de los intereses generales entre los que se destaca el de la celeridad en el cumplimiento de las funciones y obligaciones de la administración pública"*[604]

[602] Honorable Corte Constitucional sentencia C-272 de 2016

[603] Ibidem

[604] Ibidem

No puede entenderse una administración que no sea celera en sus determinaciones; que sus manifestaciones no estén dirigidas a la consecución del fin para las que fueron creadas y que éstas no sean oportunas, pues de allí surge la falta de oportunidad y efectividad de la protección.

Con respecto al principio de moralidad que debe considerar el Estado, en virtud de una buena administración, está directamente relacionado con el cumplimiento de los deberes que determinan responsabilidades de sus agentes y por cuya omisión deben responder. Esta moralidad se contiene en el artículo 6° superior que de manera clara le señala a los servidores públicos que están obligados a hacer solo lo que les está permitido por la Ley, de forma que la omisión o extralimitación en el ejercicio de sus funciones están sobrepasando lo que por orden constitucional, legal o reglamentario les está permitido ejecutar, pues su vocación y orden de servicio deben responder al interés general y no al particular, tal como lo disponen los artículos Superiores 122-2 y 123-2.

Estos principios y valores sobre los cuales descansa una buena administración, se constituyen en el principio y fin de una democracia que descansa en un estado social de derechos.

Permitir una afectación a la buena administración, es desconocer los más elementales cimientos de un estado democrático que busca servir a la colectividad a través de sus representantes , garantizándoles una convivencia pacífica y una calidad de vida.

Una buena administración, transforma la sociedad, protege los derechos humanos, garantiza la armonía y la paz entre los asociados legitimando el estado, a más de fortalecer la sensibilidad y el respeto por la condición humana, que es en últimas la razón de la especie.

Una buena administración pública tiene como fuente el derecho ciudadano, como derecho fundamental a tener calidad de vida, a través de la planeación y ejecución de asuntos individuales y colectivos por parte del Estado, orientados a la satisfacción de sus necesidades y enmarcados en principios de buena gestión.

Proponemos algunas afirmaciones, ideas y propuestas a manera de contribución en la salvaguarda de los derechos humanos, en el marco de la Universalidad, independencia, progresividad, interdependencia e indivisibilidad; principios orientados por la Corte Interamericana de los Derechos Humanos, pues resulta imposible desligar los derechos, en tanto la vulneración de un derecho, necesariamente conlleva la vulneración de otro; y todo ello apunta hacia la dignidad humana como la base de un Estado social de derecho como lo pregona el artículo 1 de la Constitución Política de Colombia.

- La persona humana es el principio y fin; la fuente suprema de la administración pública.
- Restablecer la cultura de la ética y la moral en las actuaciones de los ciudadanos.
- Privilegiar el acceso a la información pública y la transparencia en la misma. Muchos de los males que trae consigo la corrupción nace de una información falsa, incompleta o no otorgada.
- Exigir de la Institucionalidad, que las manifestaciones de poder tengan como fundamento el respeto a los derechos humanos y el reconocimiento de la persona como eje central de la vida, lo cual constituye objetivamente la humanización del Estado.
- La protección del Estado a las personas, es un imperativo que no puede ser desconocido en ninguna circunstancia; es integral y abarca todos los derechos humanos, reconocidos o no.
- El deber de respeto y protección del derecho a la vida es imperativo para las autoridades de la República y no es posible concebir otro derecho que prime sobre este; en tanto la existencia del Estado se concibe en el valor superior de la dignidad humana
- La esencia del Estado social de derecho supone el aseguramiento de condiciones mínimas de existencia. Humanizar la administración, es lograr la efectividad de los derechos de manera objetiva. Buena administración es sinónimo de derecho humano.

CAPÍTULO QUINTO

LA BUENA ADMINISTRACION FISCAL Y SUS APORTES AL ESTADO DE DERECHO

1. LA BUENA ADMINISTRACIÓN EN MATERIA FISCAL ELEMENTO INDISPENSABLE PARA LA CONSOLIDACIÓN DEL ESTADO SOCIAL Y DEMOCRÁTICO DE DERECHO

Como lo planteamos en la primera edición de esta obra, el contenido de los artículos 1.º y 2.º de la Constitución política del 91[605], definen como fundamentos del Estado, entre otros, el principio democrático, la prevalencia del interés general y a la persona como fundamento de la actividad estatal. Por lo cual, considerar la "buena administración pública" en el marco de la gestión fiscal y del control a esa gestión son herramientas imprescindibles para fortalecer la observancia y garantía de los derechos humanos dentro del Estado Social y Democrático de Derecho.

Recordamos, por tanto, como el Sistema Interamericano de Derechos Humanos, en su propósito de dignificar al individuo, sus derechos esenciales y atributos señala dentro de sus conceptos fundamentales, el principio *pro personae*, que describe al individuo, como el centro de derechos; de tal manera que cualquier interpretación normativa debe ser favorable a sus intereses, promover su desarrollo y protección[606], lo anterior, en el marco de los fines del Estado.

---

605 Corte Constitucional *et ál. Constitución Política de Colombia 1991, Actualizada con los actos legislativos a 2016*, Bogotá, Consejo Superior de la Judicatura, 2016, disponible en [http://www.corteconstitucional.gov.co/inicio/Constitucion%20politica%20de%20Colombia.pdf]. En adelante, todas las referencias a la Carta Magna remiten a esta fuente.

606 [https://www.oas.org/dil/esp/tratados_b-32_convencion_americana_sobre_derechos_humanos.htm].

El individuo, titular de derechos políticos como lo señala el art. 23 de la Convención Americana de Derechos Humanos, debe poseer de instrumentos necesarios que le hagan posible participar, acceder a las funciones públicas, así como expresarse libremente y ejercer sus derechos de reunión o asociación. Ese libre ejercicio en condiciones de igualdad, por supuesto está sometido a la reglamentación legal para garantizar el ejercicio de los derechos y oportunidades que les asisten a los ciudadanos; sólo de esa forma se puede garantizar la democracia como principio universal.

Resulta relevante en este punto considerar que la Corte Constitucional[607] ha indicado que el principio democrático es universal –en la medida que compromete variados escenarios, procesos y lugares– y expansivo, pretende la permanente conquista de nuevos ámbitos en los cuales manifestarse, por lo que bien puede afirmarse que su área de influencia por cierto excede la mera participación democrática representativa parlamentaria para abrir la posibilidad de discusión y participación de los aspectos que interesen a la comunidad en general, sea en todo o en parte, correspondiendo como lógica medida complementaria, el deber impuesto a las autoridades públicas para su respeto y para la toma de las medidas que demande su implementación.

La prevalencia del interés general, por su parte, constituye un concepto de textura abierta susceptible de armonización en cada caso particular, pero que por lo general se asocia a la preponderancia de las necesidades de la sociedad en su conjunto antes que, frente a una persona en particular, de manera tal que se procure maximizar el beneficio de la actividad estatal al mayor número de asociados posible. Por tanto, la "buena administración pública" se orienta a la satisfacción de las necesidades de la comunidad, cuyo principal propósito es el mejoramiento de las condiciones esenciales de la vida , y en ese aspecto la gestión fiscal que desarrollan los administradores públicos, debe atender al interés general, en el cuidado de los recursos públicos y la obtención de los mejores resultados posibles en beneficio de la comunidad.

607 Cfr. Sentencias C-089 de 3 de marzo de 1994, M. P.: Eduardo Cifuentes Muñoz, disponible en [https://www.corteconstitucional.gov.co/relatoria/1994/C-089-94.htm] y C-179 de 12 de marzo de 2002, M. P.: Marco Gerardo Monoy Cabra, disponible en [https://www.corteconstitucional.gov.co/relatoria/2002/C-179-02.htm].

Sobre este particular, la Honorable Corte Constitucional se ocupa del tema, y en Sentencia C-840 de 9 de agosto de 2001 sostuvo[608],

> "*... la gestión fiscal no se puede reducir a perfiles económico-formalistas, pues, en desarrollo de los mandatos constitucionales y legales el servidor público y el particular, dentro de sus respectivas esferas, deben obrar no solamente salvaguardando la integridad del patrimonio público, sino, ante todo, cultivando y animando su específico proyecto de gestión y resultados*".

Es claro, dicho concepto comprende la verificación de los resultados que se pretenden alcanzar y aquellos que en efecto se alcancen. Además, habría que añadir que quienes sean llamados a ejercer gestión fiscal habrán de orientar su actividad a la efectiva consecución de los fines estatales de manera tal que los recursos dispuestos para ello alcancen los objetivos trazados con su inversión.

Así pues, si resulta necesario definir lo que podría entenderse como buena administración fiscal, cuyo contenido se desarrolla ampliamente en la Ley 610 de 2000, que congrega varios elementos fundamentales, en tanto describe la gestión fiscal, como *"el conjunto de actividades económicas, jurídicas y tecnológicas"*; nótese cómo este concepto agrupa todos los elementos de una gerencia. Además señala la ley, quienes son los gestores fiscales, en tanto señala que está en cabeza de aquellos: "*que realizan los servidores públicos y las personas de derecho privado que manejen o administren recursos o fondos públicos*"; pero además establece el cómo se debe realizar esa gestión en tanto dice que las actividades de los gestores públicos deben ser: *"tendientes a la adecuada y correcta adquisición, planeación, conservación, administración, custodia, explotación, enajenación, consumo, adjudicación, gasto, inversión y disposición de los bienes públicos, así como a la recaudación, manejo e inversión de sus rentas*". De otro lado, estatuye claramente lo dispuesto en la Constitución Política de Colombia en cuanto al propósito, pues dispone que esta gestión, se debe desarrollar: "*en orden a cumplir los fines esenciales del Estado", y finaliza esta preceptiva delimitando su cumplimiento: "con sujeción a los principios de legalidad, eficiencia, economía,*

608 M. P.: Jaime Araújo Rentería, disponible en [https://www.corteconstitucional.gov.co/relatoria/2001/c-840-01.htm].

eficacia, equidad, imparcialidad, moralidad, transparencia, publicidad y valoración de los costos ambientales"[609]

Se trata de una norma muy completa en su contenido, pues involucra en todos los aspectos sustanciales y formales, el uso del recurso público, quiénes lo llevan a cabo, en el marco de qué verbos rectores y cuáles son sus propósitos.

Los principios que guían la función administrativa dispuestos en el artículo 209 de la Carta Constitucional imponen un modelo de gestión basado en la participación democrática, la planificación y la consecución de resultados concretos, de manera tal que constituyen los mínimos elementales en torno a una buena administración fiscal, la cual, sobra decirlo, resulta incompatible con la arbitrariedad o la improvisación en la ejecución presupuestal. Además, se dispone que la función administrativa precisamente está al servicio de los intereses generales; ni siquiera menciona los intereses particulares ni individuales , pues resulta claro que el interés general en un Estado social de derecho como el Estado Colombiano, prima sobre el interés particular, como se contiene en la carta fundamental y justamente dicha función administrativa, entendida bajo una buena gobernanza se erige sobre los principios: " *de igualdad, moralidad, eficacia, economía, celeridad, imparcialidad y publicidad, mediante la descentralización, la delegación y la desconcentración de funciones.*[610]

2. EL PATRIMONIO PÚBLICO COMO EJE PRINCIPAL DE LA BUENA GESTIÓN ADMINISTRATIVA

Desde un punto de vista general, el patrimonio público puede definirse como el conjunto de bienes, derechos y obligaciones en cabeza del Estado. En tal sentido, señala el artículo 35 de la Ley 42 de 26 de enero de 1993[611] que se entiende

609 LEY 610 DE 2000: "por la cual se establece el trámite de los procesos de responsabilidad fiscal de competencia de las contralorías", Artículo 3

610 Art 209 Constitución Política de Colombia

611 *Diario Oficial*, n.º 40.732, de 27 de enero de 1993, disponible en [http://www.suin-juriscol.gov.co/viewDocument.asp?ruta=Leyes/1788293].

"por Hacienda Nacional el conjunto de derechos, recursos y bienes de propiedad de la Nación. Comprende el Tesoro Nacional y los bienes fiscales; el primero se compone del dinero, los derechos y valores que ingresan a las oficinas nacionales a cualquier título; los bienes fiscales aquellos que le pertenezcan, así como los que adquiera conforme a derecho".

Sin embargo, dicha concepción, adecuada sin duda desde el punto de vista civil, ha sido hoy superada en atención a la existencia de múltiples bienes e intereses inmateriales que, si bien no son apreciables en lo pecuniario, sin duda alguna son objeto de utilidad pública, como lo desarrollamos en el primer capítulo.

En tal sentido, el Consejo de Estado señaló que el concepto de patrimonio público "cobija la totalidad de bienes, derechos y obligaciones, que son propiedad del Estado y que se emplean para el cumplimiento de sus atribuciones de conformidad con el ordenamiento normativo"[612].

Por supuesto, este tipo de bienes no susceptibles de valoración pecuniaria no dejan de ser valiosos en sí mismos, por lo que su administración y gestión impone al gestor fiscal un rol preponderante en su defensa, protección y debido aprovechamiento, en especial en consideración a que tal tipología de bienes resulta ser condición para la implementación de unas mejores condiciones de vida para la comunidad, conforme el avance científico y tecnológico se dé.

La adecuada administración del patrimonio estatal, incluidos por supuesto estos bienes que la concepción tradicional civil dejaría fuera de valoración pecuniaria, resulta ser un mandato perentorio para el gestor fiscal,

612 Sala de lo Contencioso Administrativo, Sección Tercera. Sentencia 1330 de 8 de junio de 2011, radicación número 25000-23-26-000-2005-01330-01(AP), C. P.: Jaime Orlando Santofimio Gamboa, disponible en [https://www.alcaldiabogota.gov.co/sisjur/normas/Norma1.jsp?i=43665]. Sumado a lo anterior, en la misma sentencia el Consejo de Estado ha reconocido que el concepto de patrimonio público también se integra por "bienes que no son susceptibles de apreciación pecuniaria y que, adicionalmente, no involucran la relación de dominio que se extrae del derecho de propiedad, sino que implica una relación especial que se ve más clara en su interconexión con la comunidad en general que con el Estado como ente administrativo, legislador o judicial, como por ejemplo, cuando se trata del mar territorial, del espacio aéreo, del espectro electromagnético etc., en donde el papel del Estado es de regulador, controlador y proteccionista, pero que indudablemente está en cabeza de toda la población".

quien se encuentra llamado no solo a procurar el buen uso del recurso público, sino a maximizar en la medida de lo posible los beneficios derivados de su gestión, en provecho de la comunidad a la que sirve.

En el capítulo primero de este libro, definimos ampliamente el concepto de bienes públicos e hicimos alusión a los diversos conceptos consagrados en la Constitución, la Ley y la jurisprudencia; de tal manera, que ese conjunto de derechos, recursos y bienes de propiedad de la Nación, son la herramienta con que cuenta el Estado para cumplir con sus fines esenciales de servir a la comunidad. Esos recursos justamente son un medio para servir y el fin en sí mismo es justamente el de servir; no puede ser otro diferente; y la esencia de la gobernanza, no puede ser otra que ser otra que una buena, una excelente gobernanza; no se trata simplemente de administrar, de ejecutar, si no de gobernar con los mayores criterios de calidad y en el marco de los ya mencionados principios generales que en caso de la gestión fiscal son recogidos en el artículo 3 de la Ley 610 de 2000.

Ahora bien toda gestión, y más la gestión pública, debe ser controlada y en nuestro país como ya lo hemos expuesto en este libro la vigilancia y el control al manejo de los recursos públicos está a cargo de las Contralorías, como órganos de control independientes. Y según se preceptúa en la carta Magna, la vigilancia y el control fiscal, se ejerce por parte de la Contraloría, que le corresponde ejercer dicha función pública respecto de la gestión fiscal de la administración pública y sobre todos los recursos públicos.[613]

Esa función pública de vigilancia y control fiscal se lleva a cabo a través de los procesos misionales que ya describimos en el capítulo primero y enunciamos como: Proceso Micro o auditor, que se formula y ejecuta a través del Plan de Vigilancia y Control Fiscal Proceso Macro que se concentra principalmente en la presentación de los Informes obligatorios de Ley y el Proceso de Responsabilidad Fiscal, que se activa en caso de daño al patrimonio público [614].

613 Constitución politica de Colombia artículo 267

614 Disponible en [https://www.contraloria.gov.co

3. EL CONTROL FISCAL DESDE UNA MIRADA INTERNACIONAL COMO UN EJE ESTRUCTURAL DE LA BUENA GOBERNANZA PUBLICA

La forma como se adelanta el control fiscal a los recursos públicos, resulta de especial interés al estudio del derecho comparado, por tanto, esta aproximación será valorada en esta segunda edición. Lo anterior, porque consideramos que el derecho humano a una buena administración lleva implícito el control y la verificación de la ejecución del presupuesto público para que se cumpla con la finalidad de atender las necesidades de los ciudadanos.

Compararemos sutilmente algunos modelos de control fiscal con el caso colombiano que tiene una entidad central que adelanta auditoría y a su vez los procesos de responsabilidad fiscal. Así, por ejemplo, Estados Unidos que cuenta con una dependencia llamada la Contraloría General de los Estados Unidos (Government Accountability Office, GAO); España que maneja un Tribunal de Cuentas e Inglaterra que cuenta con una Oficina Nacional de Auditoría (National Audit Office, NAO).

En primer lugar, recordemos que los organismos que adelantan el control fiscal mediante auditorías en el mundo se denominan Entidades Fiscalizadoras Superiores (EFS) y revisan la forma en que se realiza el gasto de los recursos públicos acorde con las normas de auditoría generalmente aceptadas y las leyes y reglamentos aplicables en el país.

La EFS juegan un papel fundamental, ya que contribuyen a que las autoridades sean eficientes en el uso de los recursos públicos que se destinan a la satisfacción de los intereses generales, al desarrollo de los países, a mejorar las condiciones de vida, es decir, contribuyen a hacer efectivo el derecho humano al buen gobierno. La OCDE refiere que las EFS buscan aplicar y poner en práctica auditorías rigurosas y de alta calidad necesarias para el desarrollo.[615]

615 *"En sí mismas, las EFS son aliadas naturales de los socios para el desarrollo que buscan aplicar y poner en práctica los principios enunciados en la Declaración de París sobre la Eficacia de la Ayuda al Desarrollo y la Agenda de Acción de Accra. Las Entidades Fiscalizadoras Superiores tienen un papel crucial cuando se desea asegurar que la ayuda se utiliza eficazmente. Sin embargo, en muchos países las EFS carecen de la independencia, los recursos y la capacidad técnica necesaria para llevar a*

Las EFS son diferentes conforme a las políticas y normas que las regulan, de tal manera que la INTOSAI considera que solo puede haber una EFS para cada país que debe registrarse y tener un soporte constitucional. A continuación, presentamos los modelos de EFS [616]

Tabla 7.

MODELOS DE ENTIDADES SUPERIORES DE FISCALIZACIÓN, EFS[617]			
Modelo de Westminster	Conocido también como el modelo Anglosajón o Parlamentario	Reino Unido y la mayoría de los países del Commonwealth, incluyendo varios países en África Subsahariana, unos cuantos países europeos, tales como Irlanda y Dinamarca, y países latinoamericanos como Perú y Chile	En este modelo las EFS son conocidas como oficinas nacionales de auditoría.
Modelo Judicial o Napoleónico	Las EFS son llamadas tribunales de auditoría o tribunales de cuentas.	En los países latinos en Europa, en Turquía, en los países francófonos de África y Asia y en varios países latinoamericanos, incluidos Brasil y Colombia	Por lo general, estas inspecciones estatales son parte del ejecutivo pero independientes de determinados ministerios y departamentos.
Modelo de Junta o Colegiado		En algunos países europeos, incluidos Alemania y Holanda, en Argentina y países asiáticos como Indonesia, Japón y la República de Corea."	

Fuente: Elaboración propia, tomando la información en cita.

Como se observa una de las modalidades de ejercicio del control fiscal la constituye aquella en que se presta apoyo al parlamento, se auditan los recursos, los programas públicos y se formulan recomendaciones.

cabo las auditorías rigurosas y de alta calidad que necesitan los gobiernos, parlamentos, ciudadanos, medios de comunicación y socios para el desarrollo."https://www.oecd.org/dac/effectiveness/Buenas_Pr%C3%A1cticas_para_el_Apoyo_a_Entidades_Fiscalizadoras_Superiores-%20for%20web.pdf Buenas Prácticas para el Apoyo a Entidades Fiscalizadoras Superiores (EFS)

616 https://www.oecd.org/dac/effectiveness/Buenas_Pr%C3%A1cticas_para_el_Apoyo_a_Entidades_Fiscalizadoras_Superiores-%20for%20web.pdf tipos de EFS Pág. 16

617 Los modelos de organización de las entidades superiores de fiscalización, EFS, son referenciados en la Guía de buenas prácticas de la OCDE, https://www.oecd.org/dac/effectiveness/Buenas_Pr%C3%A1cticas_para_el_Apoyo_a_Entidades_Fiscalizadoras_Superiores-%20for%20web.pdf Buenas Prácticas para el Apoyo a Entidades Fiscalizadoras Superiores (EFS) Resumen ejecutivo. Pág. 9

En otro modelo como el caso colombiano, la misma entidad, en este caso la Contraloría General de la República, adelanta las diferentes formas de control y vigilancia, realiza juicios de responsabilidad fiscal de orden administrativo declarativo, adelanta procesos administrativos de cobro coactivo y sus decisiones pueden ser impugnadas ante los jueces de lo contencioso administrativo.[618]

Y en la otra modalidad, como por ejemplo el Tribunal Federal de Cuentas en Alemania, órgano supremo de cuentas, se encarga de verificar el manejo de los ingresos, la forma en que se ejecutan los gastos y las decisiones de la Administración Federal que tengan incidencia financiera. Y en el evento en que no se acoja el contenido del ejercicio de fiscalización, se informa a la Comisión de Presupuestos del Parlamento Alemán, para que tome la decisión que corresponda. Además, al ser una estructura federal, el control financiero, es ejecutado por los Tribunales de Cuentas de los "Laender" que también son autónomos.

Esto para poner de presente las principales modalidades en que el control fiscal es ejercido y para referir que vamos a hacer especial mención en este aparte, al control a la ejecución del gasto público en Estados Unidos en el Reino unido, en España y en Colombia

Referencia al control fiscal en los Estados Unidos de América.

El contralor lo elige el presidente de listas presentadas por el Congreso, para un periodo de quinde (15) años. La Contraloría General de los Estados Unidos de denomina Government Accountability Office, GAO, y se conoce como modelo angloamericano simplificado. Es un organismo asesor del Congreso y revisa la forma en que el gobierno federal y las agencias adelantan el gasto de los recursos públicos. Revisa también los programas realizados con dineros públicos y los que reciben subsidios federales; asiste a esta institución en sus funciones constitucionales, teniendo plena autoridad

618 Constitución Política de Colombia, artículos 267 y siguientes, Ley 610 de 2000, Ley 1474 de 2011, y demás normas aplicables por remisión expresa del artículo 66 de la Ley 610 de 2000.

para investigar los ingresos, gastos e inversión y presenta recomendaciones para el mejoramiento de la economía y la eficiencia del gasto público[619]

"El Congreso reconoce a la GAO como una de las cuatro instituciones más reconocidas y de apoyo para investigaciones y diagnósticos[620] Este instituto, opera a través de dos formas de auditoría pública; de una parte, están las Entidades Superiores de Auditoria (ESA) dependientes del Legislativo de los Estados Federados, y de otra, los auditores electos por voto popular; y en algunos Estados concurren ambas figuras."[621]

La GAO, lleva a cabo: Auditorías de regularidad, financieras y contables. Evaluación de programas, auditoría de desempeño, auditoría de eficiencia, eficacia y economía. Análisis de impacto de eficacia y economía. Análisis de impacto de políticas. Auditorías de medio ambiente. Auditorías de legalidad o cumplimiento. Prescripción de normas de control interno.[622]"

El Ministerio de Hacienda de Colombia, en una de sus publicaciones[623], se refirió a un documento de 2020, y trae un caso graficado interesante de exponer a la hora de evaluar la conveniencia del gasto público, en el que la

619 Revista Española de Control Externo, Dialnet-LaContraloriaGeneralDeLosEstadosUnidos-2015973.pdf

620 https://archivos.juridicas.unam.mx/www/bjv/libros/3/1399/4.pdf 1. La Oficina de la Contraloría General (GAO), pag. 81

621 ÁNGELA ANDREA VILLACÍN CASTRILLÓN, FABIO FERNANDO ARROYAVE RIVAS, UNIVERSIDAD EXTERNADO DE COLOMBIA,FACULTAD DE FINANZAS, GOBIERNO Y RELACIONES INTERNACIONALES, MAESTRÍA EN GOBIERNO Y POLÍTICAS PÚBLICAS, FUNCIONALIDAD DEL CONTROL FISCAL EN COLOMBIA, BOGOTÁ, D.C., 2017 Tesis de Grado https://bdigital.uexternado.edu.co/server/api/core/bitstreams/2c227003-b443-4e2a-b408-09e09b1b0756/content 1.12.5 Estados Unidos de Norteamérica, pág. 45.

622 https://archivos.juridicas.unam.mx/www/bjv/libros/3/1399/4.pdf Principales características de la GAO, pag. 86

623 Ministerio de Hacienda de Colombia. 2. ELEMENTOS BÁSICOS DE UN SISTEMA DE CONTROL PARA LAS FINANZAS PÚBLICAS En XII SISTEMA DE CONTROL FISCAL. Ministerio de Hacienda de Colombia
https://www.minhacienda.gov.co/webcenter/ShowProperty?nodeId=/ConexionContent/WCC_CLUSTER-205888

GAO "define los conceptos de la fragmentación, el traslapo y la duplicación de gasto [624]

Los reportes de la GAO, "deben estos contener como mínimo: objetivos, alcance, metodología, hallazgos, conclusiones y recomendaciones. Dentro de los hallazgos es posible incluir los relativos al control interno, los incumplimientos detectados de las regulaciones del programa y los casos de fraude detectados, entre otras categorías que pueden ajustarse al caso particular. Por esa vía puede valorarse la efectividad del programa, adicionalmente, es posible que la información recaudada sirva para elaborar indicadores de efectividad y eficiencia, para entrar a determinar si un número importante de potenciales beneficiarios no ha sido censado o si con el mismo nivel de gasto podría ampliarse la cobertura ofreciendo otro tipo de prestación que se haya probado como beneficiosa en experiencias internacionales consultadas."[625]

En conclusión, en el caso de la Government Accountability Office, GAO, como entidad de control de los Estados Unidos, es un organismo asesor del Congreso, que adelanta las auditorías y evaluaciones de los programas del Gobierno y hace seguimiento a las recomendaciones y propuestas de mejora, de manera que se optimice el gasto público y se cumplan las finalidades esenciales del estado federal, permitiendo a la ciudadanía adelantar el seguimiento al poder conocer cómo va la ejecución de presupuesto y el cumpli-

---

624 *"**Fragmentación**: se refiere a aquellas circunstancias en las cuáles más de una agencia federal (o más de una organización al interior de una agencia) están involucradas en la misma área y existen oportunidades de mejorar el servicio. **Traslapo:** ocurre cuando múltiples agencias o programas tienen metas o desarrollan actividades similares o buscan atender a beneficiarios similares. **Duplicación:** ocurre cuando dos o más agencias o programas están desarrollando las mismas actividades o proveen los mismos servicios a los mismos beneficiarios" Y explica la GAO cómo analizando la información obtenida a aplicar estos conceptos, formuló en los últimos 10 años acciones de racionalización,168 en el último año, "y, en total, podrían producir ahorros valorados en $429 mil millones de dólares aproximadamente" y además incluyó el listado de acciones en un buscador en dos grupos, las relacionadas con estos tres conceptos fragmentación, traslapo y la duplicación de gasto y con otros estudios de reducción de costos o incremento de ingresos, para hacerles seguimiento, en un micrositio para ver cómo va la mejora y ello permite que la ciudadanía participe en el seguimiento de los resultados de sus reportes, y de esta forma se ayuda a controlar el gasto a través de recomendaciones que luego son objeto de seguimiento."*
En Ministerio de Hacienda de Colombia, cit. 2.2 ¿Cuánto se gasta? Pág. 807-810

625 En Ministerio de Hacienda de Colombia, cit. 2.2 ¿Cuánto se gasta? Pág 812.

miento de los objetivos trazados para la agencia ejecutora, actividades que contribuyen a la materialización del derecho humano al Buen Gobierno.[626]

Breve reflexión sobre el control fiscal en Inglaterra.

Conocido como modelo Parlamentario, no tiene regulación Constitucional. Se denomina National Audit Office – NAO. En el año 1966 la "ley de hacienda que reglamentó el funcionamiento del Departamento Auditor y Contralor del Reino Unido, que fue remplazado por la Oficina Nacional de Auditoría, al expedirse la Ley de Auditoría en 1983"[627]. Es una oficina independiente del gobierno y de la administración pública, que hace el escrutinio del gasto público del Reino Unido, dirigida por el Contralor y Auditor General. (Comptroller and Auditor General)[628]

Sus estrategias son a cinco años y apoya al Parlamento en el examen del desempeño del sector público. Apoya el trabajo del Comité de Cuentas Públicas–Committe of Public Accounts (PAC) del Parlamento. Este utiliza los informes que rinde la NAO, para realizar sesiones sobre del gasto público y escrutinio sobre de la implementación de la política gubernamental. El PAC publica su propio informe y recomendaciones y el Gobierno debe responder públicamente. Las entidades auditadas deben responder las recomendaciones del PAC.[629]

626 https://archivos.juridicas.unam.mx/www/bjv/libros/3/1399/4.pdf 1. La Oficina de la Contraloría General (GAO),

627 Mira Juan Carlos, Meza Ciro, Vega Daniel, Tesis de grado para optar por el título de Abogados, El Control Fiscalen Colombia. Pontificia Universidad javeriana. 2001 https://es.scribd.com/document/564611204/Libro-El-Control-Fiscal-en-Colombia 2.5.2 Inglateerra.

628 https://www.nao.org.uk/about-us/ Our impact

629 https://www.nao.org.uk/about-us/ Our impact
Our work helps Parliament's scrutiny of government, achieves a positive financial impact and makes a difference to people's lives.
We support the work of the Public Accounts Committee (PAC). It uses our reports to hold evidence sessions focused on public spending and scrutinising the implementation of government policy.
Audited bodies are required to respond to recommendations made by PAC which are often based on our work.

Es un control ex post y en los informes de auditoría financiera se revisa la relación entre calidad y precio y el uso óptimo de los recursos públicos (economía, eficiencia y eficacia).

El cargo del Contralor y Auditor General solo puede ser removido por el rey, previa resolución expresa de las dos Cámaras del Parlamento. Es propuesto por el Primer Ministro, una vez consultado al Presidente del Comité de Cuentas Públicas (PAC).[630]

El apoyo al Parlamento lo hace mediante la realización de informes en los que revisa "las cuentas anuales de los departamentos gubernamentales y sus agencias; sobre la economía, eficiencia y eficacia con la que el gobierno ha gastado el dinero público. Establece los hechos cuando existen preocupaciones sobre asuntos relacionados con el gasto público. Esto implica revisar cómo se asignan los fondos públicos, evaluar la eficacia de los programas y proyectos gubernamentales, identificar posibles ahorros y mejorar la gestión de riesgos financieros."[631]

En materia internacional, prestan apoyo a otras instituciones de auditoría, adelantan cooperación técnica en países que reciben ayuda del Reino Unido y son auditores externos en algunas organizaciones internacionales.[632] Adicionalmente responden por mantener y publicar el Código de Prácticas de Auditoría, que es aprobado por el Parlamento. En el código se establece lo que deben hacer los auditores de los gobiernos locales y los organismos de salud para cumplir con sus responsabilidades estatutarias.[633]

---

630 https://www.tdx.cat/bitstream/handle/10803/5068/fvv2de3.pdf Capítulo5 Las funciones y objetodelcontrolexterno.

631 https://www.nao.org.uk/support-for-parliament/
How we support Parliament. We produce reports:
- on the annual accounts of government departments and their agencies
- on the economy, efficiency and effectiveness with which government has spent public money
- to establish the facts where there are concerns about public spending issues

632 https://www.nao.org.uk/about-us/ Other work, International work

633 https://www.nao.org.uk/about-us/ "Code of audit practice
We are responsible for maintaining and publishing the Code of Audit Practice, which is approved by Parliament.
The code sets out what the auditors of local government and health bodies are required to do to fulfil their statutory responsibilities."

En el Reino Unido, la Oficina del Contralor y Auditor General a través de los informes y reportes (Value for money) adelanta una labor asesora respecto del manejo de los recursos públicos por parte de las entidades del Gobierno, para el beneficio de los ciudadanos, Es decir que aporta elementos para que el Derecho Humano al buen Gobierno se materialice y la ciudadanía sea beneficiada con el buen manejo de los recursos públicos.

Comentario al control fiscal en España y su Tribunal de Cuentas.

Consagrado en la Constitución Nacional, y en la Ley este tribunal se encuentra integrado por doce consejeros, que se desempeñan en periodos de nueve años, pero quien ejerce la presidencia lo hace por periodos de tres años; son elegidos directamente por las cortes y son los mismos consejeros quienes proponen al Rey el nombre de uno de sus miembros para que aquel le designe como presidente. [634]

Es un órgano colegiado de naturaleza fiscalizadora y jurisdiccional. Dispone el artículo 136 de la Constitución Española de 1978 lo siguiente:

"1. El Tribunal de Cuentas es el supremo órgano fiscalizador de las cuentas y de la gestión económica del Estado, así como del sector público.

Dependerá directamente de las Cortes Generales y ejercerá sus funciones por delegación de ellas en el examen y comprobación de la Cuenta General del Estado.

2. Las cuentas del Estado y del sector público estatal se rendirán al Tribunal de Cuentas y serán censuradas por éste.

El Tribunal de Cuentas, sin perjuicio de su propia jurisdicción, remitirá a las Cortes Generales un informe anual en el que, cuando proceda, comunicará las infracciones o responsabilidades en que, a su juicio, se hubiere incurrido.

3. Los miembros del Tribunal de Cuentas gozarán de la misma independencia e inamovilidad y estarán sometidos a las mismas incompatibilidades que los Jueces.

[634] https://www.tcu.es/es/fiscalizacion/funcion-de-fiscalizacion

4. Una ley orgánica regulará la composición, organización y funciones del Tribunal de Cuentas."[635]

Adelanta funciones de fiscalización y de enjuiciamiento. Además, tiene la potestad para acordar la imposición de sanciones pecuniarias al partido político que cometa alguna de las infracciones que se tipifican en el artículo 17 de la Ley Orgánica 8/2007, de 4 de julio, sobre financiación de los partidos políticos (LOFPP).[636]

Respecto de la función de fiscalización del Tribunal de Cuentas[637] es "externa, permanente y consuntiva de la actividad económico-financiera del sector público. Se califica de externa porque la realiza un órgano ajeno al sujeto fiscalizado, a diferencia del control interno que llevan a cabo los órganos de la propia Administración pública; es permanente porque se ejerce de manera continuada en el tiempo; y consuntiva, por su carácter de final y definitiva. La fiscalización comprende el conjunto de actuaciones que el Tribunal de Cuentas realiza, de conformidad con sus leyes orgánica y de funcionamiento, para comprobar el sometimiento de la actividad económico-financiera del sector público a los principios de legalidad, eficacia, eficiencia, economía, así como, en su caso, otros de buena gestión. Se ejerce en relación con la ejecución de los programas de ingresos y gastos públicos".

Se aplican varios tipos de fiscalización, de cumplimiento, financiera y operativa o de gestión y si se combinan se habla de fiscalización de regularidad. Y horizontal si corresponde a entidades del mismo sector o de varios, pero con características comunes y se adelanta acorde con las normas[638] creadas para tal fin.

---

635 https://www.tcu.es/es/la-institucion/regimen-juridico-y-economico/regimen-juridico/index.html Régimen jurídico

636 https://www.tcu.es/es/la-institucion/regimen-juridico-y-economico/regimen-juridico/index.html Régimen jurídico

637 https://www.tcu.es/es/fiscalizacion/funcion-de-fiscalizacion

638 https://www.tcu.es/es/fiscalizacion/funcion-de-fiscalizacion 2El Pleno del Tribunal de Cuentas aprobó, en Sesión celebrada el 23 de diciembre de 2013, las NORMAS DE FISCALIZACIÓN DEL TRIBUNAL DE CUENTAS… La tramitación de los procedimientos de fiscalización se lleva a cabo por el departamento ponente, en ejecución del programa anual de fiscalizaciones. El texto de anteproyecto de informe se somete a alegaciones de los fiscalizados y el proyecto de informe resultante se pone de manifiesto al ministerio fiscal y al servicio jurídico del Estado para que informen en relación con sus respectivas competen-

Una de las principales actuaciones fiscalizadoras del Tribunal de Cuentas es el examen y comprobación de la Cuenta General del Estado, a los que procede por delegación de las Cortes Generales. "Los 12 consejeros del Tribunal designados por las cortes generales (Parlamento Español), son independientes e inamovibles, tienen status legal al igual que los jueces. Así mismo, cumplen dos tipos de funciones: fiscalizadora y jurisdiccional, la primera implica la evaluación de la totalidad de la actividad económico – financiera del sector público con principios de legalidad, eficiencia y economía, es externa, permanente y consultiva, y la segunda; se relaciona con procesos de enjuiciamiento, orientados hacia la definición y declaración de la responsabilidad contable, es decir; se trata de establecer responsabilidades frente a delitos en contra de los fondos o bienes públicos."[639]

El Tribunal de Cuentas hará constar en el resultado de la fiscalización cuantas infracciones, abusos o prácticas irregulares haya observado, con indicación de la responsabilidad en que, a su juicio, se hubiere incurrido y de las medidas para exigirla. Asimismo, propondrá las medidas que haya que adoptar, en su caso, para la mejora de la gestión económico-financiera del sector público.[640]

Respecto de las funciones de enjuiciamiento del Tribunal de Cuentas, son de orden jurisdiccional. "Se ejerce respecto de las cuentas que deban rendir quienes recauden, intervengan, administren, custodien, manejen o utilicen bienes, caudales o efectos públicos." Y respecto de los hechos que juzga, también se puede adelantar investigación disciplinaria y penal.

cias, y a todos los miembros del Pleno para que realicen las observaciones que consideren convenientes. La Sección de Fiscalización delibera sobre el texto resultante y lo somete a la aprobación del Pleno del Tribunal, obtenida la cual el resultado de la fiscalización –por lo general, el informe- se remite a los destinatarios –Cortes Generales, Asambleas Legislativas de las Comunidades Autónomas o Plenos de las Corporaciones Locales, según los casos, así como al Gobierno de la Nación, a los Consejos de Gobierno de las Comunidades Autónomas o a los Plenos de las Corporaciones Locales, según corresponda- y se incorpora al portal web del Tribunal."

639 VILLACÍN CASTRILLÓN, ÁNGELA ANDREA y ARROYAVE RIVAS, FABIO FERNANDO. FUNCIONALIDAD DEL CONTROL FISCAL EN COLOMBIA. UNIVERSIDAD EXTERNADO DE COLOMBIA, FACULTAD DE FINANZAS, GOBIERNO Y RELACIONES INTERNACIONALES, MAESTRÍA EN GOBIERNO Y POLÍTICAS PÚBLICAS, BOGOTÁ, D.C. 2017 Tesis de Grado

640 https://www.tcu.es/es/fiscalizacion/funcion-de-fiscalizacion

"Esta responsabilidad contable, que puede ser directa o subsidiaria, se exige mediante tres procedimientos jurisdiccionales, que son el juicio de cuentas (que se rige por el proceso contencioso administrativo), el procedimiento de reintegro por alcance (se seguirán los trámites del juicio declarativo que corresponda a la cuantía del alcance, según la Ley de Enjuiciamiento Civil,) y el expediente de cancelación de fianzas, y viene delimitada por la normativa específica del Tribunal de Cuentas así como por la doctrina que la desarrolla."[641]

Destaca que "en lo que respecta a la seguridad de la información, el Tribunal de Cuentas aprobó en el año 2016 la creación de una Oficina de Seguridad de la Información que, dependiendo directamente de la Presidencia del Tribunal, Como reto a futuro plantea la formación del personal del Tribunal y en especial de los auditores, lo que requerirá "recursos financieros y humanos". "En el ámbito de la función del enjuiciamiento de la responsabilidad contable, se ha *avanzado mediante la realización de convenios de colaboración con diversas instituciones* como el Colegio de Notarios o el de Registradores de la Propiedad, así como con el Catastro, lo que ha introducido mayor facilidad y agilidad en los procedimientos en fase de ejecución de sentencias. "[642]

Y luego se refiere a un gráfico que se toma de la Revista Española de Control Externo[643] y en el que la Consejera menciona que "Algunas de las

641 GENARO MOYA, MARÍA DOLORES. Consejera del Tribunal de Cuentas. La transformación digital en el Tribunal de Cuentas: aprovechando las nuevas tecnologías para contribuir a la mejora en la gobernanza pública. 4. La experiencia del Tribunal de Cuentas en la implementación de la tecnología en su ámbito de actuación. Revista Española de Control Externo | vol. XXII | n.° 64 (Enero 2020) | pp. 48-65 Dialnet- LaTransformacionDigitalEnElTribunalDeCuentas-7769461.pdf Un aporte de GENARO MOYA:2020, Consejera del Tribunal de Cuentasen materia DE TRANSFORMACIÓN DIGITAL, hace referencia a la experiencia del Tribunal de Cuentas, que "viene realizando un enorme esfuerzo en la introducción de las TIC en todos sus ámbitos de actuación con el objetivo de llegar a ser una institución más eficiente, moderna, abierta y transparente, y para reducir progresivamente el uso del papel en sus comunicaciones tanto internas como externas." Describe la Consejera la forma en que ha venido empleando el Tribunal de cuentas las herramientas tecnológicas, en los procesos de intercambio de información, en las rendiciones de cuentas; en el proceso fiscalizador, para análisis masivo de datos, que está en exploración y en la digitalización de procedimientos internos.

642 Ibídem

643 Ibídem pág. 62

cuestiones que se reflejan en la Figura 4, vienen siendo abordadas por el Tribunal de Cuentas desde hace algunos años: formación dirigida a la utilización de nuevas herramientas, dedicación de recursos humanos y financieros a la implementación de las TIC en la institución, contratación de personal especializado en TIC y adaptación a cambios rápidos inducidos por la tecnología y la digitalización.

Esto para referir como el elemento informático y el uso de las tecnologías es un aspecto del que se ocupan las EFS que para cumplir con su laborade control y verificación del presupuesto público, requieren estar acorde con los adelantos tecnológicos, para ponerlos al servicio de su labor misional, como en este referente que recoge la experiencia del Tribunal de Cuentas de España.

En conclusión, el Tribunal de Cuentas de España, a través de sus labores de fiscalización y enjuiciamiento, contribuye a la materialización del derecho humano al buen gobierno, toda vez que se ocupa de que el gasto público se oriente al cumplimiento de la satisfacción de las necesidades de la ciudadanía, aplique el principio de transparencia de la información,[644] como uno de los aspectos que desarrollan el buen gobierno y contribuya a fortalecer la confianza en las instituciones y en la calidad de los servicios y decisiones.

Reflexiones general entorno al Control Fiscal en Colombia.

En Colombia, la misma entidad adelanta el control y vigilancia fiscal y la actuación administrativa mediante la cual define la responsabilidad fiscal. En la Constitución Política[645], el Control Fiscal está a cargo de la Contraloría General de la República y tiene como fin vigilar la administración de los recursos públicos tanto de las entidades públicas, como de las privadas con

644 https://hazrevista.org/opinion/2023/04/rendicion-cuentas-prueba-madurez-politica-electoral/ .El Tribunal de Cuentas cuenta con una WEB para la rendición de cuentas de las autoridades locales.

645 Con el Acto Legislativo 4 de 2019 se introdujeron modificaciones en el control fiscal en Colombia.

funciones públicas para que sea eficiente. El control fiscal, se ejerce en forma posterior y selectiva, y además puede ser preventivo y concomitante.[646]

En cuanto a la elección del Contralor General de la República, lo hace el Congreso y para ello se debe tener en cuenta los dispuesto en los artículos 126 y 267 numeral 5 de la Constitución Política, que señalan lo siguiente.

> Artículo 126: "Salvo los concursos regulados por la ley, la elección de servidores públicos atribuida a corporaciones públicas **deberá estar precedida de una convocatoria pública reglada por la ley,** en la que se fijen requisitos y procedimientos que garanticen los principios de publicidad, transparencia, participación ciudadana, equidad de género y criterios de mérito para su selección."
>
> Artículo 267 inciso 5°: "**El Contralor será elegido por el Congreso en Pleno**, por mayoría absoluta, en el primer mes de sus sesiones para un periodo igual al del Presidente de la República, de lista de elegibles conformada por convocatoria pública con base en lo dispuesto en el artículo 126 de la Constitución...".

La función de control y vigilancia fiscal que le corresponde a la Contraloría General de la República se concreta en tres labores misionales:[647]

• Control Macro: Evalúa el comportamiento de las finanzas del Estado y el grado de cumplimiento de los objetivos macroeconómicos expresados por el Gobierno. Igualmente, evalúa el impacto de las políticas económicas sobre el crecimiento económico, la distribución del ingreso, el bienestar general y la posición fiscal del sector público.

• Responsabilidad Fiscal: Es la determinación de la responsabilidad fiscal, mediante un proceso de naturaleza administrativa, con el fin de recuperar los dineros sustraídos al erario y, en general, buscar el resarcimiento de los daños al patrimonio público.

• Auditorías (Control Micro): Se traducen en la vigilancia sistemática y permanente sobre las diversas entidades del Estado y aquellos particulares

[646] Los artículos 267, 268, de la Constitución Política de Colombia, se refieren a la función de control y vigilancia a las atribuciones de la Contraloría General de la República.

[647] Disponible. https://www.contraloria.gov.co/en/home

que manejan recursos públicos que son sujetos de control de la CGR, o que son objeto del control excepcional.

Las Auditorías se adelantan anualmente mediante la formulación y la ejecución de un Plan General de Auditoría (PGA), que contiene la programación de las entidades y los puntos de control que se auditarán durante el año.

La Contraloría General de la República (CGR) analiza y evalúa el comportamiento anual del Gobierno Nacional y organismos y entidades que corresponden al Sector Público Consolidado, en materia de deuda y finanzas públicas, y certifica la presentación del Balance General de la Nación y de la Hacienda Pública y la Cuenta General del Presupuesto y del Tesoro.

Además, elabora y presenta al Congreso de la República el informe de gestión del Contralor General de la República, donde se plasman los principales logros del Plan Estratégico vigente y los resultados de los demás planes, programas y proyectos desarrollados en la entidad.[648]

Presenta el Informe sobre el estado de los recursos naturales y del ambiente. (Artículo 268 en el numeral 7, de la Constitución Política.)

En cumplimiento al artículo 3° del Acto Legislativo 01 del año 2016 y en concordancia con las funciones constitucionales atribuidas a la CGR presenta anualmente el Informe sobre la ejecución de los recursos y el cumplimiento de las metas del componente para la paz del Plan Plurianual de Inversiones -PPI-

En uso de las facultades extraordinarias concedidas en el Acto Legislativo 04 de 2019, que reformó el régimen de control fiscal en el país, se profirió el Decreto Ley 403 de 2020, desarrollando el control y vigilancia fiscal, que definió así:

> Artículo 2°
>
> "Vigilancia fiscal. (…) Consiste en observar el desarrollo o ejecución de los procesos o toma de decisiones de los sujetos de control, sin intervenir en aquellos o tener injerencia en estas, así como con pos-

[648] https://www.contraloria.gov.co/en/web/guest/resultados/informes/informes-constitucionales

terioridad al ejercicio de la gestión fiscal, con el fin de obtener información útil para realizar el control fiscal.

Control fiscal. (...) determinar si la gestión fiscal y sus resultados se ajustan a los principios, políticas, planes, programas, proyectos, presupuestos y normatividad aplicables y logran efectos positivos para la consecución de los fines esenciales del Estado, y supone un pronunciamiento de carácter valorativo sobre la gestión examinada y el adelantamiento del proceso de responsabilidad fiscal si se dan los presupuestos para ello".

En lo que hace referencia al control fiscal micro, se adelantan varias modalidades de auditoría: Financiera, Cumplimiento, Desempeño. Así mismo, se realizan actuaciones especiales de fiscalización.

De otra parte, como en la modificación introducida por el artículo 1o. del Acto Legislativo 04 de 2019, se contempló que el control fiscal podrá ser ejercido en forma preventiva y concomitante,[649] según sea necesario para garantizar la defensa y protección del patrimonio público, actuación que se puso a cargo de "la Dirección de Información, Análisis y Reacción Inmediata (DIARI), las Contralorías delegadas Generales y Sectoriales, o quien designe el Contralor General de la República"[650]

649 Reglamentado mediante la RESOLUCIÓN REGLAMENTARIA ORGANIZACIONAL REG-ORG–0762–2020, de junio 2, "Por la cual se desarrollan las condiciones y la metodología general para el seguimiento permanente a los recursos públicos y el ejercicio de la vigilancia y control fiscal concomitante y preventivo de la Contraloría General de la República."
ARTÍCULO 2o. DEFINICIÓN. El seguimiento permanente a los recursos públicos hace parte de la vigilancia de la gestión fiscal del Estado, es un proceso sistemático y continuo de recolección y análisis de información sobre la gestión fiscal en todas sus etapas y ciclos, que consiste en observar el desarrollo o ejecución de los procesos o toma de decisiones de los sujetos de control, sin intervenir en aquellos o tener injerencia en estas, con el fin de obtener información útil para monitorear y analizar los riesgos y controles asociados a la planeación, uso, ejecución, contratación e impacto de los bienes, fondos o recursos públicos, y para realizar el control fiscal concomitante y preventivo o posterior y selectivo.
PARÁGRAFO. El seguimiento permanente al recurso público en el marco del control concomitante y preventivo corresponde a una competencia de la Contraloría General de la República, sin perjuicio del ejercicio ordinario de su función de vigilancia fiscal."

650 https://www.icbf.gov.co/cargues/avance/compilacion/docs/resolucion_contraloria_reg0762_2020.htm

En la Resolución REGLAMENTARIA ORGANIZACIONAL REG-ORG–0762–2020 se desarrolla la metodología para adelantar el seguimiento permanente (planeación, ejecución e informe) que culmina con un informe interno, y se determina si no hay riesgo se deja el informe en el archivo de la dependencia, o si hay un posible beneficio, o insumos para priorizar un ejercicio de control posterior, o una función de advertencia.

En lo que respecta al proceso de responsabilidad fiscal, regulado por norma especial, las leyes 610 de 2000 y 1474 de 2011 es una actuación administrativa de carácter declarativo[651], y tiene por objeto "el resarcimiento de los daños ocasionados al patrimonio público como consecuencia de la conducta dolosa o culposa de quienes realizan gestión fiscal mediante el pago de una indemnización pecuniaria que compense el perjuicio sufrido por la respectiva entidad estatal.

Para el establecimiento de responsabilidad fiscal en cada caso, se tendrá en cuenta el cumplimiento de los principios rectores de la función administrativa y de la gestión fiscal.", de conformidad con el artículo 4 de la Ley 610 de 2000.

Esta actuación administrativa se adelanta por el funcionario competente[652] mediante un proceso ordinario o el verbal y culmina con la expedición

651 http://www.secretariasenado.gov.co/senado/basedoc/ley_0610_2000.html Ley 610 de2000 Artículo 1°. El proceso de responsabilidad fiscal es el conjunto de actuaciones administrativas adelantadas por las Contralorías con el fin de determinar y establecer la responsabilidad de los servidores públicos y de los particulares, cuando en el ejercicio de la gestión fiscal o con ocasión de ésta, causen por acción u omisión y en forma dolosa o culposa un daño al patrimonio del Estado.

652 https://jurinfo.jep.gov.co/normograma/compilacion/docs/resolucion_contraloria_ogz0748_2020.htm
RESOLUCIÓN ORGANIZACIONAL REG–OGZ–0748 DE 2020,(febrero 26) Artículo ARTÍCULO 6o. SERVIDORES PÚBLICOS COMPETENTES PARA EL CONOCIMIENTO, TRÁMITE Y DECISIÓN DEL PROCESO DE RESPONSABILIDAD FISCAL. La competencia para adelantar los procesos de responsabilidad fiscal está en cabeza de:
1. Contralor Delegado Intersectorial de la Unidad de Investigaciones Especiales contra la Corrupción
2. Contralor Delegado Intersectorial de la Unidad de Responsabilidad Fiscal de Regalías
3. Contralor Delegado para Responsabilidad Fiscal, Intervención Judicial y Cobro Coactivo
4. Contralor Delegado Intersectorial de la Unidad de Responsabilidad Fiscal de la Contraloría Delegada para Responsabilidad Fiscal, Intervención Judicial y Cobro Coactivo

de un fallo con o sin responsabilidad fiscal Si se profiere un fallo con responsabilidad fiscal, se adelanta una actuación administrativa para el cobro coactivo del fallo que es el título ejecutivo.

En conclusión, la labor de la Contraloría General de la República de Colombia, a través de los informes de Ley, aporta elementos para la toma de decisiones relacionadas con el Control Macro de las finanzas del Estado, informes que son conocidos por la ciudadanía ya que se publican en la Web garantizando el acceso y transparencia de la información.

En los informes de auditoría establece hallazgos de los cuales surgen planes de mejoramiento que buscan mejorar la gestión de las entidades estatales y particulares que manejan recursos públicos, para corregir las deficiencias detectadas.

Además mediante Informes de Estudios Sectoriales, evalúa políticas públicas, que sirven de insumo para mejorar la gestión de las entidades ejecutoras y cuenta con un fuerte desarrollo de la participación ciudadana, forma veedores, apoya el seguimiento de la ciudadanía de las obras, gestiona las denuncias que recibe de afectación del recurso público, hace seguimientos a los llamados "elefantes blancos", obras inconclusas para lograr que se finalicen y presten servicio a la ciudadanía, actividades que aunados a sus fortalezas en mejoramiento informático y uso de la Inteligencia Artificial, IA hacen que contribuya a la materialización del Derecho Humano al buen Gobierno y apoyen a la satisfacción de las necesidades de la ciudadanía.

Ahora bien, atendiendo los modelos descritos, dentro de las investigaciones que nos ocupan, resulta relevante destacar la figura del inspector General de los Estados Unidos

Reflexión genérica sobre el Inspector general de los Estados Unidos

En el año 1952, la Agencia Central de Inteligencia de los Estados Unidos nombró a un Inspector General, y a partir de esta fecha se siguió reco-

5. Director de Investigaciones de Contraloría Delegada para Responsabilidad Fiscal, Intervención Judicial y Cobro Coactivo

6. Directivos de las Gerencias Departamentales Colegiadas (Gerentes Departamentales y Contralores Provinciales).

nociendo la importancia de la figura del Inspector General en el Gobierno. "La primera Oficina del Inspector General fue establecida por el Congreso en 1976 como una rama del Departamento de Salud y Servicios Humanos (HHS) específicamente para eliminar el desperdicio y el fraude en los programas de Medicare y Medicaid. El 12 de octubre de 1978, la Ley del Inspector General (IG) estableció Oficinas del Inspector General en 12 agencias federales adicionales. En 1988, se enmendó la Ley IG para crear 30 OIG adicionales en entidades federales designadas, en su mayoría agencias, juntas o comisiones relativamente pequeñas. El Inspector General es designado por el Presidente de la República y aprobado por el Senado a quien debe presentarles informes semestrales y los inspectores generales restantes son designados por los jefes de sus respectivas agencias, como por ejemplo el inspector general del Servicio Postal de Estados Unidos"[653]

La labor de la Oficina del Inspector General, consiste en revisar las actuaciones de las agencias gubernamentales para lo cual realiza auditorías, investigaciones y otras indagaciones como parte de su labor y como respuesta a solicitudes de investigación de posibles irregularidades, mala conducta, despilfarro, fraude, mala administración; de tal manera que las auditorías se

[653] https://www.greelane.com/es/humanidades/historia-y-cultura/about-the-office-of-inspector-general-3322191/ *"En el artículo acerca de los Inspectores Generales de EE. UU., se describe la diferencia entre auditorías, evaluaciones e investigaciones, que adelantan los inspectores así: "Las auditorías son evaluaciones objetivas y sistemáticas de qué tan bien las oficinas llevan a cabo los programas y operaciones de la EEOC y se concentran en el proceso. Las auditorías se llevan a cabo de acuerdo con las Normas de Auditoría Gubernamental, conocidas como el "Libro Amarillo", emitido por el Contralor General. Las evaluaciones implican evaluar las fortalezas y debilidades de programas, políticas, personal, productos y organizaciones para mejorar su efectividad. Su propósito es emitir juicios para mejorar su efectividad e informar las decisiones de programación. Las evaluaciones se llevan a cabo de acuerdo con los Estándares de Calidad para Inspección y Evaluación del Consejo de Inspectores Generales de Integridad y Eficiencia. Las investigaciones generalmente se llevan a cabo en respuesta a informes de mala conducta y se centran en una persona o personas. Las investigaciones se realizan conforme a los estándares de calidad para Investigaciones emitidos por el Consejo de Inspectores Generales de integridad y eficiencia. Se pueden preparar informes de investigación para remitir asuntos a enjuiciamiento, informar a la agencia de una base para una posible disciplina, corregir deficiencias graves o informar a otras agencias gubernamentales sobre la necesidad de emprender acciones dentro de su jurisdicción".*

realizan sobre programas, las evaluaciones sobre fortalezas y debilidades y las investigaciones, comportan ya la existencia de irregularidades[654]

Es así, como mediante las auditorías se revisa la gestión de las agencias gubernamentales e identifica formas de mejorar los programas y operaciones que respondan de una mejor manera a las necesidades de los formuladores de políticas y a la ciudadanía.

Verifican los auditores el cumplimiento de las leyes, regulaciones y políticas internas al llevar a cabo programas, para lo cual examinan estados financieros, programas, sistemas de gestión, información financiera de los beneficiarios y contratistas de las subvenciones, y sistemas de tecnología de la información bajo la supervisión del Inspector General Adjunto de Auditoría. [655]

En los programas de evaluaciones el Inspector se ocupa de analizar la gestión, eficacia y eficiencia de los programas que tienen el mayor efecto en el cumplimiento de la misión de la Agencia. El evaluador recopila y analiza sistemáticamente los datos para establecer que está funcionando, si cumple los objetivos y por qué es ineficaz. Dentro de la comunidad de Inspectores Generales, las inspecciones y evaluaciones han brindado durante mucho tiempo a la OIG un mecanismo flexible y eficaz para la supervisión y revisión de los programas del Departamento/Agencia mediante el uso de personal de diversas disciplinas que se basa en la utilización de múltiples métodos para recopilar y analizar datos. De las evaluaciones surgen hallazgos y acciones de mejora, presupuestos, gestión, rendición de cuentas y desarrollo de políticas. El programa de evaluación, es llevado a cabo por un evaluador supervisor.

El Programa de Investigación es estratégico y se ocupa de temas que representan el mayor riesgo y ofrecen la máxima oportunidad para detectar y prevenir fraude, despilfarro y abuso en los programas y operaciones. A su vez, lleva a cabo investigaciones de diversa naturaleza sobre el fraude y la mala conducta relacionados con los programas y operaciones y coordina con el Departamento de Justicia y otras autoridades policiales para aprovechar los recursos y los esfuerzos de lucha contra el fraude.

654 https://www.greelane.com/es/humanidades/historia-y-cultura/about-the-office-of-inspector-general-3322191/ Acerca de los Inspectores Generales de EE. UU.

655 https://oig.eeoc.gov/about-us

Directamente le reporta al Departamento de Justicia si en la investigación encuentra fundamento para hacer el reporte de la conducta ilícita.

Por último, en cuanto al rol y las facultades del Inspector General y la separación de poderes, se genera debate, toda vez que esta autoridad tiene acceso a información confidencial y privilegiada y el Congreso no puede solicitarle acceso a esos documentos que soportan los informes que rinde el Inspector. Por su parte, el presidente de los Estados Unidos si tiene el control legal de esos documentos privilegiados, por lo que está figura refuerza el poder del ejecutivo y aunque es asesora del Congreso, maneja información privilegiada.[656]

RECAPITULACION SOBRE EL CONTROL FISCAL Y SU RELEVANCIA

De los modelos enunciados, vemos que todos tiene un objetivo común cual es la promoción y el resguardo de los recursos públicos; y si bien es cierto en el modelo colombiano, existen 65 Contralorías independientes, en los otros modelos el control fiscal es ejercido por un solo organismo, empero el modelo de ejercer el control fiscal micro y lo que concierne a las auditorias se manejan bajo las mismas normas internacionales y aplicando metodologías similares en tanto se vigila el desempeño, la gestión y resultados, la contabilidad, las finanzas los programas, los proyectos y se formulan planes de mejoramiento.

En cuanto al proceso de responsabilidad fiscal, es manejado por organismos independientes en los modelos señalados; distinto al modelo colombiano en el cual las mismas contralorías que realizan el proceso auditor, se ocupan de tramitar los procesos de responsabilidad fiscal. Ha sido una propuesta permanente del autor de este libro, quien desde nuestra experiencia se ha expuesto la necesidad de la existencia de una sola Contraloria en el país, que maneje un solo criterio para el ejercicio de la función pública de vigilancia y control fiscal, de una parte, y de otra la necesidad de separar la función de ejercer el control fiscal micro y macro por parte de la Contraloria del proceso de responsabilidad fiscal, que debe tramitarse por un organismo distinto. Lo anterior, pese a que la experiencia nos indica que por regla ge-

656 EXECUTIVE PRIVILEGE AND INSPECTORS GENERALTHE MIDDLE-MEN, Megan Huppee* NATIONAL SECURITY LAW JOURNAL [Vol. 10:1

neral se respeta la independencia al interior de la Contraloria, es conveniente separar las funciones de auditoría de las del proceso de responsabilidad fiscal, para evitar que una misma entidad actúe como juez y parte.

Esto en cuanto a los modelos equiparables al instituto que ejerce la vigilancia y el control fiscal y que en sede de análisis nos ocupamos de comparar; ahora bien, en cuanto al rol que desempeña el Inspector general de los estados Unidos, ya que, a nuestro juicio, se trata de una oficina que supervisa, previene y recomienda, que se asimila al papel que desempeñan el control interno en nuestro país.

El Control Interno en Colombia , cuya regulación es constitucional y legal[657] se define en Ley 87 de 1993, como un sistema que procura que los planes, métodos, principios, normas y procedimientos, se cumplan en el marco de los preceptos constitucionales y legales, a través de un Modelo Estándar de Control Interno "MECI", que se fundamenta en 5 componentes: "*Ambiente de control, Gestión de los riesgos institucionales, Actividades de control, Información y comunicación, Monitoreo o supervisión continua*", y se orienta hacia la prevención, recomendaciones y propuestas de mejoramiento.

El control Interno en nuestro país, es equiparable a la figura del Inspector General de los Estados Unidos, y representa figuras relevantes en las labores preventivas. Uno de los derroteros de mis propuestas, siempre ha sido: "prevenir es mejor que resarcir" y en tratándose del control fiscal, la labor preventiva fue una de las propuestas principales de la reforma Constitucional que emprendimos en la Contraloría general de la república y que destacaremos posteriormente. En efecto, las recomendaciones que advierten riesgos, evitan desviaciones, proponen herramientas y acciones de mejora, agregan mayor valor y aportan a la buena Gobernanza, como derecho humano de una forma más eficiente, que cuando debe resarcirse el daño causado, que en no pocas oportunidades se logra recuperar. Y refiriéndonos

657 Constitución Política de 1991- Artículos 209 y 269 Todas las entidades públicas en sus diferentes órdenes y niveles deben contar con métodos y procedimientos de control interno. Ley 87 de 1993- Establece directrices para el ejercicio del Control Interno. Decreto 1083 de 2015 – Decreto Único Reglamentario del Sector de Función Pública – Control Interno – MECI. Resolución 406 de 2017 – Se conforman los órganos de coordinación del Sistema de Control Interno de APC

a las acciones preventivas, consideramos pertinente destacar las recomendaciones de la OCDE en materia de Buena Gobernanza.

4. ENUNCIACION DE LAS RECOMENDACIONES DE LA OCDE EN ESTE AMBITO

Al concluir la Segunda Guerra Mundial[658] nace el European Recovery Program –ERP–, denominado también "Plan Marshall"[659], como una iniciativa de Estados Unidos para apoyar el proceso de recuperación de Europa. De la mano del plan de reconstrucción de los países afectados, el 16 de abril de 1948 se constituye la Organización Europea de Cooperación Económica –OECE– como un agente de cooperación encargado de administrar y distribuir los apoyos económicos recibidos en el marco de la iniciativa y de gestionar los programas necesarios para la recuperación de Europa[660].

Como quiera que el crecimiento de la economía europea fue un factor determinante en su proceso de reconstrucción, la necesidad de fortalecer y desarrollar una economía mundial sostenible y sólida, se exaltó en el ámbito global como uno de los medios indispensables para promover y garantizar el progreso integral de las naciones. Ello condujo a que el 14 de diciembre de 1960, se celebrara en París la Convención mediante la cual, a partir de la OECE, se constituyó la Organización para la Cooperación y el Desarrollo Económico –OCDE– que, a partir de septiembre de 1961 en reemplazo de la OECE, cobró vida como un organismo intergubernamental e internacional encargado de fomentar el desarrollo del comercio, la estabilidad financiera y la expansión de una economía globalizada[661].

658 Invasión de Polonia, 1.º de septiembre de 1939-Rendición de Japón, 2 de septiembre de 1945.

659 Llamado así en honor al Secretario de estado George Marshall (Uniontown, Pensilvania, 31 de diciembre de 1880-Washington D. C., 16 de octubre de 1959), consistía en ayuda económica de Estados Unidos a Europa Occidental desde 1948 hasta 1952, por 14.000 millones de dólares de la época para la reconstrucción.

660 OECD. Organisation for European Economic Co-operation. Disponible en: [https://www.oecd.org/general/organisationforeuropeaneconomicco-operation.htm].

661 OCDE. *Convención de la OCDE*, 14 de diciembre de 1960, París, Francia. Consultado en: [http://www.oecd.org/acerca/documentos/conveciondelaocde.htm].

En la actualidad, la OCDE se ha posicionado como un foro que, a partir del conocimiento empírico, la investigación y la recolección de datos y el análisis e intercambio de información, propone y diseña, de la mano de los países miembros, mejores prácticas, instrumentos y políticas públicas que ayuden a los Gobiernos a hacer frente a las necesidades que día a día desafían la prosperidad y el bienestar general y propendan por la evolución de una economía de mercado sana que permita optimizar las condiciones de vida[662].

La estructura jerárquica de la OCDE cuenta con tres secciones, el órgano principal es el Consejo que, integrado por los representantes de los países miembros y de la Comisión Europea, tiene a cargo la toma de decisiones que son, en la mayoría de los casos, producto del común acuerdo de las partes a partir de la discusión de los planes y las políticas públicas en el foro[663]; los Comités que, conformados por expertos en cada una de las áreas de interés de la OCDE, observan de forma permanente las problemática y analizan la información y las políticas públicas existentes para formular alternativas que puedan abordar las necesidades establecidas[664]; y la Secretaría, que es responsable de atender las gestiones propias de la OCDE, lo que implica presentar y ejecutar el plan de trabajo y de presupuesto, así como de garantizar el cumplimiento de las decisiones proferidas por el Consejo[665]. La OCDE se pronuncia a través de cinco tipos de instrumentos que pasamos a describir.

Las decisiones que, conforme a lo contenido en el literal a del artículo V de la Convención, comprenden disposiciones de obligatorio cumplimiento salvo en aquellos casos en los que los países miembros se abstengan de votarla. Su obligatoriedad queda sujeta a que la decisión sea incorporada en el ordenamiento jurídico de cada país miembro una vez se hayan gestionado los mecanismos internos que este disponga[666].

---

662 OECD. Who we are, disponible en: [https://www.oecd.org/about/].

663 OECD. *Resolutions of the council on the governance of the organization*, C(2015)100. Disponible en: [http://www.oecd.org/officialdocuments/publicdisplaydocumentpdf/?cote=C(2015)100&docLanguage=En].

664 Ídem.

665 Ídem.

666 OCDE. *Convención de la OCDE*, 14 de diciembre de 1960, cit.

Las recomendaciones son manifestaciones que, aunque no tienen carácter vinculante se espera sean adoptadas por los países miembros como quiera que son producto del consenso de sus voluntades. Al igual que ocurre con las decisiones, los miembros pueden abstenerse, sin embargo, ello no es necesario pues como se indicó, no son de obligatorio cumplimiento[667].

En este sentido valga señalar que coincidimos en el propósito de las recomendaciones, planteadas por la organización, que si bien no tienen la fuerza vinculante que puede tener el derecho positivo, si hacen parte de recomendaciones relevantes basadas en exigir una administración caracterizada por la oportunidad, eficiencia, efectividad y excelencia.

Las declaraciones son actos solemnes producidos al interior de la OCDE en los que se consignan compromisos determinados[668]. Los acuerdos internacionales son instrumentos de carácter vinculante[669]. La última categoría corresponde a los arreglos, entendimientos y otros que son producto de negociaciones[670].

Debido a que la diversificación y expansión de los nuevos modelos negociales de las naciones, propios de la globalización, acarrean nuevos y nutridos riesgos que ponen en peligro la ética en el servicio público[671] y que el desarrollo de la economía, la competitividad internacional y, por lo tanto, de los estándares de calidad de vida de la población están determinados por la formulación y ejecución de políticas públicas a cargo de la administración en ejercicio de su facultad discrecional[672], la OCDE ha proferido una serie de recomendaciones destinadas a garantizar la buena gestión a través de la

---

667 OCDE. *Convención de la OCDE*, 14 de diciembre de 1960, cit.

668 OECD. *Legal Instruments*, disponible en: [https://legalinstruments.oecd.org/en/general-information].

669 Ídem.

670 Ídem.

671 OECD. *Recommendation of the Council on Improving Ethical Conduct in the Public Service Including Principles for Managing Ethics in the Public Service*, OECD/LEGAL/0298, disponible en: [https://legalinstruments.oecd.org/en/instruments/OECD-LEGAL-0298].

672 OECD. *Recommendation of the Council on Improving the Quality of Government Regulation*, OECD/LEGAL/0278. Disponible en: [https://legalinstruments.oecd.org/en/instruments/OECD-LEGAL-0278]. También en OECD. *Regulatory Policy and Governance: Supporting Economic Growth and Serving the Public Interest*, OECD Publishing, 2011, p. 8.

implementación de medidas para prevenir la mala conducta de la administración y la corrupción. Estas disposiciones, relacionadas con las políticas de calidad regulatoria[673], los estándares de conducta ética[674], los conflictos de intereses[675], el acceso a la información pública[676], la contratación pública[677], las políticas de Gobierno abierto[678], la integridad y la corrupción[679] y el liderazgo[680] que impactan los modelos de gobernanza y las condiciones del

673 Este tema es abordado en la *Recommendation of the Council on Improving the Quality of Government Regulation*, cit.

674 Ver la *Recommendation of the Council on Guidelines on Anti-Corruption and Integrity in State-Owned Enterprises*, OECD/LEGAL/0451, disponible en [https://www.oecd.org/daf/ca/Guidelines-Anti-Corruption-Integrity-State-Owned-Enterprises.pdf] que derogó la *Recommendation of the Council on Improving Ethical Conduct in the Public Service Including Principles for Managing Ethics in the Public Service*, OECD/LEGAL/0298, cit.

675 Ver la *Recommendation of the Council on OECD Guidelines for Managing Conflict of Interest in the Public Service*, OECD/LEGAL/0316, disponible en [https://legalinstruments.oecd.org/public/doc/130/130.en.pdf].

676 De este tópico se ocupa la *Recommendation of the Council for Enhanced Access and More Effective Use of Public Sector Information*, OECD/LEGAL/0362, disponible en [https://legalinstruments.oecd.org/public/doc/122/122.en.pdf].

677 Objeto de los instrumentos *Recommendation of the Council on Public Procurement*, OECD/LEGAL/0411, disponible en [https://legalinstruments.oecd.org/en/instruments/OECD-LEGAL-0411], que derogó la *Recommendation of the Council on Enhancing Integrity in Public Procurement*, OECD/LEGAL/0369, disponible en [https://legalinstruments.oecd.org/public/doc/131/131.en.pdf]. También la *Recommendation of the Council on Fighting Bid Rigging in Public Procurement*, OECD/LEGAL/0396, disponible en [https://legalinstruments.oecd.org/public/doc/284/284.en.pdf].

678 Ver *Recommendation of the Council on Open Government*, OECD/LEGAL/0438, disponible en [https://legalinstruments.oecd.org/en/instruments/OECD-LEGAL-0438].

679 Sobre el particular se encuentran la *Recommendation of the Council on Guidelines on Anti-Corruption and Integrity in State-Owned Enterprises*, OECD/LEGAL/0451, cit.; la *Recommendation of the Council for Development Co-operation Actors on Managing the Risk of Corruption*, OECD/LEGAL/0431, disponible en [https://legalinstruments.oecd.org/public/doc/347/347.en.pdf]; y la *Recommendation of the Council on Public Integrity*, OECD/LEGAL/0435, disponible en [https://legalinstruments.oecd.org/en/instruments/OECD-LEGAL-0435], que derogó la *Recommendation of the Council on Improving Ethical Conduct in the Public Service Including Principles for Managing Ethics in the Public Service*, OECD/LEGAL/0298, cit.

680 Ver *Recommendation of the Council on Public Service Leadership and Capability*, OECD/LEGAL/0445, disponible en [https://www.oecd.org/gov/pem/recommendation-on-public-service-leadership-and-capability-en.pdf].

servicio público, tienen como propósito recuperar y mantener la confianza de la ciudadanía en las instituciones públicas.

Las declaraciones son actos solemnes producidos al interior de la OCDE en los que se consignan compromisos determinados[681]. Los acuerdos internacionales son instrumentos de carácter vinculante[682]. La última categoría corresponde a los arreglos, entendimientos y otros que son producto de negociaciones[683].

En tratándose de la formulación de políticas públicas, el Consejo de la OCDE se refiere al proceso de regulación gubernamental[684] en la que describe los parámetros de calidad y de transparencia que deben exigírsele, sus costos y su facultad de interrelacionarse en el ámbito internacional. En ese hilo conductor, el instrumento recomienda someter el trámite de proyección, revisión y aprobación de regulaciones a una lista de verificación conformada por los siguientes interrogantes:

"¿Está el problema correctamente definido?" Es preciso delimitar la situación y conocer en detalle cada una de las circunstancias que atañen la problemática[685].

"¿Está justificada la acción gubernamental?" Lo primero que hay que determinar es si existe alguna acción gubernamental previa que dé respuesta al problema planteado, bien sea que lo haga de forma directa o a través de ligeros ajustes por parte de la administración. En caso de que no exista acción previa, debe evaluarse si en el panorama concreto la acción del Gobierno resulta ser la más idónea frente a la posible intervención de otro tipo de sector[686].

"¿Es la regulación la mejor forma de acción gubernamental?" Requiere que se evalúen las alternativas reguladoras y no reguladoras para definir qué

681 OECD. *Legal Instruments*, disponible en: [https://legalinstruments.oecd.org/en/general-information].

682 Ídem.

683 Ídem.

684 En la *Recommendation of the Council on Improving the Quality of Government Regulation*, cit.

685 Ídem.

686 Ídem.

medida puede satisfacer de mejor forma, en términos de costos, beneficios y efectividad, la necesidad[687].

"¿Existe una base legal para la regulación?" Los operadores deben garantizar que la regulación se encuentre ajustada a derecho, es decir, que cumpla con todas las disposiciones constitucionales, legales e internacionales vigentes. Ello implica determinar si son concordantes la nueva regulación y las disposiciones ya existentes, de modo tal que puedan surtir efectos de forma paralela o si, por el contrario, son contradictorias y es necesario modificar o derogar alguna[688].

"¿Cuál es el nivel apropiado (o niveles) de Gobierno para esta acción?" Es imprescindible establecer qué nivel gubernamental está facultado para atender la problemática o qué nivel ha sido delegado para ello. En caso de que varios niveles puedan ser responsables es preciso establecer los lineamientos para la gestión colaborativa[689].

"¿Justifican los costos los beneficios de la regulación?" Se requiere hacer un estudio serio que abarque todos los sectores afectados por la regulación y cada uno de los diferentes conceptos de costo del procedimiento regulatorio para compararlo con los presuntos beneficios que va a significar la regulación. Así mismo, el tipo de estudio que se adelante debe ser escogido con base en la clase de regulación que se tramite y su grado de importancia, como quiera que entre mayor impacto tenga, precisa de un estudio de mayor complejidad[690].

"¿Es transparente la distribución de efectos en la sociedad?" El regulador debe estimar el grado de afectación que genera a las comunidades cuyos intereses se vean involucrados e informar a los afectados en el caso de que advierta un posible menoscabo[691].

"¿Es la regulación clara, consistente, comprensible y accesible para los usuarios?" La regulación debe tener una estructura lógica, emplear el lenguaje adecuado y ser por completo clara, de modo tal que no tenga disposi-

687 Ídem.

688 Ídem.

689 Ídem.

690 Ídem.

691 *Recommendation of the Council on Improving the Quality of Government Regulation*, cit.

ciones sobre las que pueda interpretarse un significado distinto para el que fue concebido. Además, debe garantizarse que los destinatarios de la regulación puedan acceder real y materialmente a su contenido[692].

"¿Han tenido la oportunidad de presentar sus puntos de vista todas las partes interesadas?" El proceso regulatorio debe propender por los derechos de cada una de las partes interesadas y de las que puedan resultar afectadas, para ello debe brindar toda la información posible relacionada con la regulación y garantizar que la ciudadanía pueda participar en su proceso de formulación[693].

"¿Cómo se logrará el cumplimiento?" El desarrollo de la regulación requiere que, de forma previa a su aprobación, se identifiquen las herramientas requeridas para poner en funcionamiento la regulación, lo que significa especificar las actividades de promoción, difusión y capacitación que deben adelantarse, informar al público en general del contenido de la regulación[694].

La lista de verificación está diseñada para optimizar el proceso de toma de decisiones y garantizar que la expedición de nuevas regulaciones esté justificada por estrictos criterios de necesidad, eficiencia y eficacia. Su propósito es producir regulaciones accesibles al público, tan flexibles que puedan adaptarse a la variabilidad de las circunstancias sociales sin incurrir en la obsolescencia y cuyo costo de proyección, aprobación, implementación y publicación sea inferior al costo de una regulación tradicional. El objetivo es proferir instrumentos jurídicos innovadores, que armonicen con las nuevas formas de mercado y los desafíos tecnológicos, que en lugar de hacer lentas las relaciones comerciales, sirvan de vehículo para su fluidez.[695]

Sin embargo, la OCDE es clara en señalar que la inclusión de la lista de verificación en el proceso regulatorio no es en sí misma una medida suficiente para cumplir el objetivo de la recomendación. Es preciso capacitar, en lo relacionado con el trámite de verificación, al recurso humano que interviene en el proceso, definir puntos de control dentro del procedimiento

692 Ídem.

693 Ídem.

694 Ídem.

695 ídem

que se encarguen de revisar el cumplimiento de la lista y designar para cada una de las etapas del procedimiento a los responsables correspondientes, para implementar de forma integral una mejor política regulatoria.[696]

Esta recomendación, que es considerada el primer compendio de ética pública de carácter internacional[697] traza, con base en los riegos derivados de la gestión de la administración, una guía de principios exigibles a la conducta en el servicio público y plantea de forma incipiente la idea de una cultura de la integridad pública.

En desarrollo de la disposición contenida en el principio 7.º de la citada recomendación y como respuesta a los retos que imponen las nuevas formas de interacción cooperativa del sector público y el sector privado, conforme a los cuales se pueden ver comprometidos los deberes de la administración en relación con los intereses de los particulares[698], el 28 de mayo de 2003 se adopta la recomendación en la que se proponen pautas para garantizar que el ejercicio de la gestión pública sea íntegro y para establecer una ruta de acción clara que permita hacer frente a las situaciones en las que se presente conflicto de intereses[699]. Este instrumento recomienda aplicar los siguientes principios:

"Al servicio del interés público": Los deberes de los funcionarios públicos tienen que ser cumplidos con absoluta independencia de sus creencias personales y de sus intereses privados, además, tienen que abstenerse de

---

696 ídem

697 OECD. *Recommendation of the Council on Public Integrity*, OECD/LEGAL/0435, cit.

698 OECD. *Recommendation of the Council on OECD Guidelines for Managing Conflict of Interest in the Public Service*, OECD/LEGAL/0316, cit.

699 Ídem. La recomendación distingue entre conflicto de intereses actual, en el que existen intereses privados del funcionario público que pueden influir en el ejercicio de sus funciones públicas; conflicto de intereses aparente, en el que parece que existen intereses privados del funcionario público que pueden influir en el ejercicio de sus funciones públicas pero en efecto no es así; y conflicto de intereses potencial, en el que el funcionario público tiene intereses privados que en caso de que asuma determinadas funciones públicas dan lugar al conflicto. A partir de esta distinción concluye que el conflicto de intereses sujeto a la recomendación es el actual.

obtener algún beneficio de carácter privado en provecho de su calidad de funcionario público[700].

Consolidada como el mecanismo de ejecución y optimización de recursos públicos y, por lo tanto, un vehículo para la gestión pública, la contratación pública fue objeto de pronunciamiento de la OCDE en la "Recommendation of the Council on Enhancing Integrity in Public Procurement" (OECD/LEGAL/0369), adoptada el 16 de octubre de 2008, instrumento que hoy se encuentra derogado y que fue sustituido por la OECD/LEGAL/0411 adoptada el 18 de febrero de 2015. Aquí recomendó a los Gobiernos, en el plano de la transversalidad de la integridad, establecer un procedimiento para la contratación pública sustentado en los principios de "transparencia, buena gestión, prevención de mala conducta, cumplimiento y monitoreo y responsabilidad y control"[701].

Respecto a la manipulación de las ofertas en la contratación pública en la "Recommendation of the Council on Fighting Bid Rigging in Public Procurement", (OECD/LEGAL/0396), adoptada el 17 de julio de 2012, el Consejo presenta unas pautas para mitigar el riesgo de colusión que comprenden la aplicación de una serie de pasos en la estructuración del proceso licitatorio con miras a conocer el mercado en el que se va a participar, recibir una pluralidad representativa de oferentes, establecer de forma univoca qué se necesita y en qué condiciones y diseñar un procedimiento transparente para obtenerlo, definir parámetros objetivos, diáfanos y competitivos de selección del contratista y crear una cultura de integridad entre los funcionarios que participan en el proceso[702]. Así mismo, enlista una serie de peldaños que tienen como fin advertir los casos de colusión en la presentación de las ofertas, usando como punto de partida la información estadística y luego la información actual suministrada por los contratistas para establecer y comparar posibles patrones de conducta de los oferentes[703].

700 OECD. *Recommendation of the Council on OECD Guidelines for Managing Conflict of Interest in the Public Service*, cit.

701 OECD. *Recommendation of the Council on Enhancing Integrity in Public Procurement*, OECD/LEGAL/0369, cit.

702 OECD. *Recommendation of the Council on Fighting Bid Rigging in Public Procurement*, OECD/LEGAL/0396, cit.

703 Ídem.

La OCDE retoma la integridad en la contratación pública en la ya mencionada Recommendation of the Council on Public Procurement, y formula doce recomendaciones en temas de Transparencia, Integridad, accesibilidad necesidad, participación, optimización de recursos disponibles, Tecnologías, recurso humano calificado, seguimiento y evaluación, análisis de riesgos, Rendición de cuentas, eficiencia, entre otras e igualmente presenta a las Naciones 13 recomendaciones en las que recuerda que la integridad pública es un imperativo propio de la gestión pública; la cooperación, el cumplimiento de los valores éticos, se constituyen en herramientas para atacar la mala administración[704]., de tal manera que el liderazgo ético y la selección objetiva de personal debe fundarse en el mérito, la participación y rendición de cuentas.

Como se observa, la OCDE ha emprendido una lucha contra las malas prácticas y la corrupción, fenómenos que atentan contra la economía mundial, a través de la formulación de diversos instrumentos dirigidos a impactar las formas de Gobierno de los países y a atacar las malas prácticas en la administración.

Respecto a la implementación de estos instrumentos jurídicos se concluye que, como quiera que se trata de disposiciones concebidas en el marco de un organismo internacional, su carácter vinculante está determinado por la voluntad política de los países. Así, en tratándose de las manifestaciones que tienen fuerza vinculante se requiere que, en un primer momento, exista voluntad del país miembro de ser parte de la iniciativa y, en un segundo tiempo, que ejecute de forma oportuna y efectiva las acciones impuestas por el ordenamiento jurídico interno como requisito para implementar la disposición. En lo que concierne a las manifestaciones que no tienen carácter vinculante, si bien es cierto son fruto del acuerdo de los miembros, su implementación es por completo potestativa. De tal suerte, la voluntad política es un elemento determinante para la puesta en marcha de las decisiones, recomendaciones, declaraciones, acuerdos y buenas prácticas de la OCDE.

Sin embargo, se encuentra que con el propósito de consolidar una economía mundial y de apoyar el crecimiento de los países en desarrollo, los miembros de la OCDE y aquellos Gobiernos que desean hacerse parte de

704 Ídem.

ella, llevan a cabo las gestiones necesarias para incorporar, en sus órdenes nacionales, los compromisos propuestos por la OCDE y así lograr la tan necesaria cooperación de los pueblos, aunque ello represente un reto para la independencia de la Administración.

En ese camino, se han definido buenas prácticas que, con el propósito de orientar el ejercicio de la potestad discrecional y, en consecuencia, del proceso de formulación y aprobación de políticas, se erigen como lineamientos de buena administración y se han dibujado los parámetros de lo que puede considerarse un código de conducta, construido a partir del concepto de integridad pública que, tal y como se extrae de las recomendaciones, tiene gran relevancia en el escenario internacional como elemento estructurador de políticas públicas.

De tal suerte, la buena administración y la integridad pública son concebidos como elementos indispensables para el progreso y desarrollo de las comunidades, debido a que brindan herramientas que permiten prevenir y afrontar las consecuencias del conflicto de intereses, de la mala gestión administrativa y de la corrupción, lo que de contera confluye en la consolidación de una economía de mercado globalizada; empero valga expresar que no hay nada más globalizado que los derechos humanos y fijémonos como la OCDE, se ocupa de orientar sus propósitos hacia su reconocimiento y garantía.

En esta orientación a continuación se desarrollará la forma como se concibió, se presentó, se aprobó y se implementó el nuevo modelo de control fiscal, como manera clara de contribuir al ejercicio pleno de los derechos humanos que le asisten a los administrados.

PROMOCIÓN DE UN PROYECTO NACIONAL Y TERRITORIAL DE CONTROL FISCAL COMO UN MODELO DE BUENA GESTIÓN PUBLICA

Como Contralor General de la República y resultado de esta investigación, nuestra experiencia en los temas de control fiscal que se desarrollan en la primera edición de este libro, fue necesario actualizar algunas de las reflexiones contenidas en la publicación anterior.

En el marco de la primera edición de este libro se emprendió el proyecto para una reforma constitucional del control fiscal, con el propósito de mejorar los niveles de desempeño de los órganos de control en términos de eficiencia y oportunidad, orientado a articular los distintos niveles de control e implementar un sistema nacional, redefinir las competencias de las contralorías y buscar la asignación de funciones jurisdiccionales para determinar la responsabilidad fiscal. [705]

En ese orden de ideas, se elaboró y presentó el proyecto de acto legislativo, mecanismo idóneo para reformar la Constitución política en Colombia, el cual se fundamentó en tres propuestas: 1. La inclusión de un nuevo modelo de control fiscal: el *concomitante y preventivo*, complementario al control posterior y selectivo; 2. La unificación de competencias de la Contraloría General de la República y las contralorías territoriales; y 3. La asignación de funciones jurisdiccionales a la Contraloría General de la República para la determinación de la responsabilidad fiscal y el fortalecimiento del proceso de cobro coactivo.

Nos ocuparemos entonces de presentar una síntesis de lo planteado, lo aprobado por el Congreso de la República, lo implementado y lo revisado por la Honorable Corte Constitucional a la fecha en que se presenta esta segunda edición. Recordemos que el proyecto de acto legislativo en su exposición de motivos planteó la importancia del control fiscal en un Estado social y democrático de derecho, pues es a través de la inversión del erario como se hacen efectivas las políticas públicas y se legitima la razón de ser del Estado.

En el contexto histórico, recordemos que la evolución del control fiscal es directamente proporcional a los cambios, desarrollo social, económico, industrial y por supuesto, a los avances técnicos y tecnológicos, es así como en Colombia se iniciaron los sistemas de control coloniales, a saber, Tribunal de la Real Audiencia de Santo Domingo[706] y Tribunal de Cuentas de Santa Fe de Bogotá[707], por iniciativa del entonces rey de España Felipe III[708].

---

705 Proyecto Acto legislativo No. 355 del 27 de marzo de 2019 y exposición de motivos, presentado por el Autor de este libro ante la Cámara de Representantes. Anexo 2 .

706 Fue el primer tribunal creado por la corona española mediante real cédula de Fernando V de Castilla (Sos, Corona de Aragón, 10 de marzo de 1452-Madrigalejo, Corona de Castilla, 23 de enero de 1516) en 1511, pero recién se puso en funcionamiento por Carlos V (Gante, Bélgica, 24 de febrero de 1500-Monasterio de San Gerónimo de Yuste, España, 21 de septiembre de 1558) el 14 de septiembre de 1526.

707 Creado el 24 de agosto de 1606, junto con los tribunales de México y Lima.

708 Llamado "El piadoso", Madrid, 14 de abril de 1578-31 de marzo de 1621.

Luego en la etapa Republicana, surge la Contaduría General de Hacienda, la Corte de Cuentas y la Oficina General de Cuentas, cuyas funciones consistían en examinar y fenecer cuentas, es decir, se realizaba una revisión técnico numérica y como ya se enunció de manera breve en el capítulo anterior, la primera transformación tuvo lugar a partir de la misión Kemmerer[709], en la que se cuestionó la Corte de Cuentas, se creó el Banco de la República y el Departamento de Contraloría, a través de la Ley 42 de 19 de julio de 1923[710]. Este último estableció la forma y los métodos de rendir cuentas, así como la exigencia de informes a los gestores fiscales y la revisión y el fenecimiento de las cuentas rendidas.

Luego, con la expedición de la Ley 20 de 28 de abril de 1975[711] se hizo un primer acercamiento al control posterior, pues hasta ese momento existía el control previo, respecto del cual la Corte Constitucional expresó que, al ser incorporado en la Constitución Política de 1991, seguiría implementándose con el fin de moralizar la administración pública y junto al control posterior, sería una de las reformas más importantes en Colombia[712].

---

709 Contratada por el presidente Pedro Nel Ospina (Bogotá, 18 de septiembre de 1858-Medellín, 1.° de julio de 1927, Presidente de la República por el Partido Conservador, del 7 de agosto de 1922 al 7 de agosto de 1926) en marzo de 1923, encabezada por el profesor Edwin Walter Kemmerer (Scranton, Pensilvania, 29 de junio de 1875-Princeton, NJ, 16 de diciembre de 1945), para el estudio de la realidad económica del país.

710 *Diario Oficial*, n.° 19.119, de 26 de julio de 1923, disponible en [http://www.suin-juriscol.gov.co/viewDocument.asp?ruta=Leyes/1788207].

711 *Diario Oficial*, n.° 34.313, de 12 de mayo de 1975, disponible en [http://www.suin-juriscol.gov.co/viewDocument.asp?ruta=Leyes/1787037], "Por la cual se modifican y adicionan las normas orgánicas de la Contraloría General de la República, se fijan sistemas y directrices para el ejercicio del control fiscal y se dictan otras disposiciones", en el artículo 3.° establece: "La Contraloría General de la República, aplicará sobre las dependencias incluidas en el Presupuesto Nacional, los sistemas de control fiscal que ha venido empleando dentro de sus etapas integradas de 'Control Previo', 'Control Perceptivo' y 'Control Posterior'. El control de estas dependencias administrativas será ejercido por los auditores fiscales o por funcionarios designados por el Contralor, directamente sobre caja, inventarios, comprobantes, libros, máquinas de contabilidad y sistemas de computación electrónica que se estén utilizando".

712 Corte Constitucional. Sentencia C-716 de 3 de septiembre de 2002, M. P.: Marco Gerardo Monroy Cabra, disponible en [https://www.corteconstitucional.gov.co/relatoria/2002/C-716-02.htm]. Demanda de inconstitucionalidad contra la Ley 598 de 2000.

El artículo 2.° del Decreto 925 de 11 de mayo de 1976[713], describía el control previo como la facultad de examinar la ejecución de transacciones, operaciones, actos y documentos, con el propósito de comprobar si se cumplieron las normas. Este sistema de control previo, además se desarrollaba en la Ley 20 de 1975, que dispuso que el Contralor podía no autorizar el pago de un contrato, es decir, se prevenían irregularidades que conforme con la doctrina, el modelo, prevendría y evitaría las operaciones ilegales[714].

No obstante, esa verificación acerca del cumplimiento de normas y requisitos realizada por la Contraloría, tuvo muchos detractores y en palabras de la Corte Constitucional, se propició la intromisión del organismo de control en la toma de decisiones que le correspondía tomar al gestor fiscal, comprometía la independencia de la Contraloría y podría propiciar la corrupción[715].

La Constitución Política de 1991 introdujo el control de resultado de la administración[716] e indicó que el control sería posterior y selectivo[717]., A su

713 *Diario Oficial*, n.° 34.568, de 9 de junio de 1976, disponible en [http://www.suin-juriscol.gov.co/viewDocument.asp?ruta=Decretos/1191270].

714 "Pues el control perfecto sería aquel que obtuviera que el reconocimiento y la liquidación de las rentas e impuestos fueran revisados y aprobados por la entidad fiscalizadora antes o en el momento mismo del ingreso de los fondos a las arcas del erario, y el que consiguiera que el reconocimiento, la liquidación y la comprobación de las erogaciones públicas fueran revisadas y aprobadas por el fiscalizador antes de que salgan los dineros de las cajas públicas". Leopoldo Lascarro. "Administración Financiera y el Control Fiscal", citado por Abel Cruz Santos. *El presupuesto colombiano*, Bogotá, Temis, 1963, p. 245. Citado a su vez por Diego Younes Moreno. *Régimen del control fiscal y del control interno*, 3.ª ed., Bogotá, Legis, 1998, p. 192.

715 [4]Corte Constitucional. Sentencia C-103 de 11 de marzo de 2015, M. P.: María Victoria Correa Calle, disponible en [https://www.corteconstitucional.gov.co/RELATORIA/2015/C-103-15.htm]. Demanda de inconstitucionalidad contra el numeral 7[1/4] del artículo 5.° del Decreto Ley 267 de 2000, "Por el cual se dictan normas sobre organización y funcionamiento de la Contraloría General de la República, se establece su estructura orgánica, se fijan las funciones de sus dependencias y se dictan otras disposiciones".

716 Artículo 119 de la Constitución Política de 1991, cit.

717 Es así como el artículo 267 de la Carta Magna al tenor expuso: "... El control fiscal es una función pública que ejercerá la Contraloría General de la República, la cual vigila la gestión fiscal de la administración y de los particulares o entidades que manejen fondos o bienes de la Nación. // Dicho control se ejercerá en forma posterior y selectiva conforme a los procedimientos, sistemas y principios que establezca la ley. Esta podrá, sin embargo, autorizar

turno la Ley 42 de 1993 en comento en su artículo 5.°, dispuso las características del control posterior y selectivo, expresó que este consiste en vigilar las actividades, operaciones y procesos que realizan los sujetos de control, así como los resultados obtenidos por los mismos y describe la selectividad como la elección de una muestra representativa que se toma de las cuentas, operaciones y actividades para concluir sobre el universo. Es decir que se amplió la evaluación a la gestión y a los resultados, conforme a los principios de eficiencia, economía, equidad y valoración de costos ambientales[718].

El artículo 9°, de la ley en comento estableció que se podrían aplicar los sistemas de control financiero, legalidad, gestión, resultados, revisión de cuentas y evaluación del control interno, y es así como se ampliaron las facultades a la Contraloría para ejercer el control fiscal.

A su turno, con la expedición de la Ley 610 de 15 de agosto de 2000[719], se estableció el trámite de los procesos de responsabilidad fiscal de competencia de las Contralorías, definido como el conjunto de actuaciones administrativas adelantadas por las contralorías con el fin de determinar y establecer la responsabilidad de los servidores públicos y de los particulares que causen un daño al patrimonio público.

---

que, en casos especiales, la vigilancia se realice por empresas privadas colombianas escogidas por concurso público de méritos y contratadas previo concepto del Consejo de Estado. // La vigilancia de la gestión fiscal del Estado incluye el ejercicio de un control financiero, de gestión y de resultados, fundado en la eficiencia, la economía, la equidad y la valoración de los costos ambientales. En los casos excepcionales, previstos por la ley, la Contraloría podrá ejercer control posterior sobre cuentas de cualquier entidad territorial.

718 La Ley 42 de 1993 ya citada en su artículo 8.°, expresa: "La vigilancia de la gestión fiscal del Estado se fundamenta en la eficiencia, la economía, la eficacia, la equidad y la valoración de los costos ambientales, de tal manera que permita determinar en la administración, en un período determinado, que la asignación de recursos sea la más conveniente para maximizar sus resultados; que en igualdad de condiciones de calidad los bienes y servicios se obtengan al menor costo; que sus resultados se logren de manera oportuna y guarden relación con sus objetivos y metas. // Así mismo, que permita identificar los receptores de la acción económica y analizar la distribución de costos y beneficios entre sectores económicos y sociales y entre entidades territoriales y cuantificar el impacto por el uso o deterioro de los recursos naturales y el medio ambiente y evaluar la gestión de protección, conservación, uso y explotación de los mismos".

719 *Diario Oficial*, n.° 44.133, de 18 de agosto de 2000, disponible en [http://www.suin-juriscol.gov.co/viewDocument.asp?ruta=Leyes/1664595].

Esta norma está contenida en cuatro títulos que desarrollan: 1. Aspectos generales; 2. Actuaciones procesales; 3. Consecuencias de la declaración de la responsabilidad fiscal; y 4. Disposiciones finales, recoge todos los principios probatorios y procedimientos que garantizan el debido proceso[720]. Esta norma tiene prevista la función preventiva como parte de la planeación estratégica que le corresponde a las contralorías.

Ahora bien, como ya se describió, el control fiscal se lleva a cabo a través del proceso auditor, pues es obligación de las entidades públicas rendir cuentas a las contralorías y estas deben pronunciarse, de una parte, sobre ese conjunto de operaciones que conlleva el ejercicio de la gestión fiscal, y de otra, en caso de establecerse la existencia de daño al patrimonio del Estado denominado "hallazgo con incidencia fiscal", corresponde determinar la responsabilidad de los autores del daño, a través del proceso cuyo objeto es el resarcimiento de los daños ocasionados al erario como consecuencia de la conducta dolosa o culposa de quienes realizan gestión fiscal, mediante el pago de una indemnización, descripción realizada en el artículo 4.º de la Ley 610 de 2000 ya citada.

Tal y como se planteó en la exposición de motivos adjunta al proyecto de reforma Constitucional lo que se pretendió con la propuesta del *control concomitante y preventivo,* como complemento del ya existente control posterior y selectivo, era lograr mayor efectividad en la vigilancia, defensa y protección de los recursos del Estado; y como lo henos sostenido el control posterior, es un control póstumo, es decir llega cuando ya se ha producido el daño; y para ello resultaba necesario dotar a las contralorías de herramientas que permitan intervenir de manera oportuna y efectiva.

720 El artículo 129 de la Ley 1474 de 12 de julio de 2011, preceptúa: "*Planeación estratégica en las contralorías territoriales.* Cada contraloría departamental, distrital o municipal elaborará su plan estratégico institucional para el período del respectivo Contralor, el cual deberá ser adoptado a más tardar dentro de los tres meses siguientes a su posesión. // La planeación estratégica de estas entidades se armonizará con las actividades que demanda la implantación del modelo estándar de control interno y el sistema de gestión de calidad en la gestión pública y tendrá en cuenta los siguientes criterios orientadores para la definición de los proyectos referentes a su actividad misional: [...] d) Énfasis en el *alcance preventivo de la función fiscalizadora* y su concreción en el fortalecimiento de los sistemas de control interno y en la formulación y ejecución de planes de mejoramiento por parte de los sujetos vigilados". (Resaltado nuestro).

Las instituciones deben adaptarse a los cambios socio-económicos de su entorno y en ese camino se planteó el denominado *control fiscal concomitante y preventivo*, complementario al control posterior y selectivo, habida cuenta que dicha posterioridad implica la intervención luego de ocurrido el daño, y ello se constituía en un impedimento frente a la oportunidad que se requiere en el ejercicio del control fiscal[721].

Valga señalar que la función de advertir, existía y fue declarada inexequible por la Corte Constitucional, que en su momento consideró que, si bien se dirigía al logro de objetivos legítimos y reconocidos por la Constitución Política de Colombia, se desconocía el marco de lo establecido en el artículo 267 de la Carta Superior, por la posterioridad del control fiscal y por la injerencia indebida en que podría incurrirse en los sujetos de control[722].

Como quiera que el ejercicio de funciones públicas requiere adaptarse al momento histórico requerido y, por supuesto, el ejercicio de la función fiscalizadora va de la mano en el marco de la objetividad y el respeto que requieren las entidades auditadas, se hace necesario aplicar un modelo que delimite los roles de la administración y del organismo de control, empero la oportunidad en el ejercicio del control debe situarse en un punto que permita intervenir antes de que el daño se consume.

El término "oportunidad" que ya hemos desarrollado ampliamente en este libro, se refiere al momento o circunstancia oportuna para algo, y oportuno se le denomina a algo que se hace en tiempo, a propósito, y cuando conviene[723]. Contrario a ello, lo inoportuno llega justamente fuera de tiempo y cuando no conviene, en este caso no es conveniente para el ejercicio

721 En este sentido, es importante señalar, que el Decreto 267 de 22 de febrero de 2000, *Diario Oficial*, n.º 43.905, de 22 de febrero de 2000, disponible en [http://www.suin-juriscol.gov.co/viewDocument.asp?ruta=Decretos/1061345] en su artículo 5.º, dispuso: "*Funciones*. Para el cumplimiento de su misión y de sus objetivos, en desarrollo de las disposiciones consagradas en la Constitución Política, le corresponde a la Contraloría General de la República: [...] 7. Advertir sobre operaciones o procesos en ejecución para prever graves riesgos que comprometan el patrimonio público y ejercer el control posterior sobre los hechos así identificados".

722 Corte Constitucional. Sentencia C-103 de 2015, cit.

723 *Diccionario de la lengua española*, 23.ª ed., Madrid RAE, 2014, *sv.* "oportunidad", disponible en [https://dle.rae.es/oportunidad?m=form].

del control fiscal y para el fin del mismo la prevención del daño al patrimonio del Estado y el consecuente mejoramiento de la gestión pública.

La única manera de legitimar el ejercicio de una función pública es con resultados visibles, medibles y el consecuente reconocimiento ciudadano, es justamente la ciudadanía la que contribuye al ejercicio del control y muchas veces predice lo que va a suceder; nótese como se retoma lo expuesto en precedencia, frente a que el ciudadano es el principio y fin de la gestión pública; su artífice, su razón de ser, y de allí que la administración pública sea efectiva por ello, la oportunidad es el camino idóneo hacia la efectividad. Por esa razón, la pretendida *concomitancia* se concibió y presentó en el proyecto de acto legislativo referida justamente al momento oportuno de intervenir y esa intervención debe realizarse cuando exista un riesgo o un daño inminente, o dicho en palabras del Departamento Administrativo de la Función Pública, un riesgo inherente[724], que además debe circunscribirse a un hecho concreto, determinado, actual, real y de ser posible, cuantificable.

A nuestro juicio, el control de advertencia, facultad de advertencia o función de advertencia, declarada inconstitucional[725], era la herramienta de control fiscal más efectiva que permitía obtener respuestas oportunas e inmediatas en el proceso de salvaguarda del patrimonio del Estado. Es así como las cifras cuyos cuadros fueron presentados en capítulos precedentes muestran que entre los años 2006 a 2015 la Contraloría General de la República[726] suscribió 1.549 funciones de advertencia cuantificadas en la representativa cifra de 25.7 billones de pesos, que orientaron la toma de decisiones de la administración. No obstante, el modelo *concomitante y preventivo* articulado con el *posterior y selectivo* buscan ser complementarios y retroalimentar el ejercicio del control fiscal en todos sus órdenes, a pesar que

724 Se entiende por riesgo inherente "aquél al que se enfrenta la entidad en ausencia de acciones por parte de la dirección para modificar su probabilidad o impacto". DEPARTAMENTO ADMINISTRATIVO DE LA FUNCIÓN PÚBLICA. "Guía para la administración del riesgo y el diseño de controles en entidades públicas. Riesgos de gestión, corrupción y seguridad digital", Versión 4, octubre de 2018, disponible en [https://www.funcionpublica.gov.co/web/eva/biblioteca-virtual/-/document_library/bGsp2IjUBdeu/view_file/34316499].

725 2006 a 2015 por la declaratoria de inconstitucionalidad del control de advertencia realizadas por la Corte Constitucional (Sentencia C-103 de 2015, cit.).

726 Información tomada del SIIGEP y de la exposición de motivos presentada ante el Congreso de la República, fundamento del Acto Legislativo n.º 04 de 2019.

la función preventiva ya está consagrada en la Ley 1474 de 2011 ya citada, en su artículo 129, la función de advertencia como ya lo expusimos fue declarada inconstitucional, por lo que a través del proyecto de acto legislativo se incluyó esta importante herramienta.

Ahora bien, en tratándose de responsabilidad fiscal, esta se estructura en tres elementos[727]: 1. Un daño patrimonial al Estado; 2. Una conducta dolosa o gravemente culposa atribuible a una persona que realiza gestión fiscal; y 3. Un nexo causal entre el daño y la conducta. El daño es el principal elemento de la responsabilidad fiscal, sin la existencia del mismo no es posible configurarla habida cuenta que el propósito de la acción fiscal es resarcitorio y patrimonial, pues busca la reparación del daño[728].

La ley 610 de 2000 describe el Daño al Erario como la lesión al patrimonio público y utiliza una serie de adjetivos tales como: menoscabo, disminución, perjuicio, detrimento, pérdida, uso indebido o deterioro de los bienes o recursos públicos, o a los intereses patrimoniales del Estado y determina como causa del daño, la gestión fiscal antieconómica; además señala al sujeto activo de ese daño que es el gestor fiscal y dispone aún más el por qué se genera ese daño, en tanto no se cumplan los cometidos y los fines esenciales del Estado.[729]

---

727 Artículo 5.° Ley 610 de 2000, cit.

728 La Ley 610 de 2000 lo define en los siguientes términos: "Artículo 6.° *Daño patrimonial al Estado.* Para efectos de esta ley se entiende por daño patrimonial al Estado la lesión del patrimonio público, representada en el menoscabo, disminución, perjuicio, detrimento, pérdida, uso indebido o deterioro de los bienes o recursos públicos, o a los intereses patrimoniales del Estado, producida por una gestión fiscal antieconómica, ineficaz, ineficiente, inequitativa e inoportuna, que en términos generales, no se aplique al cumplimiento de los cometidos y de los fines esenciales del Estado, particularizados por el objetivo funcional y organizacional, programa o proyecto de los sujetos de vigilancia y control de las contralorías".

729 *LEY 610 DE 2000 por la cual se establece el trámite de los procesos de responsabilidad fiscal de competencia de las contralorías."Artículo 6°. Daño patrimonial al Estado. Para efectos de esta ley se entiende por daño patrimonial al Estado la lesión del patrimonio público, representada en el menoscabo, disminución, perjuicio, detrimento, pérdida, uso indebido o deterioro de los bienes o recursos públicos, o a los intereses patrimoniales del Estado, producida por una gestión fiscal antieconómica, ineficaz, ineficiente, inequitativa e inoportuna, que en términos generales, no se aplique al cumplimiento de los cometidos y de los fines esenciales del Estado, particularizados por el objetivo funcional y organizacional, programa o proyecto de los sujetos de vigilancia y control de las contralorías. Dicho daño podrá ocasionarse por acción u omisión de los servidores públicos o por la persona natural o jurídica de derecho privado, que*

.Lo que parece un corto postulado, contiene todos los elementos que circunscribe el bien jurídico tutelado por las Contralorías, a saber: el patrimonio público, cuya determinación debe atender a unos requisitos reglados y que a manera ilustrativa el autor presenta una gráfica que se aprecia a continuación:

GRÁFICA No. 5 DESCRIPCIÓN DEL DAÑO AL ERARIO

Gráfica elaborada por el autor tomando como fuente, La ley 610 de 2000 y la Sentencia C-840 de 2001

La Corte Constitucional ha analizado el daño patrimonial al Estado, a través de la Sentencia C-840 de 2001 ya citada, se pronunció y determinó que el daño debía ser cierto, especial, anormal, cuantificable y con arreglo

en forma dolosa o culposa produzcan directamente o contribuyan al detrimento al patrimonio público. El texto subrayado fue declarado INEXEQUIBLE por la Corte Constitucional "

a su real magnitud, además, debe establecerse su dimensión y si se obtuvo algún beneficio[730].

Atendiendo los postulados del concepto de daño al patrimonio público, que acabamos de ilustrar y plantear, considera el autor que el nuevo modelo pretendió contribuir al ejercicio de la vigilancia y el control fiscal, en términos de oportunidad, y una forma de hacerlo fue la de implementar el uso de herramientas tecnológicas idóneas que facilitaran la generación, recolección, agregación, explotación e innovación de datos públicos digitales, así como la consolidación de la información, la accesibilidad a sistemas de información institucionales, la interoperabilidad de bases de datos, que permitieran construir gran cantidad de información (*big data*) y facilitaran filtrar de manera idónea y oportuna para focalizar y planear las auditorías e identificar los factores de riesgo; y es tan relevante la oportunidad como garantía del derecho humano a la buena administración que nos ocupamos en el capítulo que antecede de estudiar la Inteligencia artificial y su incidencia en el ejercicio del control fiscal .

Ahora bien, en la exposición de motivos adjunta al proyecto de acto legislativo se propuso la materialización del control preventivo y concomitante que complementara el ya existente control posterior y selectivo a través de una serie de estrategias que coadyuvaran su ejercicio, como la analítica

730 La Corte indica: "Para la estimación del daño debe acudirse a las reglas generales aplicables en materia de responsabilidad; por lo tanto, entre otros factores que han de valorarse, debe considerarse que aquél ha de ser cierto, especial, anormal y cuantificable con arreglo a su real magnitud. En el proceso de determinación del monto del daño, por consiguiente, ha de establecerse no sólo la dimensión de este, sino que debe examinarse también si eventualmente, a pesar de la gestión fiscal irregular, la administración obtuvo o no algún beneficio". La Sentencia C-840 de 2001, cit., reitera lo manifestado por la Corte Constitucional en Sentencia SU-620 de 13 de noviembre de 1996, M. P.: ANTONIO BARRERA CARBONELL, disponible en [https://www.corteconstitucional.gov.co/relatoria/1996/SU620-96.htm]: "Para la estimación del daño debe acudirse a las reglas generales aplicables en materia de responsabilidad; por lo tanto, entre otros factores que han de valorarse, debe considerarse que aquél ha de ser cierto, especial, anormal y cuantificable con arreglo a su real magnitud. En el proceso de determinación del monto del daño, por consiguiente, ha de establecerse no sólo la dimensión de este, sino que debe examinarse también si eventualmente, a pesar de la gestión fiscal irregular, la administración obtuvo o no algún beneficio".

de datos, desarrollo de instrumentos de big data mencionado en el párrafo anterior para ejercer el control en "tiempo real" [731]

Es importante resaltar en este momento, que el control fiscal en Colombia se ejerce a través de tres organismos: 1. La Contraloría General de la República, encargada de la vigilancia de la gestión fiscal de los recursos de la Nación; 2. Las contralorías territoriales, que se ocupan de la vigilancia de la gestión fiscal realizada por las entidades correspondientes a su nivel territorial; y . La Auditoría General de la República, que vigila la gestión fiscal de las contralorías. Sin embargo la Contraloría tiene potestad excepcional, tal y como lo dispone el inciso 3.º del artículo 267 de la Constitución Política que establece: "... En los casos excepcionales, previstos por la ley, la Contraloría podrá ejercer control posterior sobre cuentas de cualquier entidad territorial", cuyo ejercicio se regula a través de las leyes 42 de 1993, cit.; 1474 de 2011, cit.; 617 de 6 de octubre de 2000[732]; 1757 de 6 de julio de 2015[733], 1523 de 24 de abril de 2012[734] y la jurisprudencia de la Corte Constitucional en las sentencias C-364 de 2 de abril de 2001[735] y C-292 de 8 de abril de 2003[736].

La competencia fijada para el ejercicio de control fiscal, requería de una reforma, habida cuenta la existencia de 65 contralorías en el país con autonomía en todos los aspectos, lo que se consideró como inconveniente a la hora de aplicar métodos diversos, por lo que era importante bajo un sistémico, crear un control concurrente y prevalente de la Contraloría General de la República sobre la gestión fiscal de las entidades territoriales, así como poder coordinar desde la Contraloría General como máximo organismo de

731 Proyecto Acto legislativo No. 355 del 27 de marzo de 2019 y exposición de motivos, presentado por el Autor de este libro ante la Cámara de Representantes. Anexo 2 . Ver numeral 1.1.4.

732 *Diario Oficial*, n.º 44.188, de 9 de octubre de 2000, disponible en [http://www.suin-juriscol.gov.co/viewDocument.asp?ruta=Leyes/1664753].

733 Ley 1757 de 6 de julio de 2015, *Diario Oficial*, n.º 49.565, de 6 de julio de 2015, disponible en [http://www.suin-juriscol.gov.co/viewDocument.asp?ruta=Leyes/30019924].

734 Ley 1523 de 24 de abril de 2012, *Diario Oficial*, n.º 48.411, de 24 de abril de 2015, disponible en [http://www.suin-juriscol.gov.co/viewDocument.asp?ruta=Leyes/1682614].

735 M. P.: Luis Eduardo Montealegre Lynett, disponible en [http://www.suin-juriscol.gov.co/viewDocument.asp?ruta=Leyes/1664753].

736 M. P.: Luis Eduardo Montealegre Lynett, disponible en [https://www.corteconstitucional.gov.co/relatoria/2003/C-292-03.htm].

control fiscal en el país –en conjunto con la Auditoría General– el sistema nacional de control fiscal.

La propuesta se orientó entonces a plantear la intervención de la Contraloría General sólo cuando se requiera de personal especializado por la complejidad de los temas o cuando sea necesario garantizar la imparcialidad[737]. No obstante, la intervención se realizaba, a solicitud del gobernador departamental, del alcalde distrital o municipal o de la corporación de elección popular correspondiente al nivel territorial y de una comisión constitucional permanente del Congreso de la República. Se planteó que se realizara también por solicitud de la ciudadanía, como también de la misma contraloría territorial, y se dejó en claro que la solicitud de intervención no sería vinculante para la Contraloría General de la República, pues sobre el particular existe pronunciamiento por parte de la Corte Constitucional[738].

La Organización Internacional de Instituciones de Auditoría –INTOSAI–[739] considera que las auditorías de desempeño se deben realizar de manera independiente, objetiva, confiable, eficiente y eficaz, y tenga como

737 Esa debilidad institucional se explica, entre otras causas, por las restricciones que impone el límite de gasto presupuestal que establece la Ley 617 de 2000, cit.; lo que impide, por ejemplo, que la contraloría territorial pueda contratar en un momento dado servicios especializados o adquirir equipos técnicos.

738 En este sentido se pronunció la Corte Constitucional en Sentencia C-292 de 2003, cit., al realizar la revisión de constitucionalidad del Proyecto de Ley 022 de 2001 Senado-149 de 2001 Cámara, "Por medio de la cual se reglamentan las veedurías ciudadanas", señalando respecto del artículo 16, literal d, de la Ley 850 de 18 de noviembre de 2003 (*Diario Oficial*, n.º 45.376, de 19 de noviembre de 2003, disponible en [http://www.suin-juriscol.gov.co/viewDocument.asp?ruta=Leyes/1669667]): "por otra parte, en cuanto al literal d), la expresión solicitud supone que la petición de control que se hace ante la Contraloría General de la Nación [*sic*], no la vincula. Ello por cuanto se trata del ejercicio de la función pública, sometida a criterios dictaminados por el constituyente y legislador, y sujetos a las condiciones fijadas por la propia institución. Esta goza de autonomía, que resulta indispensable para garantizar el cumplimiento de su función constitucional". La disposición examinada fue reproducida por el artículo 68, literal d, de la Ley 1757 de 2015, cit., y, por tanto, su contenido fue declarado conforme a la Constitución en la Sentencia C-150 de 8 de abril de 2015, M. P.: Mauricio González Cuervo, disponible en [https://www.corteconstitucional.gov.co/RELATORIA/2015/C-150-15.htm].

739 La Organización Internacional de Entidades Fiscalizadoras Superiores –INTOSAI– es la entidad central para la fiscalización pública exterior, como una organización no gubernamental con un estatus especial con el Consejo Económico y Social de las Naciones Unidas –ECOSOC–, fundada en 1953.

propósito mejorar la gestión, este planteamiento coincide con las recomendaciones planteadas a Colombia en el Comité de Gobernanza Pública de la OECD, en mayo de 2013[740].

Valga señalar, que la necesidad de actuar con un enfoque sistémico; con unidad de criterios en la forma y los métodos como se ejerce el control fiscal, persigue el propósito de lograr el mejoramiento de la gestión pública. De allí que en su momento planteamos la posibilidad de otorgar atribuciones jurisdiccionales a la Contraloría General de la República, pues la responsabilidad fiscal se declara a través de un proceso reglamentado en las leyes 610 de 2000 y 1474 de 2011, que establecen dos modalidades a saber: 1. Proceso ordinario; y 2. Proceso verbal, y que una vez se profiere fallo con responsabilidad fiscal, las personas declaradas como responsables, son incluidas en el Boletín de responsables fiscales, sin embargo, esta decisión puede demandarse ante la jurisdicción contencioso administrativa lo que conlleva otro proceso.

Expresamos que tal y como lo expuso la Auditoría General de la República, de 47 fallos conocidos por la Sección Primera del Consejo de Estado[741] entre los años 2012 a 2016, 19 fueron anulados y 26 confirmados, y que las causales invocadas para la anulación de los fallos fueron: Falta de competencia, infracción normativa, falsa motivación y desconocimiento del derecho de defensa. No obstante, es importante señalar que la especialización en temas de control fiscal está a cargo de las contralorías y conforme lo ha expresado la Corte Constitucional, el patrimonio público debe ser objeto de protección integral que asegure "la realización efectiva de los fines y propósitos del Estado social de derecho", en los términos de lo estatuido por los artículos 2.° y 209 de la Constitución Política[742].

Los fines esenciales del Estado se logran a través de la formulación, implementación y ejecución de las políticas públicas que se materializan en

740 Organization for Economic Co-operation and Development –OECD–. "Colombia y la OCDE. Una relación de beneficio mutuo", disponible en [http://www.oecd.org/centrodemexico/laocde/colombia-y-la-ocde.htm].

741 Entre 2012 y 2016, la Sección Primera del Consejo de Estado solo conoció de 45 fallos con responsabilidad fiscal, según información de la Auditoría General de la República.

742 Corte Constitucional. Sentencia C-340 de 9 de mayo de 2007, M. P.: Rodrigo Escobar Gil, disponible en [https://www.corteconstitucional.gov.co/relatoria/2007/C-340-07.htm].

inversiones, cuya vigilancia y control está a cargo de las contralorías, a las que les corresponde llevar a cabo las auditorías y luego juzgar la responsabilidad, es decir, una sola entidad se ocupa de investigar e iniciar el proceso producto de su propia investigación, o como comúnmente se expresa, se actúa como juez y parte.[743]

Desligar estas dos funciones y atribuir el carácter jurisdiccional a la Contraloría General de la República representa una clara posibilidad de defender el patrimonio público con una óptica de independencia que además facilitaría la función preventiva, pues es claro que prevenir es más efectivo que resarcir. Entonces, se planteó entonces en la reforma, la posibilidad de atribuírsele funciones jurisdiccionales a la Contraloría General de la República, además por temas de especialización en control fiscal, respecto de lo cual ha la Corte Constitucional*:* "amerita una mejor comprensión y más adecuado desarrollo legal"[744], aparte de representar el desarrollo de la función exclusiva asignada única y expresamente a las contralorías, implicaría la autonomía del control fiscal y el otorgamiento de plenas facultades para procurar el buen uso de los recursos públicos.

La Corte Constitucional también se ha pronunciado acerca de la independencia y autonomía del control fiscal, y ha expresado que tal independencia obedece al criterio de división y especialización de las tareas públicas y a la necesidad política y jurídica de asegurar el buen uso de los recursos públicos[745].

743 Proyecto Acto legislativo No. 355 del 27 de marzo de 2019 y exposición de motivos, presentado por el Autor de este libro ante la Cámara de Representantes. Anexo 2 . Ver numeral 3.1

744 La Corte Constitucional en la Sentencia C-189 de 6 de mayo de 1998, M. P.: Alejandro Martínez Caballero, disponible en [https://www.corteconstitucional.gov.co/relatoria/1998/c-189-98.htm], ha expresado que existe una particular naturaleza de los juicios fiscales que amerita una mejor comprensión y más adecuado desarrollo legal.

745 Al tenor expuso: "... En la Constitución Política de 1991 se reconoce expresamente la función de control fiscal, como una actividad independiente y autónoma y diferenciada de la que corresponde a las clásicas funciones estatales, lo cual obedece no sólo a un criterio de división y especialización de las tareas públicas, sino a la necesidad política y jurídica de controlar, vigilar y asegurar la correcta utilización, inversión y disposición de los fondos y bienes de la Nación, los departamentos, distritos y los municipios, cuyo manejo se encuentra a cargo de los órganos de la administración, o eventualmente de los particulares [arts. 267, 268 y 272 C. P.]. // El control fiscal constituye una actividad de exclusiva vocación pública que tiende

Para ello se requeriría por supuesto de funcionarios idóneos y expertos en control fiscal que conserven plena independencia en sus diferente roles, es decir, que deben separarse por completo las funciones de tal modo que quien investiga sea del todo independiente de quien juzgue, circunstancia determinada con claridad en caso de lograrse la asignación de funciones jurisdiccionales, que además deben observar los criterios de justicia, igualdad, razonabilidad, proporcionalidad y primacía del derecho sustancial, tal y como lo ha señalado la Corte Constitucional[746], sumado esto al respeto absoluto por los derechos humanos, en virtud de lo establecido en el artículo 93 de la Constitución de 1991 y al debido proceso y las garantías judiciales conforme a las disposiciones de la Convención Americana de Derechos Humanos[747], que si bien es cierto como ya se sostuvo con anterioridad, el rigor normativo y la ética de las diferentes dependencia de las Contralorías es irrefutable. No obstante, consideramos conveniente separar las funciones de vigilancia y control micro y macro, de las funciones que se surten en el proceso de responsabilidad fiscal, pues confluyen en una sola dependencia las funciones de juez y parte; de allí la conveniencia de que se surtan dichos trámites por parte de institutos diferentes, lo que fortalecería el ejercicio del control preventivo y concomitante, del que se ocuparían las contraloras,

a asegurar los intereses generales de la comunidad, representados en la garantía del buen manejo de los bienes y recursos públicos, de manera tal que se aseguren los fines esenciales del Estado de servir a aquélla y de promover la prosperidad general, cuya responsabilidad se confía a órganos específicos del Estado como son las Contralorías (nacional, departamental, municipal), aunque con la participación ciudadana en la vigilancia de la gestión pública [art. 1.° 2.°, 103, inciso 3.° y 270 de la C. P.)". Corte Constitucional. Sentencia C-374 de 24 agosto de 1995, M. P.: Antonio Barrera Carbonell, disponible en [https://www.corteconstitucional.gov.co/relatoria/1995/C-374-95.htm].

746 Corte Constitucional. Sentencia C-170 del 19 de marzo de 2014, M. P.: Alberto Rojas Ríos, disponible en [https://www.corteconstitucional.gov.co/relatoria/2014/C-170-14.htm].

747 Cit., "Artículo 8.° Garantías Judiciales 1. Toda persona tiene derecho a ser oída, con las debidas garantías y dentro de un plazo razonable, por un juez o tribunal competente, independiente e imparcial, establecido con anterioridad por la ley, en la sustanciación de cualquier acusación penal formulada contra ella, o para la determinación de sus derechos y obligaciones de orden civil, laboral, *fiscal o de cualquier otro carácter.* 2. Toda persona inculpada de delito tiene derecho a que se presuma su inocencia mientras no se establezca legalmente su culpabilidad. Durante el proceso, toda persona tiene derecho, en plena igualdad, a las siguientes garantías mínimas: [...] h. *Derecho de recurrir el fallo ante juez o tribunal* superior". (Resaltados nuestros).

y en caso de detrimento al patrimonio, este se investigaría por parte de un organismos independiente a las Contralorías

Entonces, conforme lo hemos venido indicando, se materializaron cambios fundamentales en el modelo de control fiscal sobre todo en el acompañamiento a los procesos de contratación sin que ello implique coadministrar. Como se expuso en su momento, y fue registrado por los medios de comunicación: *"Hay 1.193 elefantes blancos que equivalen a $8,7 billones. Muy bueno que los responsables sean sancionados pero mucho mejor reactivar esas obras"*[748].

Dentro de los cambios estructurales que en su momento planteamos en la exposición de motivos de la reforma constitucional destacamos lo siguiente:

Vigencia de la función de advertencia que la Corte Constitucional había eliminado en 2015. El propósito de este control de advertir es el de alertar a la administración cuando se observen irregularidades, sobrecostos, etc.

Intervenir sobre las 65 contralorías territoriales que existen para crear un sistema nacional de control fiscal y evitar la dispersión en las formas en las que se audita a nivel territorial y local.

Poder sancionar a las entidades a las que no se les haya fenecido la cuenta de manera reiterada.

Limitar el tiempo en que el Consejo de Estado debe tomar las decisiones respecto a los fallos proferidos por las contralorías.

Los mecanismos de participación ciudadana son: iniciativa popular y normativa ante las corporaciones públicas, el referendo, la consulta popular, la revocatoria del mandato, el plebiscito y el cabildo abierto.

Utilización de la inteligencia artificial para vigilar la inversión de los recursos públicos en tiempo real. La Contraloría General evaluó en el caso del proyecto hidroeléctrico "Hidroituango", tres millones de registros en cuatro días.

En la primera edición de este libro elaborado de forma concomitante con el proceso de presentación, aprobación e implementación del nuevo modelo de control fiscal, nos ocupamos de explicar detalladamente y co-

[748] Publicación en Bogotá, *El Tiempo*, 23 de diciembre de 2019, Redacción justicia, p. 1.4

mentar cada artículo de la Constitución política de Colombia modificada a través del Acto Legislativo 04 de 2019, así como del Decreto 403 de 16 de marzo de 2020[749]. En esta segunda edición, retomamos el tema, y además actualizaremos la información otrora planteada, frente a los pronunciamientos de la Corte Constitucional, respecto a la reforma y con un enfoque del autor tendiente a demostrar la calidad de derecho humano que por si mismo implica la buena gobernanza.

El acto legislativo aprobado por el Congreso de la República de Colombia, cuya propuesta, se constituye en un logro del máximo órgano de control de los recursos públicos a nivel nacional. Esta investigación se desarrolló en el marco del proceso de presentación y aprobación del mismo como clara contribución a la aplicación de los principios de la buena administración en el uso de los recursos públicos en términos de oportunidad y efectividad; y en esta segunda edición nos ocuparemos de demostrar, como la buena gobernanza se constituye en el máximo reconocimiento de los derechos humanos enmarcados en nuestra carta fundamental, pues los avances en la implementación del nuevo modelo y las cifras mostradas en el decurso de este libro y que recogeremos al final en las conclusiones, así lo demuestran.

Aprobación del proyecto nacional y territorial de control fiscal a través de la reforma constitucional

El 18 de septiembre de 2019 el Congreso de la República promulgó el Acto Legislativo 04 de 2019, "Por medio del cual se reforma el Régimen de Control Fiscal", en el que se modificaron los artículos 267, 268, 271, 272 y 274 de la Constitución Política de Colombia.

El proyecto de Acto Legislativo 355 del 27 de marzo de 2019[750]: "Por medio del cual se reforma el régimen de control fiscal" presentado por la Contraloría General de la República ante el honorable Congreso de la Re-

749 "Por el cual se dictan normas para la correcta implementación del Acto Legislativo 04 de 2019 y el fortalecimiento del control fiscal", *Diario Oficial*, n.º 51.258, de 16 de marzo de 2020, disponible en [http://www.suin-juriscol.gov.co/viewDocument.asp?ruta=Decretos/30038961].

750 *Gaceta del Congreso*, n.º 195 de 2 de abril de 2019, pp. 15 a 42, disponible en [https://www.camara.gov.co/control-fiscal].

pública, luego de haber surtido los debates normativos dispuestos para tales propósitos, fue aprobado a través del Acto legislativo 04 de 2019.

Consideramos ilustrativo presentar un resumen acerca del trámite del proyecto de Acto Legislativo No., 355 de 2019 ante la Cámara de representantes y No., 39 de 2019 ante el Senado, de la República, legislatura julio de 2018 a julio de 2019, como contribución a los estudiosos del tema. Dicho resumen elaborado por el autor, tomando como fuente el proceso, las actas y gacetas disponibles[751], se puede observar en el cuadro anexo número 4 del acápite denominado: cuadros complementarios, que forma parte de los anexos de este estudio.

Como ya se ha expresado, a través del Acto Legislativo 04 de 2019, se modificaron los artículos 267, 268, 271, 272 y 274 de la Constitución Política de Colombia, y el autor igualmente elaboró un cuadro comparativo que confronta el texto original de cada uno de los artículos modificados de la Constitución Política antes y después de la reforma. Dicho resumen elaborado por el autor, tomando como fuente el proceso, las actas y gacetas disponibles[752], se puede observar en los cuadros anexos números 5 al 9 del acápite denominado: cuadros complementarios, que forma parte de los anexos de este estudio.

Entonces a continuación presentamos un análisis de los cambios, repercusiones y consecuencias en el ejercicio del control fiscal, cuyo comparativo artículo por artículo, puede apreciarse en los cuadros anexos

Adentrándonos en el análisis de cada artículo constitucional modificado, nos referimos en primer lugar al artículo 267. En el precitado artículo se incluye la función de vigilancia y control fiscal, dado que antes se hablaba sólo de control fiscal, además, se agregan los fondos o bienes públicos en todos los niveles administrativos y respecto de todo tipo de recursos públicos. El comparativo del artículo anterior y sus modificaciones literales se pueden apreciar en el cuadro No. 5 que forma parte de los cuadros complementarios anexos.

751 [https://www.camara.gov.co/control-fiscal]

752 [https://www.camara.gov.co/control-fiscal].

Así mismo, se determina que la ley reglamentará el ejercicio de las competencias entre contralorías, en observancia de los principios de coordinación, concurrencia y subsidiariedad.

Se incluye el control *preferente*, así como el control *preventivo y concomitante*, cuyo ejercicio y coordinación le corresponde en forma exclusiva al Contralor General de la República, para garantizar así la defensa y protección del patrimonio público que se ejercerá de manera excepcional y no vinculante, sin que ello implique coadministración, y se desarrollará en forma de advertencia en tiempo real y a través del seguimiento permanente de los ciclos, uso, ejecución, contratación e impacto de los recursos públicos, mediante el uso de tecnologías de la información, con la participación activa del control social y con la articulación del control interno.[753]

Se deja en claro que la vigilancia de la gestión fiscal del Estado incluye el seguimiento permanente al recurso público, sin oponibilidad de reserva legal para el acceso a la información por parte de los órganos de control fiscal, incluye el desarrollo sostenible en el ejercicio del control, así como la competencia prevalente para ejercer control sobre la gestión de cualquier entidad territorial, de conformidad con lo que reglamente la ley.[754]

Frente a la manera como se van a proveer las faltas absolutas y temporales del Contralor General, se adiciona que el Congreso puede admitir la renuncia y proveer las faltas absolutas y temporales del cargo mayores a 45 días.[755]

Respecto a las calidades que se requieren para ser elegido Contralor General de la República, además de exigirse la de ser colombiano de nacimiento y en ejercicio de la ciudadanía, tener más de 35 años de edad, se le adiciona la de tener título universitario en ciencias jurídicas, humanas, económicas, financieras, administrativas o contables y experiencia profesional no menor a cinco años, también se incluye, frente a las prohibiciones para ser elegido Contralor General, a quien sea o haya sido miembro del Con-

753 Acto Legislativo 04 de 2019, que modificó los artículos 267, 268, 271, 272 y 274 de la Constitución Política de Colombia.

754 ídem

755 ídem

greso de la República o se haya desempeñado como gestor fiscal del orden nacional, en el año inmediatamente anterior a la elección.[756]

En el artículo 268, se modifican, adicionan y establecen nuevas atribuciones tales como: la función de llevar el registro de la deuda pública de la Nación; se agrega que los informes que se exigen a los empleados oficiales de cualquier orden y a toda persona o entidad pública o privada se refiere a quienes administren fondos o bienes públicos; se crea la prelación respecto al recaudo en tratándose de la jurisdicción coactiva; se deja en claro que el aporte de pruebas para efectos de promover investigaciones corresponde a procesos fiscales, penales o disciplinarios; en la facultad de suspender en forma inmediata a funcionarios, bajo el criterio de verdad sabida y buena fe guardada, esta suspensión se realiza mientras culminan las investigaciones o los respectivos procesos fiscales, penales o disciplinarios; se prohíbe a quienes formen parte de las corporaciones que intervienen en la postulación y elección del Contralor General, dar recomendaciones personales y políticas para empleos en ese ente de control; se adiciona a la función de dictar normas generales para armonizar los sistemas de control fiscal de todas las entidades públicas del orden nacional y territorial; se incluye la dirección del Sistema Nacional de Control Fiscal –SINACOF– en cabeza del Contralor General; se incluye la función de *advertir* cuando exista un riesgo inminente de daño al erario público; la intervención en los casos excepcionales en las contralorías territoriales; la presentación ante la Cámara de Representantes de la Cuenta General del Presupuesto y del Tesoro y certificar el balance de la hacienda; la facultad de ejercer las funciones de policía judicial; la facultad de imponer sanciones, desde multa hasta suspensión, a quienes omitan la obligación de suministrar información o impidan u obstaculicen el ejercicio de la vigilancia y el control fiscal. El comparativo del artículo anterior y sus modificaciones literales se pueden apreciar en el cuadro No. 6 que forma parte de los cuadros complementarios anexos.[757]

En el artículo 271 de la Constitución Política se incluyó que los resultados de la vigilancia y el control fiscal, así como de las indagaciones preliminares o los procesos de responsabilidad fiscal adelantados por las contralorías, tendrán valor probatorio ante la Fiscalía General de la Nación y el juez

[756] ídem

[757] ídem

competente. De nuevo, se incluye el ejercicio de la vigilancia como función pública, pero además también se incluye la posibilidad de darle valor probatorio ante el juez competente, pues en el artículo modificado se mencionaba únicamente a la Fiscalía General de la Nación.

El artículo 272 se ocupa de incluir la vigilancia de la gestión fiscal de los departamentos, distritos y municipios de manera concurrente, si fuere el caso, con la Contraloría General de la República; se incluye además la expedición de la certificación anual de las contralorías territoriales por parte de la Auditoría General de la República y la posibilidad de intervenir administrativamente a las contralorías territoriales cuando se evidencie falta de objetividad y eficiencia; de igual forma, se establece el control preferente del Contralor General sobre las contralorías territoriales.

También se establece la forma como se elegirán los contralores departamentales, distritales y municipales y se expresa que se hará a través de terna conformada por quienes obtengan los mayores puntajes para un periodo de cuatro años, que no podrá coincidir con el periodo del correspondiente al de gobernador y alcalde. Ningún contralor podrá ser reelegido para el período inmediato. Quien haya ocupado en propiedad el cargo de contralor departamental, distrital o municipal, no podrá desempeñar empleo oficial alguno en el respectivo departamento, distrito o municipio, ni ser inscrito como candidato a cargos de elección popular sino un año después de haber cesado en sus funciones.[758]

El artículo 274 modificado establece que La vigilancia de la gestión fiscal de la Contraloría General de la República y de todas las contralorías territoriales se ejercerá por el Auditor General de la República, elegido por el Consejo de Estado de terna enviada por la Corte Suprema de Justicia, siguiendo los principios de transparencia, publicidad, objetividad, participación ciudadana y equidad de género, para un periodo de cuatro años.

En el precitado artículo 274 se determina que para ser elegido Auditor General el candidato debe ser colombiano de nacimiento y en ejercicio de la ciudadanía, con más de 35 años de edad, título universitario en ciencias jurídicas, humanas, económicas, financieras, administrativas o contables y experiencia profesional no menor a cinco años, o como docente universita-

758 ìdem

rio, se limita la elección de Auditor General a quien hubiera sido miembro del Congreso o que hubiera ocupado cargo público en la Nación en el año anterior, excepto la docencia, ni quien hubiera sido condenado a pena de prisión por delitos comunes.

Podemos concluir que la modificación constitucional que nos ocupa, fija las bases para el fortalecimiento de los mecanismos de vigilancia y seguimiento permanente al erario, crea el control preventivo y concomitante, entre otros aspectos, operativizados como lo señalamos a continuación

Implementación de la reforma constitucional y fortalecimiento del control fiscal

Como ya lo señalamos los artículos 267, 268, 271, 272 y 274 de la Constitución Política, modificados por el Acto Legislativo 04 de 2019, recogen disposiciones previstas en las leyes 42 de 1993, 610 de 2000 y 1474 de 2011 citadas a lo largo de este libro, entre otras normas y fijan las bases para el fortalecimiento de los mecanismos de vigilancia y seguimiento permanente al recurso público, el ejercicio del control fiscal preventivo y concomitante, complementario del posterior y selectivo, así como el ejercicio concurrente y prevalente de las competencias de la Contraloría General de la República frente a las atribuidas a las contralorías territoriales.

El Presidente de la República en uso de las facultades extraordinarias conferidas en el parágrafo transitorio del artículo 268 de la Constitución Política, modificado por el artículo 2.º del Acto Legislativo 04 de 2019, expidió el Decreto 403 de 2020 citado, con el propósito de fijar los parámetros para la implementación de la reforma constitucional y el fortalecimiento del control fiscal.

El fortalecimiento de la función pública de vigilancia y control fiscal se circunscribió a aspectos fundamentales, en particular a los temas relacionados con: principios, sistemas, procedimientos y funciones de vigilancia y control fiscal, incluidas aquellas relacionadas con el proceso de responsabilidad fiscal y su cobro coactivo; el control concomitante y preventivo; el seguimiento permanente al recurso público; la aplicación del control de resultados, el control de gestión y el control financiero; el acceso a la información; las facultades sancionatorias y de policía judicial; las competencias entre la Contraloría General de la República y contralorías territoriales; la función de certificación de la Auditoría General de la República; la intervención de la Contraloría General de la República en las funciones de las contralorías territoriales; la prelación de la jurisdicción coactiva y de los créditos derivados del ejercicio de la vigilancia y control fiscal; y el control jurisdiccional de los fallos de responsabilidad fiscal.[759]

Es importante señalar que en el Decreto 403 de 2020 se estableció que las disposiciones previstas en el mismo, así como las dictadas por el Contralor General de la República en ejercicio de las facultades conferidas por el artículo 268 numeral 12 de la Constitución Política[760], primarán sobre las que se dicten por parte de otros órganos de control en materia de control fiscal.

El decreto Ley 403 de 2020, está conformado por 15 títulos y 166 artículos, que fueron descritos y analizados en la primera Edición de este libro. En esta segunda Edición, se traslada al cuadro de anexos, el análisis del articulado y se actualiza en tanto luego de 4 años de expedido, se han presentado modificaciones normativas, como es normal que se presente en una reforma Constitucional de esa magnitud.

Es importante destacar que los principios que rigen el ejercicio de la función pública de vigilancia y control fiscal, fueron recogidos en el título I del Decreto 403 de 2020[761]. Allí se determinan las disposiciones generales, se expresa el objeto del mismo, que consiste en desarrollar las disposiciones derivadas de la reforma constitucional, se compilan los principios generales que regulan la función administrativa y se definen los conceptos básicos que son el fundamento de la vigilancia y el control fiscal[762].

---

759 Decreto ley 403 de 2020, "*Por el cual se dictan normas para la correcta implementación del Acto Legislativo 04 de 2019 y el fortalecimiento del control fiscal*"

760 Artículo 268, Constitución Política: "El Contralor General de la República tendrá las siguientes atribuciones: [...] 12. Dictar normas generales para armonizar los sistemas de control fiscal de todas las entidades públicas del orden nacional y territorial; y dirigir e implementar, con apoyo de la Auditoría General de la República, el Sistema Nacional de Control Fiscal, para la unificación y estandarización de la vigilancia y control de la gestión fiscal".

761 Artículo 1.°, describe el objeto; artículo 2.°, Define los conceptos básicos que regulan la vigilancia y el control fiscal, Artículo 3.°, describe los principios fundamentales.

762 "*Vigilancia fiscal.* Es la función pública de vigilancia de la gestión fiscal de la administración y de los particulares o entidades que manejen fondos o bienes públicos, que ejercen los órganos de control fiscal de manera autónoma e independiente de cualquier otra forma

Estos enunciados básicos definen con claridad los conceptos de vigilancia fiscal, como función pública independiente de cualquier otra forma de inspección y vigilancia administrativa, que consiste en la observación sin intervención, cuyo objetivo es el de obtener información útil para el ejercicio del control fiscal; el control fiscal, como la función pública de fiscalización que supone un pronunciamiento sobre la gestión, así como el adelantamiento del proceso de responsabilidad fiscal, si se dan los presupuestos para ello; el objeto de vigilancia y control, que consiste en las actividades, acciones, omisiones, operaciones, procesos, entre otros que incidan en forma directa o indirecta en la gestión fiscal y los sujetos de vigilancia y control fiscal que

---

de inspección y vigilancia administrativa. // Consiste en observar el desarrollo o ejecución de los procesos o toma de decisiones de los sujetos de control, sin intervenir en aquellos o tener injerencia en estas, así como con posterioridad al ejercicio de la gestión fiscal, con el fin de obtener información útil para realizar el control fiscal. // *Control fiscal*: Es la función pública de fiscalización de la gestión fiscal de la administración y de los particulares o entidades que manejen fondos o bienes públicos, que ejercen los órganos de control fiscal de manera autónoma e independiente de cualquier otra forma de inspección y vigilancia administrativa, con el fin de determinar si la gestión fiscal y sus resultados se ajustan a los principios, políticas, planes, programas, proyectos, presupuestos y normatividad aplicables y logran efectos positivos para la consecución de los fines esenciales del Estado, y supone un pronunciamiento de carácter valorativo sobre la gestión examinada y el adelantamiento del proceso de responsabilidad fiscal si se dan los presupuestos para ello. El control fiscal será ejercido en forma posterior y selectiva por los órganos de control fiscal, sin perjuicio del control concomitante y preventivo, para garantizar la defensa y protección del patrimonio público en los términos que establecen la Constitución Política y la ley. // *Objeto de vigilancia y control*: Se entienden por objeto de vigilancia y control, las actividades, acciones, omisiones, operaciones, procesos, cuenta, contrato, convenio, proyecto, programa, acto o hecho, y los demás asuntos que se encuentren comprendidos o que incidan directa o indirectamente en la gestión fiscal o que involucren bienes, fondos o recursos públicos, así como el uso, explotación, exploración, administración o beneficio de los mismos. // *Sujeto de vigilancia y control*: Son sujetos de vigilancia y control fiscal los órganos que integran las ramas del poder público, los órganos autónomos e independientes, los de control y electorales, los organismos creados por la Constitución Política y la ley que tienen régimen especial, el Banco de la República, y las demás entidades públicas en todos los niveles administrativos, los particulares, las personas jurídicas y cualquier otro tipo de organización o sociedad que a cualquier título recauden, administren, manejen, dispongan o inviertan fondos, recursos del Estado y/o bienes o recursos públicos en lo relacionado con estos. // *Órganos de control fiscal*: Son la Contraloría General de la República, las contralorías departamentales, las contralorías distritales, las contralorías municipales y la Auditoría General de la República, encargados de la vigilancia y control fiscal de la gestión fiscal, en sus respectivos ámbitos de competencia".

son todas aquellas entidades que recauden, administren, manejen, dispongan o inviertan fondos y recursos del Estado y culmina enunciando a los órganos que ejercen la vigilancia y el control fiscal.[763]

Los principios que regulan cualquier tipo de acción administrativa, son la base del desarrollo normativo que se va desagregando en leyes y reglamentos. Es importante destacar que los principios que regulaban el ejercicio y la vigilancia del control fiscal, estaban desarrollados en múltiples normas a las que había que acudir; y el Decreto 403, en el artículo 3.°, se ocupó de compilarlos y recogerlos de las diversas fuentes que desarrollan la acción administrativa y, en particular, la vigilancia y el control fiscal y que se resumen a continuación.

Eficiencia. Se orienta al equilibrio que debe existir en la relación costo-beneficio.

Eficacia. Los resultados deben tener relación con los objetivos, metas, oportunidad, costos y condiciones.

Equidad. Se refiere al impacto equilibrado que debe existir entre los receptores del bien o servicio público y las entidades que asumen el costo.

Economía. Se desarrolla bajo los conceptos de austeridad y eficiencia, en la gestión fiscal.

Concurrencia. Consiste en el ejercicio de la vigilancia y el control fiscal, que se desarrolla de manera compartida con las contralorías territoriales.

Coordinación. Orienta la vigilancia y práctica del control fiscal, hacia el cumplimiento de los fines esenciales del Estado para el ejercicio de las competencias concurrentes.

Desarrollo sostenible. Los proyectos que impacten recursos naturales deben agregar valor público y mantener equilibrada la relación costo-beneficio.

Valoración de costos ambientales. Bajo este principio debe considerarse y cuantificarse el costo-beneficio ambiental.

Efecto disuasivo. Corresponde a la generación de conciencia en los sujetos de control fiscal.

763 Decreto Ley 403 de 2020

Especialización técnica. Se refiere al conocimiento de los sujetos de control para poder ejercer con calidad, consistencia y razonabilidad la vigilancia y el control fiscal.

Inoponibilidad en el acceso a la información. Dispone que ninguna entidad puede oponerse al suministro de información sobre su gestión fiscal.

Tecnificación. Se orienta a la utilización de las tecnologías para el ejercicio de la vigilancia y control fiscal en términos de oportunidad y efectividad.

Integralidad. Consiste la visión plena macro y micro de la entidad vigilada.

Oportunidad. Corresponde a las circunstancias precisas y pertinentes que contribuyan a la defensa del Erario, al ejercicio del control social y al efecto disuasivo.

Prevalencia. Consiste en la primacía de la Contraloría General de la República sobre las contralorías territoriales.

Selectividad. Se dirige a focalizar el ejercicio del control fiscal hacia procesos que representen mayor riesgo, así como a la representatividad que deben tener las muestras para que las conclusiones que se obtengan correspondan al universo respectivo.

Subsidiariedad. Se refiere a la proximidad con el ciudadano, y a la intervención en los asuntos de las contralorías territoriales en caso imposibilidad en su ejercicio.

Los principios generales descritos poseen en su esencia una orientación hacia el equilibrio en los resultados en términos de equidad, optimización en el ejercicio de la vigilancia y el control fiscal y sobre todo respeto por los vigilados demostrable a partir de la exigencia de conocer los sujetos a quienes se va a controlar; esto quiere decir que quien controla tiene necesariamente que tener un conocimiento similar o superior que el controlado; y esto es inherente al respeto de los derechos.

Miremos como el principio y fin de la administración pública es el ciudadano como sujeto de derechos, sea visto desde el ángulo del controlador como del controlado; y continuando con los principios podemos destacar, que si bien es cierto se dejó explícito que ninguna entidad puede oponerse al suministro de información, esta debe solicitarse de manera anticipada, y atendiendo las condiciones particulares de cada sujeto de control.

Los principios regulan de manera explícita la utilización de tecnologías, que desarrollamos como un capítulo exclusivo en esta segunda edición, en tanto la inteligencia artificial, como herramienta que contribuya al ejercicio de la vigilancia y control fiscal, permite con toda esa información, tener una visión plena de la entidad vigilada. No es posible opinar sobre una entidad que no se conozca y de allí la importancia del ya mencionado principio de Especialización técnica, como tampoco es conveniente tener un concepto objetivo que no atienda al conocimiento holístico de un sujeto de control a que se refiere el principio de integralidad contenido en el Decreto 403 de 2020.

La competencia prevalente y posibilidad de intervenir la Contraloría General de la República, sobre las contralorías territoriales, con la debida focalización y representatividad de los temas comparados con los universos respectivos, es una manera de unificar criterios para el ejercicio de la vigilancia y el control en las Contralorías del país; de tal manera que las afirmaciones y conclusiones, no pueden ser producto de la improvisación, sino el resultado del análisis de cifras cualitativas y cuantitativas verificables, comprobables y oficiales.

Entonces todos los principios enunciados recogen los elementos necesarios que regulan y reglamentan el ejercicio del control fiscal, en diáfana defensa de los derechos humanos; y de allí que se haya preceptuado el principio de oportunidad tantas veces mencionado en el presente estudio.

Tan importantes son los principios sobre los cuales se erige el control fiscal, pues de allí emana toda una serie de normas regulatorias cuyo cumplimiento no puede ser otro distinto a la garantía de los derechos de los ciudadanos, de los fines esenciales del Estado y de la buena gobernanza

En ese mismo orden se establecen las competencias de la Contraloría General de la República y las contralorías territoriales y expresa en este capítulo, que las contralorías territoriales ejercen el control y vigilancia respecto a la gestión fiscal de los departamentos, distritos, municipios y entidades territoriales en su jurisdicción y que este control se ejercerá de forma concurrente con la Contraloría General de la República, quien tendrá prevalencia en el marco de los principios de coordinación, concurrencia, subsidiariedad y colaboración técnica. [764]

[764] El título II del Decreto 403 de 2020, desarrolla las competencias de la Contraloría General de la República y las contralorías territoriales. Se divide en ocho capítulos así: Capítulo I.

También se le otorgaron potestades al Contralor General de la República para unificar y estandarizar la vigilancia y el control fiscal, que, no obstante, los contralores territoriales pueden prescribir la forma y los métodos de su ejercicio, las directrices del Contralor General son vinculantes para ellas. En este marco de competencias, se estableció el ejercicio prevalente, la vigilancia concurrente, la intervención funcional oficiosa, la intervención funcional excepcional y el fuero de atracción.

El *ejercicio prevalente* de la vigilancia y control fiscal de los departamentos, distritos, municipios y demás entidades del orden territorial, se ejercerá por parte de la Contraloría General de la República a través de la vigilancia fiscal concurrente, integral o selectiva, transitoria o permanente, del Plan Nacional de Vigilancia y Control Fiscal, así como a través del Sistema Nacional de Control Fiscal –sinacof– y de las acciones conjuntas y coordinadas entre contralorías, la intervención funcional de oficio, la intervención funcional excepcional, el fuero de atracción y las demás formas que determine el Contralor General de la República, cuando sea necesario, pertinente, razonable, proporcional y conforme a la especialidad, sin que ello implique el retiro de las competencias de las contralorías territoriales. El ejercicio prevalente desplaza las competencias de la contraloría territorial y se podrá ejercer en cualquier tiempo. [765]; la *vigilancia concurrente* es la facultad potestativa de la Contraloría General de la República, que podrá ejercerse de manera permanente o transitoria, integral o selectiva. [766],

En diferentes pronunciamientos por parte de la Auditoría General de la República, cuyo cargo desempeñamos, se evidenció la falta de coordinación entre las 65 contralorías del país y la necesidad de unificar criterios para el ejercicio del control fiscal. El Decreto 403 de 2020, determinó que se elabo-

Disposiciones generales para el ejercicio de competencias de las contralorías; Capítulo ii. Vigilancia fiscal concurrente integral o selectiva, transitoria o permanente; Capítulo iii. Plan Nacional de Vigilancia y Control Fiscal de la Contraloría General de la República; Capítulo iv. Sistema Nacional de Control Fiscal –sinacof–; Capítulo v. Acciones conjuntas entre contralorías; Capítulo vi. Intervención funcional de oficio; Capítulo vii. Intervención funcional excepcional; y Capítulo viii. Fuero de atracción.

765 Artículo 6.º Decreto 403 de 2020, cit.

766 Ibíd., artículo 7.º

rará un *Plan Nacional de Vigilancia y Control Fiscal*[767], conforme a principios, lineamientos, sistemas y procedimientos dictados por el Contralor General de la República, cuyos efectos serán vinculantes; no obstante se elaborará teniendo en cuenta: Las competencias de las contralorías; el impacto económico, social o ambiental; la especialización técnica; el acceso y la disponibilidad de la información previa; la eficiencia y eficacia, realizada en ejercicios de control fiscal anteriores.

En este marco y con el propósito de llevar el control y la sectorización de los sujetos de control, se establece la obligación de informar a la Contraloría General de la República los cambios de naturaleza[768] que se realicen en los sujetos de control, para ello, se dispondrá de un formulario que permita de manera virtual informar sobre tales novedades.

En el mismo orden de armonización y unificación del ejercicio de la vigilancia y el control fiscal, se reglamenta el Sistema Nacional de Control Fiscal –SINACOF–[769], dirigido por el Contralor General de la República, con el apoyo de la Auditoría General de la República, cuyo propósito se orienta a incrementar el desempeño y los resultados de los órganos de control fiscal, estará integrado por el Contralor General de la República o su delegado, el Auditor General de la República o su delegado, los contralores distritales, departamentales y municipales, o sus delegados.

767 Ibíd., artículo 8.° *Expresa el Decreto, que dicho plan podrá contar con los siguientes componentes: i) El plan de actividades de control de corto plazo; ii) El plan de actividades de control de mediano plazo; iii) El plan indicativo de objetivos y resultados de corto, mediano y largo plazo; iv) Sujetos u objetos de control fiscal, incluidos aquellos sobre los cuales se ejercerá la competencia prevalente; y v) Los demás que determine el Contralor General de la República.*

768 Ibíd., artículo 11. "*Cambio de naturaleza de los sujetos de control fiscal.* La creación, fusión, escisión, liquidación o cualquier otro cambio en la naturaleza jurídica o en la participación accionaria estatal de un sujeto de control de la Contraloría General de la República que modifique su régimen jurídico, deberá ser informado dentro de los treinta (30) días siguientes a la novedad, por el representante legal de la entidad o, ante la carencia de personería jurídica, por el representante legal de la entidad que los administre".

769 Ibíd., artículo 12. "*Definición.* El Sistema Nacional de Control Fiscal –SINACOF–, es el conjunto de políticas, principios, normas, métodos, procedimientos, herramientas tecnológicas, instancias y mecanismos, estructurados lógicamente, que permiten a los órganos de control fiscal del orden nacional y territorial la planeación, armonización, unificación y estandarización del ejercicio de la vigilancia y control fiscal, y la evaluación y análisis sobre su gestión y resultados".

Como quiera que el Contralor General preside el SINACOF, le corresponde definir las reglas generales de funcionamiento y la implementación del *Observatorio de Control Fiscal Ambiental* –OCFA–[770] y, a través del Consejo Nacional, le corresponde proponer la actualización normativa en materia de vigilancia y control fiscal y de metodologías, lineamientos, articulación y de promoción de programas y actividades de formación, capacitación y actualización, como también el ejercicio del control social, para ello, contará con el apoyo de la Dirección de Información, Análisis y Reacción Inmediata –DIARI–[771].

Se destaca la *intervención funcional oficiosa*[772], que consiste en el ejercicio de la facultad prevalente que puede realizar la Contraloría General de la República sobre las contralorías territoriales para asumir el conocimiento de los asuntos objeto de intervención, teniendo en cuenta la trascendencia o el impacto social, ambiental, económico o político del tema a intervenir, así como la falta de capacidad técnica, operativa o logística de la contraloría territorial a intervenir, o por decisión del Contralor General de la República conforme a criterios de pertinencia, eficiencia, necesidad, razonabilidad, proporcionalidad y oportunidad y la *intervención funcional excepcional*[773], es la potestad reglada[774] de la Contraloría General de la República de intervenir y

---

770 Ibíd., parágrafo 1.° artículo 15. "*Consejo Nacional de SINACOF.* [...] [P]ara la gestión de conocimiento en torno a las políticas públicas ambientales y de desarrollo sostenible, que sirva como herramienta para el análisis de las políticas públicas ambientales en el país, e instrumento de apoyo para el desarrollo de las funciones propias del Consejo Nacional de SINACOF".

771 Ibíd., parágrafo artículo 16. "La Dirección de Información, Análisis y Reacción Inmediata –DIARI–, de la Contraloría General de la República encargada, entre otras funciones, de identificar el ciclo integral de los bienes, fondos o recursos públicos, del orden nacional y territorial, desde su fuente hasta su ejecución, prestará apoyo al Consejo Nacional del SINACOF, a través de la identificación de gastos indebidos, buenas o malas prácticas, riesgos, patrones o tendencias relacionadas con la gestión fiscal, que sirvan como insumo para los ejercicios de vigilancia y control fiscal que se adelanten por parte de los diferentes organismos de control fiscal".

772 Ibíd., artículo 18.

773 Ibíd., artículo 22.

774 Ibíd., artículo 27. "Reglas para la intervención funcional excepcional. La intervención funcional excepcional se regirá por las siguientes reglas: a) Deberá ser ordenada por el Contralor General de la República mediante acto administrativo motivado, contra el cual no procede recurso alguno. // b) Es particular, es decir, versa sobre ejercicios de vigilancia y control fiscal concretos y previamente identificados o definidos. // c) Es integral, es decir,

desplazar en sus competencias a las contralorías territoriales, previa solicitud de: el gobernador o el alcalde distrital o municipal respectivo; la asamblea departamental o el concejo distrital o municipal; una comisión permanente del Congreso de la República; veedurías ciudadanas; el contralor territorial competente; el Auditor General de la República; el secretario de transparencia de la Presidencia de la República; el Procurador General de la Nación; el Fiscal General de la Nación; el Defensor del Pueblo; y la ciudadanía, a través de los mecanismos de participación que deberá estar presentada de manera formal, con identificación y razones de la solicitud[775]

Las funciones ejercidas por la Auditoría General de la República[776], se recogen en el decreto ley 403 de 2020 y se determina que la certificación que

respecto de todos los ejercicios de vigilancia y control iniciados sobre el mismo objeto de control fiscal, incluyendo auditorías, actuaciones especiales de fiscalización, indagaciones preliminares y procesos de responsabilidad fiscal. // d) No afecta el ámbito funcional de la contraloría territorial respecto del sujeto de control. e) // No procede respecto de procesos de responsabilidad fiscal con fallo ejecutoriado. // f) La intervención se extenderá hasta la culminación de la actuación correspondiente, incluyendo la decisión de fondo sobre la responsabilidad fiscal y el cobro coactivo correspondiente. // g) Si en el curso de la intervención funcional excepcional desaparecen los fundamentos de hecho o de derecho que le dieron origen, mediante acto motivado el Contralor General de la República retornará el conocimiento del asunto a la contraloría territorial correspondiente. // Parágrafo El seguimiento de los planes de mejoramiento derivados de la intervención funcional excepcional se realizará por la Contraloría General de la República, sin perjuicio de que la contraloría territorial también realice el seguimiento respectivo.

775 Ibíd., literal c artículo 23. "Expresar una o varias de las razones o circunstancias objetivas que se señalan a continuación: // i) duda de la imparcialidad u objetividad de la contraloría territorial, ii) considerar que existe mora injustificada, iii) falta de eficiencia o efectividad en las acciones de vigilancia y control fiscal por parte de la contraloría territorial, iv) presiones o injerencias que puedan afectar sus acciones de vigilancia y control, v) incumplimiento manifiesto a los reglamentos de armonización, unificación y estandarización de la vigilancia y control fiscal, dictados por la Contraloría General de la República, o vi) posibles actos de corrupción".

776 Decreto 272 de 2000, cit. La *Auditoría General de la República.* Es un organismo de control que vigila la gestión fiscal, de la Contraloría General de la República y de las contralorías departamentales, y su misión es la de coadyuvar en el proceso de transformación, depuración y modernización de los mismos, por medio de la promoción de los principios de la función administrativa, así como el de fomentar la cultura del autocontrol y el estímulo de la participación ciudadana para la erradicación de la corrupción artículo 23. "Funciones de la auditoría delegada para la vigilancia de la gestión fiscal. Son las siguientes: // 1. Participar en la formulación y adopción de políticas, planes, programas y proyectos para el desarrollo

se expide sobre la gestión de las Contralorías Territoriales debe remitirse al Contralor General de la República. Es importante señalar que se dejó expresado claramente que la Auditoría General de la República tiene la potestad de acceder sin restricción de ninguna índole, a toda la información de las contralorías y por ende la de sus sujetos de control vigilados, en el marco de las funciones asignadas por los artículo 3.° y 21 del Decreto 272 de 2000 citado, conforme a los principios de colaboración armónica y coordinación y teniendo en cuenta las condiciones establecidas en el artículo 27 del Código de Procedimiento Administrativo y de lo Contencioso Administrativo[777].

La expedición de la certificación anual de gestión por parte de la Auditoría General, reviste especial importancia en las funciones del Contralor General de la República, pues del resultado de la misma dependerá en gran

de las funciones de la Auditoría General de la República. // 2. Adoptar políticas, planes, programas, proyectos y estrategias específicas para el ejercicio de la vigilancia de la gestión fiscal y para adelantar los procesos de responsabilidad fiscal y de jurisdicción coactiva, de forma armónica con las generales de la entidad. // 3. Planear, organizar y dirigir todas las actividades requeridas para el ejercicio de la vigilancia de la gestión fiscal de los organismos vigilados y adoptar las estrategias que sean necesarias para el logro de los objetivos de la Auditoría. // 4. Adelantar las actuaciones administrativas sancionatorias, los procesos de responsabilidad fiscal y Jurisdicción Coactiva, de conformidad con la asignación de competencias y tareas internas que efectúe el Auditor General. // 5. Ejercer la vigilancia de la gestión fiscal a través de la revisión de cuentas y los demás sistemas de control fiscal, incluida la evaluación del control fiscal interno sobre los organismos sometidos a la vigilancia de la Auditoría General de la República, de conformidad con la asignación de competencias y tareas internas que efectúe el Auditor General. // 6. Coordinar la elaboración y presentación al Auditor General de las certificaciones que deba expedir sobre la gestión fiscal de las entidades vigiladas por la Auditoría. // 7. Planear y organizar los sistemas, métodos y procedimientos que permitan impartir la orientación necesaria a la ciudadanía, de forma tal que se logren canalizar sus inquietudes, recomendaciones y reclamos en relación con el ejercicio de las funciones encomendadas a la Auditoría y a los entes sujetos a su vigilancia, y darles de manera oportuna el trámite interno que corresponda, de conformidad con lo dispuesto en el artículo 270 de la Constitución Política. // 8. Presentar los informes sobre la gestión adelantada en las diferentes dependencias a su cargo. // 9. Las demás funciones que le asigne la Constitución, la ley o el reglamento".

777 Que preceptúa: "Artículo 27. *Inaplicabilidad de las excepciones.* El carácter reservado de una información o de determinados documentos, no será oponible a las autoridades judiciales, legislativas, ni a las autoridades administrativas que siendo constitucional o legalmente competentes para ello, los soliciten para el debido ejercicio de sus funciones. Corresponde a dichas autoridades asegurar la reserva de las informaciones y documentos que lleguen a conocer en desarrollo de lo previsto en este artículo".

medida la intervención administrativa, función asignada a la Contraloría y que se desarrolla en el título IV define la intervención administrativa[778] como la potestad del Contralor General de la República para asumir las competencias de las contralorías territoriales.

Esta nueva función exclusiva e indelegable del Contralor General de la República que se desarrolla en virtud del principio de subsidiariedad, consiste en asumir de manera temporal y parcial las competencias otorgadas a las contralorías territoriales, en el desarrollo de sus funciones administrativas y misionales, con el propósito de garantizar la objetividad y la eficiencia y de superar las irregularidades que la originaron, a saber: Bajo rendimiento de la gestión; insuficiencia de capacidad operativa; inobservancia de las directrices de unificación y estandarización de procedimientos de vigilancia y control; incumplimiento de los planes de mejoramiento; e identificación de hallazgos relacionados con actos de corrupción.

Para proceder a la intervención precitada, se deberá verificar si se configuran las causales contenidas en el artículo 34 del Decreto 403 de 2020 ya resumidas en el párrafo anterior, previa recepción de la Certificación Anual expedida por la Auditoría General de la República, y el informe que sobre el particular rendirá el equipo de servidores designado por el Contralor General, quien decidirá conforme a criterios de proporcionalidad y razonabilidad si se opta por la intervención, en cuyo caso se expedirá un acto administrativo que la ordene y designe el agente[779] por el término máximo de un año prorrogable. En el mismo sentido, el Contralor General de la República

[778] Artículo 32 Decreto 403 de 2020, cit.

[779] Ibíd., artículo 38. "*Agente interventor.* Es el servidor público de la Contraloría General de la República del nivel directivo, asesor o ejecutivo, designado en comisión de servicios como agente interventor por el Contralor General de la República para dirigir y coordinar la intervención administrativa a una contraloría territorial. A partir de la comunicación de la designación, el servidor público designado como agente interventor se separará temporalmente de las funciones ordinarias de su empleo y ejercerá exclusivamente aquellas relacionadas con la intervención administrativa correspondiente, continuará devengando el salario y prestaciones correspondientes a su empleo y estará sujeto a las situaciones administrativas propias del mismo. // Parágrafo. El Contralor General de la República podrá reubicar o comisionar servidores públicos de la Contraloría General de la República, o de ser necesario contratar particulares, para que conformen una comisión de intervención a disposición del agente interventor, para apoyar las labores que se realicen y las decisiones que se adopten en los asuntos que configuran el objeto de la intervención".

podrá ordenar la *intervención funcional y administrativa especial y preventiva*[780], así no se haya expedido la certificación anual por parte de la Auditoría General de la República en los mismos términos de la intervención funcional excepcional, en caso de observarse: Imparcialidad; mora injustificada, inobservancia en los reglamentos; falta de capacidad técnica, para ello podrán tenerse en cuenta las evaluaciones parciales trimestrales existentes expedidas por la Auditoría General.

Se destaca el desarrollo del control fiscal posterior y selectivo[781], como el ejercicio de fiscalización de la gestión fiscal de quienes tengan a cargo recursos del Erario, con el propósito de verificar si las actividades y los resultados se enmarcan dentro de los principios y si se logran los efectos orientados a cumplir los fines esenciales del Estado; y respecto al nuevo control fiscal concomitante y preventivo[782] se señala que este novedoso ejercicio de control fiscal creado en la Constitución Política tiene la característica de ser excepcional; es decir que solo se aplicará en casos particulares que se requieran para garantizar la defensa y protección del Erario y se ejercerá a modo de *advertencia*[783] y de manera exclusiva por el Contralor General de la República.

780 Ibíd., artículo 44.

781 Artículo 53 Decreto 403 de 2020, cit.

782 Ibíd., artículo 54.

783 Capítulo III. Ejercicio del control fiscal concomitante y preventivo. Artículo 67. "*Del control fiscal concomitante y preventivo.* El ejercicio del control fiscal concomitante y preventivo se manifestará mediante la emisión de una advertencia sobre el evento o riesgo identificado, con sustento en los ejercicios de vigilancia y seguimiento permanente al recurso público. Cuando el evento o riesgo impacte a más de una entidad u objeto de control, podrá emitirse una advertencia general. // Parágrafo. La facultad de advertir estará en cabeza del Contralor General de la República de manera exclusiva, la cual no podrá delegarse. // Artículo 68. *De la advertencia.* Es el pronunciamiento, no vinculante, mediante el cual el Contralor General de la República previene a un gestor fiscal sobre la detección de un riesgo inminente de pérdida de recursos públicos y/o afectación negativa de bienes o intereses patrimoniales de naturaleza pública, con el fin de que el gestor fiscal evalúe autónomamente la adopción de las medidas que considere procedentes para ejercer control sobre los hechos así identificados y evitar que el daño se materialice o se extienda. // Parágrafo. De la advertencia se remitirá copia a la oficina de control interno correspondiente para lo de su competencia. // Artículo 69. *Materias específicas sobre las que procede.* La advertencia procederá sobre los asuntos en curso que determine el Contralor General de la República donde se identifique un riesgo inminente de pérdida de recursos públicos y/o afectación negativa de bienes o intereses patrimoniales de naturaleza pública, con base en alguno de los siguientes criterios excepcionales: // a) Trascendencia social. // b) Alto impacto ambiental. c) Alta connotación

Se deja en claro que este tipo de control no representa coadministración de modo alguno y no es vinculante para el sujeto de control, su propósito es el de garantizar la defensa y protección del patrimonio público. Quiere ello decir que la concomitancia se refiere al seguimiento constante a los procesos, ciclos y todas las operaciones que involucren le inversión pública, en términos de oportunidad, para ello, deberá acceder a la información utilizando para ello las TIC, en el evento en que se presenten situaciones que así lo ameriten, se procederá a proferir la advertencia que corresponda, que como ya se expuso, es una función exclusiva del Contralor General de la República.

Esta modalidad de seguimiento permanente se llevará a cabo a través del acceso y análisis de la información que se concentra en la Dirección de Información, Análisis y Reacción Inmediata –DIARI–, para ello, deberá articularse con el control social, con el control interno y también podrá ejercerse a través del acompañamiento, asesoría, coordinación, planeación, acciones de especial seguimiento, así como la asistencia con las audiencias de conciliación ante la Procuraduría General de la Nación, cuando se involucren recursos públicos, dicha asistencia se realizará solo con voz[784].

---

económica. // Artículo 70. *Aplicación particular.* El control concomitante y preventivo no es de aplicación universal sobre todos los actos de gestión; estará enfocado sobre objetos de control en ejecución, concretos y previamente identificados. // Artículo 71. *Sistema general de advertencia público.* El sistema general de advertencia público, SIGAP, administrará la información concerniente a las advertencias dirigidas a los gestores fiscales. El Contralor General de la República con el apoyo de la Dirección de Información, Análisis y Reacción Inmediata –DIARI–, la Unidad Especial de Prevención e Intervención y la oficina de planeación definirá el contenido, estructura y criterios para su funcionamiento. // Artículo 72. *Contenido mínimo del sistema general de advertencia público.* El sistema general de advertencia público tendrá como mínimo los siguientes elementos: // a)Registro actualizado de las advertencias, identificando la entidad, el gestor fiscal, el objeto de control y el contenido de la advertencia. // b)Relatoría de las principales advertencias en donde se destaquen aspectos que sirvan de insumo para el desarrollo de buenas prácticas en el marco de la gestión fiscal. // c)Banco de resultados positivos originados en las advertencias y con ocasión de las decisiones o medidas adoptadas autónomamente por los gestores fiscales".

784 Ibíd., artículo 66. "Asistencia con voz a las audiencias de conciliación ante la Procuraduría General de la Nación. La Contraloría General de la República podrá asistir con voz a las audiencias de conciliación ante la Procuraduría General de la Nación, cuando en las mismas se discutan asuntos en los que estén involucrados recursos públicos y/o se afecten bienes o intereses patrimoniales de naturaleza pública, para poner de presente la posición de la

El seguimiento permanente se desarrollará a través de las fases de planeación, ejecución e informe, que se reglamentará internamente en la entidad, podrá contar con herramientas de georreferenciación que faciliten y posibiliten el ejercicio y sin ningún tipo de oponibilidad en el acceso a la información.

En este propósito se hace necesario desplegar toda la tecnología, como la inteligencia artificial, analítica ya descrita, con el fin de anticiparse y advertir los riesgos que sobre recursos públicos pudieran presentarse.

En el mismo orden resulta importante señalar, que la articulación con el control social[785] reviste especial importancia, habida cuenta que es la ciudadanía quien puede informar de primera mano acerca de los riesgos; en el presente estudio, se ha desarrollado y descrito el proceso de promoción de la participación de la ciudadanía que, a través de audiencias públicas, denuncias y conexión virtual, entre otros, puede interactuar con la Contraloría General.

Se desarrolla también el proceso de articulación con el control interno[786] para el ejercicio del control concomitante y preventivo orientado a obtener insumos complementarios que contribuyan en el propósito de armonizar el sistema de control interno de gestión, para ello, se podrán consultar los informes proferidos en el marco de la Ley 87 de 1993 ya citada.

Como hecho innovador en esta materia, se resalta la creación del sistema de alertas del control interno, a través del cual los jefes de control interno tienen la obligación de reportar los hechos que representen riesgo de afectación o pérdida del Erario, la información que allí se reporte será insumo para el ejercicio de la vigilancia y el seguimiento y la Contraloría General de la República también presentará alertas a las oficinas de control interno, con el fin de que se tomen las medidas que correspondan[787].

Se dispone en este decreto las actividades de acompañamiento al gestor fiscal que sólo podrán ser autorizadas por el Contralor General de la Repú-

---

Contraloría General de la República sin que la misma tenga carácter vinculante dentro de la audiencia o en posteriores ejercicios de vigilancia y control fiscal".

785 Ibíd., artículo 60.

786 Ibíd., artículo 61.

787 Artículo 62, Decreto 403 de 2020, cit.

blica en las instancias de asesoría, coordinación, planeación y decisión, que se llevarán a cabo de oficio o a solicitud del interesado, para asistir sin voz y sin voto en los procesos contractuales, así como en las demás instancias institucionales de toma de decisiones, para ello se podrán practicar visitas para obtener información y revisión de trámites [788].

Se eleva además a categoría de ley, las acciones de especial seguimiento[789], herramienta que se utilizaba en la Contraloría General de la República, que consiste en el ejercicio de visitas, consulta de fuentes de información, toma de muestras, realización de encuestas o entrevistas orientadas a establecer la existencia de riesgos de daño al Erario, y se deja claro que el acceso a los sistemas de información es inoponible e ilimitado ante el requerimiento de la Contraloría General y sólo podrá ser utilizada para los fines y propósitos de la vigilancia y el control fiscal, con la obligación de guardar la reserva en el marco de lo indicado en las leyes 1712 de 6 de marzo de 2014[790] y 1581 de 17 de octubre de 2012[791] y solo están facultados para acceder a ellos: El Auditor General de la República, el contralor territorial correspondiente, el Contralor General de la República, el Vicecontralor General o el director de la Dirección de Información, Análisis y Reacción Inmediata – DIARI–.[792]

La Corte Constitucional creada por la Constitución de 1991 con el propósito de salvaguardar la integridad y supremacía de Constitución Política de Colombia, en desarrollo de las funciones previstas en el artículo 241 de la Constitución Política de Colombia[793], en el marco de sus funciones, declaró

788 Ibíd., artículo 63.

789 Ibíd., artículo 65.

790 "Por medio de la cual se crea la Ley de transparencia y del Derecho de acceso a la información", *Diario Oficial*, n.° 49.084, de 6 de marzo de 2014, disponible en [http://www.suin-juriscol.gov.co/viewDocument.asp?ruta=Leyes/1687091].

791 "Por la cual se dictan disposiciones generales para la protección de datos personales", *Diario Oficial*, n.° 48.587, de 18 de octubre de 2012, disponible en [http://www.suin-juriscol.gov.co/viewDocument.asp?ruta=Leyes/1684507].

792 Ibíd., artículo 89.

793 "1. Decidir sobre las demandas de inconstitucionalidad que promuevan los ciudadanos contra los actos reformatorios de la Constitución, cualquiera que sea su origen, sólo por vicios de procedimiento en su formación. // 2. Decidir, con anterioridad al pronunciamiento popular, sobre la constitucionalidad de la convocatoria a un referendo o a una Asamblea Constituyente para reformar la Constitución, sólo por vicios de procedimiento

ajustado a la Constitución Política el Acto Legislativo 04 de 2019 que reforma el régimen de control fiscal.

A través del pronunciamiento emitido el 6 de mayo de 2020, mediante Sala Plena virtual, la Corte Constitucional declaró la constitucionalidad del Acto Legislativo 04 de 2019, "Por medio del cual se reforma el Régimen de Control Fiscal", que adicionó al control fiscal posterior y selectivo el control preventivo y concomitante en cabeza del Contralor General de la República.

El pronunciamiento del alto tribunal se realizó en el marco de la demanda de constitucionalidad presentada contra los artículos 1.º (parcial) y 2.º (parcial) del Acto y concluyó que la norma demandada al establecer el control preventivo y concomitante, (no previo) no afecta el principio de separación de poderes, en tanto establece límites y prohibiciones para evitar la coadministración. Además, se dispuso que el control se realizará en

en su formación. // 3. Decidir sobre la constitucionalidad de los referendos sobre leyes y de las consultas populares y plebiscitos del orden nacional. Estos últimos sólo por vicios de procedimiento en su convocatoria y realización. // 4. Decidir sobre las demandas de inconstitucionalidad que presenten los ciudadanos contra las leyes, tanto por su contenido material como por vicios de procedimiento en su formación. // 5. Decidir sobre las demandas de inconstitucionalidad que presenten los ciudadanos contra los decretos con fuerza de ley dictados por el Gobierno con fundamento en los artículos 150 numeral 10 y 341 de la Constitución, por su contenido material o por vicios de procedimiento en su formación. // 6. Decidir sobre las excusas de que trata el artículo 137 de la Constitución. // 7. Decidir definitivamente sobre la constitucionalidad de los decretos legislativos que dicte el Gobierno con fundamento en los artículos 212, 213 y 215 de la Constitución. // 8. Decidir definitivamente sobre la constitucionalidad de los proyectos de ley que hayan sido objetados por el Gobierno como inconstitucionales, y de los proyectos de leyes estatutarias, tanto por su contenido material como por vicios de procedimiento en su formación. // 9. Revisar, en la forma que determine la ley, las decisiones judiciales relacionadas con la acción de tutela de los derechos constitucionales.// 10. Decidir definitivamente sobre la exequibilidad de los tratados internacionales y de las leyes que los aprueben. Con tal fin, el Gobierno los remitirá a la Corte, dentro de los seis días siguientes a la sanción de la ley. Cualquier ciudadano podrá intervenir para defender o impugnar su constitucionalidad. Si la Corte los declara constitucionales, el Gobierno podrá efectuar el canje de notas; en caso contrario no serán ratificados. Cuando una o varias normas de un tratado multilateral sean declaradas inexequibles por la Corte Constitucional, el Presidente de la República sólo podrá manifestar el consentimiento formulando la correspondiente reserva. // 11. Dirimir los conflictos de competencia que ocurran entre las distintas jurisdicciones. (Véase Acto Legislativo 2 de 11 de mayo de 2017, *Diario Oficial*, n.º 50.230, de 11 de mayo de 2017, disponible en [http://www.suin-juriscol.gov.co/viewDocument.asp?ruta=Acto/30030560]).

tiempo real, mediante el uso de tecnologías, con la participación activa del control social, articulación con el sistema de control interno y sumado a esto, esta modalidad de control tiene el carácter excepcional, no vinculante, No versará sobre la conveniencia de las decisiones de los administradores, se realizará en forma de advertencia y su ejercicio y coordinación corresponde de manera exclusiva al Contralor General de la República[794].

No obstante, el Decreto 403 de 2020, ha sido ajustado y algunas normas específicas declaradas inconstitucionales, como es el caso de los temas relacionados con el proceso de responsabilidad fiscal y de jurisdicción coactiva que se describen en el cuadro de anexos[795].

---

794 El texto de los apartes de las normas demandadas, según fue publicado en ídem., es el siguiente: "Acto Legislativo 04 de 2019 Por medio del cual se reforma el Régimen de Control Fiscal. El Congreso de Colombia decreta: Artículo 1.° El artículo 267 de la Constitución Política de Colombia quedará así: 'Artículo 267 [...] El control fiscal se ejercerá en forma posterior y selectiva, y además podrá ser preventivo y concomitante, según sea necesario para garantizar la defensa y protección del patrimonio público. El control preventivo y concomitante no implicará coadministración y se realizará en tiempo real a través del seguimiento permanente de los ciclos, uso, ejecución, contratación e impacto de los recursos públicos, mediante el uso de tecnologías de la información, con la participación activa del control social y con la articulación del control interno. La ley regulará su ejercicio y los sistemas y principios aplicables para cada tipo de control. // El control concomitante y preventivo tiene carácter excepcional, no vinculante, no implica coadministración, no versa sobre la conveniencia de las decisiones de los administradores de recursos públicos, se realizará en forma de advertencia al gestor fiscal y deberá estar incluido en un sistema general de advertencia público. El ejercicio y la coordinación del control concomitante y preventivo corresponde exclusivamente al Contralor General de la República en materias específicas' [...] Artículo 2.° El artículo 268 de la Constitución Política quedará así: 'Artículo 268. El Contralor General de la República tendrá las siguientes atribuciones: [...] 13. Advertir a los servidores públicos y particulares que administren recursos públicos de la existencia de un riesgo inminente en operaciones o procesos en ejecución, con el fin de prevenir la ocurrencia de un daño, a fin de que el gestor fiscal adopte las medidas que considere procedentes para evitar que se materialice o se extienda, y ejercer control sobre los hechos así identificados [...] 16. Ejercer, directamente o a través de los servidores públicos de la entidad, las funciones de policía judicial que se requieran en ejercicio de la vigilancia y control fiscal en todas sus modalidades. La ley reglamentará la materia'".

795 Modifica los artículos: 4.°, 5.°, 6.°, 9.°, 12, 13, 14, 16, 18, 20, 37, 39, 42, 43, 49, 50 y 37 de la Ley 610 de 2000, cit.: "Por el cual se establece el trámite de los procesos de responsabilidad fiscal de competencia de las contralorías" y los artículos: 100, 101, 110 y 125 de la Ley 1474 de 2011, cit.: "Estatuto Anticorrupción". Deroga_el artículo 63 de la Ley 610 de 2000, cit. LOS ARTÍCULOS 124 AL 148 FUERON DECLARADOS INEXEQUIBLES POR LA CORTE CONSTITUCIONAL MEDIANTE SENTENCIA C-090-22 SEGÚN COMUNICADO DE

6. RETOS Y REFLEXIONES FINALES

La sociedad en general y la persona en particular son los protagonistas y destinatarios de la acción del Estado, en cumplimiento del proceso de implementación y evaluación de las políticas públicas, es por ello que los administradores tienen el deber y la obligación de rendir cuentas de sus acciones y decisiones, sometidas al rigor legal y al control por parte de los organismos previstos para ello y por ende, de la ciudadanía.

Es una obligación del Estado propender por una mejora continua de las condiciones de vida de las personas, de atender a las circunstancias sociales, políticas, económicas y culturales de los administrados y propiciar el desarrollo de las potencialidades de las comunidades en general y de las personas en particular.

En ese propósito, la buena administración del patrimonio público exige equilibrio en su ejecución, de allí surge la importancia del gestor público en su actitud de permanente escucha frente a los requerimientos y necesidades de la comunidad, conocimiento de los fenómenos sociales y capacidad de tomar decisiones de forma oportuna.

La promoción de la cultura de la integridad resulta valiosa a la hora de escoger a los líderes a los que les corresponde tomar decisiones en diversos sentidos. Por ello, se considera de suma importancia traer a colación en este estudio el aporte de la OCDE sobre integridad en Colombia[796] que señala como elemento clave, la promoción de la cultura de la integridad a través de las siguientes estrategias: 1. Invertir en el liderazgo de la integridad para demostrar el compromiso del organismo público con la integridad; 2. Pro-

PRENSA DE 9 Y 10 DE MARZO DE 2022, MAGISTRADO PONENTE DR. ANTONIO JOSÉ LIZARAZO OCAMPO, por cuanto estimó el alto tribunal que el Presidente de la República al expedir el decreto 403 de 2020, había excedido las facultades otorgadas, procederemos en esta segunda edición del libro a analizarlas desde la perspectiva e importancia del ser humano como sujeto de una buena administración pública .

796 Organización para la Cooperación y el Desarrollo Económico –OCDE–. *Estudio de la OCDE sobre integridad en Colombia: Invirtiendo en integridad pública para afianzar la paz y el desarrollo*, Estudios de la OCDE sobre gobernanza pública, Paris, Éditions OCDE, 2017, disponible en [http://www.actuecolombia.net/images/docs/EstudioIntegridaddeColombia.pdf], capítulo segundo, "Fomentar una cultura de integridad en la administración pública colombiana", pp. 55 a 114.

mover un sector público profesional, basado en el mérito, dedicado a los valores del servicio público y a la buena gobernanza; 3. Proporcionar suficiente información, capacitación, orientación y asesoramiento oportuno a los servidores públicos para que apliquen las normas de integridad pública, incluidas las situaciones de conflictos de interés y dilemas éticos en el lugar de trabajo; y 4. Respaldar una cultura organizacional abierta, al interior del sector público, receptiva a las inquietudes sobre la integridad.

Ahora bien, como nos hemos ocupado de plantear el nuevo modelo de control fiscal preventivo, debe ser un complemento fundamental de la función de control interno en las entidades públicas con los límites de no coadministrar, es decir, debe verse como una oportunidad de mejoramiento constante que contribuya a la buena administración.

En ese orden de ideas, el fortalecimiento del control fiscal a nivel territorial requiere articularse con la Contraloría General de la República, en el marco de la autonomía e independencia funcional, sin embargo, es importante dotar a los entes estatales de mejores herramientas contra la corrupción, en especial en lo referido al control a la contratación estatal.

En ese propósito, también es importante brindar una adecuada capacitación a los servidores públicos en todos los temas que confluyan en una buena gestión fiscal y de cómo el servidor público –como su nombre lo indica– debe servir a la ciudadanía en el marco legal, constitucional y ético. En el caso de los servidores que laboran en los entes de control, la formación, el compromiso y la ética deben ser mayores, habida cuenta que quien controla, de manera necesaria debe tener mayor conocimiento y experiencia que el controlado.

La Constitución Política de Colombia establece que el país es un Estado social de derecho, democrático, participativo y pluralista, que son fines esenciales del Estado facilitar la participación de todos en las decisiones que afectan la vida económica, política, administrativa y cultural de la nación[797].

[797] La Carta Magna textualmente indica: "Artículo 1.° Colombia es un Estado social de derecho, organizado en forma de República unitaria, descentralizada, con autonomía de sus entidades territoriales, democrática, participativa y pluralista, fundada en el respeto de la dignidad humana, en el trabajo y la solidaridad de las personas que la integran y en la prevalencia del interés general. // Artículo 2.° Son fines esenciales del Estado: servir a la comunidad, promover la prosperidad general y garantizar la efectividad de los principios,

El artículo 40 de la Carta expresa de manera clara que todo ciudadano tiene derecho a participar en la conformación, ejercicio y control del poder político, en ese propósito, cuenta con una serie de herramientas que le facilitan el ejercicio del derecho a participar en las decisiones colectivas; es decir que posee una serie de mecanismos de participación ciudadana, enunciados y desarrollados en Ley 1757 de 2015.

En ese marco constitucional, el ciudadano como dueño del erario debe ser el protagonista y partícipe de la implementación y permanente modernización del modelo de control social participativo, en el desarrollo de la gestión pública en todos sus órdenes y principalmente en el ejercicio del control fiscal.

Tal y como se ha desarrollado y expuesto en el presente estudio, no está consagrada de manera expresa en la legislación colombiana la buena administración como derecho fundamental, como si lo está en la Carta Europea. Sin embargo, existen suficientes normas que desarrollan el derecho a la buena administración, como derecho fundamental y como derecho humano; el control social y la participación ciudadana es uno de los más importantes instrumentos, a través de los cuales se pretende lograr una democracia más incluyente y efectiva.[798]

La Ley Estatutaria de Participación Ciudadana dispone que tanto las entidades del Estado como organizaciones de la sociedad civil deben incentivar la participación ciudadana a través de la promoción, difusión y garantía del derecho a participar, por medio de rendiciones públicas de cuentas y el ejercicio del control social a lo público, entre otros.[799]

derechos y deberes consagrados en la Constitución; facilitar la participación de todos en las decisiones que los afectan y en la vida económica, política, administrativa y cultural de la Nación; defender la independencia nacional, mantener la integridad territorial y asegurar la convivencia pacífica y la vigencia de un orden justo. // Las autoridades de la República están instituidas para proteger a todas las personas residentes en Colombia, en su vida, honra, bienes, creencias, y demás derechos y libertades, y para asegurar el cumplimiento de los deberes sociales del Estado y de los particulares".

798 Tan importante es el ejercicio del control social, que la Contraloría General de la República denominó su Plan Estratégico 2018-2022: "Una Contraloría para todos", que ha afianzado y fortalecido su oferta de servicios y garantías de los derechos ciudadanos

799 Ley 1757 de 2015, cit.

Garantizar el desarrollo de los derechos, la caracterización de poblaciones y las problemáticas, a través del diálogo participativo a través del enfoque del Sistema de Control Fiscal participativo, que evalúa las peticiones ciudadanas garantiza la atención oportuna y de fondo a los requerimientos ciudadanos, en su calidad de derecho fundamental de especial protección constitucional, tal como lo consagra el artículo 23 de la Carta Magna y las leyes 1755 y 1757 de 2015.[800],

Es tan importante garantizar el ejercicio de este derecho fundamental, que la Contraloría General de la República recibe a través de cualquier medio las denuncias y peticiones, incluso estas se pueden formular en la página *web* de la Entidad [www.contraloria.gov.co], en la que se pueden aportar toda clase de documentos. De igual manera está implementado el Sistema de Información de Participación Ciudadana – SIPAR– que permite a los ciudadanos hacer un seguimiento a sus solicitudes.

Son muchos los resultados visibles y los retos a emprender, en los que ya se nota la aplicación de los principios de la buena administración en el control fiscal y con la introducción del nuevo modelo de control *concomitante y preventivo* adoptado a través del Acto Legislativo n.º 4 de 2019 preparado y tramitado con éxito en el Congreso de la República. Estamos seguros que la ciudadanía jugará un papel fundamental en la prevención del daño a través de las distintas modalidades de intervención de control fiscal participativo[801]

Entre todos estos temas relevantes, concluidos de la experiencia del autor en el ejercicio del control fiscal como Auditor general de la república y luego como Contralor general de la república y que se plantean a modo de recomendación hay un tema en particular que se constituye en una palmaria vulneración al derecho fundamental y humano a la buena administración, como es la caducidad y la prescripción pues la caducidad de la acción fiscal

800 En los términos que establecen la Ley 1757 de 2015, cit., y la Sentencia C-105 de 6 de marzo de 2013, M. P.: Luis Guillermo Guerrero Pérez, disponible en [https://www.corteconstitucional.gov.co/RELATORIA/2013/C-105-13.htm].

801 El control fiscal participativo es entendido como la integración del control social a lo público y el control fiscal, con el propósito de incrementar la eficacia de la vigilancia fiscal y contribuir a la mejora y transparencia en la gestión pública. La promoción y desarrollo del control fiscal participativo es competencia de la Contraloría Delegada para la Participación Ciudadana, de acuerdo con las funciones que le otorga el Decreto 267 de 2000, cit., artículos 55 a 57.

demuestra la incapacidad de las Contralorías de iniciar una acción fiscal de manera oportuna. También, la prescripción de los procesos de responsabilidad, son el reflejo de la incompetencia de los funcionarios en tramitar y resolver el proceso dentro del término que la ley tiene previsto. Y son la demostración de la falta de oportunidad. No debe permitirse de modo alguno que se presenten estos fenómenos.

En el caso de los entes de control fiscal, la capacitación a que se hace referencia debe ser integral, pues el auditor debe conocer a fondo la entidad que audita, es por ello que ellos deben formarse y profesionalizarse como tales, es decir, no sólo formarse como profesionales en un área, sino especializarse como auditores y adquirir conocimientos en áreas de investigación afines a su función.

Es importante recordar a los auditores en las reuniones de planeación estratégica y en las mesas de trabajo en cada una de las etapas del ejercicio auditor, que el resultado final contenido en los informes de auditoría en los que se materialicen hallazgos con alcance fiscal, debe tenerse en cuenta las siguientes recomendaciones:

1. El bien jurídico tutelado por La Contraloría General de La República es el patrimonio público, razón por la cual es importante enfocarse más hacia los *hallazgos fiscales.*
2. Para materializar un hallazgo fiscal, el *daño* debe estar plenamente demostrado.
3. El daño es la lesión al patrimonio público; y debe enmarcarse plenamente conforme al contenido del artículo 6.°, de la Ley 610 de 2000 ya citada[802].

[802] "Para efectos de esta ley se entiende por daño patrimonial al Estado la lesión del patrimonio público, representada en el menoscabo, disminución, perjuicio, detrimento, pérdida, uso indebido o deterioro de los bienes o recursos públicos, o a los intereses patrimoniales del Estado, producida por una gestión fiscal antieconómica, ineficaz, ineficiente, inequitativa e inoportuna, que en términos generales, no se aplique al cumplimiento de los cometidos y de los fines esenciales del Estado, particularizados por el objetivo funcional y organizacional, programa o proyecto de los sujetos de vigilancia y control de las contralorías. // Dicho daño podrá ocasionarse por acción u omisión de los servidores públicos o por la persona natural o jurídica de derecho privado, que en forma dolosa o culposa produzcan directamente o contribuyan al detrimento al patrimonio público".

4. Si no se reúnen las condiciones allí previstas, no se puede predicar la existencia de un daño patrimonial al Estado.
5. No es posible iniciar un proceso de responsabilidad fiscal si no existe certeza del daño.
6. La carga de la prueba está en cabeza de la Contraloría. Por ello la responsabilidad de los auditores en materializar y soportar sobre pruebas los hallazgos, es determinante para la apertura de un proceso de responsabilidad fiscal.
7. Es importante tener en cuenta las características del daño. Este debe ser: cierto, actual, cuantificable. Si no se reúnen estas características, no se puede hablar de daño al patrimonio público.
8. Los soportes documentales son la base del material probatorio y deben aportarse completos y actualizados.
9. Es importante tener en cuenta los términos en materia de prescripción y caducidad.
10. Si el objeto de la responsabilidad fiscal es el resarcimiento de los daños ocasionados al patrimonio público (art. 4.º Ley 610 de 2000), es importante vincular a las aseguradoras que expidieron tanto las pólizas de los contratos, como las pólizas de manejo del sector oficial.
11. A la hora de definir los gestores fiscales, es importante enmarcar el concepto de gestión fiscal contenido en el artículo 3.º de la Ley 610 de 2000. Debe tenerse en cuenta que las **actividades a evaluar** en el marco del concepto de gestión fiscal son económicas, jurídicas y tecnológicas; que los **sujetos**, son los servidores públicos y personas de derecho privado; que los **verbos rectores** de la gestión fiscal son: adquisición, planeación, conservación, administración, custodia, explotación, enajenación, consumo, adjudicación, gasto, inversión, disposición, recaudación, manejo e inversión; que el **origen de los recursos** son los fondos o bienes públicos; y que los **principios** en que se enmarca la gestión son: legalidad, eficiencia, economía, eficacia,

equidad, imparcialidad, moralidad, transparencia, publicidad y valoración de los costos ambientales, entre otros. [803].

12. El principio de Especialización técnica expresado en el Decreto 403 de 2020, es un derrotero de conducta en tanto obliga a los servidores de las Contralorìas, a conocer los sujetos de control para poder ejercer con calidad, consistencia y razonabilidad la vigilancia y el control fiscal

En la primera edición del libro sostuvimos que una de las demostraciones de la hipótesis planteada, fue haber logrado con base en los principios de la buena administración, presentar y aprobar la reforma a la Constitución, realizada a través del acto legislativo No. 04 de 2019, pues a través de las herramientas creadas se facilita la intervención oportuna en lo concerniente al manejo de los recursos públicos, tema que impacta de modo directo en los temas de corrupción que tanto afectan a nuestro país.

Como lo expresamos y concluimos, la falta de oportunidad en el ejercicio del control fiscal facilita la impunidad y sin oportunidad no hay justicia. Un desacierto en la toma de decisiones que garantice el adecuado ejercicio de los derechos y garantías es una la clara vulneración de los derechos fundamentales y humanos a recibir, de forma oportuna respuestas y decisiones de quienes tienen a cargo la delicada tarea de gobernar y administrar lo público. Por esta razón la permanente implementación de estrategias tendientes a garantizar la oportunidad, va de la mano con el concepto de la Buena administración.

Las recomendaciones de los organismos internacionales que promueven el respeto y el reconocimiento de los derechos humanos, así como los que fomentan el desarrollo del comercio, la estabilidad financiera como la

803 Que al tenor expresa: "*Gestión fiscal.* Para los efectos de la presente ley, se entiende por gestión fiscal el conjunto de *actividades económicas, jurídicas y tecnológicas,* que realizan los servidores públicos y las personas de derecho privado que manejen o administren recursos o fondos públicos, tendientes a la adecuada y correcta *adquisición, planeación, conservación, administración, custodia, explotación, enajenación, consumo, adjudicación, gasto, inversión y disposición de los bienes públicos, así como a la recaudación, manejo e inversión* de sus rentas en orden a cumplir los fines esenciales del Estado, con sujeción a los principios de legalidad, eficiencia, economía, eficacia, equidad, imparcialidad, moralidad, transparencia, publicidad y valoración de los costos ambientales". (Resaltado nuestro).

OCDE, se constituyen en los adalides de los derechos humanos, de tal manera que la promoción de las buenas prácticas tanto a particulares como a servidores y a entidades públicas y privadas que promuevan la prosperidad y el bienestar general. Lo anterior, ya que apuntan al logro de una mejor gobernanza en temas globalizados que conciernen a todos como seres humanos tales como la ética, la integridad, el respeto, la oportunidad, la responsabilidad individual, el control, el mérito, entre otros aspectos, se constituyen en todo un derrotero de lucha contra las malas prácticas y la corrupción.

Entonces, las buenas prácticas y las recomendaciones de los organismos internacionales se constituyen en elementos estructurantes de políticas públicas, que facilitan el cumplimiento de los fines esenciales del Estado, en un mundo globalizado; pero en el entendido, de que no hay nada más globalizado que los derechos humanos.

El nuevo modelo de control *concomitante y preventivo* complemento del el *posterior y selectivo,* con la utilización de la IA, se constituye en una oportunidad de maximizar y optimizar los resultados tomando como base los datos abiertos, datos públicos digitales, bases de datos de registro y control de la contratación pública, es decir, una información permanente que permita desarrollar ese modelo de control concomitante, preventivo y así lo autoriza la ley.[804]

CONCLUSIONES Y CIERRE

Al inicio del presente estudio, se planteó la presentación de prácticas de una buena administración en materia fiscal para la consolidación del Estado

[804] Ley 1474 de 2011, Estatuto Anticorrupción "**ARTÍCULO 116.** ***Utilización de medios tecnológicos.*** Las pruebas y diligencias serán recogidas y conservadas en medios técnicos. Así mismo, la evacuación de audiencias, diligencias en general y la práctica de pruebas pueden llevarse a cabo en lugares diferentes a la sede del funcionario competente para adelantar el proceso, a través de medios como la audiencia o comunicación virtual, siempre que otro servidor público controle materialmente su desarrollo en el lugar de su evacuación. De ello se dejará constancia expresa en el acta de la diligencia.Las decisiones podrán notificarse a través de un número de fax o a la dirección de correo electrónico del investigado o de su defensor, si previamente y por escrito, hubieren aceptado ser notificados de esta manera. La notificación se entenderá surtida en la fecha que aparezca en el reporte del fax o en que el correo electrónico sea enviado. La respectiva constancia será anexada al expediente"

social y democrático de derecho. Quizás la conclusión más importante que materializa el propósito de esta investigación, se visualiza en la aprobación de la Reforma al Control Fiscal a través del Acto Legislativo n.° 04 de 2019, que se enuncia en el presente epílogo cuyos resultados cuatro años después de implementado el nuevo modelo son medibles, cuantificables y demuestran que el modelo si ha funcionado y contribuye a la buena gobernanza.

1. LA BUENA ADMINISTRACIÒN ES UN DERECHO HUMANO. La conclusión más importante de esta segunda edición resultado del análisis de como la falta de oportunidad en la respuesta a los ciudadanos por parte de sus gobernantes vulnera sus derechos fundamentales y sus derechos humanos, es que LA BUENA ADMINISTRACIÒN, LA BUENA GOBERNANZA, O EL BUEN GOBIERNO ES UN DERECHO HUMANO, pues no puede concebirse un ejercicio pleno de un derecho a la vida, a la salud, a la educación, que no sea garantizado por los administradores públicos. De allí, la importancia de los organismos de control como vigilantes de los derechos humanos a la buena administración, a través de formas que promuevan la identificación de riesgos de corrupción y adopción de planes de mejoramiento el pro de la excelencia en la gobernanza.

2. *Derechos fundamentales en Colombia.* El concepto de derecho fundamental es sin duda un imperativo que atañe a casi todas las Constituciones contemporáneas. En Colombia cobró destacada relevancia el término a partir de la Constitución de 1991, cuando, inspirado por un movimiento social, se consagró una nueva orientación filosófica, que ubica al hombre o ser humano en un lugar privilegiado y lo convierte en el centro, razón de ser, principio y fin del Estado.

3. *Colombia Estado social de derecho.* La consideración de la persona humana y de su dignidad es el presupuesto y elemento esencial del "nuevo estado social de derecho", razón por la cual el sistema constitucional de derechos y garantías –máxima expresión jurídica de la dignidad de la persona humana– contribuye a darle sentido, a esta modalidad de Estado.

   La persona humana en su manifestación individual y colectiva es contemplada en la Constitución como fuente suprema y última de toda autoridad y titular de derechos inalienables para cuya protección se crea el Estado y este le otorga competencias a sus agentes.

4. *Deber de protección de las autoridades.* El Estado reconoce la primacía de los derechos inalienables de la persona humana y las autoridades están instituidas para proteger a todas las personas residentes en Colombia, en su vida, honra, bienes y demás derechos y libertades, además, para asegurar el cumplimiento de los deberes sociales del Estado y de los particulares acorde con lo instituido en el artículo 2.° constitucional.

5. *Corte Constitucional reconoce derechos fundamentales.* En la Sentencia T-571 de 1992, la Honorable Corte Constitucional expresó que los derechos humanos fundamentales que consagra la Constitución Política de 1991 son inherentes al ser humano y son anteriores a la existencia del Estado.

6. *Derechos fundamentales en Colombia.* En la Constitución colombiana se señala de manera puntual cuáles son los derechos fundamentales, así dentro del Título II "De los derechos, las garantías y los deberes", el capítulo I se refiere en forma exclusiva a los derechos fundamentales y destaca entre otros, la vida, la libertad, la igualdad, la intimidad, la honra, el buen nombre, el debido proceso, la libertad de locomoción, la libertad de culto, de conciencia, el libre desarrollo de la personalidad, la paz, entre otros y deben ser reconocidos y respetados por las autoridades y los particulares.

7. *Derecho fundamental a la buena administración consagrado de manera expresa por la OCDE.* Otra importante conclusión de esta investigación la constituye el reconocimiento como derecho fundamental a la buena administración preceptuado por la OCDE, organismo que propone y diseña, de la mano de los países miembros, mejores prácticas, instrumentos y políticas públicas que ayuden a los Gobiernos a hacer frente a las necesidades que afectan la prosperidad y el bienestar general y propendan por la evolución de una economía de mercado sana que permita optimizar las condiciones de vida y, no obstante que sus recomendaciones no son vinculantes, se espera que sean adoptadas por los países miembros pues resultan del consenso ellos y se orientan a promover prácticas de buena gestión a través de la implementación de medidas para prevenir la mala conducta de la administración y la corrupción. Estas disposiciones, relacionadas con las políticas de calidad regulatoria, los estándares de conducta ética,

los conflictos de intereses, el acceso a la información pública, la contratación pública, las políticas de Gobierno abierto, la integridad y la corrupción y el liderazgo, que impactan los modelos de gobernanza y las condiciones del servicio público, tienen como propósito recuperar y mantener la confianza de la ciudadanía en las instituciones públicas.

8. *Derecho fundamental a la buena administración*: El artículo 41 de la Carta Europea de los Derechos Fundamentales de la Unión Europea consagra el derecho a la buena administración como derecho fundamental, recoge la evolución del derecho administrativo y destaca la mirada del ciudadano como eje central de la actividad de la administración. La principal conclusión, es que si bien es cierto la buena administración no se encuentra consagrada en Colombia como un derecho fundamental –como sí lo está en la Carta Europea–, forma parte de tales derechos desarrollados en la Constitución Política y su destinatario es el administrado a quien debe garantizársele su ejercicio.

9. *Evolución histórica del concepto de buena administración que apunta hacia la satisfacción de intereses generales.* En ese marco se reitera que la "buena administración", se encuentra inmersa en todos los derechos fundamentales de la Carta política y tiene amplio desarrollo normativo, jurisprudencial y doctrinario que se enuncia y se compara desde los albores de la civilización hasta la actualidad, haciendo énfasis en la importancia que tuvo la Revolución Francesa que conforme a lo expuesto por la doctrina y aceptado por nosotros, representa el nacimiento del derecho administrativo. Es así como se infiere que la buena administración es la regla que legitima la forma de Gobierno, pues no puede concebirse otro propósito distinto a la satisfacción de los intereses generales y el cumplimiento de los fines esenciales del Estado como lo ordena la Constitución Política nacional. El concepto de buena administración surge como respuesta a la necesidad de evolución del derecho administrativo, en la que se privilegia al beneficiario de la actividad estatal, al administrado que pasa de ser un receptor de las prerrogativas de la administración, a protagonista de la acción del Estado, es así como la buena administración como derecho fundamental cambia la forma de relacionarse del administrado con las autoridades administrativas, por cuanto le permite exigir sus

derechos, en correspondencia, las entidades públicas adelantan unas buenas prácticas de gestión administrativa en donde el interés general es el norte del ejercicio de su actividad.

10. *Normatividad colombiana que desarrolla el derecho a la buena administración.* En el caso colombiano, como ya se ha señalado, si bien es cierto la buena administración no está consagrada en forma expresa en la Constitución de 1991 como derecho fundamental, existen varias normas que desarrollan aspectos como el derecho de defensa, el cumplimiento de términos, la acción de tutela, la protección de los derechos colectivos a través de las acciones populares, las acciones de grupo, la consagración de los principios que rigen las actuaciones administrativas, mencionados en el artículo 3.º del Código de lo Administrativo y de lo Contencioso Administrativo, donde se señala que deben atender los principios del debido proceso, igualdad, imparcialidad, buena fe, moralidad, participación, responsabilidad, transparencia, publicidad, coordinación, eficacia, economía y celeridad y en el desarrollo jurisprudencial que a través de los pronunciamientos en materia de constitucionalidad por parte de la Corte Constitucional, de los órganos de cierre en la decisión de las controversias, Consejo de Estado, tribunales administrativos, Corte Suprema de Justicia, tribunales superiores, juzgados en algunos casos, de las autoridades que conocen de la acción de tutela, han ampliado la gama de exigibilidad y protección de los derechos de los administrados.

11. *Ciudadano dueño de los recursos públicos.* Del estudio y citación doctrinaria enunciado en la investigación se establece que el ciudadano es el protagonista de la administración pública, por ello, las autoridades de todo orden y los organismos de control deben velar por el buen uso de los recursos públicos y de lucha contra la corrupción para garantizar la satisfacción de los intereses colectivos y el cumplimiento de los fines esenciales del Estado.

12. *Buena administración. Derecho para el ciudadano y deber jurídico de quien administra.* Para la construcción del concepto de buena administración, analizamos y estructuramos los elementos esenciales en la toma de decisiones, que en todo caso deben enmarcarse en los presupuestos legales, atender al beneficio ciudadano así deba decidirse en el marco de la discrecionalidad y en todo caso, atender a índices de ca-

lidad. Empero la buena administración constituye un derecho para la ciudadanía y un deber jurídico de quien administra, es allí donde la discrecionalidad solo puede orientarse al concepto de una buena administración que comprende el buen funcionamiento de los servicios de interés económico general, el actuar conforme a la ética y en el marco de los derechos humanos. Se concluye además que la falta de oportunidad en el ejercicio del control fiscal genera injusticia, es por ello que sin pretender coadministrar, la concomitancia en el marco del nuevo modelo de control fiscal apunta hacia la buena administración como deber de los gestores públicos y el derecho de los administrados.

13. *Garantía de la buena administración a través del ejercicio del control fiscal.* Lo descrito respecto a la evolución del derecho administrativo reviste especial importancia en materia del control fiscal, toda vez que corresponde al ejercicio de una actividad administrativa que también se ha visto impactada y necesita adecuarse a esa nueva forma de actividad estatal. Precisamente la respuesta de las autoridades que ejercen el control hace que este deba ser estratégico en el momento de revisar esos resultados de la gerencia de lo público, es por ello que otra gran conclusión de este estudio, es que las herramientas informáticas son necesarias para optimizar y efectivizar la protección de lo público en beneficio del interés colectivo. Y es allí donde la inteligencia artificial surge como una disciplina que involucra el conocimiento y el uso intensivo de tecnologías que tienen su utilidad y generarán grandes trasformaciones en los métodos de producción y en las sociedades de consumo de cara a los nuevos productos de información que serán de vital importancia para el desarrollo económico y social de la humanidad.

14. *Inteligencia artificial: útil herramienta para el ejercicio de una buena administración.* Ahora bien, es posible ejercer el control fiscal efectivo, estratégico y gerencial de lo público, como se comprueba en este estudio, a través de la aplicación de herramientas de todo orden, tales como el uso de las tecnologías, que focalice riesgos y permita aplicar correctivos de forma oportuna y permita redireccionar las metodologías de vigilancia, control y seguimiento, sobre todo en lo que respecta a la contratación pública, que no es otra cosa sino un instrumento, un medio para la consecución de los fines esenciales

del Estado, que aparece mencionada en los artículos 40, 49 y 23 de la Ley 80 de 1993. Otra gran conclusión referida a esta modalidad de seguimiento permanente, está materializada en la creación de la Dirección de Información, Análisis y Reacción Inmediata –DIARI– de la Contraloría General, a la que le corresponde el acceso, manejo y custodia de la información, así como el análisis de los datos sobre hechos constitutivos de presunto daño fiscal.

15. *Propuesta y logro de implementación de un sistema de control fiscal estratégico, efectivo y gerencial.* Contribuirá en la lucha contra la corrupción de manera que se tomen medidas para ejercerlo de manera oportuna, que permita identificar los riesgos y facilite el monitoreo del presupuesto, los índices de ejecución con el apoyo de la ciudadanía para contribuir al fortalecimiento de la democracia materializándose con ello el derecho fundamental a la buena administración.

16. *Logros indiscutibles de la DIARI.* Se concluye también y es indiscutible que los logros obtenidos a la fecha con la creación de la DIARI, confirman la hipótesis y propósito de esta investigación, pues el seguimiento permanente permite el acceso, manejo y custodia de la información, así como el análisis de los datos sobre hechos constitutivos de presunto daño fiscal y se articula con el control social, con el control interno y también podrá ejercerse a través del acompañamiento, la asesoría, coordinación, planeación y acciones de especial seguimiento.

17. *Estatuto anticorrupción en Colombia orientado hacia la buena administración.* En el sector público se trabaja en forma permanente en la identificación de los riesgos y en la determinación de acciones preventivas para evitarlos, así como en la generación de acciones correctivas cuando estos se materializan. Así mismo, el artículo 73 de la Ley 1474 de 12 de julio de 2011, "Estatuto Anticorrupción", estableció la obligación que tienen las entidades de formular un plan anticorrupción y de atención al ciudadano conformado por seis componentes a saber: 1. Gestión del riesgo de corrupción-Mapa de riesgos de corrupción; 2. Racionalización de trámites; 3. Rendición de cuentas; 4. Mecanismos para mejorar la atención al ciudadano; 5. Mecanismos para la transparencia y acceso a la información; y 6. Iniciativas adicionales que permitan fortalecer su estrategia de lucha contra la corrupción.

18. *Nuevo modelo de control fiscal emprendido y aprobado en Colombia.* Resultado de analizar la problemática de la buena administración en el control fiscal, a partir de sus orígenes y evolución desde la época de la Colonia, luego en la etapa Republicana y los cuestionamientos realizados por la misión Kemmerer, se propuso por la Contraloría General de la República en cabeza nuestra el proyecto de reforma constitucional, convertido en realidad a través del Acto Legislativo n.º 4 de 2019, que introdujo el control "concomitante y preventivo", para evitar que se produzca el daño al patrimonio público.

19. *Vicisitudes en el ejercicio al derecho a una buena administración.* La falta de oportunidad en la toma de decisiones es una circunstancia que desfavorece la aplicación de la justicia y del derecho, esa falta de oportunidad junto con la imposibilidad de tener acceso a la información, de manera alguna contribuye a la prevención del daño. A partir de la entrada en vigencia de la Constitución de 1991, el alcance del concepto de Estado social de derecho ha sido bastante analizado y en ese marco social, se enfoca a garantizar las condiciones de vida dignas para los asociados, es allí donde el mejoramiento continuo es parte de la garantía del derecho a una buena administración, hasta antes de entrar en vigencia el Acto Legislativo n.º 4 de 2019, el modelo de vigilancia y control fiscal vigente era el del control posterior y selectivo que implicaba que la labor de vigilancia y control se realizara una vez la administración pública hubiera adelantado las gestiones administrativas y por ende, ya se había consolidado el daño, es por ello que otra gran conclusión y logro obtenido como resultado de la presente investigación, es la de haberse promovido, presentado y aprobado el control preventivo.

20. *La contratación pública debe ser una herramienta para garantizar el cumplimiento de los fines esenciales del Estado. Por ello deben identificarse y eliminarse los riesgos.* Se concluye también, que algunos de los principales problemas en la contratación Estatal se originan en la improvisación, la carencia y/o insuficiencia de estudios previos adecuados, los errores y las debilidades en la etapa de planeación, la falta de conocimientos por parte de los servidores que manejan los recursos públicos, las obras sin concluir y sin custodiar, entre otros, fenómenos que son el resultado de las debilidades al momento de planear los proyectos, programas, planes, contratos, etc.

21. *Los contratistas del estado son expertos en negocios y son colaboradores del Estado.* Los contratistas suelen justificar sus errores en la entrega de estudios insuficientes e inadecuados, no obstante, se determina en este estudio que ellos son expertos en negocios y tienen la obligación de determinar claramente qué van a contratar y en qué condiciones lo van a desarrollar, son colaboradores del Estado y cumplen una función social que implica obligaciones, si bien es cierto la administración debe diseñar negocios pensados en sus necesidades reales, producto de estudios y diseños responsables que permitan el cumplimiento de los fines estatales, la protección del patrimonio público y el deber de planeación también abarca a estos colaboradores de la administración según lo manifestó el Consejo de Estado.

22. *Control interno en las entidades y autocontrol de los servidores públicos, postulados fundamentales para la construcción de una buena administración.* En ese mismo postulado y en ejercicio del control preventivo, se concluye que las normas constitucionales en materia del Sistema de Control Interno, le permite a las entidades públicas la responsabilidad de diseñar, implementar y mantener un sistema de medidas preventivas y correctivas para mitigar los principales riesgos que le dificulten o le puedan afectar el cumplimiento de su función administrativa. En ese marco, surge otra gran conclusión fundamentada en el concepto de autocontrol, cuya responsabilidad le asiste a cada servidor público quien debe buscar la mejora continua y el cumplimiento de funciones en términos de eficacia y eficiencia.

23. *Control social, herramienta para ejercer el derecho a la buena administración.* Se concluye que la Constitución Política de Colombia –como máxima expresión de la soberanía del Estado– preceptúa como uno de los fines esenciales el facilitar la participación de todos en las decisiones que afectan la vida económica, política, administrativa y cultural de la nación, el artículo 40 de la Carta expresa que todo ciudadano tiene derecho a participar en la conformación, el ejercicio y control del poder político, a través de una serie de herramientas y mecanismos y a la Contraloría le corresponde vincular al ciudadano de manera permanente al ejercicio del control social, de modo que pueda ejercer su derecho a una buena administración.

24. *Control fiscal oportuno, efectivo y gerencial resultado de la reforma constitucional en Colombia.* La conclusión y el logro de este proyecto aprobado a través del Acto Legislativo N.° 4 de 2019, cambió aspectos fundamentales en el modelo de control fiscal, sobre todo en el acompañamiento a los procesos de contratación sin que ello implique coadministrar, así como la vigencia de la función de advertencia, cuyo propósito es el de alertar a la administración cuando se observen irregularidades, la posibilidad de trabajar de manera coordinada con las 65 contralorías territoriales que existen, la creación de un sistema nacional de control fiscal que evite la dispersión en las formas en las que se audita a nivel territorial y local, la utilización de la inteligencia artificial para vigilar la inversión de los recursos públicos en tiempo real, entre otros, propuesta elaborada y presentada por la Contraloría General de la República , se constituye en un logro del máximo órgano de control de los recursos públicos a nivel nacional.

25. *Tesis doctoral desarrollada en tiempo real.* Como se planteó en la primera Edición de este libro que fue el resultado de un trabajo de investigación desarrollado en tiempo real, pues las propuestas planteadas por nosotros desde el momento en que se presentó el plan de estudios, se han desarrollado de manera concomitante con las etapas de elaboración, presentación, aprobación e implementación del nuevo modelo de control fiscal.

    Se concluye entonces que el proyecto presentado por la Contraloría General de la República, se materializó en la reforma a la Constitución Política a través de la cual se modificaron los artículos 267, 268, 271, 272 y 274, que sobre todo recogen disposiciones previstas en las leyes 42 de 1993, 610 de 2000 y 1474 de 2011 entre otras normas, y fijan las bases para el fortalecimiento de los mecanismos de vigilancia y el seguimiento permanente al recurso público, el ejercicio del control fiscal preventivo y concomitante, complementario del posterior y selectivo, así como el ejercicio concurrente y prevalente de las competencias de la Contraloría General de la República frente a las atribuidas a las contralorías territoriales.

26. *El ejercicio del control fiscal concurrente, prevalente, oficioso y excepcional, orientado hacia la obtención de resultados ágiles y transparentes.* La Contraloría General de la República ejercerá el control concurrente de

manera simultánea con las contralorías territoriales para desarrollar labores coordinadas y de colaboración interinstitucional, no obstante, la Contraloría General tendrá prevalencia sobre las demás contralorías y tiene la potestad para unificar y estandarizar la vigilancia y el control fiscal, respetando la competencia que por ley les asiste.

27. *Control fiscal concomitante y preventivo.* Novedoso ejercicio del control fiscal cuya característica es ser excepcional, es decir, que solo se aplicará en casos particulares que se requieran para garantizar la defensa y protección del erario y se ejercerá a modo de *advertencia* y de manera exclusiva por el Contralor General de la República. Se deja en claro que este tipo de control no representa coadministración de modo alguno y no es vinculante para el sujeto de control, su propósito es el de garantizar la defensa y protección del patrimonio público. Quiere ello decir que la concomitancia se refiere al seguimiento constante a los procesos, ciclos y todas las operaciones que involucren le inversión pública, en términos de oportunidad, para ello, deberá acceder a la información utilizando para ello las TIC y en el evento en que se presenten situaciones que así lo ameriten.

28. *Respaldo de la Corte Constitucional respecto a la reforma al control fiscal.* Corolario de lo expuesto, la Corte Constitucional, como máximo tribunal que salvaguarda la integridad y supremacía de la Constitución Política y desarrolla funciones previstas en el artículo 241 de la Constitución Política de Colombia, declaró a través del pronunciamiento proferido el 6 de mayo de 2020, mediante Sala Plena virtual la Corte Constitucional, la constitucionalidad del Acto Legislativo 4 de 2019, "Por medio del cual se reforma el Régimen de Control Fiscal", que adicionó al control fiscal posterior y selectivo el control preventivo y concomitante en cabeza del Contralor General de la República, no afecta el principio de separación de poderes, pues limita la coadministración. De igual forma, se dispuso que el control se realizará en tiempo real, mediante el uso de tecnologías, con la participación activa del control social, articulación con el sistema de control interno y además, esta modalidad de control tiene el carácter excepcional, no vinculante, dado que este se realizará en forma de advertencia y su ejercicio y coordinación corresponde al Contralor General de la República.

Es importante señalar que, si bien no se mencionan todas las modificaciones acaecidas como resultado de la reforma constitucional, se alude la mayoría de ellas, que conforme a la presente investigación llevada a cabo por el autor, representan cambios sustanciales en el ejercicio de la función de vigilancia y control fiscal. De tal modo que la Contraloría, al cumplir con uno de sus fines que se orienta al mejoramiento de la gestión pública, cumple un doble propósito pues contribuye al mejoramiento y desarrolla sus funciones de control todo ello no es otra circunstancia, que el resultado de aplicar los principios de la buena administración.

Los retos del nuevo modelo en el marco de La Constitución Política de Colombia propiciarán la participación de todos en las decisiones que afectan la vida económica, política, administrativa y cultural de la Nación y como ya se ha señalado en este epílogo, a pesar de no estar consagrado de manera expresa en la legislación colombiana la buena administración como derecho fundamental –como si lo está en la Carta Europea–, existen suficientes normas que desarrollan el derecho a la buena administración. Estamos seguros de haber contribuido en la formulación e implementación del nuevo modelo de control fiscal que mostrará resultados que en efecto promuevan el buen uso de los recursos públicos y contribuyan a la "buena gestión pública", entendida como el derecho de los ciudadanos a recibir del Estado unos bienes y servicios de óptimas condiciones, en desarrollo del mandato constitucional mencionado que preceptúa que la soberanía reside en el pueblo, del cual emana el poder público. Dicho de manera clara, nuestra Carta Magna desarrolla la buena administración como un derecho de los ciudadanos y un deber de los gestores públicos

CUADROS COMPLEMENTARIOS ELABORADOS POR EL AUTOR

ANEXO 1

CUADRO 1

NORMAS FUNDAMENTALES QUE ORIENTAN LA FUNCIÓN ADMINISTRATIVA

<table>
<tr><th colspan="2">Función administrativa</th><th rowspan="2">Control fiscal</th></tr>
<tr><th>Función y gestión administrativa</th><th>Control interno</th></tr>
<tr><td>Ley 489 de 29 de diciembre de 1998[805]. "Dicta normas sobre la organización y funcionamiento de las entidades del orden nacional...".
Ley 872 de 30 de diciembre de 2003[806]. "Crea el sistema de gestión de la calidad en la Rama Ejecutiva del Poder Público y en otras entidades prestadoras de servicios".</td><td>Ley 87 de 1993, cit. "Establece normas para el ejercicio del control interno en las entidades y organismos del Estado y se dictan otras disposiciones".
Decreto 1599 de 20 de mayo de 2005[807]. "Adopta el Modelo Estándar de Control Interno para el Estado Colombiano –MECI–1000:2005, el cual determina las generalidades y la estructura necesaria para establecer, documentar, implementar y mantener un Sistema de Control Interno en las entidades y agentes obligados".</td><td rowspan="2">Ley 42 de 1993, cit. "Comprende el conjunto de preceptos que regulan los principios, sistemas y procedimientos de control fiscal financiero; de los organismos que lo ejercen en los niveles nacional, departamental y municipal y de los procedimientos jurídicos aplicables".
Ley 610 de 2000, cit. "Por la cual se establece el trámite de los procesos de responsabilidad fiscal de competencia de las contralorías".</td></tr>
<tr><td colspan="2">Decreto 1083 de 26 de mayo de 2015[808]."Compila en un sólo cuerpo normativo los decretos reglamentarios vigentes de competencia del sector de la función pública, incluidos entre otras, las siguientes materias, que hacen referencia a los temas planteados: Sistema de Control Interno; Modelo Integrado de Planeación y Gestión; Sistema de Gestión de Calidad".
Decreto 1499 de 11 de septiembre de 2017[809]. "Actualiza el Modelo Integrado de Planeación y Gestión –MIPG–, que tal como lo reporta el Departamento Administrativo de la Función Pública DAFP, articula el nuevo sistema de gestión, que integra los sistema de gestión de calidad y de desarrollo administrativo, con el Sistema de Control Interno, es un marco de referencia para dirigir, planear, ejecutar, hacer seguimiento, evaluar y controlar la gestión de las entidades y organismos públicos, con el fin de generar resultados que atiendan los planes de desarrollo y resuelvan las necesidades y los problemas de los ciudadanos, con integridad y calidad en el servicio".</td></tr>
</table>

Elaboración propia basado en fuentes relacionadas en el pie de página

805 *Diario Oficial*, n.° 43.464, de 30 de diciembre de 1998, disponible en [http://www.suin-juriscol.gov.co/viewDocument.asp?ruta=Leyes/1832980].

806 *Diario Oficial*, n.° 45.418, de 2 de enero de 2003, disponible en [http://www.suin-juriscol.gov.co/viewDocument.asp?ruta=Leyes/1669921].

807 *Diario Oficial*, n.° 45.920, de 26 de mayo de 2005, disponible en [http://www.suin-juriscol.gov.co/viewDocument.asp?ruta=Decretos/1910681].

808 *Diario Oficial*, n.° 49.523, de 26 de mayo de 2015, disponible en [http://www.suin-juriscol.gov.co/viewDocument.asp?ruta=Decretos/30019891].

809 *Diario Oficial*, n.° 50.353, de 11 de septiembre de 2017, disponible en [http://www.suin-juriscol.gov.co/viewDocument.asp?ruta=Decretos/30033473].

CUADRO 2

VERBOS RECTORES DE LA GESTIÓN FISCAL

Actividades de la gestión fiscal	
Actividad (verbo rector)	Significado
Adquirir	*Adquisición*: actividades realizadas por el sujeto de control fiscal desde el estudio de necesidades, selección, contratación, ejecución y recepción del bien y/o servicio, amortización anticipos, pagos, así como las acciones de seguimiento, supervisión y liquidación de los contratos (CGR).
Planear	*Planeación. Planificar*: establecer los objetivos y procesos necesarios para conseguir resultados, de acuerdo con los requisitos del cliente, los legales aplicables y las políticas de la entidad. NTCGP 1000:2009.
Conservar	*Conservación, conservar*: "mantener algo o cuidar de su permanencia, guardar con cuidado algo".
Administrar	*Administración*: custodia y disposición de los bienes públicos gestión realizada para una adecuada administración mantenimiento, custodia, tenencia y/o propiedad y de la disposición de los bienes, mediante arrendamientos, comodatos, donaciones, ventas, hipotecas, fiducias, entre otros. Correcto cálculo, cobro, recaudo y registro de los ingresos a favor de la entidad por la explotación, uso y usufructo de dichos bienes (CGR).
Explotar	*Explotación, explotar*: "sacar utilidad de un negocio o industria en provecho propio".
Consumir	Extinguir, gastar energía o un producto energético.
Adjudicar	*Adjudicación, adjudicar*: "declarar que una cosa corresponde a una persona, o conferir en satisfacción de algún derecho
Gastar	*Gastar, gasto*: erogaciones asociadas a la administración y operación de la entidad relacionados con actividades de planificación, organización, dirección, control y apoyo logístico, así como los originados en el desarrollo de la operación básica o principal de la entidad siempre que no deban ser registrados como costos. No podría dejar de incluirse la gestión de los costos como consecuencia de la disminución de los beneficios económicos o en el potencial de servicio producidos en el periodo fiscal, tales como: costo de ventas de bienes y servicios y costos de transformación (CGR).
Invertir	Inversión gestión adelantada por el auditado en el manejo de excedentes de liquidez (bancos, inversiones temporales, fideicomisos, fondos, portafolios de inversión). Incluye análisis y toma de decisiones sobre liquidez, riesgo y solvencia (CGR).
Enajenar	Enajenación enajenar: "pasar o transmitir a alguien el dominio de algo o algún otro derecho sobre ello".

Actividades de la gestión fiscal	
Actividad (verbo rector)	Significado
Recaudar	Recaudación manejo e inversión: proceso que incluye las operaciones relacionadas con el recaudo de los ingresos, con la cancelación de inversiones, tales como redención de títulos, de financiamiento externo, donaciones u otros recaudos con destinación específica. Además, los ingresos obtenidos por la entidad producto de sus operaciones tales como: venta de bienes y servicios, transferencias y subvenciones, tales como las provenientes de los sistemas generales de participaciones y de regalías, multas, sanciones, estampillas, cuotas de sostenimiento, rentas parafiscales, ingresos financieros, ajustes por diferencia en cambio, ganancias, reversión de las pérdidas por deterioro del valor, entre otros (CGR).

Fuente: Elaboración propia a partir de Real Academia Española. *Diccionario de la lengua española*, 23 ed., Madrid, rae, 2020, disponible en [https://dle.rae.es], y conceptos emitidos por la CGR/sentencias Altas Cortes

CUADRO 3

PRINCIPIOS DE LA FUNCIÓN ADMINISTRATIVA Y LA GESTIÓN FISCAL

Principios de la función administrativa y la gestión fiscal	
Principio	Concepto y aspectos a considerar
Legalidad	La actividad de la administración debe someterse plenamente a las normas de superior jerarquía. Que el cumplimiento del objeto social o razón de ser de las entidades, se haya realizado de conformidad con las normas constitucionales, legales y reglamentarias que le son aplicables (CGR). Guardadas las proporciones y diferencias, el principio de legalidad obra siempre tanto sobre las actuaciones de la administración pública como sobre las de los particulares, acusando en los respectivos momentos las notas distintivas de lo estatal y lo privado en la perspectiva de las actuaciones y controles propios de cada esfera. Lo cual adquiere singular relevancia para el sector privado cuando quiera que los particulares desempeñen funciones administrativas, ya que la asunción de poderes de autoridad pública los sitúa en una escala reglada que aunada a su linaje privado los subsume por entero en los predicados del artículo 6.º del Estatuto Supremo[810].

810 Sentencia C-558 de 31 de mayo de 2001, M. P.: Jaime Araújo Rentería, disponible en [https://www.corteconstitucional.gov.co/relatoria/2001/C-558-01.htm].

Principios de la función administrativa y la gestión fiscal	
Principio	**Concepto y aspectos a considerar**
Economía	Adecuada adquisición y asignación de recursos humanos, físicos, técnicos y naturales, en procura de maximizar sus resultados (CGR). Constituye una orientación para que el cumplimiento de los fines del Estado se proyecte buscando el mayor beneficio social al menor costo[811].
Eficiencia y eficacia	Buscan que se cumplan las finalidades y decisiones de la administración con la máxima racionalidad, esto es, mediante el uso de los recursos y medios estrictamente necesarios para la obtención de resultados óptimos[812]. Así mismo, en la Sentencia C-826 de 13 de noviembre de 2013[813], la Corte Constitucional, cuando se refiere a la eficacia, afirma que este principio impone deberes y obligaciones a las autoridades para garantizar la adopción de medidas de prevención y atención de los ciudadanos del país, para garantizar su dignidad y el goce efectivo de sus derechos, en especial de aquellos que se encuentran en situaciones de vulnerabilidad y debilidad manifiesta, de la población carcelaria, de las víctimas de desastres naturales o del conflicto interno, población en estado de indigencia, de manera que en muchas ocasiones se ha ordenado a la administración pública la adopción de medidas necesarias que sean realmente eficaces para superar las crisis institucionales y humanitarias generadas por dichas situaciones, sin que para ello se presente como óbice argumentos de tipo presupuestal. Por su parte, en la sentencia citada sobre el principio de eficiencia, esta alta corte ha señalado que se trata de la máxima racionalidad de la relación costos-beneficios, de manera que la administración pública tiene el deber de maximizar el rendimiento o los resultados, con costos menores, por cuanto los recursos financieros de Hacienda, que tienden a ser limitados, deben ser bien planificados por el Estado para que tengan como fin satisfacer las necesidades prioritarias de la comunidad sin el despilfarro del gasto público. Lo anterior significa que la eficiencia presupone que el Estado, por el interés general, está obligado a tener una planeación adecuada del gasto y maximizar la relación costo-beneficio. La jurisprudencia constitucional[814] ha considerado que el principio de eficacia de la función administrativa le impone a las autoridades administrativas la obligación de actuar frente a los problemas que afectan a los ciudadanos, y de brindar soluciones ciertas, eficaces y proporcionales a dichos problemas. En concreto, el principio de eficacia de la función administrativa, no permite que las autoridades administrativas permanezcan "impávidas o inactivas" frente a los requerimientos de la ciudadanía o el cumplimiento de las obligaciones que les incumben como representantes legales de los municipios y jefes de la administración municipal.

811 Sentencia C-649 de 13 de agosto de 2002, M. P.: Luis Eduardo Montealegre Lynett, disponible en [https://www.corteconstitucional.gov.co/relatoria/2002/C-649-02.htm].

812 Sentencia C-118 de 14 de noviembre de 2018, M. P.: Gloria Stella Ortiz Delgado, disponible en [https://www.corteconstitucional.gov.co/relatoria/2018/c-118-18.htm].

813 M. P.: Luis Ernesto Vargas Silva, disponible en [https://www.corteconstitucional.gov.co/relatoria/2013/C-826-13.htm].

814 Sentencia T-648 de 17 de septiembre de 2013, M. P.: Mauricio González Cuervo, disponible en [https://www.corteconstitucional.gov.co/relatoria/2013/T-648-13.htm].

Principios de la función administrativa y la gestión fiscal	
Principio	**Concepto y aspectos a considerar**
Equidad	Que en la ejecución de su objeto social o razón de ser, las entidades identifiquen los receptores de la acción económica y realicen una debida distribución de costos y beneficios entre los diferentes sectores económicos y sociales (CGR)
Imparcialidad	"Falta de designio anticipado o de prevención en favor o en contra de alguien o algo, que permite juzgar o proceder con rectitud".
Moralidad	El ejercicio de la función pública se enmarque dentro de los límites legales y tenga como objetivo la realización de las disposiciones de la Carta Política Sentencia C-118 de 2018, cit. La gestión fiscal que cumplen los funcionarios del erario, comprendida en la órbita de la función administrativa, debe desarrollarse con fundamento en el principio de la moralidad que, en su acepción constitucional, no se circunscribe al fuero interno de los servidores públicos, sino que *abarca toda la gama del comportamiento que la sociedad en un momento dado espera de quienes manejan los recursos de la comunidad y que no puede ser otro que el de absoluta pulcritud y honestidad*[815].
Transparencia	*Transparente*: "claro, evidente, que se comprende sin duda ni ambigüedad".
Publicidad	Propugna por el conocimiento público de las decisiones y trámites administrativos, y en consecuencia permite el control político y fortalece la democracia[816].
Valoración de costos ambientales	Que en la ejecución de su objeto social o razón de ser, las entidades hayan tomado medidas para mitigar el impacto por el uso o deterioro de los recursos naturales y el medio ambiente y demuestren gestión en la protección, conservación, uso y aprovechamiento responsable de los mismos (CGR).

Fuente: Elaboración propia a partir de Real Academia Española. *Diccionario de la lengua española*, 23 ed., Madrid, rae, 2020, disponible en [https://dle.rae.es], y conceptos emitidos por la CGR/sentencias Altas Co

815 Sentencia C-046 de 10 de febrero de 1994, M. P.: Eduardo Cifuentes Muñoz, disponible en [https://www.corteconstitucional.gov.co/relatoria/1994/C-046-94.htm].

816 Sentencia C-118 de 2018, cit.

CUADRO 4

IMPLEMENTACIÓN DEL NUEVO MODELO DE CONTROL FISCAL PROPUESTO APROBADO MEDIANTE ACTO LEGISLATIVO No. 04 DE 2019

RESUMEN DEL TRÁMITE DEL PROYECTO No. 355 DE 2019 ANTE LA CÁMARA DE REPRESENTANTES Y No. 39 DE 2019 ANTE EL SENADO, DE LA REPÚBLICA, LEGISLATURA JULIO DE 2018 A JULIO DE 2019.

Al igual que en la primera edición del libro, consideramos ilustrativo presentar un resumen acerca del trámite del ACTO LEGISLATIVO No. 04 de 2019

DEBATE	TEMAS DEBATIDOS	VOTOS
1.º Debate Cámara Del 2/4/2019 al 9/4/2019	En el debate surtido en la Comisión Primera, una vez decretada la sesión informal en la que se escuchó a las partes interesadas, se abordaron los siguientes temas: – La necesidad de celebrar audiencia pública para garantizar la participación de los diferentes actores locales y nacionales en el desarrollo del contenido del proyecto de Acto Legislativo. – En tratándose de la atribución de funciones jurisdiccionales a la Contraloría, se cuestionaron sus implicaciones en materia de garantías constitucionales y legales, su alcance y el hecho de que su materialización desborde el poder que se le ha reconocido al órgano. Ello dio lugar a solicitar la eliminación de este artículo. – Respecto del modelo de control fiscal concomitante y preventivo, se preguntó cómo sería ejercido para no incurrir en coadministración y qué lo diferenciaba del modelo de control fiscal que antecedía a la constituyente de 1991. Sobre el particular se presentó proposición en la que se solicitó sujetar el alcance del control concomitante y preventivo a una forma de advertencia no vinculante. Así mismo, se propuso fortalecer los requisitos que se exigen para ser el cargo de contralor. – También se discutió la pertinencia de prever en la Constitución la asignación de un presupuesto fijo a la Contraloría General de la República con base en el presupuesto de la Nación, en pro de la independencia del órgano de control, y si era o no necesario fortalecer el recurso humano, físico y tecnológico de las contralorías.	La proposición de la ponencia base con pliego de modificaciones fue aprobada el día 9 de abril de 2019 con treinta (30) votos a favor y cuatro (4) en contra de treinta y siete (37) votos previstos. Así mismo, debido a que ninguna de las proposiciones elevadas respecto de los artículos considerados individualmente prosperó, los mismos fueron aprobados tal y como se presentaron en la ponencia pero con las constancias respectivas. Para concluir, con veintinueve (29) votos a favor y dos (2) en contra, se aprobó el título del proyecto de Acto Legislativo y su remisión a Plenaria de la Cámara.

DEBATE	TEMAS DEBATIDOS	VOTOS
	– Se incluyó un artículo para otorgarle valor probatorio, "ante la Fiscalía General de la Nación y el juez competente", a los resultados de las actuaciones de control fiscal. – La unificación de competencias entre la Contraloría General de la Nación y las contralorías territoriales y la definición de criterios únicos para garantizar la administración eficiente y eficaz de los recursos públicos. – Poder de intervención de la Contraloría General en las contralorías territoriales, competencia y mecanismos para establecer los criterios técnicos que definan la viabilidad de las contralorías territoriales. – Idoneidad y necesidad de otorgar facultades extraordinarias al Presidente de la República.	
2.º Debate Cámara Del 23/4/2019 al 30/4/2019	Previa celebración de audiencia pública y conforme al acta de plenaria n.º 050 de la sesión ordinaria del día martes 30 de abril de 2019, de la Cámara se sometieron a debate los siguientes asuntos: – Posible sustitución de la Constitución por atribución de funciones jurisdiccionales y de órgano de cierre a la Contraloría General. – Implementación del sistema de méritos para la escogencia de los funcionarios que ejerzan, en caso de que se aprueben, funciones jurisdiccionales. – Endurecimiento de los requisitos exigidos, en términos del grado de experiencia requerido, a los aspirantes para contralores. – Aprobación del ejercicio del control concomitante y preventivo a través de la función de advertencia sin efecto vinculante. – Reglamentación legal de la inoponibilidad de reserva legal al órgano de control. – Reconocimiento del ejercicio de la acción penal como facultad de la Contraloría, en tratándose de delitos cometidos contra la administración pública que sean puestos en evidencia durante el ejercicio de sus funciones, sin perjuicio de la titularidad preferente de la Fiscalía. – Reasunción de la función de reglamentación de la reforma por parte del Congreso y eliminación de la facultad concedida al Gobierno para ello. – Reformulación del propósito de elaboración de un estudio técnico en el sentido de que este sirva como un parámetro para identificar las necesidades de las contralorías territoriales y contribuir a su fortalecimiento, mas no como criterio para identificar los organismos que deben ser suprimidos.	El informe con el que terminó la ponencia fue aprobado con ciento veintisiete (127) votos a favor y once (11) en contra. En lo que respecta a los artículos 4.º y 7.º fueron aprobados tal y como se presentaron en la ponencia, con ciento once (111) votos a favor y cero (0) votos en contra, como quiera que contra ellos no se formularon proposiciones. Los artículos 6.º, 2.º y 5.º fueron aprobados como se presentaron en la ponencia y con las proposiciones avaladas por los ponentes. Así mismo, debido a que ninguna de las proposiciones elevadas respecto de los artículos 1.º y 3.º prosperó, estas disposiciones fueron aprobadas tal y como se presentaron en la ponencia. Para concluir, con ciento siete (107) votos a favor y cinco (5) en contra, se aprobó el título del proyecto y la "continuidad de su trámite para ser reforma constitucional".

DEBATE	TEMAS DEBATIDOS	VOTOS
3.° Debate Senado Del 16/5/2019 al 22/5/2019	En el debate surtido en la Comisión Primera y conforme al Acta n.° 051 de 2019, de la sesión ordinaria del Senado, se abordaron los siguientes temas: – Creación de un control jurisdiccional a cargo de una sala especial en el Consejo de Estado que conozca en segunda instancia de los fallos proferidos por las autoridades que ejercen el control fiscal en lugar de atribuirle a la Contraloría funciones jurisdiccionales. – Posible desnaturalización de la condición de órgano autónomo e independiente de la Contraloría como consecuencia de la atribución de funciones jurisdiccionales y constitución de una nueva rama judicial. – Incertidumbre respecto a qué régimen de responsabilidad fiscal y qué procedimiento va a aplicar la Contraloría en ejercicio de las funciones jurisdiccionales. – La implementación de un control preventivo y concomitante constituye una herramienta efectiva que le permitirá al órgano fiscal controlar en tiempo real los recursos públicos. – Definición de límites al ejercicio del control de advertencia con el propósito de evitar que se surta de forma discrecional y arbitraria. – Incrementar el período para el que es elegido el Contralor a ocho (8) años y así garantizar su autonomía e independencia frente al período presidencial. – Necesidad o no de mantener las contralorías territoriales tal y como existen, de modificarlas, de fortalecerlas o de eliminarlas e integrar su planta de personal a la de la Contraloría General. – Se presenta proposición para que la operatividad de las contralorías territoriales sea sometida a una evaluación técnica a partir de la cual se determine las necesidades de cada una de ellas y se adelanten las acciones imprescindibles para lograr su fortalecimiento. – También se presenta proposición para cambiar el período en el que se eligen los contralores departamentales y municipales, de tal suerte, que se haga en un período que no coincida con el de la elección de los gobernadores o alcaldes, con el propósito de contrarrestar las situaciones de corrupción que afectan y garantizar así su autonomía. – La Contraloría General debe ejercer un control jerárquico respecto de las contralorías territoriales y garantizar la univocidad de criterios.	La proposición positiva con la que termina el informe fue aprobada con quince (15) votos a favor y cero (0) en contra. En lo que respecta a los artículos 1.°, 3.°, 4.°, 6.° y 7.° fueron aprobados tal y como se presentaron en el pliego de modificaciones, con catorce (14) votos a favor y cero (0) votos en contra, como quiera que las proposiciones formuladas respecto de ellos fueron retiradas y dejadas como constancias. El artículo 2.°, salvo su inciso quinto (5.°), fue aprobado conforme al pliego de modificaciones con dieciséis (16) votos a favor y cero (0) en contra. Se comprometió la revisión de una garantía de las funciones jurisdiccionales en la siguiente ponencia. La modificación al inciso quinto (5.°) del artículo 2.° fue negada con dieciséis (16) votos en contra y tres (3) a favor, por lo tanto, se aprobó tal y como estaba en el pliego de modificaciones con diecisiete (17) votos a favor y cero (0) en contra.

DEBATE	TEMAS DEBATIDOS	VOTOS
	– Improcedencia del control previo por presunta semejanza con el control de tutela que solo procede cuando existen relaciones de superioridad jerárquica, situación que no se puede predicar respecto de la Contraloría General en relación con los alcaldes y gobernadores que han sido elegidos por elección popular. – Importancia de fortalecer las veedurías ciudadanas y el control ciudadano como parte integral del control fiscal. – El ejercicio eficiente del control fiscal requiere no solo de la ampliación de la planta de personal y la vinculación de más funcionarios especializados sino que también de la inversión en mejores y mayores herramientas y tecnología que permitan hacer seguimiento y practicar las pruebas necesarias. Idoneidad de abordar asuntos relacionados con la planta de personal y la seguridad de funcionarios en un debate de modificación de la constitución cuando pueden ser abordados desde la discusión de una ley.	El artículo 5.º fue aprobado pero conforme al texto contenido en las dos proposiciones presentadas con (16) votos a favor y cero (0) en contra. Por lo tanto, se aprobó la evaluación técnica de las contralorías territoriales con el propósito de adelantar las acciones pertinentes para fortalecerlas. Además, se aprobó que la elección de los contralores departamentales y municipales debe hacerse en un período que no coincida con el de la elección de los gobernadores o alcaldes. Para concluir, con dieciséis (16) votos a favor y cero (0) en contra, se aprobó el título del proyecto y la continuidad de su trámite para ser Acto Legislativo.
4.º Debate Senado Del 31/5/2019 al 5/6/2019	Conforme al Acta de plenaria n.º 062 de la sesión ordinaria del día 5 de junio de 2019 del Senado, se sometieron a debate los siguientes asuntos: – Eliminación de la atribución de funciones jurisdiccionales a la Contraloría y en su lugar, se propone que el control jurisdiccional de los fallos de responsabilidad fiscal tenga etapas y términos especiales que permitan que el procedimiento sea mucho más ágil. – Tal proposición es apoyada por el Consejo de Estado como quiera que tal control judicial materializa la autonomía e independencia de la Rama Judicial, garantiza la imparcialidad y la igualdad de condiciones de las partes en los procesos de responsabilidad fiscal, propende el cumplimiento de la Constitución y de la ley y satisface el presupuesto de publicidad de las actuaciones judiciales. – Se deja constancia de que debe examinarse si es o no necesaria la asignación de un presupuesto a la Contraloría basado en un porcentaje fijo del presupuesto de la Nación. Además, se discute la cuantía del aumento presupuestal y si debe implementarse de forma gradual y transitoria.	La proposición positiva con la que termina el informe fue aprobada con setenta y dos (72) votos a favor y dos (2) en contra. Los artículos fueron aprobados en bloque con ochenta y cinco (85) votos a favor y cero (0) en contra. En el mismo sentido, se aprobó el título del proyecto y la continuidad de su trámite para ser Acto Legislativo.

DEBATE	TEMAS DEBATIDOS	VOTOS
	– En lo relacionado con el Auditor General de la República, se deja constancia de que su elección debe hacerse por concurso de méritos y no mediante elección del Consejo de Estado previa convocatoria. – Necesidad de implementar un modelo de control fiscal preventivo y concomitante que, sin acudir a la coadministración, permita, de la mano del control posterior y selectivo, recuperar de forma eficiente los recursos públicos. – Atribución de valor probatorio ante la Fiscalía General de la Nación y el juez competente del material recaudado en las actuaciones fiscales. – Facultad de la Contraloría para imponer sanciones con ocasión a la omisión de entrega de información solicitada en el marco de las actuaciones de control fiscal. Definición precisa de los asuntos que son competencia de la Contraloría General.	
Conciliación Del 10/6/2019 al 13/6/2019	Del texto conciliado se destacan las siguientes modificaciones: – Se eliminan las disposiciones atinentes a la atribución de funciones jurisdiccionales a los órganos de control fiscal. – Se acoge el precepto de implementar un control jurisdiccional especial de los fallos de responsabilidad fiscal que garantice su celeridad. – Destinación del cero punto cinco por ciento (0.5 %) del presupuesto general de la Nación al funcionamiento de la Contraloría General de la República. – Reconocimiento de valor probatorio a los resultados de los ejercicios de vigilancia y de control fiscal ante la Fiscalía y el juez. – Los contralores territoriales deberán ser escogidos por concurso público de méritos para un período de cuatro años que, en ningún caso, puede armonizar con el período para el que son elegidos los alcaldes y los gobernadores. – Se amplía el período para el cual es elegido el Auditor General de la República de dos (2) a cuatro (4) años.	Se acoge el texto aprobado en la sesión plenaria del Senado.

DEBATE	TEMAS DEBATIDOS	VOTOS
5.º Debate Cámara Del 30/7/2019 al 31/07/2019	En el debate surtido en la Comisión Primera conforme al Acta n.º 03 de 2019, de la sesión ordinaria de la Cámara, se abordaron los siguientes temas: – Determinación de las formas en las que va a ejercerse el control preventivo y definición expresa de si goza o no de carácter vinculante. – La no atribución de funciones jurisdiccionales a la Contraloría General da seguridad jurídica, garantiza el debido proceso y respeta la separación de poderes. – Las exigencias del ejercicio del control fiscal requieren mayor inversión de recursos que permitan afrontar los retos que imponen las nuevas tecnologías y las dificultades propias de la especificidad y tecnicidad de las diversas áreas objeto de investigación. – Se discute si la "facultad de intervención" de la Contraloría General sobre las contralorías territoriales implica la asunción de competencias propias de los entes territoriales cuando se advierta falta o irregularidades en la gestión o si, por el contrario, persigue en el marco de la cooperación, la concertación y definición de los parámetros, criterios y procedimientos del control fiscal. – En tratándose de las contralorías territoriales se cuestiona si es necesario asignarles recursos adicionales que permitan fortalecer las debilidades advertidas por el Departamento Administrativo de la Función Pública en el estudio técnico ejecutado, o si es preciso establecer un mecanismo para identificar los entes territoriales que deben ser suprimidos. – Reconocimiento a la Contraloría General, con carácter subsidiario, de la condición de acusador privado, de tal suerte que pueda iniciar la acción penal y formular acusación cuando la Fiscalía, habiendo transcurrido seis (6) meses desde el envío de los hallazgos con implicaciones penales, no lo haya hecho. – Sancionar, conforme al procedimiento administrativo establecido en la Ley 42 de 1993, a las entidades a las que durante dos periodos consecutivos no se les fenezcan las cuentas. – Idoneidad de discutir la autonomía presupuestal de la Contraloría en el trámite de modificación constitucional en lugar de hacerlo en el debate de la Ley de Presupuesto.	La proposición con la que termina el informe fue aprobada con veintiocho (28) votos a favor y cero (0) en contra. En lo que respecta a los artículos 3.º, 5.º y 6.º fueron aprobados tal y como se presentaron en la ponencia, con veintinueve (29) votos a favor y cero (0) votos en contra, como quiera que contra ellos no se formularon proposiciones. El artículo 1.º fue aprobado con la modificación de su inciso 8.º, relacionado con especificar la formación y experiencia profesional de los aspirantes a Contralor General de la República en determinados campos, con veintinueve (29) votos a favor y cero (0) votos en contra. El artículo 2.º fue aprobado con unas adiciones en los numerales 8 y 17 y una modificación en el parágrafo con treinta y un (31) votos a favor y cero (0) votos en contra. La primera adición consiste en extender las sanciones a las entidades a las que, durante dos (2) períodos consecutivos, no les fenezcan las cuentas y la segunda se refiere a la facultad, de carácter subsidiario, reconocida a la Contraloría General para iniciar la acción penal. La modificación consiste en la supresión del término "o suprimidas" que se refiere a las contralorías territoriales.

DEBATE	TEMAS DEBATIDOS	VOTOS
	– El reconocimiento de facultades extraordinarias al Presidente de la República para expedir decretos con fuerza de ley debe ser específico y determinado, de lo contrario, puede incurrir en sustitución de la Constitución. – La cualificación e idoneidad de los aspirantes a Contralor General requieren, de un de lado, de la formación profesional universitaria en las "ciencias jurídicas, humanas, económicas, financieras, administrativas o contables" y, del otro, de la acreditación de experiencia relacionada con el control fiscal. – Se cuestiona si es el concurso de méritos o la convocatoria pública el mecanismo que puede brindar mayor autonomía e independencia a la forma de elección de los contralores departamentales y municipales, así como una mejor medición de la capacidad e idoneidad académica de los aspirantes. – Se propone que el ejercicio de las funciones de los contralores territoriales esté condicionado a los "principios de coordinación, concurrencia y subsidiariedad".	El artículo 4.º fue aprobado con unas modificaciones en los incisos 6.º y 7.º, con veintinueve (29) votos a favor y cero (0) votos en contra. La primera modificación corresponde a condicionar el ejercicio de las funciones de las contralorías territoriales al cumplimiento de los principios mencionados. La segunda modificación a emplear como modalidad de elección de los contralores territoriales la convocatoria pública. Ahora, con treinta (30) votos a favor y cero (0) en contra se aprobó el título del proyecto y la continuidad de su trámite para ser Acto Legislativo.
6.º Debate Cámara Del 13/8/2019 al 14/8/2019	Conforme al Acta de plenaria n.º 074 de la sesión del día 14 de agosto de 2019, el Senado acogió todas las proposiciones aprobadas en el quinto debate así: – Se incluye la exigencia de formación profesional universitaria en ciertas áreas específicas para los aspirantes a Contralor General, sin embargo, la experiencia profesional acreditada no tiene que ser relacionada. – Reconoce a la Contraloría, con carácter subsidiario, la facultad de iniciar la acción penal y formular acusación respecto de los hallazgos con implicaciones penales que habiendo sido remitidos a la Fiscalía, no hayan sido objetos de acción en un término de seis (6) meses contados a partir del envío. – Imposición de las sanciones correspondientes a las personas y funcionarios públicos y que no fenezcan, durante dos periodos consecutivos, las cuentas. Ello se debe a que, al tener como función la administración de recursos públicos, es su deber poner en conocimiento del órgano de control su gestión fiscal y esta obligación es equiparable a la de rendir informe, por lo tanto, a la luz del criterio de igualdad, ambas conductas deben acarrear las consecuencias jurídicas correspondientes.	El Senado aprobó, sin modificaciones, con la mayoría exigida el texto definitivo del proyecto de Acto Legislativo.

DEBATE	TEMAS DEBATIDOS	VOTOS
	– Se delimitan las facultades extraordinarias concedidas al Presidente dela República de expedir decretos con fuerza de ley únicamente a aquellos que correspondan con la realización de los propósitos de este Acto Legislativo. – El ejercicio de las funciones de las contralorías territoriales está condicionada y determinada por los "principios de coordinación, concurrencia y subsidiariedad". – La elección de los contralores departamentales y municipales la harán los concejos y asambleas de orden departamental, municipal y distrital, a partir de terna conformada por los aspirantes que, en convocatoria pública, hayan obtenido la mejor calificación. – Se establecen las fechas en las que deberán adelantarse la elección y posesión de todos los próximos contralores territoriales y se define que serán elegidos para un periodo de dos (2) años.	
7.º Debate Senado Del 27/8/2019 al 2/9/2019	En el debate surtido en la Comisión Primera conforme al Acta n.º 08 de 2019, de la sesión ordinaria del Senado, se abordaron los siguientes temas: – Imposibilidad de distinguir, en el texto presentado, el control preventivo del control previo y, su dilución en una forma de coadministración. – Precisión de que mientras el control previo involucraba un control de tutela y constituía una etapa imprescindible para cualquier actuación del ordenador del gasto, el control preventivo acompaña y audita en tiempo real de ejecución de los recursos. Además, el control preventivo es excepcional y no tiene carácter vinculante. – Respecto a su ejercicio, se debate si debe corresponder en forma exclusiva al Contralor General, para salvaguardarlo de la influencia de los organismos políticos en los que tienen origen las contraloría territoriales, o, si por el contrario, debe ser delegado en los contralores delegados sectoriales y en los contralores territoriales para con ello, garantizar la eficacia de sus actuaciones y un mayor cubrimiento de recursos. – Favorabilidad de un control fiscal descentralizado o conducción al peligroso autocontrol. Sobre la existencia de las contraloría territoriales se polemiza si:	La proposición positiva con la que termina el informe fue aprobada con diecinueve (19) votos a favor y cero (0) en contra. En lo que respecta a los artículos 3.º y 5,º, fueron aprobados tal y como se presentaron en el pliego de modificaciones, con diecinueve (19) votos a favor y cero (0) votos en contra, como quiera que contra ellos no se formularon proposiciones. Se aprueba la modificación al artículo 1.º con dieciséis (16) votos a favor y cuatro (4) en contra. El texto aprobado limita el ejercicio del control preventivo y concomitante al Contralor General de la República.

DEBATE	TEMAS DEBATIDOS	VOTOS
	– Deben ser eliminadas tal y como son conocidas y ser constituidas como delegaciones de la Contraloría General, dirigidas por un órgano colegiado elegido a través de concurso de méritos, como consecuencia de su actual e inescindible relación con los concejos y las asambleas departamentales, municipales y distritales. Formulación que es tachada de centralista y discriminatoria fruto de la "sospechabilidad". – Deben ser fortalecidas y dotadas de los recursos necesarios para cumplir con eficiencia sus funciones y ser sometidas a una evaluación por parte de la Auditoría General en la que se verifique su eficacia y si es viable su existencia. – Deben ser eliminadas por considerarse ineficientes e inarticuladas respecto de la Contraloría General. En lo que concierne a la forma de elección de los contralores territoriales se invocan el concurso de méritos, la convocatoria pública, el libre nombramiento y remoción, la elección por parte de los concejos y asambleas, la elección por parte del Poder Judicial e incluso, el nombramiento por parte del Contralor General. En este escenario, cobra vida el debate de la naturaleza de los concejos y asambleas que, de un lado, son considerados intrínsecamente pertenecientes al Poder Ejecutivo y, en consecuencia, órganos de coadministración y, por el otro, son definidas entidades político-administrativas conforme a lo señalado en el Acto Legislativo n.º 1 de 2007. – La discusión se decanta en la conveniencia de acudir a un mecanismo que respete la transparencia, independencia y autonomía en el proceso de escogencia del aspirante que, además de cumplir los criterios de formación, satisfaga las exigencias que demanda el ejercicio del control fiscal. – Aunque de forma mayoritaria hay inclinación por un concurso de méritos nacional y público, se considera necesario advertir que la reglamentación ha de ser tan precisa que defina de forma clara quién va a adelantar el concurso. – De cara a los resultados del órgano de control, es cuestionada la necesidad de incrementar el presupuesto asignado a la Contraloría General. Al respecto, se expone que la cantidad de sujetos y de recursos objeto de control sobrepasan la capacidad del órgano, por lo tanto es necesario mejorar las herramientas tecnológicas y ampliar la planta de personal que, tal y como han indicado la OCDE y la OLACEFS, debe tener rotación y responder a un enfoque de género.	El artículo 2.º fue aprobado con la modificación en su numeral 14 con diecinueve (19) votos a favor y uno (1) en contra. La modificación aprobada señala que el Contralor General podrá intervenir en las funciones y competencia de las contralorías territoriales únicamente cuando la ley lo prevea. Se niegan las proposiciones relacionadas con las menciones presupuestales y las facultades extraordinarias con ocho (8) votos a favor y doce (12) en contra. El artículo 6.º fue aprobado tal y como se presentó en el pliego de modificaciones, con dieciséis (16) votos a favor y cuatro (4) votos en contra, como quiera que las proposiciones formuladas al respecto fueron negadas con cinco (5) votos a favor y quince (15) en contra. El artículo 4.º fue aprobado con las proposiciones presentadas con diecinueve (19) votos a favor y cero (0) en contra. Por lo tanto, se aprobó que la elección de los contralores territoriales se efectuaría mediante concurso de méritos nacional y público, que debe ser reglamentado. También se aprobó que los recursos para el fortalecimiento de las contralorías territoriales van a provenir, de forma principal, del presupuesto de la Contraloría General.

DEBATE	TEMAS DEBATIDOS	VOTOS
	– La inclusión de menciones presupuestales y de apropiaciones futuras en la Constitución es tachada de anti técnica e inflexible a la luz de las condiciones económicas mundiales. – Se concluye que, la asignación y cuantificación de recursos a la Contraloría General discriminada por año tiene concepto favorable del Ministerio de Hacienda. – Objeción respecto de la justificación de reconocer facultades extraordinarias al Presidente de la República que se afirman están homologadas en el Plan Nacional de Desarrollo y pertinencia de especificar y delimitar de forma clara tales facultades. – Conforme con los altos niveles de corrupción del país, se encuentra imperioso hacer efectiva desde su promulgación la reforma al modelo de control fiscal debido a que es precisamente la inmediatez lo que permitirá evitar que se configure el daño o que habiéndose configurado, puedan ser recuperados los recursos. Sin embargo, la entrada en vigencia de forma inmediata no da el tiempo oportuno para surtir la revisión por parte de la Corte Constitucional ni para adelantar los preparativos propios para su eficaz ejecución. – Reglamentación y articulación del control social con el modelo de control fiscal que permita involucrar a los actores locales y rurales que presencian de primera mano la ejecución de los recursos. – Legalidad de que los fallos de responsabilidad fiscal limiten el ejercicio de los derechos políticos. – Conceder a la Contraloría General acceso a la información que tenga carácter privilegiado. – Otorgar a las comisiones constitucionales del Congreso de la República la facultad de solicitar el ejercicio del control prevalente auditor a políticas públicas específicas del Gobierno.	Ahora, con diecinueve (19) votos a favor y uno (1) en contra se aprobó el título del proyecto y la continuidad de su trámite para ser Acto Legislativo.
8.º Debate Del 9/9/2019 al 11/9/2019	Conforme a la sesión plenaria del día 11 de septiembre de 2019, el Senado aprobó el texto definitivo del proyecto de Acto Legislativo con las siguientes modificaciones: – Las disposiciones legales referidas a la autonomía y apropiación presupuestal del órgano de control fiscal deben consignarse en cada uno de los proyectos de ley de presupuesto presentados y en curso.	

DEBATE	TEMAS DEBATIDOS	VOTOS
	– En armonía con las modificaciones efectuadas, se elimina la disposición que asignaba a los concejos y asambleas de orden departamental, municipal y distrital la organización y sostenibilidad fiscal de las contralorías. – Se retoma la forma de elección de los contralores territoriales a cargo de las asambleas departamentales, concejos municipales y distritales, mediante convocatoria pública, con la salvedad de que serán elegidos para un período de cuatro (4) años que no podrá coincidir con el de los alcaldes o gobernadores. Además, el procedimiento vigente de forma previa a la expedición del presente Acto Legislativo será aplicable mientras que el Congreso de la República reglamente la convocatoria. – Debido a que el concepto emitido a favor del aumento progresivo del presupuesto de la Contraloría General se sustentó en la satisfacción de las necesidades de la entidad nacional de ampliar y mejorar el cubrimiento y ejercicio del control fiscal, los recursos destinados para el fortalecimiento de las contralorías territoriales se tomarán de los "los ingresos corrientes de libre destinación" y de la "cuota de fiscalización" aportada por "los sujetos de control del respectivo departamento, distrito o municipio" y no del presupuesto del órgano nacional. – Corresponde al Consejo de Estado elegir, de terna enviada por la Corte Suprema de Justicia, al Auditor General. El periodo se extiende a cuatro (4) años pero solo para los auditores que sean elegidos de forma posterior a la expedición del Acto Legislativo. Se incluyen dos artículos nuevos: – El primero, corresponde al artículo 6.°, que atribuye a la Contraloría General de la República la competencia mediante la cual "desarrollará los términos generales para el proceso de convocatoria pública" referido. – El segundo, denominado artículo 7.° transitorio, expone la creación de una comisión accidental, por un período de cuatro (4) años, que, integrada por cada uno de los partidos políticos que tienen representación en el Congreso de la República, se encargue de hacer seguimiento a la adecuada ejecución e implementación del Acto Legislativo.	El Senado aprobó, con la mayoría exigida, el texto definitivo del proyecto de Acto Legislativo con las siguientes modificaciones: eliminación del inciso cuarto del artículo 4.° y modificación de su inciso 6.° y sus parágrafos 1.° y 2.°; modificación del inciso primero y del parágrafo transitorio del artículo 5.°; creación del artículo 6.° y del artículo 7.° transitorio.

DEBATE	TEMAS DEBATIDOS	VOTOS
CONCILIACIÓN Del 16/9/2019 al 18/9/2019	El texto conciliado es el siguiente: Las discrepancias entre los textos definitivos del artículo 1.° se resolvieron así: – El control preventivo y concomitante tiene carácter excepcional y no vinculante y es de ejercicio exclusivo del Contralor General (texto Senado). – Son principios de la gestión fiscal el desarrollo sostenible y el cumplimiento de valoración de costos ambientales (texto Senado). – Las faltas temporales al cargo de Contralor proveídas por el Congreso serán aquellas que superen los cuarenta y cinco (45) días (texto Senado). Se exige que los aspirantes a Contralor General acrediten formación profesional universitaria en las áreas de las "ciencias jurídicas, económicas, financieras y administrativas", se excluyen las ciencias humanas y contables (texto Cámara). En relación con el artículo 2.° se destaca: – Condicionar la posibilidad de intervención del Contralor General en las funciones competencia de las contralorías territoriales a las previsiones de ley (texto Senado). – Inclusión en los proyectos de ley de presupuesto de las disposiciones legales referidas a la autonomía y apropiación presupuestal de la Contraloría General (texto Senado). Las diferencias que atañen al artículo 4.° se conciliaron así: – Se retoma la asignación a los concejos y asambleas de orden departamental, municipal y distrital de organizar y prever la sostenibilidad fiscal de las contralorías (texto Cámara). – Se permite la intervención y asunción de las competencias propias de las contralorías territoriales por parte de la Contraloría General cuando, de la certificación emitida por la Auditoría General, se advierta ineficiencia y subjetividad del órgano territorial – Mientras el Congreso reglamenta la convocatoria pública por la cual serán elegidos los contralores territoriales, será aplicable el procedimiento de elección vigente de forma previa a la expedición del presente Acto Legislativo (texto Senado). En lo que concierne al artículo 5.° se aprueba que: – El Auditor General será escogido de terna enviada por la Corte Suprema de Justicia, además, se incluyen en el artículo los requisitos y las prohibiciones que deben atender los aspirantes al cargo (texto Senado). Se incluyen el artículo 6.° y el artículo 7.° transitorio en los términos propuestos por el Senado.	El texto conciliado acoge, en tratándose de los asuntos sobre los que hay discrepancia, de forma mayoritaria el texto aprobado en la sesión plenaria del Senado.

Fuente: Elaboración propia con base en el tránsito legislativo del Acto, todas las actas y gacetas disponibles en [https://www.camara.gov.co/control-fiscal].

Como ya se expuso, el proyecto "Por medio del cual se reforma el régimen de control fiscal" presentado por la Contraloría General de la República ante el honorable Congreso de la República, luego de haber surtido los debates normativos dispuestos para tales propósitos, fue aprobado a través del Acto legislativo 04 de 2019.

El Acto Legislativo 04 de 2019, modificó los artículos 267, 268, 271, 272 y 274 de la Constitución Política de Colombia. Presentamos a continuación, los cuadros comparativos que confrontan el texto original de los artículos de la Constitución Política antes y después de la reforma, luego se analizan los cambios, repercusiones y consecuencias en el ejercicio de la vigilancia y el control fiscal.

CUADRO 5

MODIFICACIÓN DEL ARTICULO 267 de la Constitución Política de Colombia.

Texto original de la Constitución Política de Colombia, antes de la reforma constitucional	Texto modificado de la Constitución Política, luego de la reforma constitucional Acto Legislativo n.° 04 de 2019
"El control fiscal es una función pública que ejercerá la Contraloría General de la República, la cual vigila la gestión fiscal de la administración y de los particulares o entidades que manejen fondos o bienes de la Nación. Dicho control se ejercerá en forma posterior y selectiva conforme a los procedimientos, sistemas y principios que establezca la ley. Esta podrá, sin embargo, autorizar que, en casos especiales, la vigilancia se realice por empresas privadas colombianas escogidas por concurso público de méritos, y contratadas previo concepto del Consejo de Estado. La vigilancia de la gestión fiscal del Estado incluye el ejercicio de un control financiero, de gestión y de resultados, fundado en la eficiencia, la economía, la equidad y la valoración de los costos ambientales. En los casos excepcionales, previstos por la ley, la Contraloría podrá ejercer control posterior sobre cuentas de cualquier entidad territorial".	"La vigilancia y el control fiscal son una función pública que ejercerá la Contraloría General de la República, la cual vigila la gestión fiscal de la administración y de los particulares o entidades que manejen fondos o bienes públicos, en todos los niveles administrativos y respecto de todo tipo de recursos públicos. La ley reglamentará el ejercicio de las competencias entre contralorías, en observancia de los principios de coordinación, concurrencia y subsidiariedad. El control ejercido por la Contraloría General de la República *será preferente en los términos que defina la ley.* El control fiscal se ejercerá en forma *posterior y selectiva*, y *además podrá ser preventivo y concomitante*, según sea necesario para garantizar la defensa y protección del patrimonio público. El control preventivo y concomitante no implicará coadministración y se realizará en tiempo real a través del seguimiento permanente de los ciclos, uso, ejecución, contratación e impacto de los recursos públicos, mediante el uso de tecnologías de la información, con la participación activa del control social y con la articulación del control interno. La ley regulará su ejercicio y los sistemas y principios aplicables para cada tipo de control".

Texto original de la Constitución Política de Colombia, antes de la reforma constitucional	Texto modificado de la Constitución Política, luego de la reforma constitucional Acto Legislativo n.º 04 de 2019
"La Contraloría es una entidad de carácter técnico con autonomía administrativa y presupuestal. No tendrá funciones administrativas distintas de las inherentes a su propia organización. El Contralor será elegido por el Congreso en Pleno, por mayoría absoluta, en el primer mes de sus sesiones para un periodo igual al del Presidente de la República, de lista de elegibles conformada por convocatoria pública con base en lo dispuesto en el artículo 126 de la Constitución y no podrá ser reelegido ni continuar en ejercicio de sus funciones al vencimiento del mismo. Solo el Congreso puede admitir la renuncia que presente el Contralor y proveer las faltas absolutas y temporales del cargo. Para ser elegido Contralor General de la República se requiere ser colombiano de nacimiento y en ejercicio de la ciudadanía; tener más de 35 años de edad; tener título universitario; o haber sido profesor universitario durante un tiempo no menor de 5 años; y acreditar las calidades adicionales que exija la ley. No podrá ser elegido Contralor General quien sea o haya sido miembro del Congreso u ocupado cargo público alguno del orden nacional, salvo la docencia, en el año inmediatamente anterior a la elección. Tampoco podrá ser elegido quien haya sido condenado a pena de prisión por delitos comunes. En ningún caso podrán intervenir en la postulación o elección del Contralor personas que se hallen dentro del cuarto grado de consanguinidad, segundo de afinidad y primero civil o legal respecto de los candidatos".	"*El control concomitante y preventivo* tiene carácter excepcional, no vinculante, no implica coadministración, no versa sobre la conveniencia de las decisiones de los administradores de recursos públicos, se realizará en forma de advertencia al gestor fiscal y deberá estar incluido en un sistema general de advertencia público. El ejercicio y la coordinación del control concomitante y preventivo corresponde exclusivamente al Contralor General de la República en materias específicas. La vigilancia de la gestión fiscal del Estado incluye el seguimiento permanente al recurso público, sin oponibilidad de reserva legal para el acceso a la información por parte de los órganos de control fiscal, y el control financiero, de gestión y de resultados, fundado en la eficiencia, la economía, la equidad, *el desarrollo sostenible* y el cumplimiento del principio de valoración de costos ambientales. La Contraloría General de la República tendrá competencia prevalente para ejercer control sobre la gestión de cualquier entidad territorial, de conformidad con lo que reglamente la ley. El control jurisdiccional de los fallos de responsabilidad fiscal gozará de etapas y términos procesales especiales con el objeto de garantizar la recuperación oportuna del recurso público. Su trámite no podrá ser superior a un año en la forma en que lo regule la ley. La Contraloría es una entidad de carácter técnico con autonomía administrativa y presupuestal. No tendrá funciones administrativas distintas de las inherentes a su propia organización y al cumplimiento de su misión constitucional. El Contralor será elegido por el Congreso en Pleno, por mayoría absoluta, en el primer mes de sus sesiones para un periodo igual al del Presidente de la República, de lista de elegibles conformada por convocatoria pública con base en lo dispuesto en el artículo 126 de la Constitución y no podrá ser reelegido ni continuar en ejercicio de sus funciones al vencimiento del mismo".

Texto original de la Constitución Política de Colombia, antes de la reforma constitucional	Texto modificado de la Constitución Política, luego de la reforma constitucional Acto Legislativo n.° 04 de 2019
	"Solo el Congreso puede admitir la renuncia que presente el Contralor y proveer las faltas absolutas y temporales del cargo mayores de 45 días. Para ser elegido Contralor General de la República se requiere ser colombiano de nacimiento y en ejercicio de la ciudadanía; tener más de treinta y cinco años de edad; tener título universitario en ciencias jurídicas, humanas, económicas, financieras, administrativas o contables y experiencia profesional no menor a 5 años o como docente universitario por el mismo tiempo y acreditar las demás condiciones que exija la ley. No podrá ser elegido Contralor General quien sea o haya sido miembro del Congreso o se haya desempeñado como gestor fiscal del orden nacional, en el año inmediatamente anterior a la elección. Tampoco podrá ser elegido quien haya sido condenado a pena de prisión por delitos comunes. En ningún caso podrán intervenir en la postulación o elección del Contralor personas que se hallen dentro del cuarto grado de consanguinidad, segundo de afinidad y primero civil o legal respecto de los candidatos".

Fuente: elaboración propia con base en las actas y gacetas disponibles en: https://www.camara.gov.co

Comentarios del autor

Es importante señalar que en la modificación del artículo 267 superior, se incluye la función de vigilancia y control fiscal, dado que antes se hablaba solo de control fiscal; además, se agregan los fondos o bienes públicos en todos los niveles administrativos y respecto de todo tipo de recursos públicos.

Así mismo, se determina que la ley reglamentará el ejercicio de las competencias entre contralorías, en observancia de los principios de coordinación, concurrencia y subsidiariedad.

Se incluye el control *preferente*, así como el control *preventivo y concomitante*, cuyo ejercicio y coordinación le corresponde en forma exclusiva al Contralor General de la República, para garantizar así la defensa y protección del patrimonio público que se ejercerá de manera excepcional y no vinculante, sin que ello implique coadministración; y se desarrollará en forma de advertencia en tiempo real y a través del seguimiento permanente de los ciclos, uso, ejecución, contratación e impacto de los recursos públicos, mediante el uso de tecnologías de la información, con la participación activa del control social y con la articulación del control interno.

Deja en claro que la vigilancia de la gestión fiscal del Estado incluye el seguimiento permanente al recurso público, sin oponibilidad de reserva legal para el acceso a la información por parte de los órganos de control fiscal, incluye el desarrollo sostenible en el ejercicio del control, así como la competencia prevalente para ejercer control sobre la gestión de cualquier entidad territorial, de conformidad con lo que reglamente la ley.

CUADRO 6

MODIFICACIÓN DEL ARTICULO 268 de la Constitución Política de Colombia.

Texto original de la Constitución Política de Colombia, antes de la reforma constitucional	Texto modificado de la Constitución Política, luego de la reforma constitucional Acto Legislativo n.° 04 de 2019
"El Contralor General de la República tendrá las siguientes atribuciones: 1. Prescribir los métodos y la forma de rendir cuentas los responsables del manejo de fondos o bienes de la Nación e indicar los criterios de evaluación financiera, operativa y de resultados que deberán seguirse. 2. Revisar y fenecer las cuentas que deben llevar los responsables del erario y determinar el grado de eficiencia, eficacia y economía con que hayan obrado. 3. Llevar un registro de la deuda pública de la Nación y de las entidades territoriales. 4. Exigir informes sobre su gestión fiscal a los empleados oficiales de cualquier orden y a toda persona o entidad pública o privada que administre fondos o bienes de la Nación".	"El Contralor General de la República tendrá las siguientes atribuciones: 1. Prescribir los métodos y la forma de rendir cuentas los responsables del manejo de fondos o bienes de la nación e indicar los criterios de evaluación financiera, operativa y de resultados que deberán seguirse. 2. Revisar y fenecer las cuentas que deben llevar los responsables del erario y determinar el grado de eficiencia, eficacia y economía con que hayan obrado. 3. Llevar un registro de la deuda pública de la nación y de las entidades descentralizadas territorialmente o por servicios. 4. Exigir informes sobre su gestión fiscal a los empleados oficiales de cualquier orden y a toda persona o entidad pública o privada que administre fondos o bienes públicos. 5. Establecer la responsabilidad que se derive de la gestión fiscal, imponer las sanciones pecuniarias que sean del caso, recaudar su monto y ejercer la jurisdicción coactiva, para lo cual tendrá prelación. 6. Conceptuar sobre la calidad y eficiencia del control fiscal interno de las entidades y organismos del Estado. 7. Presentar al Congreso de la República un informe anual sobre el estado de los recursos naturales y del ambiente".

Texto original de la Constitución Política de Colombia, antes de la reforma constitucional	Texto modificado de la Constitución Política, luego de la reforma constitucional Acto Legislativo n.º 04 de 2019
"5. Establecer la responsabilidad que se derive de la gestión fiscal, imponer las sanciones pecuniarias que sean del caso, recaudar su monto y ejercer la jurisdicción coactiva sobre los alcances deducidos de la misma. 6. Conceptuar sobre la calidad y eficiencia del control fiscal interno de las entidades y organismos del Estado. 7. Presentar al Congreso de la República un informe anual sobre el estado de los recursos naturales y del ambiente. 8. Promover ante las autoridades competentes, aportando las pruebas respectivas, investigaciones penales o disciplinarias contra quienes hayan causado perjuicio a los intereses patrimoniales del Estado. La Contraloría, bajo su responsabilidad, podrá exigir, verdad sabida y buena fe guardada, la suspensión inmediata de funcionarios mientras culminan las investigaciones o los respectivos procesos penales o disciplinarios. 9. Presentar proyectos de ley relativos al régimen del control fiscal y a la organización y funcionamiento de la Contraloría General. 10. Proveer mediante concurso público los empleos de su dependencia que haya creado la ley. Esta determinará un régimen especial de carrera administrativa para la selección, promoción y retiro de los funcionarios de la Contraloría. Se prohíbe a quienes formen parte de las corporaciones que intervienen en la postulación y elección del Contralor, dar recomendaciones personales y políticas para empleos en su despacho. 11. Presentar informes al Congreso y al Presidente de la República sobre el cumplimiento de sus funciones y certificación sobre la situación de las finanzas del Estado, de acuerdo con la ley".	"8. Promover ante las autoridades competentes, aportando las pruebas respectivas, investigaciones fiscales, penales o disciplinarias contra quienes presuntamente hayan causado perjuicio a los intereses patrimoniales del Estado. La Contraloría, bajo su responsabilidad, podrá exigir, verdad sabida y buena fe guardada, la suspensión inmediata de funcionarios mientras culminan las investigaciones o los respectivos procesos fiscales, penales o disciplinarios. 9. Presentar proyectos de ley relativos al régimen del control fiscal y a la organización y funcionamiento de la Contraloría General. 10. Proveer mediante concurso público los empleos de carrera de la entidad creados por ley. Esta determinará un régimen especial de carrera administrativa para la selección, promoción y retiro de los funcionarios de la Contraloría. Se prohíbe a quienes formen parte de las corporaciones que intervienen en la postulación y elección del Contralor, dar recomendaciones personales y políticas para empleos en ese ente de control. 11. Presentar informes al Congreso de la República y al Presidente de la República sobre el cumplimiento de sus funciones y certificación sobre la situación de las finanzas del Estado, de acuerdo con la ley. 12. Dictar normas generales para armonizar los sistemas de control fiscal de todas las entidades públicas del orden nacional y territorial; y dirigir e implementar, con apoyo de la Auditoría General de la República, el Sistema Nacional de Control Fiscal, para la unificación y estandarización de la vigilancia y control de la gestión fiscal. 13. *Advertir* a los servidores públicos y particulares que administren recursos públicos de la existencia de un riesgo inminente en operaciones o procesos en ejecución, con el fin de prevenir la ocurrencia de un daño, a fin de que el gestor fiscal adopte las medidas que considere procedentes para evitar que se materialice o se extienda, y ejercer control sobre los hechos así identificados. 14. Intervenir en los casos excepcionales previstos por la ley en las funciones de vigilancia y control de competencia de las Contralorías Territoriales. Dicha intervención podrá ser solicitada por el gobernante local, la corporación de elección popular del respectivo ente territorial, una comisión permanente del Congreso de la República, la ciudadanía mediante cualquiera de los mecanismos de participación ciudadana, la propia contraloría territorial o las demás que defina la ley".

Texto original de la Constitución Política de Colombia, antes de la reforma constitucional	Texto modificado de la Constitución Política, luego de la reforma constitucional Acto Legislativo n.º 04 de 2019
"12. Dictar normas generales para armonizar los sistemas de control fiscal de todas las entidades públicas del orden nacional y territorial. 13. Las demás que señale la ley. Presentar a la Cámara de Representantes la Cuenta General de Presupuesto y del Tesoro y certificar el balance de la Hacienda presentado al Congreso por el Contador General".	"15. Presentar a la Cámara de Representantes la Cuenta General del Presupuesto y del Tesoro y certificar el balance de la Hacienda presentado al Congreso por el Contador General de la Nación. 16. Ejercer, directamente o a través de los servidores públicos de la entidad, las funciones de policía judicial que se requieran en ejercicio de la vigilancia y control fiscal en todas sus modalidades. La ley reglamentará la materia. 17. Imponer sanciones desde multa hasta suspensión a quienes omitan la obligación de suministrar información o impidan u obstaculicen el ejercicio de la vigilancia y control fiscal, o incumplan las obligaciones fiscales previstas en la ley. Así mismo a los representantes de las entidades que, con dolo o culpa grave, no obtengan el fenecimiento de las cuentas o concepto o calificación favorable en los procedimientos equivalentes para aquellas entidades no obligadas a rendir cuenta, durante dos (2) períodos fiscales consecutivos. 18. Las demás que señale la ley. Parágrafo transitorio. La asignación básica mensual de los servidores de la Contraloría General de la República y su planta transitoria será equiparada a los de los empleos equivalentes de otros organismos de control de nivel nacional. Para la correcta implementación del presente acto legislativo, y el fortalecimiento del control fiscal, la ley determinará la creación del régimen de carrera especial de los servidores de las contralorías territoriales, la ampliación de la planta de personal, la incorporación de los servidores de la planta transitoria sin solución de continuidad y la modificación de la estructura orgánica y funcional de la Contraloría General de la República, garantizando la estabilidad laboral de los servidores inscritos en carrera pertenecientes a esa entidad y a contralorías territoriales intervenidas. Exclusivamente para los efectos del presente parágrafo y el desarrollo de este acto legislativo, otórguense precisas facultades extraordinarias por el término de seis meses al Presidente de la República para expedir decretos con fuerza de ley".

Texto original de la Constitución Política de Colombia, antes de la reforma constitucional	Texto modificado de la Constitución Política, luego de la reforma constitucional Acto Legislativo n.° 04 de 2019
	"Así mismo, el Congreso de la República expedirá, con criterios unificados, las leyes que garanticen la autonomía presupuestal y la sostenibilidad financiera y administrativa de los organismos de control fiscal territoriales y unas apropiaciones progresivas que incrementarán el presupuesto de la Contraloría General de la República durante las siguientes tres vigencias en 250.000, 250.000 y 136.000 millones de pesos respectivamente, las cuales serán incorporadas en los proyectos de ley de presupuesto anual presentados por el Gobierno Nacional, incluso aquellos que ya cursen su trámite en el Congreso de la República. Dichas apropiaciones no serán tenidas en cuenta al momento de decretar aplazamientos del Presupuesto General de la Nación. En los siguientes cuatrienios dichas apropiaciones estarán de acuerdo con el marco fiscal de mediano plazo".

Fuente: elaboración propia con base en las actas y gacetas disponibles en: https://www.camara.gov.co

Comentarios del autor:

En este artículo 268, se modifican, adicionan y establecen nuevas atribuciones tales como: la función de llevar el registro de la deuda pública de la Nación; se agrega que los informes que se exigen a los empleados oficiales de cualquier orden y a toda persona o entidad pública o privada se refiere a quienes administren fondos o bienes públicos; se crea la prelación respecto al recaudo en tratándose de la jurisdicción coactiva; se deja en claro que el aporte de pruebas para efectos de promover investigaciones corresponde a procesos fiscales, penales o disciplinarios; en la facultad de suspender en forma inmediata a funcionarios, bajo el criterio de verdad sabida y buena fe guardada, esta suspensión se realiza mientras culminan las investigaciones o los respectivos procesos fiscales, penales

o disciplinarios; se prohíbe a quienes formen parte de las corporaciones que intervienen en la postulación y elección del Contralor General, dar recomendaciones personales y políticas para empleos en ese ente de control; se adiciona a la función de dictar normas generales para armonizar los sistemas de control fiscal de todas las entidades públicas del orden nacional y territorial; se incluye la dirección del Sistema Nacional de Control Fiscal —SINACOF— en cabeza del Contralor General; se incluye la función de *advertir* cuando exista un riesgo inminente de daño al erario la intervención en los casos excepcionales en las contralorías territoriales; la presentación ante la Cámara de Representantes de la Cuenta General del Presupuesto y del Tesoro y certificar el balance de la hacienda; la facultad de ejercer las funciones de policía judicial; la facultad de imponer sanciones, desde multa hasta suspensión, a quienes omitan la obligación de suministrar información o impidan u obstaculicen el ejercicio de la vigilancia y el control fiscal,

CUADRO 7

MODIFICACIÓN DEL ARTICULO 271, de la Constitución Política de Colombia.

Texto original de la Constitución Política de Colombia, antes de la reforma constitucional	Texto modificado de la Constitución Política, luego de la reforma constitucional Acto Legislativo n.° 04 de 2019
"Los resultados de las indagaciones preliminares adelantadas por la Contraloría tendrán valor probatorio ante la Fiscalía General de la Nación y el juez competente".	"Los resultados de los ejercicios de vigilancia y control fiscal, así como de las indagaciones preliminares o los procesos de responsabilidad fiscal, adelantados por las Contralorías tendrán valor probatorio ante la Fiscalía General de la Nación y el juez competente".

Fuente: elaboración propia con base en las actas y gacetas disponibles en: https://www.camara.gov.co

En este artículo se incluyó que los resultados de la vigilancia y el control fiscal, así como de las indagaciones preliminares o los procesos de responsabilidad fiscal adelantados por las contralorías, tendrán valor probatorio ante la fiscalía general de la Nación y el juez competente. De nuevo, se incluye el ejercicio de la vigilancia como función pública, pero además, también se incluye la posibilidad de darle valor probatorio ante el juez competente, pues en el artículo modificado se mencionaba únicamente a la fiscalía general de la Nación.

CUADRO 8

MODIFICACIÓN DEL ARTICULO 274 de la Constitución Política de Colombia.

Texto original de la Constitución Política de Colombia, antes de la reforma constitucional	Texto modificado de la Constitución Política, luego de la reforma constitucional Acto Legislativo n.º 04 de 2019
"La vigilancia de la gestión fiscal de la Contraloría General de la República se ejercerá por un auditor elegido para períodos de dos años por el Consejo de Estado, de terna enviada por la Corte Suprema de Justicia. La ley determinará la manera de ejercer dicha vigilancia a nivel departamental, distrital y municipal".	"La vigilancia de la gestión fiscal de la Contraloría General de la República y de todas las contralorías territoriales se ejercerá por el Auditor General de la República, elegido por el Consejo de Estado de terna enviada por la Corte Suprema de Justicia, siguiendo los principios de transparencia, publicidad, objetividad, participación ciudadana y equidad de género, para un periodo de cuatro años. Para ser elegido Auditor General se requiere ser colombiano de nacimiento y en ejercicio de la ciudadanía; tener más de 35 años de edad; tener título universitario en ciencias jurídicas, humanas, económicas, financieras, administrativas o contables; y experiencia profesional no menor a 5 años o como docente universitario por el mismo tiempo, y acreditar las calidades adicionales que exija la ley. No podrá ser elegido Auditor General quien sea o haya sido miembro del Congreso u ocupado cargo público alguno del orden nacional, salvo la docencia, en el año inmediatamente anterior a la elección. Tampoco podrá ser elegido quien haya sido condenado a pena de prisión por delitos comunes. La ley determinará la manera de ejercer dicha vigilancia a nivel departamental, distrital y municipal. Parágrafo transitorio. El período del Auditor dispuesto en el presente artículo, se aplicará quien sea elegido con posterioridad a la promulgación de este Acto Legislativo".

Fuente: elaboración propia con base en las actas y gacetas disponibles en: https://www.camara.gov.co

Se establece en la modificación de este artículo 274 que La vigilancia de la gestión fiscal de la Contraloría General de la República y de todas las contralorías territoriales se ejercerá por el Auditor General de la República, elegido por el Consejo de Estado de terna enviada por la Corte Suprema de Justicia, siguiendo los principios de transparencia, publicidad, objetividad, participación ciudadana y equidad de género, para un periodo de cuatro años, pues en la norma anterior, el periodo dispuesto era de 2 años.

Implementación de la reforma constitucional y fortalecimiento del control fiscal

Los artículos 267, 268, 271, 272 y 274 de la Constitución Política, modificados por el Acto Legislativo 04 de 2019, ya descritos y comparados, recogen disposiciones previstas en las leyes 42 de 1993, 610 de 2000 y 1474 de 2011 citadas a lo largo de este libro, entre otras normas y fijan las bases para el fortalecimiento de los mecanismos de vigilancia y seguimiento permanente al recurso público, el ejercicio del control fiscal preventivo y concomitante, complementario del posterior y selectivo, así como el ejercicio concurrente y prevalente de las competencias de la Contraloría General de la República frente a las atribuidas a las contralorías territoriales.

PRONUNCIAMIENTO DE LA CORTE CONSTITUCIONAL DE COLOMBIA SOBRE LA REFORMA CONSTITUCIONAL

La Corte Constitucional fue creada mediante la Constitución de 1991 con el propósito de salvaguardar la integridad y supremacía de Constitución Política nacional y desarrolla funciones previstas en el artículo 241 de la Constitución Política de Colombia.

En el marco de sus funciones, declaró ajustado a la Constitución Política el Acto Legislativo 04 de 2019 que reforma el régimen de control fiscal.

A través del pronunciamiento emitido el 6 de mayo de 2020, mediante Sala Plena virtual, la Corte Constitucional declaró la constitucionalidad del Acto Legislativo 04 de 2019, «Por medio del cual se reforma el Régimen de Control Fiscal», que adicionó al control fiscal posterior y selectivo el control preventivo y concomitante en cabeza del Contralor General de la República.

El pronunciamiento del alto tribunal se realizó en el marco de la demanda de constitucionalidad presentada contra los artículos 1.° (parcial) y 2.° (parcial) del Acto y concluyó que la norma demandada al establecer el control preventivo y concomitante, (no previo) no afecta el principio de separación de poderes, en tanto establece límites y prohibiciones para evitar la coadministración. Además, se dispuso que el control se realizará en tiempo real, mediante el uso de tecnologías, con la participación activa del control social, articulación con el sistema de control interno y sumado a esto, esta modalidad de control tiene el carácter excepcional, no vinculante, No versará sobre la conveniencia de las decisiones de los administradores, se realizará en forma de advertencia y su ejercicio y coordinación corresponde de manera exclusiva al Contralor General de la República.

CUADRO 9

MODIFICACIÓN DEL ARTICULO 272 de la Constitución Política de Colombia.

Texto original de la Constitución Política de Colombia, antes de la reforma constitucional	Texto modificado de la Constitución Política, luego de la reforma constitucional Acto Legislativo n.º 04 de 2019
"La vigilancia de la gestión fiscal de los departamentos, distritos y municipios donde haya contralorías, corresponde a éstas y se ejercerá en forma posterior y selectiva. La de los municipios incumbe a las contralorías departamentales, salvo lo que la ley determine respecto de contralorías municipales. Corresponde a las asambleas y a los concejos distritales y municipales organizar las respectivas contralorías como entidades técnicas dotadas de autonomía administrativa y presupuestal. Los Contralores departamentales, distritales y municipales serán elegidos por las Asambleas Departamentales, Concejos Municipales y Distritales, mediante convocatoria pública conforme a la ley, siguiendo los principios de transparencia, publicidad, objetividad, participación ciudadana y equidad de género, para periodo igual al del Gobernador o Alcalde, según el caso. Ningún contralor podrá ser reelegido para el período inmediato. Los contralores departamentales, distritales y municipales ejercerán, en el ámbito de su jurisdicción, las funciones atribuidas al Contralor General de la República en el artículo 268 y podrán, según lo autorice la ley, contratar con empresas privadas colombianas el ejercicio de la vigilancia fiscal".	"La vigilancia de la gestión fiscal de los departamentos, distritos y municipios donde haya contralorías, corresponde a estas en forma concurrente con la Contraloría General de la República. La vigilancia de los municipios incumbe a las contralorías departamentales, salvo lo que la ley determine respecto de contralorías municipales. La ley regulará las competencias concurrentes entre contralorías y la prevalencia de la Contraloría General de la República. Corresponde a las asambleas y a los concejos distritales y municipales organizar las respectivas contralorías como entidades técnicas dotadas de autonomía administrativa y presupuestal, y garantizar su sostenibilidad fiscal. La Auditoría General de la República realizará la certificación anual de las contralorías territoriales a partir de indicadores de gestión, la cual será el insumo para que la Contraloría General de la República intervenga administrativamente las contralorías territoriales y asuma competencias cuando se evidencie falta de objetividad y eficiencia. Los contralores departamentales, distritales y municipales ejercerán, en el ámbito de su jurisdicción, las funciones atribuidas al Contralor General de la República en el artículo 268 en lo que sea pertinente, según los principios de coordinación, concurrencia, y subsidiariedad. El control ejercido por la Contraloría General de la República será preferente en los términos que defina la ley. Los Contralores departamentales, distritales y municipales serán elegidos por las Asambleas Departamentales, Concejos Municipales y Distritales, de terna conformada por quienes obtengan los mayores puntajes en convocatoria pública conforme a la ley, siguiendo los principios de transparencia, publicidad, objetividad, participación ciudadana y equidad de género, para un periodo de cuatro años que no podrá coincidir con el periodo del correspondiente gobernador y alcalde. Ningún contralor podrá ser reelegido para el período inmediato".

Texto original de la Constitución Política de Colombia, antes de la reforma constitucional	Texto modificado de la Constitución Política, luego de la reforma constitucional Acto Legislativo n.º 04 de 2019
"Para ser elegido contralor departamental, distrital o municipal se requiere ser colombiano por nacimiento, ciudadano en ejercicio, tener más de veinticinco años, acreditar título universitario y las demás calidades que establezca la ley. No podrá ser elegido quien sea o haya sido en el último año miembro de la Asamblea o Concejo que deba hacer la elección, ni quien haya ocupado cargo público en el nivel ejecutivo del orden departamental, distrital o municipal. Quien haya ocupado en propiedad el cargo de contralor departamental, distrital o municipal, no podrá desempeñar empleo oficial alguno en el respectivo departamento, distrito o municipio, ni ser inscrito como candidato a cargos de elección popular sino un año después de haber cesado en sus funciones".	"Para ser elegido contralor departamental, distrital o municipal se requiere ser colombiano por nacimiento, ciudadano en ejercicio, tener más de veinticinco años, acreditar título universitario y las demás calidades que establezca la ley. No podrá ser elegido quien sea o haya sido en el último año miembro de la Asamblea o Concejo que deba hacer la elección, ni quien haya ocupado cargo público en la rama ejecutiva del orden departamental, distrital o municipal. Quien haya ocupado en propiedad el cargo de contralor departamental, distrital o municipal, no podrá desempeñar empleo oficial alguno en el respectivo departamento, distrito o municipio, ni ser inscrito como candidato a cargos de elección popular sino un año después de haber cesado en sus funciones. PARÁGRAFO TRANSITORIO 1.º La siguiente elección de todos los contralores territoriales se hará para un período de dos años. PARÁGRAFO TRANSITORIO 2.º En un término no superior a un año la ley reglamentará el fortalecimiento financiero de las contralorías departamentales, municipales y distritales con recursos provenientes principalmente de los ingresos corrientes de libre destinación más cuota de fiscalización que aportarán los sujetos de control del respectivo departamento, distrito o municipio. Esta ley será presentada por el Gobierno y la Contraloría General de la República".

Fuente: elaboración propia con base en las actas y gacetas disponibles en: https://www.camara.gov.co

Este artículo se modifica sobre todo en los aspectos de incluir la vigilancia de la gestión fiscal de los departamentos, distritos y municipios de manera concurrente, si fuere el caso, con la Contraloría General de la República; se incluye además la expedición de la certificación anual de las contralorías territoriales por parte de la Auditoría General de la República y la posibilidad de intervenir administrativamente a las contralorías territoriales cuando se evidencie falta de objetividad y eficiencia; de igual forma, se establece el control preferente del Contralor General sobre las contralorías territoriales.

También se establece la forma como se elegirán los contralores departamentales, distritales y municipales y se expresa que se hará a través de terna conformada por quienes obtengan los mayores puntajes para un periodo de cuatro años, que no podrá coincidir con el periodo del correspondiente al de gobernador y alcalde. Ningún contralor podrá ser reelegido para el período inmediato.

BIBLIOGRAFÍA

«19 tecnologías de inteligencia artificial que dominarán el 2019», en *Adext AI*, disponible en [https://blog.adext.com/tecnologias-inteligencia-artificial-2019/].

«97% de entidades nacionales colombianas debe actualizarse en *big data*», en *El Economista*, 12 de octubre de 2017, disponible en [https://www.eleconomistaamerica.co/empresas-eAm-colombia/noticias/8670407/10/17/97-de-entidades-nacionales-colombianas-debe actualizarse-en-Big-Data.html].

«¿Cuál es la diferencia entre datos e información?: cómo convertir el *«big data»* en valor real para las personas», en bbva, 23 de septiembre de 2019, disponible en [https://www.bbva.com/es/cual-es-la-diferencia-entre-datos-e-informacion-como-convertir-el-big-data-en-valor-real-para-las-personas/].

«¿Qué ocurre en un minuto en internet en 2019?», en *TreceBits, redes sociales y tecnología*, 3 de abril de 2019, disponible en [https://www.trecebits.com/2019/04/03/minuto-internet-infografia/].

«Defensoría del Pueblo revela cifras de tutela y derechos a la salud y seguridad social 2018», en *Ámbito Jurídico*, Bogotá, 8 de julio de 2019, disponible en [https://www.ambitojuridico.com/noticias/general/administrativo-y-contratacion/defensoria-del-pueblo-revela-cifras-de-tutela-y].

«Jueces deben aprovechar las tic para eximir al demandante de ciertas pruebas», en *Ámbito Jurídico*, Bogotá, 17 septiembre de 2019, disponible en [https://www.ambitojuridico.com/noticias/tecnologia/civil-y-familia/jueces-deben-aprovechar-las-tic-para-eximir-al-demandante-de].

Acto Legislativo 3 de 19 de diciembre de 2002, *Diario Oficial*, n.º 45.040, de 20 de diciembre de 2002, disponible en [http://www.suin-juriscol.gov.co/viewDocument.asp?ruta=Acto/1825680].

Acto Legislativo 05 de 18 de julio de 2011, *Diario Oficial*, n.º 48.134, de 18 de julio de 2011, disponible en [http://www.suin-juriscol.gov.co/viewDocument.asp?ruta=Acto/1000193].

Acto Legislativo 1 de 7 de julio de 2016, *Diario Oficial*, n.º 49.927, de 7 de julio de 2016, disponible en [http://www.suin-juriscol.gov.co/viewDocument.asp?ruta=Acto/30021746].

Acto Legislativo 2 de 11 de mayo de 2017, *Diario Oficial*, n.º 50.230, de 11 de mayo de 2017, disponible en [http://www.suin-juriscol.gov.co/viewDocument.asp?ruta=Acto/30030560].

Acto Legislativo 355 Cámara de 27 de marzo de 2019, *Gaceta del Congreso*, n.º 195 de 2 de abril de 2019, pp. 15 a 42, disponible en [https://www.camara.gov.co/control-fiscal].

Acto Legislativo 04, de 18 de septiembre de 2019, «Por medio del cual se reforma el régimen de control fiscal», *Diario Oficial*, n.º 51.080, de 18 de septiembre de 2019, disponible en [http://www.suin-juriscol.gov.co/viewDocument.asp?ruta=Acto/30038092].

Agencia para la Reincorporación y la Normalización. Espacios Territoriales de Capacitación y Reincorporación —etcr—, disponible en [http://www.reincorporacion.gov.co/es/reincorporacion/ Paginas/Los-ETCR.aspx].

Alcoberro, Ramón. «*Vorsorgeprinzip*. El significado del principio de precaución», disponible en [http://www.alcoberro.info/V1/tecnoetica3.htm].

Alonso Regueira Enrique M. (dir.). *El control de la actividad estatal, t. i, "Discrecionalidad, división de poderes y control extrajudicial*, Buenos Aires, Universidad de Buenos Aires, 2016, disponible en [http://www.derecho.uba.ar/docentes/pdf/el-control-de-la-actividad-estatal/cae-ponce-buena.pdf], p. 230

Arcila, L. A., López, M. A. (2019) *El derecho humano a una buena administración pública en México y Colombia.* Inciso, 21; 41-57.

Aprile, Natalia Soledad. «El derecho a una buena administración: un derecho fecundo en Latinoamérica», en Manuel Alberto Restrepo Medina (ed.). *Derecho administrativo. Reflexiones contemporáneas,* Bogotá, Universidad del Rosario, 2017.

Aparicio Méndez Manfredini. *Teoría del órgano, edición definitiva,* Montevideo, Amalio M. Fernández, 1971 y Enrique Sayagués Laso y Daniel Hugo Martins. Tratado de derecho administrativo, t. i, 8.ª ed., Montevideo, Fundación de Cultura Universitaria, 2002, pp. 183 y ss

Aristóteles. Política, libro sexto, i a xiii, cap. vii, "Idea general de la República.

Aldous Huxley : "Ed. Seix Barral, Barcelona, 1984, pág. 46).

Barnes, Javier. «Buena administración, principio democrático y procedimiento administrativo», *Revista Digital de Derecho Administrativo,* n.° 21, primer semestre de 2019, pp. 77 a 123, disponible en [https://revistas.uexternado.edu.co/index.php/Deradm/article/view/5701/7097].

Bastida, Francisco J. *et al. Teoría general de los derechos fundamentales en la Constitución española de 1978,* Madrid, Tecnos, 2004.

Banco Mundial. *Serie sobre sector público, buen gobierno, y responsabilidad y rendición de cuentas, 34378,* Editado por ANWAR SHAH.. CAPÍTULO 2 Una medida simple de buen gobierno. 2005. https://documents1.worldbank.org/curated/en/253461468165278922/pdf/343780SPANISH0101OFFICIAL0USE0ONLY1.pdf

Campos, J. Edgardo y Sanjay Pradhan (eds.). *The Many Faces of Corruption. Tracking Vulnerabilities at the Sector Level,* Washington D. C., The World Bank, 2007.

Cárdenas Uribe, Julio César. *El control fiscal interno y externo en la etapa de planeación de la contratación estatal,* Bogotá, Instituto Latinoamericano de Altos Estudios —ilae—, 2019, disponible en [http://www.ilae.edu.co/web/libros-html/libro-586/index.html].

Carro Fernández-Valmayor, José Luis. «Ética pública y normativa administrativa», *Revista de Administración Pública,* n.° 181, enero-abril de 2010, pp. 9 a 37, disponible en [https://recyt.fecyt.es/index.php/RAP/article/view/45759/27272].

Carpizo, Jorge, "Los derechos humanos: naturaleza, denominación y características", en *Revista Mexicana de Derecho Constitucional,* México, Núm. 25, julio – diciembre de 2011, p. 13

Castro Alberto. *Buen Gobierno y derechos humanos.* Págs. 18-19. 2014.

Castro Amado, Diego Armando y Loaiza, Yeison Andrey. La corrupción extractiva en Colombia 2000-2011, en *Apuntes del cenes,* vol. 38, n.° 67, enero-junio de 2019, disponible en [https://revistas.uptc.edu.co/index. php/cenes/article/view/8210/7617].

Cerrillo Martínez, A. *La Gobernanza Hoy.* Pág. 13. 1998.

Carta de las Naciones Unidas. Disponible en: https://www.un.org/es/about-us/un-charte

Carta iberoamericana de los Derechos y Deberes del Ciudadano en Relación con la Administración Pública, adoptada por la XXII Cumbre iberoamericana de Jefes de Estado y de Gobierno, Ciudad de Panamá.

Carta Europea de los Derechos Fundamentales de 2007, Aprobada en Estrasburgo, el 12 de diciembre de 2007, publicada en el *Diario Oficial de la Unión Europea*, n.° C. 303, de 14 de diciembre de 2007, entrada en vigor: 1.° de diciembre de 2009, disponible en [http://www.derechoshumanos.net/normativa/normas/europa/CDFUE/CartaDerechosFundamentalesUnionEuropea-v2007.htm].

Carta Europea de los Derechos Fundamentales de la Unión Europea, 2000/C 364/01, *Diario Oficial de las Comunidades Europeas*, 18 de diciembre de 2000, disponible en [https://www.europarl.europa.eu/charter/pdf/text_es.pdf].

Cassagne, Juan Carlos. «A cuarenta años de la ley nacional de procedimientos administrativos», en Héctor Pozo Gowland (dir.). *Procedimiento administrativo*, vol. i, t. i, «Aspectos generales del procedimiento administrativo. Relaciones con otras ramas del derecho», Buenos Aires, La Ley, 2012.

Cassese, Sabino. *Derecho administrativo: Historia y futuro*, Alberto Montaña Plata y Manuel Martínez Neira (trads.), Sevilla, Global Law Press, Instituto Nacional de Administración Pública, 2014.

Castro Amado, Diego Armando y Yeison Andrey Loaiza. La corrupción extractiva en Colombia 2000-2011. *Apuntes del cenes*, vol. 38, n.° 67, enero-junio de 2019, disponible en [https://revistas.uptc.edu.co/index.php/cenes/article/view/8210/7617].

Código de Comercio, Decreto 410 de 27 de marzo de 1971, *Diario Oficial*, n.° 33.339, de 16 de junio de 1971, disponible en [http://www.secretariasenado.gov.co/senado/basedoc/codigo_comercio.html].

Código General del Proceso, Ley 1564 de 12 de julio de 2012, *Diario Oficial*, n.° 48.489, de 12 de julio de 2012, disponible en [http://www.suin-juriscol.gov.co/viewDocument.asp?ruta=Leyes/1683572].

Código de Procedimiento Administrativo y de lo Contencioso Administrativo —CPACA—.

Ley 1437 de 18 de enero de 2011, *Diario Oficial*, n.° 47.956, de 18 de enero de 2011, disponible en [http://www.secretariasenado.gov.co/senado/basedoc/ley_1437_2011.html#PARTE%20PRIMERA].

Comité de Ministros del Consejo de Europa. Recomendación número R (80) 2, Adoptada el 11 de marzo de 1980, durante la 316 reunión de los Delegados de los Ministros.

Comisión de las Comunidades Europeas c. República Francesa, *Asunto C-304/02*, disponible en [http://curia.europa.eu/juris/showPdf.jsf;jsessionid=9ea7d0f130d5ed0caf5148f04bccaf53e4ef8346b7a5.e34KaxiLc3eQc40LaxqMbN4Pa3mMe0?docid=60408&pageIndex=0&doclang=ES&mode=lst&dir=&occ=first&part=1&cid=923610].*L'Oreal c. Oficina de Armonización del Mercado Interior (marcas, dibujos y modelos)*, Asunto T-112/03, disponible en [http://curia.europa.eu/juris/showPdf.jsf;jsessionid=9ea7d2dc30dd8ca71498a2e64855b365cfa27d482802.e34KaxiLc3qMb40Rch0SaxyOah50?docid=54120&pageIndex=0&doclang=ES&mode=lst&dir=&occ=first&part=1&cid=641302].

Concepto Dpto Administrativo de la función pública. Radicado No. 20236000011271

Concepto Contraloría General de la República, OJ 183 de 2018, disponible en [www.contraloria.gov.co].

Cornelio Zamudio Leticia del Rocío. El Derecho Humano a la Buena Administración Pública, en *Perfiles de las Ciencias Sociales,* Volumen 5, Número 10, pág. 325. 2018

Corte Interamericana de Derechos Humanos. Jurisprudencia Debido proceso / Corte Interamericana de Derechos Humanos. San José, C.R. : Corte IDH, 2022. ISBN (digital) 978-9977- 36-265-6

Córdoba Larrarte Carlos Felipe. *El control fiscal en Colombia. Una aproximación a la situación de aplicación,* Bogotá, Instituto Latinoamericano de Altos Estudios —ILAE—, 2018. Disponible en [http://www.ilae.edu.co/web/libros-html/libro-375/index.html], pp. 263 y 264.

Corruption Perceptions Index. https://www.transparency.org/es/press/cpi2023-corruption-perceptions-index-weakening-justice-systems-leave-corruption-unchecked

Corruption in Public Procurement. A perennial Challenge», cap. 9, en J. Edgardo Campos y Sanjay Pradhan (eds.). *The Many Faces of Corruption. Tracking Vulnerabilities at the Sector Level,* Washington D. C., The World Bank, 2007, p. 296

Contraloría General de la República. *Manejo de la Regalías 2023, informe, Bogotá, CGR,* julio de 2019, disponible en [https://www.contraloria.gov.co].

Contraloría General de la República. Ejecución de los recursos y cumplimiento de las metas del Componente para la Paz del Plan Plurianual de Inversiones. Informe al Honorable Congreso de la República. Julio 2017, p. 13.

Contraloría General de la República. *Segundo Informe al Congreso sobre la ejecución de los recursos y cumplimiento de las metas del componente para la paz del Plan Plurianual de Inversiones 1 de enero de 2017 a 30 de marzo de 2018.* Agosto de 2018, p. 19.

Contraloría General de la República. *Tercer informe al Congreso sobre la ejecución de los recursos y cumplimiento de las metas del componente para la paz del Plan Plurianual de Inversiones. Noviembre de 2016 a 30 de marzo de 2019, con énfasis en la vigencia 2018.* Julio de 2019, p. 13.

Contraloría General de la República. *Cuarto informe sobre la ejecución de los recursos y cumplimiento de las metas del componente para la paz del Plan Plurianual de Inversiones. Noviembre de 2016 a 31 de marzo de 2020–Énfasis Vigencia 2019.* Julio de 2020, p. 15.

Contraloría General de la República, Contraloría Delegada para la Participación Ciudadana. «Resultados en control fiscal micro de las denuncias durante la vigencia 2016», 13 de junio de 2017, disponible en [https://www.contraloria.gov.co/documents/487635/633691/Informe+resultados+de+denuncias+2016.pdf/d27b6ca4-2213-4963-9f2f-d4f7cf68b9c2].

Contraloría General de la República. «Control social a la compra y la contratación pública», disponible en [https://www.contraloria.gov.co/documents/621871/1131800/M%C3%B3dulo+3+Contrataci%C3%B3n.pdf/ef8e8036-f928-4850-b277-f1490f9e6444?version=1.0].

Contraloría General de la República. Manejo de la Regalías 2018, informe, Bogotá, cgr, julio de 2019, disponible en [https://www.contraloria.gov.co].

Contraloría General de la República. Plan de Vigilancia y Control Fiscal, pvcf inicial 2019, aprobado por Comité Directivo el 17 de diciembre de 2018, disponible en [https://www.

contraloria.gov.co/documents/20181/452000/PVCF+2019+Inicial.pdf/bef8ac84-9709-473b-87fd-9fea01b1c507].

Contraloría General de la República. Resolución Orgánica 3466 de 14 de junio de 1994, disponible en [https://www.cancilleria.gov.co/sites/default/files/Normograma/docs/resolucion_contraloria_rg346694.htm].

Contraloría General de la República. Resolución Orgánica 4657 del 5 de febrero de 1999, Disponible en [https://www.cancilleria.gov.co/sites/default/files/Normograma/docs/resolucion_contraloria_rg346694.htm].

Contraloría General de la República. Resolución Orgánica 4998 del 22 de diciembre de 1999, *Diario Oficial*, n.° 43.839, de 1.° de enero de 2000, disponible en [https://normograma.info/men/docs/pdf/resolucion_contraloria_rg499899.pdf].

Contraloría General de la República. Resolución Orgánica 5678 de 6 de julio de 2005, *Diario Oficial*, n.° 45.976, de 21 de julio de 2005, disponible en [http://www.avancejuridico.com/actualidad/documentosoficiales/2003/45976/r_cgr_5678_2005.html].

Contraloría General de la República. Resolución Orgánica 7350 de 29 de noviembre de 2013, disponible en [https://www.cvc.gov.co/sites/default/files/Sistema_Gestion_de_Calidad/Procesos%20y%20procedimientos%20Vigente/Normatividad_Gnl/Resolucion%20organica%207350%20de%202013-Nov-29.pdf].

Contraloría General de la República. Resolución Organizacional 0665 del 24 de julio de 2018, disponible en [https://relatoria.blob.core.windows.net/$web/files/resoluciones/OGZ-0665-2018.PDF].

Contraloría General de la República. Resolución Reglamentaria Ejecutiva n.° 049 de 11 de abril de 2019, disponible en [https://relatoria.blob.core.windows.net/$web/files/resoluciones/REG-EJE-0049-2019.PDF].

Contraloría General de la República, Contraloría Delegada para la Participación Ciudadana. «Resultados en control fiscal micro de las denuncias durante la vigencia 2016», 13 de junio de 2017, disponible en [https://www.contraloria.gov.co/documents/487635/633691/Informe+resultados+de+denuncias+2016.pdf/d27b6ca4-2213-4963-9f2f-d4f7cf68b9c2].

Contraloría General de la República, Oficina Jurídica. Concepto 80112-2006IE37734 de 31 de octubre de 2006.

Cuadro Contreras Raúl. La inevitabilidad de la Ética: Siete escritos sobre la importancia de la ética y su enseñanza. Cap 3 La ética como campo interdisciplinar., Ed Rafael Silva Vega, Cali Universidad Icesi, 2018.

Consejo de Estado

Sentencia La cláusula de Buena Administración como principio y derecho incorporado en el ordenamiento jurídico Colombia. **Consejo de Estado, Sala de lo Contencioso Administrativo, Sección Segunda–Subsección A. Sentencia de 5 de julio de 2018,** Rad. No.: 110010325000201000064 00 (0685-2010), **C. P.: Gabriel Valbuena Hernández, disponible en** [https://www.funcionpublica.gov.co/eva/gestornormativo/norma.php?i=88501].

Sala de lo Contencioso Administrativo Sección Primera. Expediente núm. 050012331-000-1997- 02093 01, 26 de agosto de 2004, C. P.: Gabriel Eduardo Mendoza Martelo.

Sentencia de 15 de abril de 2010, proferida en el expediente con radicación núm. 66001-23-31-003- 2006-00102-01, C. P.: Rafael E. Ostau De Lafont Pianeta.

Sala de lo Contencioso Administrativo Sección Primera. Expediente núm. 050012331-000-1997- 02093 01, 26 de agosto de 2004, C. P.: Gabriel Eduardo Mendoza Martelo.

Sala de Consulta y Servicio Civil. Sentencia de 2 de noviembre de 2005, radicación n.° 11001-03-06-000-2005-01682-00 (1682), C. P.: Enrique José Arboleda Perdomo, Actor: Ministerio de Defensa Nacional, referencia: Bienes de uso público bajo jurisdicción de la Dirección General Marítima —dimar—.

Sentencia de 15 de abril de 2010, proferida en el expediente con radicación núm. 66001-23-31-003-2006-00102-01, C. P.: Rafael E. Ostau De Lafont Pianeta.

Sala de lo Contencioso Administrativo, Sección Tercera. Sentencia 1330 de 8 de junio de 2011, radicación número 25000-23-26-000-2005-01330-01(AP), C. P.: Jaime Orlando

Santofimio Gamboa, disponible en [https://www.alcaldiabogota.gov.co/sisjur/normas/Norma1.jsp?i=43665].

Sala de lo Contencioso Administrativo, Sección Tercera. Sentencia de 24 de abril de 2012, Radicado n.°. 27315, M. P.: Jaime Orlando Santofimio Gamboa.

Sala de lo Contencioso Administrativo, Sección Tercera, Subsección B. Sentencia de 28 de mayo de 2012, Radicación n.° 07001-23-31-000-1999-00546-01(21489), C. P.: Ruth Stella Correa Palacio.

Sala Contencioso Administrativo, Sección Primera. Sentencia de 13 de diciembre de 2012, radicado 15001-23-31-000-2009-00247-01, M. P.: Guillermo Vargas Ayala.

Sala de lo Contencioso Administrativo, Sección Tercera, Subsección C. Sentencia de 24 de abril de 2013, radicación n.° 68001-23-15-000-1998-01743-01(27315), C. P.: Jaime Orlando Santofimio Gamboa.

Sala de lo Contencioso Administrativo, Sección Tercera, Subsección C. Sentencia de 23 de octubre 2017, Radicación n.° 15001-23-33-000-2013-00526-01(55855), C. P.: Jaime Orlando Santofimio Gamboa.

Sala de lo Contencioso Administrativo, Sección Segunda–Subsección A. Sentencia de 5 de julio de 2018, Rad. n.° 11001032500020100006400 (0685-2010), C. P.: Gabriel Valbuena Hernández, disponible en [https://www.funcionpublica.gov.co/eva/gestornormativo/norma.php?i=88501].

Sala de lo Contencioso Administrativo, Sección Quinta. Sentencia de 9 de agosto de 2018, radicado 25000-23-24-000-2012-00195-01, C. P.: Carlos Enrique Moreno Rubio.

Sala de lo Contencioso Administrativo Sección Tercera Subsección A, Sentencia del 8 de mayo de 2019, radicado 59309. Consejera Ponente Dra. MARTA NUBIA VELÁSQUEZ RICO.

Sala de lo Contencioso Administrativo, Sección Tercera, Subsección B. Sentencia de 28 de mayo de 2012, Radicación n.° 07001-23-31-000-1999-00546-01(21489),

Sala de lo Contencioso Administrativo, Sección Tercera, Subsección C C. P.: Ruth Stella Correa Palacio; Sentencia de 23 de octubre 2017,

Radicación n.° 15001-23-33-000-2013-00526-01(55855), C. P.: Jaime Orlando Santofimio Gamboa.

Sala de lo Contencioso Administrativo, Sección Tercera, Subsección C. Sentencia de 24 de abril de 2013, radicación número: 68001-23-15-000-1998-01743-01(27315), C. P.: Jaime Orlando Santofimio Gamboa.

El control fiscal en Colombia. Una aproximación a la situación de aplicación, Bogotá, Instituto Latinoamericano de Altos Estudios —ilae—, 2018, disponible en [http://www.ilae.edu.co/web/libros-html/libro-375/index.html].

Córdoba Larrarte, Carlos Felipe. «El sistema nacional de control fiscal en Colombia: ¿Una realidad o una necesidad?», *Revista Nuevos Paradigmas de las Ciencias Sociales Latinoamericanas*, vol. ix, n.º 18, julio-diciembre de 2018, disponible en [https://www.ilae.edu. co/IlaeOjs/index.php/IlaeOjs/article/view/38].

Córdoba Larrarte, Carlos Felipe. Plan Estratégico 2018-2022: «Una Contraloría para todos», Bogotá, cgr, 2018, disponible en [https://www.contraloria.gov.co/documents/20181/1341740/PLAN+ESTRATEGICO+cgr+2018+-+2022.PDF/f20ab90fa6aa-4376-b765-dd9d91179966c?version=1.0].

Corporación Transparencia por Colombia. Informe Anual 2009, Bogotá, ctc, 2009, disponible en [https://transparenciacolombia.org.co/wp-content/uploads/informe-anual-2009.pdf].

Constitución Política de Colombia

Corte Constitucional de Colombia

«Informe de gestión 2018-2019», disponible en [http://www.corteconstitucional.gov.co/transparencia/Informe%20Gestion-2018.pdf].

Sentencia C-449 de 9 de julio de 1992, M. P.: Alejandro Martínez Caballero, disponible en [https://www.corteconstitucional.gov.co/relatoria/1992/c-449-92.htm].

Sentencia C-046 de 10 de febrero de 1994, M. P.: Eduardo Cifuentes Muñoz, disponible en [https://www.corteconstitucional.gov.co/relatoria/1994/C-046-94.htm].

Sentencia C-089 de 3 de marzo de 1994, M. P.: Eduardo Cifuentes Muñoz, disponible en [https://www.corteconstitucional.gov.co/relatoria/1994/C-089-94.htm].

Sentencia C-141 de 29 de marzo de 1995, M. S.: Antonio Barrera Carbonell, disponible en [https://www.corteconstitucional.gov.co/relatoria/1995/C-141-95.htm].

Sentencia C-374 de agosto 24 de 1995, M. P.: Antonio Barrera Carbonell, disponible en [https://www.corteconstitucional.gov.co/relatoria/1995/C-374-95.htm].

Sentencia SU-620 de 13 de noviembre de 1996, M. P.: Antonio Barrera Carbonell, disponible en [https://www.corteconstitucional.gov.co/relatoria/1996/SU620-96.htm].

Sentencia C-189 de 6 de mayo de 1998, M. P.: Alejandro Martínez Caballero, disponible en [https://www.corteconstitucional.gov.co/relatoria/1998/c-189-98.htm].

Sentencia C-623 de 25 de agosto de 1999, M. P.: Carlos Gaviria Diaz, disponible en [https://www.corteconstitucional.gov.co/relatoria/1999/c-623-99.htm].

Sentencia T-571 de 26 de octubre de 1992, M. P.: JAIME SANÍN GREIFFENSTEIN, disponible en [https://www.corteconstitucional.gov.co/relatoria/1992/t-571-92.htm], la Corte Constitucional

Sentencia T-291 de 2016 M.P. Alberto Rojas Ríos

Sentencia C-251 de 1997 M.P. Alejandro Martínez Caballero.

Sentencia T-653-12 M.P. Jorge Iván Palacio Palacio

Sentencia C-563 de 1998 M.P Antonio Barrera Carbonell y Carlos Gaviria Diaz

Sentencia C-649 de 13 de agosto de 2002, M. P.: Luis Eduardo Montealegre Lynett, disponible en [https://www.corteconstitucional.gov.co/relatoria/2002/C-649-02.htm].

Sentencia C-118 de 14 de noviembre de 2018, M. P.: Gloria Stella Ortiz Delgado, disponible en [https://www.corteconstitucional.gov.co/relatoria/2018/c-118-18.htm].

M. P.: Luis Ernesto Vargas Silva, disponible en [https://www.corteconstitucional.gov.co/relatoria/2013/C-826-13.htm].

Sentencia T-648 de 17 de septiembre de 2013, M. P.: Mauricio González Cuervo, disponible en [https://www.corteconstitucional.gov.co/relatoria/2013/T-648-13.htm].

Sentencia C-046 de 10 de febrero de 1994, M. P.: Eduardo Cifuentes Muñoz, disponible en [https://www.corteconstitucional.gov.co/relatoria/1994/C-046-94.htm].

Sentencia C-118 de 2018, cit.

Sentencia C-649 de 13 de agosto de 2002, M. P.: Luis Eduardo Montealegre Lynett, disponible en [https://www.corteconstitucional.gov.co/relatoria/2002/C-649-02.htm].

Sentencia C-118 de 14 de noviembre de 2018, M. P.: Gloria Stella Ortiz Delgado, disponible en [https://www.corteconstitucional.gov.co/relatoria/2018/c-118-18.htm].

M. P.: Luis Ernesto Vargas Silva, disponible en [https://www.corteconstitucional.gov.co/relatoria/2013/C-826-13.htm].

Sentencia T-648 de 17 de septiembre de 2013, M. P.: Mauricio González Cuervo, disponible en [https://www.corteconstitucional.gov.co/relatoria/2013/T-648-13.htm].

Sentencia C-046 de 10 de febrero de 1994, M. P.: Eduardo Cifuentes Muñoz, disponible en [https://www.corteconstitucional.gov.co/relatoria/1994/C-046-94.htm].

Sentencia C-118 de 2018, cit.

Sentencia C-932 de 8 de noviembre de 2007, M. P.: Marco Gerardo Monroy Cabra, disponible en [https://www.corteconstitucional.gov.co/relatoria/2007/C-932-07.htm].

Sentencia T-973 del 2 de diciembre de 1999, M. P.: Álvaro Tafur Galvis, disponible en [https://www.corteconstitucional.gov.co/relatoria/1999/T-973-99.htm].

Sentencia C-040 de 26 de enero de 2000, M. P.: Fabio Morón Díaz, disponible en [http://www.corteconstitucional.gov.co/relatoria/2000/c-040-00.htm].

Sentencia C-384 de 5 de abril de 2000, M. P.: Vladimiro Naranjo Mesa, disponible en [https://www.corteconstitucional.gov.co/RELATORIA/2000/C-384-00.htm].

Sentencia T-1362 de 9 de octubre de 2000, M. P.: Álvaro Tafur Galvis, disponible en [https://www.corteconstitucional.gov.co/relatoria/2000/T-1362-00.htm].

Sentencia C-364 de 2 de abril de 2001, M. P.: Luis Eduardo Montealegre Lynett, disponible en [https://www.corteconstitucional.gov.co/relatoria/2001/C-364-01.htm].

Sentencia C-556 de 31 de mayo de 2001, M. P.: Álvaro Tafur Galvis, disponible en [https://www.corteconstitucional.gov.co/relatoria/2001/C-556-01.htm].

Sentencia C-558 de 31 de mayo de 2001, M. P.: Jaime Araújo Rentería, disponible en [https://www.corteconstitucional.gov.co/relatoria/2001/C-558-01.htm].

Sentencia C-840 de 9 de agosto de 2001, M. P.: Jaime Araújo Rentería, disponible en [https://www.corteconstitucional.gov.co/relatoria/2001/c-840-01.htm].

Sentencia C-949 de 5 de septiembre de 2001, M. P.: Clara Inés Vargas Hernández, disponible en [http://www.corteconstitucional.gov.co/relatoria/2001/C-949-01.htm].

Sentencia C-179 de 12 de marzo de 2002, M. P.: Marco Gerardo Monoy Cabra, disponible en [https://www.corteconstitucional.gov.co/relatoria/2002/C-179-02.htm].

Sentencia C-619 de 8 de agosto de 2002, MM. PP.: Jaime Córdoba Triviño y Rodrigo Escobar Gil, disponible en [https://www.corteconstitucional.gov.co/relatoria/2002/C-619-02.htm].

Sentencia C-649 de 13 de agosto de 2002, M. P.: Luis Eduardo Montealegre Lynett, disponible en [https://www.corteconstitucional.gov.co/relatoria/2002/C-649-02.htm].

Sentencia C-716 de 3 de septiembre de 2002, M. P.: Marco Gerardo Monroy Cabra, disponible en [https://www.corteconstitucional.gov.co/relatoria/2002/C-716-02.htm].

Sentencia C-292 de 8 de abril de 2003, M. P.: Luis Eduardo Montealegre Lynett, disponible en [https://www.corteconstitucional.gov.co/relatoria/2003/C-292-03.htm].

Sala de Consulta y Servicio Civil. Sentencia de 2 de noviembre de 2005, radicación n.º 11001-03-06-000-2005-01682-00 (1682), M. P.: Luis Ernesto Vargas Silva, disponible en [http://www.corteconstitucional.gov.co/RELATORIA/2009/C-557-09.htm].

Sentencia C-340 de 9 de mayo de 2007, M. P.: Rodrigo Escobar Gil, disponible en [https://www.corteconstitucional.gov.co/relatoria/2007/C-340-07.htm].

Sentencia C-932 de 8 de noviembre de 2007, M. P.: Marco Gerardo Monroy Cabra, disponible en [https://www.corteconstitucional.gov.co/relatoria/2007/C-932-07.htm].

Sentencia C-117 de 13 de febrero de 2008, M. P.: Manuel José Cepeda Espinosa, disponible en [https://www.corteconstitucional.gov.co/relatoria/2008/C-117-08.htm].

Sentencia C-557 de 20 de agosto de 2009, M. P.: Luis Ernesto Vargas Silva, disponible en [http://www.corteconstitucional.gov.co/RELATORIA/2009/C-557-09.htm].

Sentencia C-713 de 7 de octubre de 2009, M. P.: María Victoria Calle Correa, disponible en [http://www.corteconstitucional.gov.co/RELATORIA/2009/C-713-09.htm].

Sentencia C-156 de 20 de marzo de 2013, M. P.: Luis Ernesto Vargas Silv a, disponible en [https://www.corteconstitucional.gov.co/relatoria/2013/C-156-13.htm].

Sentencia T-648 de 17 de septiembre de 2013, M. P.: Mauricio González Cuervo, disponible en [https://www.corteconstitucional.gov.co/relatoria/2013/T-648-13.htm].

Sentencia C-826 de 13 de noviembre de 2013, M. P.: Luis Ernesto Vargas Silv a, disponible en [https://www.corteconstitucional.gov.co/relatoria/2013/C-826-13.htm].

Sentencia T-832A de 14 de noviembre de 2013, M. P.: Luis Ernesto Vargas Silv a, disponible en [https://www.corteconstitucional.gov.co/relatoria/2013/t-832a-13.htm].

Sentencia C-170 del 19 de marzo de 2014, M. P.: Alberto Rojas Ríos, disponible en [https://www.corteconstitucional.gov.co/relatoria/2014/C-170-14.htm].

Sentencia C-338 de 4 de junio de 2014, M. P.: Alberto Rojas Ríos, disponible en [https://www.corteconstitucional.gov.co/relatoria/2014/C-338-14.htm].

Sentencia C-103 de 11 de marzo de 2015, M. P.: María Victoria Calle Correa, disponible en [https://www.corteconstitucional.gov.co/RELATORIA/2015/C-103-15.htm].

Sentencia C-150 de 8 de abril de 2015, M. P.: Mauricio González Cuervo, disponible en [https://www.corteconstitucional.gov.co/RELATORIA/2015/C-150-15.htm].

Sentencia C-518 de 21 de septiembre de 2016, M. S.: Luis Guillermo Guerrero Pérez, disponible en [http://www.corteconstitucional.gov.co/relatoria/2016/C-518-16.htm].

Sentencia T-760 de 31 de julio de 2018, M. P.: Manuel José Cepeda Espinosa, disponible en [http://www.corteconstitucional.gov.co/relatoria/2008/t-760-08.htm].

Sentencia C-118 de 14 de noviembre de 2018, M. P.: Gloria Stella Ortiz Delgado, disponible en [https://www.corteconstitucional.gov.co/relatoria/2018/c-118-18.htm].

Sentencia T-571 de 26 de octubre de 1992, M. P.: Jaime Sanín Greiffenstein, disponible en [https://www.corteconstitucional.gov.co/relatoria/1992/t-571-92.htm] Corte Constitucional.

Sentencia T-760 [de 31 de julio] de 2008[], por la cual se declaró el estado de cosas inconstitucional en materia de atención en salud disponible[https://www.ambitojuridico.com/noticias/general/administrativo-y-contratacion/defensoria-del-pueblo-revela-cifras-de-tutela-y]. "Informe de gestión 2018-2019", disponible en [http://www.corteconstitucional.gov.co/transparencia/Informe%20Gestion-2018.pdf], p. 31.

Sentencia 55813 de 2015. Honorable Corte Constitucional, Nevado-Batalla Pedro T. Legalidad y buena administración Page 29

Sentencia T-13118 de 2021 M.P. Rodrigo Uprymmy Yepes

Sentencia C-370 de 2006 Magistrados Ponentes: Dr. MANUEL JOSÉ CEPEDA ESPINOSA, Dr. JAIME CÓRDOBA TRIVIÑO, Dr. RODRIGO ESCOBAR GIL, Dr. MARCO GERARDO MONROY CABRA, Dr. ALVARO TAFUR GALVIS, Dra. CLARA INÉS VARGAS HERNÁNDEZ.

Sentencia C-046 de 1994 M.P. Eduardo Cifuentes Muñoz

Sentencia C-631 de 1996 M.P. Antonio Barrera Carbonell

Sentencia C-185 de 2019 M.S Luis Guillermo Guerrero Pérez C-593 de 1998 Ms.Ps. Antonio Barrera Carbonell y Carlos Gaviria

Sentencia C-944 de 2012 M.P. JORGE IGNACIO PRETELT CHALJUB

Sentencia C-716 de 2002, M. P.: Marco Gerardo Monroy Cabra

Sentencia C-103 de 11 de marzo de 2015, M. P.: María Victoria Calle Correa, disponible en [https://www.corteconstitucional.gov.co/RELATORIA/2015/C-103-15.htm].

Sentencia C-340 de 9 de mayo de 2007, M. P.: Rodrigo Escobar Gil, disponible en [https://www.corteconstitucional.gov.co/relatoria/2007/C-340-07.htm].

Sentencia C-619 de 8 de agosto de 2002, MM. PP.: Jaime Córdoba Triviño y Rodrigo Escobar Gil, disponible en [https://www. corteconstitucional.gov.co/relatoria/2002/C-619-02.htm],

Sentencia C-338 de 4 de junio de 2014, M. P.: Alberto Rojas Ríos, disponible en [https://www.corteconstitucional.gov.co/ relatoria/2014/C-338-14.htm],

Corte Constitucional, Sentencia C-374 de agosto 24 de 1995, M. P.: Antonio Barrera Carbonell, disponible en [https://www.corteconstitucional.gov.co/relatoria/1995/C-374-95.htm].

Corte Constitucional. Sentencia T-832A de 14 de noviembre de 2013, M. P.: Luis Ernesto Vargas Silva, disponible en [https://www.corteconstitucional.gov.co/relatoria/2013/t-832a-13.htm].

M. P.: Álvaro Tafur Galvis, disponible en [https://www.corteconstitucional.gov.co/relatoria/2001/C-556-01.htm], según la cual la prescripción consiste en «un instituto de orden público, por virtud del cual el Estado cesa su potestad punitiva —ius puniendi— por el cumplimiento del término señalado en la ley».

Corte Constitucional *et ál. Constitución Política de Colombia 1991, Actualizada con los actos legislativos a 2016,* Bogotá, Consejo Superior de la Judicatura, 2016, disponible en [http://www.corteconstitucional.gov.co/inicio/Constitucion%20politica%20de%20Colombia.pdf].

Decreto 410 de 27 de marzo de 1971, Diario Oficial, n.º 33.339, de 16 de junio de 1971, disponible en [http://www.secretariasenado.gov.co/senado/basedoc/codigo_comercio. html].

Danos Ordóñez Jorge. Buen Gobierno y Derechos Humanos-Principios del buen gobierno en el derecho administrativo Peruano y legitimidad de la actividad administrativa-

Damsky, Isaac Augusto. «Excursos sobre el concepto de administración pública y la construcción histórica de algunas de sus técnicas», en Alberto Montaña Plata y Andry Mantilla Correa (coords.). *Ensayos de derecho administrativo: Libro Homenaje a Jorge Fernández Ruiz,* Bogotá, Externado, 2016, pp. 531 a 556, disponible en [http://isaacaugustodamsky. com/publicaciones/Ensayos_de_derecho_administrativo.pdf].

Dávila de Briceño Patricia (trad.), *Derecho administrativo,* Caracas, Instituto de Derecho Público, Facultad de Ciencias Jurídicas y Políticas, Universidad Central de Venezuela, 1984, p. 23,

Decreto 410 de 1971, ver *Código de Comercio.*

Decreto 1670 de 18 de agosto de 1975, *Diario Oficial,* n.º 34.388, de 29 de agosto de 1975, disponible en [https://www.redjurista.com/Documents/decreto_1670_de_1975_presidencia_de_la_republica.aspx?r=t#/].

Decreto 150 de 27 de enero de 1976, *Diario Oficial,* n.º 34.492, de 18 de febrero de 1976, disponible en [http://www.suin-juriscol.gov.co/viewDocument. asp?ruta=Decretos/1708308].

Decreto 925 de 11 de mayo de 1976, *Diario Oficial,* n.º 34.568, de 9 de junio de 1976, disponible en [http://www.suin-juriscol.gov.co/viewDocument.asp?ruta=Decretos/1191270].

Decreto 222 de 2 de febrero de 1983, *Diario Oficial,* n.º 36.189, de 9 de febrero de 1983, disponible en [http://www.suin-juriscol.gov.co/viewDocument.asp?ruta=Decretos/1049915].

Decreto 1 de 2 de enero de 1984, *Diario Oficial,* n.º 36.439, de 10 de enero de 1984, disponible en [http://www.suin-juriscol.gov.co/viewDocument.asp?ruta=Decretos/1698916].

Decreto 624 de 1989, ver *Estatuto Tributario.*

Decreto 267 de 22 de febrero de 2000, *Diario Oficial,* n.º 43.905, de 22 de febrero de 2000, disponible en [http://www.suin-juriscol.gov.co/viewDocument. asp?ruta=Decretos/1061345].

Decreto 272 de 22 de febrero de 2000, *Diario Oficial,* n.º 43.905, de 22 de febrero de 2000, disponible en [http://www.suin-juriscol.gov.co/viewDocument. asp?ruta=Decretos/1063255].

Decreto 1599 de 20 de mayo de 2005, *Diario Oficial,* n.º 45.920, de 26 de mayo de 2005, disponible en [http://www.suin-juriscol.gov.co/viewDocument.asp?ruta=Decretos/1910681].

Decreto 1083 de 26 de mayo de 2015, *Diario Oficial*, n.º 49.523, de 26 de mayo de 2015, disponible en [http://www.suin-juriscol.gov.co/viewDocument. asp?ruta=Decretos/30019891].

Decreto 888 de 27 de mayo de 2017, *Diario Oficial*, n.º 50.246, de 27 de mayo de 2017, disponible en [http://www.suin-juriscol.gov.co/viewDocument.asp?ruta=Decretos/30031742].

Decreto 1499 de 11 de septiembre de 2017, *Diario Oficial*, n.º 50.353, de 11 de septiembre de 2017, disponible en [http://www.suin-juriscol.gov.co/viewDocument. asp?ruta=Decretos/30033473].

Decreto 342 de 5 de marzo de 2019, *Diario Oficial*, n.º 50.886, de 5 de marzo de 2019, disponible en [http://www.suin-juriscol.gov.co/viewDocument.asp?ruta=Decretos/30038288].

Decreto 403 de 16 de marzo de 2020, *Diario Oficial*, n.º 51.258, de 16 de marzo de 2020, disponible en [http://www.suin-juriscol.gov.co/viewDocument. asp?ruta=Decretos/30038961].

Delpiazzo, Carlos E. «La buena administración como imperativo ético para administradores y administrados», *Revista de Derecho, Segunda Época*, año 9, n.° 10, diciembre de 2014, pp. 41 a 57, disponible en [https://revistas.ucu.edu.uy/index.php/revistadederecho/article/view/736/726].

Departamento Administrativo de la Función Pública. «Guía para la administración del riesgo y el diseño de controles en entidades públicas. Riesgos de gestión, corrupción y seguridad digital», Versión 4, octubre de 2018, disponible en [https://www.funcionpublica. gov.co/web/eva/biblioteca-virtual/-/document_library/bGsp2IjUBdeu/view_file/34316499].

Departamento Nacional de Planeación —dnp—. Bases del Plan Nacional de Desarrollo 2014-2018, disponible en [https://www.minagricultura.gov.co/planeacion-control-gestion/Gestin/Plan%20de%20Acción/PLAN%20NACIONAL%20DE%20DESARROLLO%202014%20-%202018%20TODOS%20POR%20UN%20NUEVO%20PAIS.pdf].

Departamento Nacional de Planeación. «Pacto por el Transporte y la Logística para la Competitividad y la Integración Regional», disponible en [https://www.dnp.gov.co/DNPN/Plan-Nacional-de-Desarrollo/Paginas/Pactos-Transversales/Pacto-transporte-y-logistica/Transporte-y-Logistica.aspx].

Departamento Nacional de Planeación. Plan Nacional de Desarrollo 2018-2022, «Pacto por Colombia, pacto por la equidad», disponible en [http://bit.ly/pndPactoporColombia].

Durán Martínez, Augusto. «Estado constitucional de derecho y servicios públicos», *A&C. Revista de Direito Administrativo & Constitucional*, Belo Horizonte, vol. 15, n.º 60, abriljunio de 2015, pp. 39 a 62, disponible en [http://www.revistaaec.com/index.php/revistaaec/article/view/52/355].

Durán Martínez, Augusto. «Principio de eficacia y Estado subsidiario», *Liber Amicorum Discipulorumque José Aníbal Cagnoni*, Montevideo, Fundación de Cultura Universitaria, 2005.

DÍAZ MULLER, Luis, Manual de derechos humanos, México, Comisión Nacional de Derechos Humanos, 1992, p.53.

Dupee White Leonard. "Introduction to the Study of Public Administration", en Jay M. Shafritz y Albert C. Hyde (comp.). *Classics of public administration*, 8.ª ed., Boston, Cengage Learning, 2015, art. 11, pp. 68 a 75, disponible en [http://irpublicpolicy.ir/wp-content/uploads/2018/04/Classics_of_Public_Administration-Shafritz-8ed-irpublicpolicy.pdf], p. 69.

Echandi Guardián Marcela- El concepto de Estado y los aportes de Maquiavelo a la teoría del Estado-Revista de ciencias jurídicas-119. "

El Defensor del Pueblo Europeo. *Código Europeo de Buena Conducta Administrativa*, Luxemburgo, Bélgica, 2005, disponible en [https://parlamento-cantabria.es/sites/default/files/dossieres-legislativos/code2005_es.pdf].

Estatuto Tributario, Decreto 624 de 30 de marzo de 1989, *Diario Oficial*, n.° 38.756, de 30 de marzo de 1989, disponible en [http://www.secretariasenado.gov.co/senado/basedoc/estatuto_tributario.html].

ESCOLA, Héctor J, Compendio de derecho administrativo, Depalma, Buenos aires, 1984, Vol. I, p.33.

Escuela Superior de Administración Pública —esap— y Departamento Administrativo de la Función Pública, 2009Salnave Sanín Marie Anne. «Rol de las Oficinas de Control Interno, Auditoría Interna o quien haga sus veces», en Cartillas de Administración Pública, n.° 6, versión 2, Bogotá, disponible en [https://www.iiacolombia.com/resource/RolOficinas.pdf

Farrando, Ismael y Patricia R. Martínez (dirs.). *Manual de derecho administrativo*, Buenos Aires, Ediciones Depalma, 1996.

Farrando, Ismael. «Administración pública», en Ismael Farrando y Patricia R. Martínez (dirs.). *Manual de derecho administrativo*, Buenos Aires, Ediciones Depalma, 1996.

Fayol, Henry. *Administration industrielle et générale*, Paris, H. Dunod et E. Pinat, 1916.

Fernández Ajenjo, José Antonio. *El control de las administraciones públicas y la lucha contra la corrupción: Especial referencia al Tribunal de Cuentas y a la intervención general de la Administración del Estado*, Salamanca, Universidad de Salamanca, 2009, disponible en [https://gredos.usal.es/bitstream/handle/10366/76434/DDAFP_Fernadez_Ajenjo_JA_El_control_de_las.pdf?sequence=1&isAllowed=y].

Fernández Farreres, Germán. «Los códigos de buen gobierno de las administraciones públicas », *Fórum Administrativo: Direito Público*, Belo Horizonte, vol. 7, n.° 81, pp. 17 a 29, noviembre de 2007.

Fedesarrollo-Sobre la corrupción en Colombia: marco conceptual, diagnóstico y propuestas de política Vivian Newman Pont–María Paula Ángel Arango

Forsthoff, Ernst. *Tratado de derecho administrativo*, Luis Legaz Lacambra, Fernando Garrido Falla y Ricardo Gómez de Ortega y Junge (trads.), Madrid, Instituto de Estudios Políticos, 1958.

GARCÍA CUEVAS ROQUE ELENA. Ética del jurista y ética social., Editorial DYKINSON, Madrid, 2022.

García-Cuevas Roque Elena Estudios de Ética pública, directora, Aranzadi-Thomson Reuters, Navarra, 2022 García de Enterría, Eduardo. «La lucha contra las inmunidades del poder en el derecho administrativo (poderes discrecionales, poderes de gobierno, poderes normativos)»,

Revista de Administración Pública, n.° 38, 1962, pp. 159 a 208, disponible en [https://dialnet.unirioja.es/descarga/articulo/2112627.pdf].

García de Enterría, Eduardo y Tomás-Ramón Fernández. *Curso de derecho administrativo i*, 8.ª ed., Madrid, Editorial Civitas, 1997.

García Oviedo, Carlos. *Derecho administrativo*, vol. i, 4.ª ed., Madrid, Ediciones Iberoamericanas,1953.

Ghosh, Ritendra Nash y Md Abu Siddique (eds.). *Corruption, good governance and economic development: contemporary analysis and case studies*, Singapore, World Scientific Publishing, 2014.

Giannini, Massimo Severo. *Premisas sociológicas e históricas del derecho administrativo*, Madrid, Instituto Nacional de Administración Pública, 1980.

Gilbert, Karina. «Las cualidades de un *data scientist* para realizar una buena minería de datos», en bbva, 16 de marzio de 2015, disponible en [https://www.bbva.com/es/cualidades-data-scientist-realizar-buena-mineria-datos/].

Gomez Lee, Iván Darío. *Manual para un buen control de recursos en la contratación pública*, Bogotá, Auditoría General de la República, Procuraduría General de la Nación e Instituto de Estudios del Ministerio Público, 2010, disponible en [http://www.auditoria.gov.co/Biblioteca_documental/OEE/AGRP11-Manual_contratacion_visible_v1.pdf].

González Vega, Elsa Yazmin. «La responsabilidad fiscal en Colombia», Tesis de Especialización, Medellín, Universidad Santo Tomás, 2014, disponible en [https://repository.usta.du.co/bitstream/handle/11634/1499/La%20Responsabilidad%20Fiscal%20en%20Colombia.pdf?sequence=1&isAllowed=y].

González Zapata, Alexandra y Leyner Mosquera. «Del control previo y perceptivo al posterior y preventivo: estudio de la trayectoria en el control fiscal en Colombia (1991-2019)», en *Via Inveniendi et Iudicandi*, vol. 15, n.º 1, 2020.

Hernández Ramírez Fabio. «Ética de lo público. Modelo de gestión ética para las entidades del Estado colombiano», en Integritas: Revista de Ética, año 1, n.º 1, enero-junio de 2018, disponible en [https://www.procuraduria.gov.co/iemp/media/file/docs/Revista%20Integritas%20 p_%2082-94%20(6_Ética%20de%20lo%20público).pdf], p. 84.

Hernández Ramírez Fabio. Modelo de gestión ética para las entidades del Estado colombiano. Revista-Integritas-p_-82-94-6_Etica-de-lo-publico.pdf Etica de lo público.

Hermida del Llano, Cristina. «La configuración del derecho a una buena administración como nuevo derecho frente al poder», en *Pensamiento Constitucional*, vol. 16 n.º 16, 2012, Lima, Pontificia Universidad Católica del Perú, disponible en [http://revistas.pucp.edu.pe/index.php/pensamientoconstitucional/article/view/2858/2786].

Hernández Becerra, Augusto. «El nuevo código y la constitucionalización del derecho administrativo », en xviii Encuentro de la Jurisdicción de lo Contencioso Administrativo, Neiva 19 al 21 de septiembre de 2012.

Hernández González, José Ignacio. «El concepto de administración pública desde la buena gobernanza y el derecho administrativo global. Su impacto en los sistemas de derecho administrativo de la América española», *Anuario da Facultade de Dereito da Universidade da Coruña*, n.º 16, 2012, pp. 197 a 224, disponible en [https://ruc.udc.es/dspace/bitstream/handle/2183/12007/AD_16_2012_art_10.pdf?sequence=1&isAllowed=y].

Hernández Ramírez, Fabio. «Ética de lo público. Modelo de gestión ética para las entidades del Estado colombiano», en *Integritas: Revista de Ética*, año 1, n.º 1, enero-junio de 2018, disponible en [https://www.procuraduria.gov.co/iemp/media/file/docs/Revista% 20Integritas%20p_%2082-94%20(6_Ética%20de%20lo%20público).pdf].

Huerta Carla-Distinción entre derechos fundamentales y derechos humanos 8 E. García Máynez, op. cit., nota 26, pp. 15-24

La ética en la gestión pública. El caso de España. María Cadaval Sampedro y Alberto Vaquero García. GESTIÓN Y POLÍTICA PÚBLICA VOLUMEN XXXII, NÚM. 2, SEGUNDO SEMESTRE DE 2023

Ley 42 de 19 de julio de 1923, *Diario Oficial*, n.º 19.119, de 26 de julio de 1923, disponible en [http://www.suin-juriscol.gov.co/viewDocument.asp?ruta=Leyes/1788207].

Ley 20 de 28 de abril de 1975, *Diario Oficial*, n.º 34.313, de 12 de mayo de 1975, disponible en [http://www.suin-juriscol.gov.co/viewDocument.asp?ruta=Leyes/1787037].

Ley 5.º de 17 de junio de 1992, *Diario Oficial*, n.º 40.483, de 18 de junio de 1992, disponible en [http://www.suin-juriscol.gov.co/viewDocument.asp?ruta=Leyes/1560382].

Ley 42 de 26 de enero de 1993, «Sobre la organización del sistema de control fiscal financiero y los organismos que lo ejercen», *Diario Oficial*, n.º 40.732, de 27 de enero de 1993, disponible en [http://www.suin-juriscol.gov.co/viewDocument.asp?ruta=Leyes/1788293].

Ley 42 de 26 de enero de 1993, *Diario Oficial*, n.º 40.732, de 27 de enero de 1993, disponible en [http://www.suin-juriscol.gov.co/viewDocument.asp?ruta=Leyes/1788293].

Ley 80 de 28 de octubre de 1993, *Diario Oficial*, n.º 41.094, de 28 de octubre de 1993, disponible en [http://www.suin-juriscol.gov.co/viewDocument.asp?ruta=Leyes/1790106].

Ley 87 de 29 de noviembre de 1993, *Diario Oficial*, n.º 41.120, de 29 de noviembre de 1993, disponible en [http://www.suin-juriscol.gov.co/viewDocument. asp?ruta=Leyes/1629910].

Ley 99 de 22 de diciembre de 1993, *Diario Oficial*, n.º 41.146, de 22 de diciembre de 1993, disponible en [http://www.suin-juriscol.gov.co/viewDocument.asp?ruta=Leyes/1635523].

Ley 136 de 2 de junio de 1994, *Diario Oficial*, n.º 41.377, de 2 de junio de 1994, disponible en [http://www.suin-juriscol.gov.co/viewDocument.asp?ruta=Leyes/1648916].

Ley 446 de 7 de julio de 1998, *Diario Oficial*, n.º 43.335, de 8 de julio de 1998, disponible en [http://www.suin-juriscol.gov.co/viewDocument.asp?ruta=Leyes/1660326].

Ley 489 de 29 de diciembre de 1998, *Diario Oficial*, n.º 43.464, de 30 de diciembre de 1998, disponible en [http://www.suin-juriscol.gov.co/viewDocument. asp?ruta=Leyes/1832980].

Ley 510 de 3 de agosto de 1999, *Diario Oficial*, n.º 43.654, de 4 de agosto de 1999, disponible en [http://www.suin-juriscol.gov.co/viewDocument.asp?ruta=Leyes/1661027].

Ley 610 de 15 de agosto de 2000, *Diario Oficial*, n.º 44.133, de 18 de agosto de 2000, disponible en [http://www.suin-juriscol.gov.co/viewDocument.asp?ruta=Leyes/1664595].

Ley 617 de 6 de octubre de 2000, *Diario Oficial*, n.º 44.188, de 9 de octubre de 2000, disponible en [http://www.suin-juriscol.gov.co/viewDocument.asp?ruta=Leyes/1664753].

Ley 850 de 18 de noviembre de 2003, *Diario Oficial*, n.º 45.376, de 19 de noviembre de 2003, disponible en [http://www.suin-juriscol.gov.co/viewDocument. asp?ruta=Leyes/1669667].

Ley 872 de 30 de diciembre de 2003, *Diario Oficial*, n.º 45.418, de 2 de enero de 2003, disponible en [http://www.suin-juriscol.gov.co/viewDocument.asp?ruta=Leyes/1669921].

Ley 1150 de 16 de julio de 2007, *Diario Oficial*, n.º 46.691, de 16 de julio de 2007, disponible en [http://www.suin-juriscol.gov.co/viewDocument.asp?ruta=Leyes/1674903].

Ley 1437 de 2011, ver *Código de Procedimiento Administrativo y de lo Contencioso Administrativo—cpaca—.*, *Diario Oficial*, n.º 47.956, de 18 de enero de 2011, disponible en [http://www.suin-juriscol.gov.co/viewDocument.asp?ruta=Leyes/1680117].

Ley 1474 de 12 de julio de 2011, *Diario Oficial*, n.° 48.128, de 12 de julio de 2011, disponible en [http://www.suin-juriscol.gov.co/viewDocument.asp?ruta=Leyes/1681594].

Ley 1475 de 14 de julio de 2011, *Diario Oficial*, n.° 48.130, de 14 de julio de 2011, disponible en [http://www.suin-juriscol.gov.co/viewDocument.asp?ruta=Leyes/1681734].

Ley 1523 de 24 de abril de 2012, *Diario Oficial*, n.° 48.411, de 24 de abril de 2012, disponible en [http://www.suin-juriscol.gov.co/viewDocument.asp?ruta=Leyes/1682614].

Ley 1530 de 17 de mayo de 2012, *Diario Oficial*, n.° 48.433, de 17 de mayo de 2012, disponible en [http://www.suin-juriscol.gov.co/viewDocument.asp?ruta=Leyes/1682780].

Ley 1564 de 2012, ver *Código General del Proceso.*

Ley 1581 de 17 de octubre de 2012, *Diario Oficial*, n.° 48.587, de 18 de octubre de 2012, disponible en [http://www.suin-juriscol.gov.co/viewDocument.asp?ruta=Leyes/1684507].

Ley 1712 de 6 de marzo de 2014, *Diario Oficial*, n.° 49.084, de 6 de marzo de 2014, disponible en [http://www.suin-juriscol.gov.co/viewDocument.asp?ruta=Leyes/1687091].

Ley 1755 de 30 de junio de 2015, *Diario Oficial*, n.° 49.559, de 30 de junio de 2015, disponible en [http://www.suin-juriscol.gov.co/viewDocument.asp?ruta=Leyes/30019906].

Ley 1757 de 6 de julio de 2015, *Diario Oficial*, n.° 49.565, de 6 de julio de 2015, disponible en [http://www.suin-juriscol.gov.co/viewDocument.asp?ruta=Leyes/30019924].

Ley 1952 de 28 de enero de 2019, *Diario Oficial*, n.° 50.850, de 28 de enero de 2019, disponible en [http://www.suin-juriscol.gov.co/viewDocument.asp?ruta=Leyes/30036201].

Ley 1955 de 25 de mayo de 2019, *Diario Oficial*, n.° 50.964, de 25 de mayo de 2019, disponible en [http://www.suin-juriscol.gov.co/viewDocument.asp?ruta=Leyes/30036488].

Lifante Vidal, Isabel. «Dos conceptos de discrecionalidad jurídica», *Doxa: Cuadernos de Filosofía del Derecho*, n.° 25, 2002, pp. 413 a 419, disponible en [http://rua.ua.es/dspace/handle/10045/10148#vpreview].

Luna Cervantes Eduardo. Ensayo presentado dentro del libro Buen Gobierno y Derechos Humanos. Sobre la legitimación constitucional del ombudsman peruano para enfrentar el fenómeno de la corrupción en la administración pública y un ejemplo paradigmático de su praxis.

Marienhoff, Miguel Santiago. *Tratado de derecho administrativo*, t. i, 4.ª ed., Buenos Aires, Abeledo-Perrot, 1982. *Maggiores Giuseppe, Derecho Penal, parte especial, Edt. Temis, 1955, p.137.*

Marín Hernández, Hugo Alberto. «Algunas anotaciones en relación con la discrecionalidad administrativa y el control judicial de su ejercicio en el derecho urbanístico colombiano », *Revista Digital de Derecho Administrativo*, n.° 2, primer semestre de 2009, pp. 161 a 194, disponible en [https://revistas.uexternado.edu.co/index.php/Deradm/article/ view/2582/2222].

Mariño, Natalia. «Los beneficios del *big data* en Latinoamérica», en El Nuevo Siglo, Bogotá, 2 de diciembre de 2018, disponible en [https://elnuevosiglo.com.co/articulos/12- 2018-los-beneficios-del-big-data-en-latinoamerica].

Masucci, Alfonso. «formación y evolución del derecho administrativo en Francia y Alemania», Rodrigo Moreno Fuentes (trad.), *Revista de Administración Pública*, n.° 184, enero abril de 2011, pp. 9 a 39, disponible en [https://dialnet.unirioja.es/descarga/articulo/3640179.pdf].

Maurer, Hartmut. *Derecho administrativo alemán*, Oriol Mir Puigpelat (trad.), México D. F., Universidad Nacional Autónoma de México, 2012.

Martínez Lazcano Alfonso Jaime. El Sistema Interamericano de Derechos Humanos: Un análisis de sus dimensiones sustantivas y procesosInter-American Human Rights System: An analysis of substantive dimensions and processes- VOL 1, NO. 1, ENERO-JUNIO 2024www.revistanomos.uanl.mx

Meilán Gil, José Luis. «El paradigma de la buena administración», *Anuario da Facultade de Dereito da Universidade da Coruña*, n.° 17, 2013, pp. 233 a 257, disponible en [https://ruc.udc.es/dspace/bitstream/handle/2183/12531/AD_17_2013_art_11. pdf?sequence=1&isAllowed=y].

Meilán Gil, José Luis. «Intereses generales e interés público desde la perspectiva del derecho público español», *Revista de Direito Administrativo & Constitucional*, año 10, n.° 40, abril-junio de 2010, pp. 171 a 198, disponible en [http://www.revistaaec.com/index. php/revistaaec/article/view/527/508].

Mejía Giraldo, Marcelo. *Gobierno abierto. El camino hacia la gobernanza en América Latina*, Bogotá, Instituto Latinoamericano de Altos Estudios —ilae— y Federación Nacional de Departamentos —fnd—, 2019.

Méndez Manfredini, Aparicio. *Teoría del órgano*, edición definitiva, Montevideo, Amalio M. Fernández, 1971.

Merkl Adolf. *Teoría general del derecho administrativo*

Montaño Vivanco Yván. Buen Gobierno y Derechos Humanos. Buen gobierno, gobernabilidad, corrupción e impunidad: relaciones y superación del círculo vicioso.

Montaña Plata, Alberto y Andry Mantilla Correa (coords.). *Ensayos de derecho administrativo: Libro Homenaje a Jorge Fernández Ruiz*, Bogotá, Externado, 2016.

Mora Mora, Reynaldo. «El concepto de discrecionalidad en el quehacer de la administración pública», *Justicia Juris*, vol. 8, n.° 1, enero-junio de 2012, pp. 92 a 105, disponible en [http://ojs.uac.edu.co/index.php/justicia-juris/article/view/255/239].

Moranchel Pocaterra, Mariana. «Compendio de derecho romano», México D. F., Universidad Autónoma Metropolitana Ciudad de México, 2017, disponible en [http://www.cua. uam.mx/pdfs/revistas_electronicas/libros-electronicos/2017/Compendio/CompendiodeDerechoInteractivo.pdf].

Moscariello, Agustín R. «El principio de la buena administración», en El Derecho, serie especial administrativo de 28 de febrero de 2013, disponible en [https://www.nndabogados.com.ar/files/buena-administracion.pdf].

Muñoz Machado, Santiago. «Las concepciones del derecho administrativo y la idea de participación en la administración», *Revista de administración pública*, n.° 84, 1977, pp. 519 a 535, disponible en [https://dialnet.unirioja.es/descarga/articulo/1098092.pdf].

Muñoz Machado, Santiago. *Tratado de derecho administrativo y derecho público general*, vol. i, «La formación de las instituciones públicas y su sometimiento al derecho», 2.ª ed., Madrid, iustel, 2009.

Noguera Alcalá, Humberto. «Estado de derecho democrático y buen gobierno», *Revista de Derecho y Ciencias Penales: Ciencias Sociales y Políticas*, n.° 2, 2000, pp. 25 a 54, disponible en [https://dialnet.unirioja.es/servlet/autor?codigo=27100].

Nieto Rojas César Augusto. 01, julio 2021. Asesor y coordinador académico del Instituto de Estudios del Ministerio Público. La construcción ética de lo público. Innova 7 (2011) En https://iemp.gov.co/noticias/instituto/construccion-etica-de-lo-publico/, https://iemp.gov.co/noticias/instituto/construccion-etica-de-lo-publico/

Departamento Administrativo de Planeación Nacional. Página oficial dnp. Disponible en https://www.dnp.gov.co/Prensa_/Noticias/Paginas/con-un-crecimiento-del-19-4-el-presupuesto-de-inversion-alcanzara-los-99-3-billones-en-2024-y-sera-el-mas-alto.aspx.

Observatorio Colombiano de Contratación Pública, disponible en [http://www.occp.co/que-es-el-occp].

Organización de los Estados Americanos —oea—. Convención Americana de Derechos Humanos, suscrita en la Conferencia Especializada Interamericana sobre Derechos Humanos (B-32), San José, Costa Rica, 7 al 22 de noviembre de 1969, disponible en [https:// www.oas.org/dil/esp/tratados_b-32_convencion_americana_sobre_derechos_humanos. htm].

Organization for Economic Co-operation and Development —oecd—. *Convención de la ocde,*14 de diciembre de 1960, París, Francia. Consultado en: [http://www.oecd.org/acerca/documentos/convenciondelaocde.htm].

Organization for Economic Co-operation and Development —oecd—. «Colombia y la ocde. Una relación de beneficio mutuo», disponible en [http://www.oecd.org/centrodemexico/laocde/colombia-y-la-ocde.htm].

Organization for Economic Co-operation and Development —oecd—. *Legal Instruments,* disponible en: [https://legalinstruments.oecd.org/en/general-information].

Organization for Economic Co-operation and Development —oecd—. «Recomendación de la ocde sobre integridad pública», disponible en [http://www.oecd.org/gov/integridad/recomendacion-integridad-publica/].

Organization for Economic Co-operation and Development —oecd—. *Recommendation of the Council for Development Co-operation Actors on Managing the Risk of Corruption,* oecd/legal/0431, disponible en [https://legalinstruments.oecd.org/public/doc/347/347.en.pdf].

Organization for Economic Co-operation and Development —oecd—. *Recommendation of the Council for Enhanced Access and More Effective Use of Public Sector Information,* oecd/legal/0362, disponible en [https://legalinstruments.oecd.org/public/doc/122/122.en.pdf].

Organization for Economic Co-operation and Development —oecd—. *Recommendation of the Council on Enhancing Integrity in Public Procurement,* oecd/legal/0369, disponible en [https://legalinstruments.oecd.org/public/doc/131/131.en.pdf].

Organization for Economic Co-operation and Development —oecd—. *Recommendation of the Council on Fighting Bid Rigging in Public Procurement,* oecd/legal/0396, disponible en [https://legalinstruments.oecd.org/public/doc/284/284.en.pdf].

Organization for Economic Co-operation and Development —oecd—. *Recommendation of the Council on Guidelines on Anti-Corruption and Integrity in State-Owned Enterprises,* oecd/legal/0451, disponible en [https://www.oecd.org/daf/ca/Guidelines-Anti-Corruption-Integrity-State-Owned-Enterprises.pdf].

Organization for Economic Co-operation and Development —oecd—. *Recommendation of the Council on Improving Ethical Conduct in the Public Service Including Principles for ManagingEthics in the Public Service*, oecd/legal/0298, disponible en: [https://legalinstruments. oecd.org/en/instruments/OECD-LEGAL-0298].

Organization for Economic Co-operation and Development —oecd—. *Recommendation of the Council on Improving the Quality of Government Regulation*, oecd/legal/0278. Disponible en: [https://legalinstruments.oecd.org/en/instruments/OECD-LEGAL-0278].

Organization for Economic Co-operation and Development —oecd—. *Recommendation of the Council on oecd Guidelines for Managing Conflict of Interest in the Public Service*, oecd/legal/0316, disponible en [https://legalinstruments.oecd.org/public/doc/130/130.en.pdf].

Organization for Economic Co-operation and Development —oecd—. *Recommendation of the Council on Open Government*, oecd/legal/0438, disponible en [https://legalinstruments. oecd.org/en/instruments/OECD-LEGAL-0438].

Organization for Economic Co-operation and Development —oecd—. *Recommendation of the Council on Public Integrity*, oecd/legal/0435, disponible en [https://legalinstruments.oecd. org/en/instruments/OECD-LEGAL-0435].

Organization for Economic Co-operation and Development —oecd—. *Recommendation of the Council on Public Procurement*, oecd/legal/0411, disponible en [https://legalinstruments. oecd.org/en/instruments/OECD-LEGAL-0411].

Organization for Economic Co-operation and Development —oecd—. *Recommendation of the Council on Public Service Leadership and Capability*, oecd/legal/0445, disponible en [https://www.oecd.org/gov/pem/recommendation-on-public-service-leadershipand-capability-en.pdf].

Organization for Economic Co-operation and Development —oecd—. *Regulatory Policy and Governance: Supporting Economic Growth and Serving the Public Interest*, oecd Publishing, 2011.

Organization for Economic Co-operation and Development —oecd—. *Resolutions of the council on the governance of the organization*, C(2015)100. Disponible en: [http://www.oecd. org/officialdocuments/publicdisplaydocumentpdf/?cote=C(2015)100&docLanguage=En].

Organization for Economic Co-operation and Development —oecd—. Who we are, disponible en [https://www.oecd.org/about/].

Organización Internacional de Entidades Fiscalizadoras Superiores —intosai—. Normas Internacionales de las Entidades Fiscalizadoras Superiores —issai—, disponible en [https://www.eurosai.org/es/topMenu/issai.html].

Organización para la Cooperación y el Desarrollo Económico —ocde—. *Estudio de la ocde sobre integridad en Colombia: Invirtiendo en integridad pública para afianzar la paz y el desarrollo*,

Organisation for Economic Co-operation and Development —oecd—. «Recomendación de la ocde sobre integridad pública», disponible en [http://www.oecd.org/gov/integridad/recomendacionintegridad-publica/].

Organización del sistema de control fiscal financiero y los organismos que lo ejercen", *Diario Oficial*, n.° 40.732, de 27 de enero de 1993, disponible en [http://www.suin-juriscol.gov. co/viewDocument.asp?ruta=Leyes/1788293]. OCDE. Estudios sobre gobernanza pública, Paris, Éditions ocde, 2017, disponible en [http://www.actuecolombia.net/images/docs/EstudioIntegridaddeColombia. pdf].

Ortiz Escobar, David A. y Sergio Ordóñez Beltrán. «Buena administración, transparencia y eficiencia: evidencia de los municipios de Colombia», *Revista Digital de Derecho Adminis-*

trativo, n.° 21, enero-junio de 2019, pp. 184 a 185, disponible en [http://www.redalyc.org/jatsRepo/5038/503859254009/503859254009.pdf].

Parejo Alfonso, Luciano. *El concepto del derecho administrativo*, Bogotá, Externado, 2009.

Parejo Alfonso, Luciano. *Lecciones de derecho administrativo*, 9.ª ed., Valencia, Trant Lo Blanch, 2018.

Parejo Alfonso, Luciano. *Manual de derecho administrativo*, 3.ª ed., Barcelona, Editorial Ariel, 1994.

Penagos Vargas, Gustavo. *Bases jurídico políticas del derecho administrativo*, 2.ª ed., Bogotá, Ediciones Doctrina y Ley, 2009.

Ponce Solé, Juli. «¿Adecuada protección judicial del derecho a una buena administración o invasión indebida de ámbitos constitucionalmente reservados al Gobierno? El traslado de la Comisión del Mercado de las telecomunicaciones a Barcelona y las sentencias del Tribunal Supremo de 27 de noviembre de 2006», *Revista de Administración Pública*, n.° 173, mayo-agosto de 2007, pp. 239 a 263, disponible en [http://www.cepc.gob.es/Controls/Mav/getData.ashx?MAVqs=~aWQ9MjY1MTcmaWRlPTEwMzcmdXJsPTUzJm5hbWU9UkFQMTczLjAwNy5wZGYmZmlsZT03MTcxMjc0MjQxODIyODIucGRmJnRhYmxhPUFydGljdWxvJmNvbnRlbnQ9YXBwbGljYXRpb24vcGRm].

Ponce Solé, Juli. «El derecho a una buena administración y el derecho administrativo iberoamericano del siglo xxi. Buen gobierno y derecho a una buena administración contra arbitrariedad y corrupción», en Enrique M. Alonso Regueira (dir.). El control de la actividad estatal, t. i, «Discrecionalidad, división de poderes y control extrajudicial», Buenos Aires, Universidad de Buenos Aires, 2016, pp. 219 a 247, disponible en [http://www.derecho.uba.ar/docentes/pdf/el-control-de-la-actividad-estatal/cae-ponce-buena.pdf].

Ponce Solé, Juli. *El principio de buena administración: discrecionalidad y procedimiento administrativo*, Barcelona, Universitat de Barcelona, 1998, disponible en [https://www. tdx.cat/handle/10803/666064].

Ponce Solé, Juli. «La calidad en el desarrollo de la discrecionalidad reglamentaria: Teorías sobre la regulación y adopción de buenas decisiones normativas por los Gobiernos y las administraciones», *Revista de Administración Pública*, n.° 162, septiembre-diciembre de 2003, pp. 89 a 144, disponible en [https://dialnet.unirioja.es/descarga/articulo/ 784925.pdf].

Ponce Solé, Juli. «La prevención de la corrupción mediante la garantía del derecho a un buen gobierno y a una buena administración en el ámbito local (con referencias al Proyecto de Ley de transparencia, acceso a la información pública y buen gobierno)», *Anuario del Gobierno Local*, n.° 1, 2013, pp. 93 a 140, disponible en [http://repositorio.gobiernolocal.es/xmlui/bitstream/handle/10873/1432/03_PONCE_p93_140_Anuario_2012.pdf?sequence=1&isAllowed=y].

Ponce Solé, Juli. «La prevención de riesgos de mala administración y corrupción, la inteligencia artificial y el derecho a una buena administración», *Revista Internacional de Transparencia e Integridad*, n° 6, enero-abril de 2018, disponible en [https://revistainternacionaltransparencia.org/wp-content/uploads/2018/04/juli_ponce.pdf].

Ponce Solé, Juli. «Los jueces, el derecho a una buena administración y las leyes de transparencia y buen gobierno», documento presentado en el vii Congreso Internacional en

Gobierno, Administración y Políticas Públicas gigapp, Madrid, del 3 al 5 de octubre de 2016, disponible en [http://laadministracionaldia.inap.es/noticia.asp?id=1507021].

Ponce Solé, Juli. «Transparencia y derecho a una buena administración», xx Congreso Internacional del clad sobre la Reforma del Estado y de la Administración Pública, Lima, Perú, 10 al 13 de noviembre de 2015, disponible en [http://www2.congreso.gob.pe/sicr/cendocbib/con4_uibd.nsf/E98CB19203DD3F1705258096005F9F77/$FILE/poncejul.pdf].

Ponce Sole Juli. Buen Gobierno y derechos Humanos -El derecho a la buena administración y la calidad de las decisiones administrativas-

Pozo Gowland Héctor (dir.). *Procedimiento administrativo*, vol. i, t. i, "Aspectos generales del procedimiento administrativo. Relaciones con otras ramas del derecho, Buenos Aires, La Ley, 2012, p. 34

Principios, fundamentos y aspectos generales para las en la Contraloría General de la República. Disponible https://www.contraloria.gov.co/en/guia-de-auditoria-en-el-marco-de-normas-issai SECRETARIA-DE-TRANSPARENCIA. PRIMER-MAPA-DE-LA-IMPUNIDAD-EN-COLOMBIA- Disponible en https://petro.presidencia.gov.co/prensa/Paginas/SECRETARIA-DE-TRANSPARENCIA

Ramírez Barbosa, Paula Andrea; Benavides Vanegas, Farid Samir y Rodríguez, Víctor Gabriel . Derecho penal y criminología: sus transformaciones jurídicas. Libro homenaje a Roberto Bergalli Russo. Capítulo dos. Corrupción, crímenes corporativos y afectación a los derechos. Tirant lo Blanch. Bogotá, D.C. 2024.

Ramírez Barbosa Paula Andrea. La corrupción en América Latina: concepción, percepción y combate", en Criminalidad organizada y corrupción: visiones multidimensionales. Tirant lo Blanch. Bogotá, D.C. 2024. https://www.imf.org/external/pubs/ft/fandd/1998/03/pdf/klitgaar.pdf

Ramírez Barbosa, Paula Andrea y Páez Durán, Luis Alberto. *Derecho penal y criminología: sus transformaciones jurídicas. Libro homenaje a Roberto Bergalli Russo.* Capitulo cuatro. Tirant lo Blanch. Bogotá, D.C. 2024.

Ramírez Barbosa, op cit. Cap Responsabilidad Social Corporativa, la lucha contra la corrupción y Compliance. Disponible en: https://www.un.org/es/cr%C3%B3nica-onu/el-pacto-mundial-de-la-onu-la-b%C3%BAsqueda-de-soluciones-para-retos-globales

Ramírez Barbosa Paula Andrea. *Criminalidad organizada y corrupción: visiones multidimensionales.* Ed. Tirant Lo Blanch. Cap. IV, Corrupción y crimen organizado. Carlos Eduardo Castañeda Crespo. 2024.

Ramírez Barbosa Paula Andrea. En Responsabilidad penal corporativa y compliance. Un nuevo marco regulatorio de ética, gobernanza y control de los riesgos en las empresas corporate criminal liability and compliance. a new regulatory framework for ethics, governance and control of risks in companies.

Resolución Orgánica 5678 de 6 de julio de 2005, Contraloría General de la República Diario Oficial, n.° 45.976, de 21 de julio de 2005, disponible en [http://www.avancejuridico.com/actualidad/documentosoficiales/2005/45976/r_cgr_5678_2005.html],

Resolución Orgánica 7350 de 29 de noviembre de 2013, «Por la cual se modifica la Resolución Orgánica número 6289 del 8 de marzo de 2011 que establece el Sistema de Rendición de la Cuenta e Informes a la Contraloría General de la República», disponible en [https://www.cvc.gov.co/sites/default/files/Sistema_Gestion_de_Calidad/Procesos%20y%20procedimientos%20Vigente/Normatividad_Gnl/Resolucion%20organica%207350%20de%20 2013-Nov-29.pdf].

Rodríguez Rodríguez Libardo. Derecho administrativo general y colombiano, Bogotá, Temis, 2013, p. 2.

Real Academia Española. *Diccionario de la lengua española,* 23 ed., Madrid, rae, 2020, disponible en [https://dle.rae.es].

Restrepo Medina, Manuel Alberto (ed.). *Derecho administrativo. Reflexiones contemporáneas,* Bogotá, Universidad del Rosario, 2017.

Riechmann, Jorge. «Introducción al principio de precaución», en J. A. Ortega García, A. Navarrete Montoya y J. Ferris i Tortajada (eds.). *El cáncer, una enfermedad prevenible,* Murcia, FFIS, 2007, disponible en [http://www.istas.ccoo.es/descargas/Introducción%20al%20 Principio%20de%20Precaución.%20Jorge%20Riechmann.pdf].

Rivero, Jean. *Derecho administrativo,* Patricia Dávila de Briceño (trad.), Caracas, Instituto de Derecho Público, Facultad de Ciencias Jurídicas y Políticas, Universidad Central de Venezuela, 1984.

Rivero, Jean. Droit administratif, Paris, Dalloz, 1987.

Robledo del Castillo, Pablo Felipe. «Funciones jurisdiccionales por autoridades administrativas», en *Memorias xxxiv Congreso de Derecho Procesal,* Bogotá, Instituto Colombiano de Derecho Procesal y Universidad Libre, 2013, pp. 49 a 67, disponible en [https:// letrujil.files.wordpress.com/2013/09/02pablo-feliple-robledo.pdf].

Rodríguez Arana Muñoz, Jaime. «El derecho a la buena administración en las relaciones entre ciudadanos y administración pública», Anuario de Facultade de Dereito da Universidade da Coruña, n.° 16, 2012, pp. 247 a 273, disponible en [https://core.ac.uk/ download/ pdf/61909988.pdf].

Rodríguez Arana Muñoz, Jaime. «El derecho fundamental a la buena administración y la centralidad del ciudadano en el derecho administrativo», en Ángel Sánchez Blanco, Miguel Ángel Domínguez-Bernueta de Juan y José Luis Rivero Ysern (coords.). *El nuevo derecho administrativo: libro homenaje al prof. Dr. Enrique Rivero Ysern,* Salamanca, Ratio Legis Librería Jurídica, 2011.

Rodríguez Arana Muñoz, Jaime. «La buena administración como principio y como derecho fundamental en Europa», *Misión Jurídica. Revista de Derecho y Ciencias Sociales,* vol. 6,n.° 6, enero-diciembre de 2013, pp. 23 a 56, disponible en [https://www.revistamisionjuridica.com/wp-content/uploads/2017/04/art1-2.pdf].

Rodríguez Arana Muñoz, Jaime. «La participación en el Estado social y democrático de derecho», *Misión Jurídica. Revista de Derecho y Ciencias Sociales,* n.° 7, enero-diciembre de 2014, pp. 65 a 82, disponible en [https://www.revistamisionjuridica.com/wp-content/uploads/2017/03/La-participación-en-el-estado-social-y-democrático-de-derecho. pdf].

Rodríguez Arana Muñoz, Jaime. «Reflexiones sobre la regeneración democrática en la administración pública», *Anuario da Faculta de de Dereito da Universida de da Coruña,* vol. 20,

2016, pp. 396 a 429, disponible en [http://revistas.udc.es/index.php/afd/article/ view/afdudc.2016.20.0.1951/1290].

Rodríguez-Arana, Jaime, "El derecho fundamental a la buena administración y centralidad del ciudadano en el derecho administrativo" en Fernández Ruiz, Jorge (coord.), Estudios Jurídicos sobre administración pública, México, UNAM, 2012, P.231.

Rodríguez Arana Muñoz, Jaime y José Ignacio Herce Maza. «La buena administración en la contratación pública: Mención especial a la fase de ejecución del contrato», *Gabilex: Revista del Gabinete Jurídico de Castilla-La Mancha*, número extraordinario, marzo de 2019, pp. 21 a 45, disponible en [https://gabilex.castillalamancha.es/sites/gabilex.castillalamancha. es/files/pdfs/jaime_rodriguez-arana_munoz.pdf].

Rodríguez Molina, Enrique Alexander. tcsgp. El tablero de control social a la gestión pública, Guía para la implementación de procesos de control ciudadano a través de veedurías ciudadana, Bogotá, cgr, disponible en [https://www.contraloria.gov.co/web/participacion-ciudadana/tablero-de-control/].

Rodríguez Rodríguez Libardo. *Derecho administrativo general y colombiano*, Bogotá, Temis, 2013.

Rodríguez Sánchez, Ángela María (coord.). «Así se mueve la corrupción. Radiografía de los hechos de corrupción en Colombia 2016-2018», en *Monitor ciudadano de la corrupción*, tercer informe, disponible en [http://www.monitorciudadano.co/docs/asi_se_mueve_la_corrupcion.pdf].

Ruiz-Rico Ruiz, Gerardo. «El derecho a una buena administración y la ética pública», en Carmen María Ávila Rodríguez y Francisco Gutiérrez Rodríguez (coords.). *Monografías*, 746.

Ruiz-Rico Ruiz, Gerardo. «La lucha contra la corrupción desde el Estado constitucional de derecho: La legislación sobre financiación de partidos políticos en España», en *Cuadernos Manuel Giménez Abad*, n.° 7, junio de 2014, pp. 223 a 248, disponible en [https:// dialnet.unirioja.es/servlet/articulo?codigo=4757490].

Sabino Cassese. *Derecho administrativo: Historia y futuro*, Alberto Montaña Plata y Manuel Martínez Neira (trads.), Sevilla, Global Law Press, Instituto Nacional de Administración Pública.

Salnave Sanín, Marie Anne *et al.* «Rol de las Oficinas de Control Interno, Auditoría Interna o quien haga sus veces», en Cartillas de Administración Pública, n.° 6, versión 2, Bogotá,

Escuela Superior de Administración Pública —esap— y Departamento Administrativo de la Función Pública, 2009, disponible en [https://www.iiacolombia.com/resource/ RolOficinas.pdf].

Santofimio Gamboa, Jaime Orlando. *Compendio de derecho administrativo*, Bogotá, Externado, 2017.

Sayagués Laso, Enrique y Daniel Hugo Martins. *Tratado de derecho administrativo*, t. i, 8.ª ed., Montevideo, Fundación de Cultura Universitaria, 2002.

SERIE SOBRE SECTOR PÚBLICO, BUEN GOBIERNO, Y RESPONSABILIDAD Y RENDICIÓN DE CUENTAS,34378, Editado por ANWAR SHAH. BANCO MUNDIAL.2005. CAPÍTULO 2 Una medida simple de buen gobierno, disponible https://documents1.worldbank.org/curated/en/253461468165278922/pdf/343780SPANISH0101OFFICIAL0USE0ONLY1.pdf

Solidaridad Latina. «Los desafíos del *big data* en Latinoamérica», 24 de agosto de 2018, disponible en [https://solidaridadlatina.com/actualizacion/desafios-big-data-latinoamerica/].

Spano Tardivo, Pedro. «El principio de transparencia de la gestión pública en el marco de la teoría del buen gobierno y la buena administración. La transformación de la administración pública para la tutela de los derechos fundamentales a propósito de la provincia de Santa Fe», *Revista Digital de la Asociación Argentina de Derecho Administrativo,* n.º 1, enero-junio de 2016, pp. 225 268, disponible en [https://bibliotecavirtual.unl.edu.ar/publicaciones/index.php/raada/article/view/6071/9143].

Spasiano, Mario R. «El principio de buen funcionamiento: Desde el metajurídico a la lógica del resultado en sentido jurídico», en *Anales de la Facultad de Ciencias Jurídicas y Sociales,* año 9, n.º 42, pp. 21 y ss., disponible en [http://sedici.unlp.edu.ar/handle/10915/26991].

Spano Tardivo Pedro. "El principio de transparencia de la gestión pública en el marco de la teoría del buen gobierno y la buena administración. La transformación de la administración pública para la tutela de los derechos fundamentales a propósito de la provincia de Santa Fe ", *Revista Digital de la Asociación Argentina de Derecho Administrativo,* n.º 1, enero-junio de 2016, disponible en [https://bibliotecavirtual.unl.edu.ar/publicaciones/index.php/raada/article/view/6071/9143], p. 230.

Tomás Mallén, Beatriz. *El derecho fundamental a una buena administración*, Madrid, Instituto Nacional de Administración Pública, 2004, disponible en [https://www.google.com/url?sa=t&rct=j&q=&esrc=s&source=web&cd=1&ved=2ahUKEwjI8vqhh-DkAhUNvFkKHb4mCq8QFjAAegQIBBAC&url=https%3A%2F%2Fdialnet.unirioja.es%2Fdescarga%2Flibro%2F578243.pdf&usg=AOvVaw3DID_LexKheX6nUGI4sW5p].

Toscano, F. 2013. Aproximación conceptual al "acceso efectivo a la administración de justicia" a partir de la teoría de la acción procesal. *Revista de derecho privado* (24). http://www.scielo.org.co/scielo.php?script=sci_arttext&pid=S0123-43662013000100010

Varela Suanzes-Carpegna, Joaquín. «Los derechos fundamentales en la España del siglo xx», en *Teoría y Realidad Constitucional,* n.º 20, 2007. Escobar Tovar Angélica María. Tesis LA INTEGRACIÓN DEL DERECHO HUMANO A LA BUENA ADMINISTRACIÓN EUROPEA EN EL ORDENAMIENTO JURÍDICO COLOMBIANO, CON OCASIÓN DEL PLAN NACIONAL DE DESARROLLO 2022-2026. COLOMBIA POTENCIA MUNDIAL DE LA VIDA. Universidad la Gran Colombia. Disponible en https://repository.ugc.edu.co/bitstream/handle/11396/8013/TESIS.%20DERECHO%20A%20LA%20BUENA%20ADMINISTRACION%20EN%20COLOMBIA%20ANGELICA%20.pdf?sequence=1&isAllowed=y

Tomás Mallén Beatriz. *El derecho fundamental a una buena administración*, Madrid, Instituto Nacional de Administración Pública, 2004, disponible en [https://www.google.com/url?sa=t&rct=j&q=&esrc=s&source=web&cd=1&ved=2ahUKEwjI8vqhh-DkAhUNvFkKHb4mCq8QFjAAegQIBBAC&url=https%3A%2F%2Fdialnet.unirioja.es%2Fdescarga%2Flibro%2F578243.pdf&usg=AOvVaw3DID_LexKheX6nUGI4sW5p], p. 82:

TOLE MARTÍNEZ JULIÁN "La teoría de la doble dimensión de los derechos fundamentales en Colombia. El estado de cosas inconstitucionales, un ejemplo de su aplicación", en Cuestiones Constitucionales, n.º 15, 2006, p. 254.

Transparencia por Colombia. Informe Anual 2009, Bogotá, ctc, 2009, disponible en [https://transparenciacolombia.org.co/wp-content/uploads/informe-anual-2009. pdf]. (https://transparenciacolombia.org.co/nosotros/sobre-nosotros/)

Transparencia por Colombia Fecha: octubre de 2021, disponible https://transparenciacolombia.org.co/recomendaciones-para-combatir-la-corrupcion-en-colombia/

Transparencia Internacional Informe resultados del Índice de Percepción de la Corrupción (IPC) 2023. disponible https://transparenciacolombia.org.co/recomendaciones-para-combatir-la-corrupcion-en-colombia/

Transparencia Internacional-Informe Global de la Corrupción Manuel Villoria (Catedrático de Ciencia Política de la Universidad Rey Juan Carlos de Madrid)

Varela Suanzes-Carpegna Joaquín. «Los derechos fundamentales en la España del siglo xx», *Teoría y Realidad Constitucional*, n.º 20, 2007, p. 491.

Villar Palasi José Luis referenciado por Parejo Alfonso. *El concepto del derecho administrativo*, 2009.

White, Leonard Dupee. «Introduction to the Study of Public Administration», en Jay M. Shafritz y Albert C. Hyde (comp.). *Classics of public administration*, 8.ª ed., Boston, Cengage Learning, 2015, art. 11, pp. 68 a 75, disponible en [http://irpublicpolicy.ir/wp-content/uploads/2018/04/Classics_of_Public_Administration-Shafritz-8ed irpublicpolicy.pdf].

Wilson Woodrow, Thomas. «The study of administration», *Political Science Quarterly*, vol. ii, n.º 2, June, 1887, New York, pp. 197 a 222, disponible en [http://www.iupui.edu/~speal/V502/Orosz/Units/Sections/u1s5/Woodrow_Wilson_Study_of_Administratio_1887_jstor.pdf].

Younes Moreno, Diego. *Régimen del control fiscal y del control interno*, 3.ª ed., Bogotá, Legis, 1998.

Zamudio Cornelio, Leticia del Rocío-EL DERECHO HUMANO A LA BUENA ADMINISTRACIÓN PÚBLICA. Páginas 335-337